U0899126

21世纪的美国与中美关系

THE UNITED STATES AND SINO-U.S. RELATIONS IN THE 21ST CENTURY

吴心伯◎主编

时 事 出 版 社

《美国问题研究丛书》编委会名单

《美国问题研究丛书》总序

上海市美国问题研究所成立于2009年11月22日，系上海市政府全额财政拨款的事业单位，其立所宗旨为加强美国问题及中美关系的研究、促进中美人员交流和两国间的相互理解。该所同时以打造中国特色的美国研究机构为目标，并为中国中央和地方政府决策提供咨询服务。

自成立以来，本所全体人员以发展繁荣国内美国研究、加强中美交流为己任，举办各种类型的会议，发布年度研究课题，编写《美国动态》，编写“上海与美国”系列文集，出版《上海影像——见证中美关系发展百年史》画册等，而打造一套《美国问题研究丛书》则是本所矢志不渝的学术追求。我们希望通过这样一套丛书，反映国内学界对于美国问题的最新思考和深度总结。通过作者自主申报和所学术委员会推荐等方式，我们围绕美国问题研究和中美关系这两大领域，精心挑选了一批具有较高研究质量和重要政策意义的作品，并将其纳入丛书系列。本套丛书主要以学术专著的形式呈现，但也适当考虑具有一定学术价值的编著、论文集和译作。从研究内容看，本套丛书主要涉及经济、安全、社会和政治等议题，同时也希望能够选取一些新兴议题的研究成果。本套丛书特别重视国内青年学者的优秀作品，鼓励年轻人在美国问题和中美关系研究等领域进行开拓和创新。

进入新世纪以来，新的国际热点问题不断涌现，同时中国崛起也使得中国的利益全球化，这些发展拓展了中国国际问题研究者的视野，拓宽了国际问题研究的领域。在此背景下，国内美国问题研究或者美国问题研究相比以前，存在着一定程度的退潮。表面上看，就国别研究而论，美国仍然是国内国际关系学界的研究重心，但深入分析则不难发现，真正关于美国研究的专著以及其他有分量和影响力的作品越来越少。在某种程度上，这折射了美国在世界上地位与影响力的下降，也反映了中国学者对中国自身更多的关注，毕竟中国的迅猛发展给我们的学术研究带来了更多新鲜和富有挑战性的话题。

但是，不管学界的注意力如何变化，对美国进行深度研究远没有过时。在未来很长一段时间内，美国仍将是世界上综合实力最强的国家，它在 21 世纪的走向值得全世界密切关注。对中国来说，美国仍将是影响中国国内政治以及中国与世界关系的最主要的外部因素。对于这样一个如此重要的国家，中国必须要对其进行坚实、深入和长期的研究：要通过研究，真正了解美国国内政治、经济、社会和文化生态，丰富我们对美国在 21 世纪的发展趋势的认识；也要通过研究，深刻把握中美关系的本质和规律，提高对两国关系发展的预见性；还要通过研究，推动中美之间增信释疑和建立战略互信。鉴于以上原因，这套《美国问题研究丛书》的出版有着特别重要的现实意义。

衷心希望通过本套丛书为国内美国问题学界同仁提供更多的知识交融机会，繁荣国内美国问题的研究，成为国内青年学者展现学术风采的平台。

是为序。

复旦大学美国研究中心主任
上海市美国问题研究所所长　吴心伯

2013 年 6 月 6 日

目　录

奥巴马政府政策调整

美国国内社会

非政府组织与美国公共外交

中美合作与博弈

美日同盟

海洋问题

奥巴马政府政策调整

奥巴马政府的亚太战略：分析与应对*

吴心伯

（复旦大学美国研究中心主任、上海市美国问题研究所所长）

21 世纪最初的 10 年，东亚地区发生了重大变化，中国的崛起和地区合作的开展，重塑着地区政治、经济与安全生态。与此同时，美国忙于反恐以及阿富汗、伊拉克两场战争，对东亚事务的关注和参与有限。奥巴马执政后，着手调整美国全球战略，结束两场战争，加大对亚太的关注和投入，经过四年的谋划和实施，美国新的亚太战略已基本定型，对美国与亚洲特别是东亚的关系以及亚太地区形势已经并将继续产生重要影响。本文旨在剖析奥巴马政府对亚太的认知，研究其亚太战略的框架和具体实施，总结这一战略构想与执行的特点。

* 对亚太地区的定义主要有三种：第一种定义覆盖了太平洋两岸，包括东亚、大洋洲、北美以及南美的太平洋沿岸国家如智利和秘鲁，这是亚太经合组织的涵盖范围；第二种定义主要指东亚和西太平洋地区，不包括太平洋东岸。第三种定义包括了东亚和西太平洋地区以及在这一地区有着重要的政治、经济和安全存在的美国。本文所指的亚太地区是基于第三种定义。

一、奥巴马政府对亚太的认知

奥巴马政府是在美国处于冷战后最低潮的时刻上台的。阿富汗和伊拉克两场战争使美国在战略上筋疲力尽，一场金融危机又使美国经济面临空前的困难。奥巴马要结束两场战争以使美国摆脱战略困境，要振兴经济以使美国恢复活力，欣欣向荣的亚太地区因而在奥巴马政府的战略调整和经济振兴日程上占有重要位置。

奥巴马政府首先高度评价亚太的重要性。奥巴马本人出生在夏威夷，童年时在印度尼西亚生活过，对亚太地区有亲切感，自称是“美国首位太平洋总统”。他强调，“这个地区的未来与我们利害攸关，因为这里发生的一切对我们国内的生活有着直接的影响”。克林顿国务卿称：“越来越清楚的是，在21世纪，世界的战略和经济重心将是亚太地区。”“……21世纪历史的大部分将在亚洲书写。这个地区将见证地球上最具转变性的经济增长。这里的大多数城市将成为全球商业与文化的中心。随着本地区更多的人接受教育、获得机会，我们将会看到下一代商业、科技、政治与艺术领域的地区性和全球性的领军人物的崛起。”①

奥巴马政府认为，对美国而言，亚太在经济上提供了机会，而在安全上则提出了挑战。亚太是世界上经济最富活力的地区。亚太

① The White House Office of the Press Secretary, “Remarks by President Barack Obama at Suntory Hall”, Suntory Hall, Tokyo, Japan, November 14, 2009, http://www.whitehouse.gov/the-press-office/remarks-president-barack-obama-suntory-hall; Hillary Clinton, “Remarks on Regional Architecture in Asia: Principles and Priorities”, address at Imin Center - Jefferson Hall, Honolulu, January 12, 2010, http://www.state.gov/secretary/rm/2010/01/135090.htm; Hillary Clinton, “America's Engagement in the Asia-Pacific,” remarks at Kahala Hotel, Honolulu, October 28, 2010, http://www.state.gov/secretary/rm/2010/10/150141.htm.

经合组织（APEC）成员的经济总量占世界的54%、全球贸易额的44%、世界人口的40%，拥有27亿消费者。本地区庞大的新兴经济体不仅通过20国集团等机制积极参与全球经济治理，而且也在国际贸易、金融和新技术开发方面发挥强有力的作用。亚太地区快速的经济发展给美国提供了巨大的商业机会。美国出口商品的60%流向亚太地区，美国前15大贸易伙伴中的7个在亚太。美国公司每年向本地区出口3000多亿美元的商品和服务，从而为美国创造了几百万个高薪工作岗位。① 美国对亚太的出口增长快于对其他地区的出口增长，奥巴马提出的5年内使美国出口翻番计划的实现，主要寄希望于亚太地区，特别是中国市场。正如奥巴马所言："亚太地区对实现我的第一要务至关重要，那就是为美国人民创造工作和机会。"② 但是在安全上，奥巴马政府更多地看到了挑战。中国和印度的迅速崛起正在前所未有地改变着地区力量的界定和分布。暴力极端主义、核技术和导弹技术的扩散、对稀有资源的争夺以及毁灭性的自然灾害等非传统安全挑战在增加。军事现代化的快速发展使得一些国家（指中国）有能力挑战美国不受阻碍地进入空中、海上以及外空等全球公共领域。③ 像小布什政府一样，奥巴马政府对中国军事力量的发

① Robert D. Hormats (the Under Secretary for Economic, Energy and Agricultural Affairs, U. S. Department of State), Remarks at The Third Annual Engaging Asia Conference, The National Bureau of Asian Research, September 17, 2010, http://nbr.org/downloads/pdfs/eta/EA_Conf10_Hormats_Transcript.pdf; Hillary Clinton, "Remarks on Regional Architecture in Asia: Principles and Priorities."

② The White House Office of the Press Secretary, "Remarks by President Obama to The Australian Parliament", Parliament House, Canberra, Australia, November 17, 2011, http://www.whitehouse.gov/the-press-office/2011/11/17/remarks-president-obama-australian-partiament.

③ Michele Flournoy (the Under Secretary of Defense for Policy, Department of Defense), Remarks at The Third Annual Engaging Asia Conference, The National Bureau of Asian Research, September 17, 2010, http://nbr.org/downloads/pdfs/eta/EA_Conf10_Flournoy_Transcript.pdf.

展忧心忡忡，认为中国军力的增强，特别是反进入和区域拒止能力的提高，正在削弱美国在西太平洋地区的军事优势和美军的行动能力。

奥巴马政府敏感地认识到，很大程度上由于小布什政府在亚洲追求狭隘的政策目标，同时也由于两场战争和一场金融危机的影响，亚洲国家越来越怀疑美国积极参与亚洲地区事务的意愿，怀疑美国是否还能履行对盟友的安全承诺，以及长远而言是否有能力在本地区部署必要的资源以维持地区安全。这些亚洲国家的担心并非空穴来风。亚洲尤其是东亚的变化、美国在小布什时期的政策失误所导致的美国与东南亚的疏远、以及美国实力的相对下降，有可能使美国在这一重要地区的政治与经济事务中被边缘化。政治上，日本鸠山政府在 2009 年明确提出“东亚共同体”不包括美国。经济上，在 2005—2009 年间，美国在亚太地区总贸易额中所占的比重下降了 3%。[①] 这些无疑都引起了奥巴马政府的警惕。

基于上述认知，奥巴马政府意识到美国需要加大对亚太的投入，在地区事务中发挥积极的参与和领导作用。曾担任奥巴马竞选团队亚洲问题顾问、后又出任国家安全委员会亚洲事务高级主任的杰弗里·贝德（Jeffrey A. Bader）称，奥巴马政府的外交团队从一开始就明确指出，亚太地区在美国外交政策中应享有更高的优先性。[②] 克林顿国务卿强调，今后 10 年美国治国方略最重要的使命之一，就是“大幅增加对亚太地区外交、经济、战略和其他方面的投入”。[③] 随着伊拉克战争的终结和美军减少在阿富汗的行动，美国可以将更多的资源投向亚太地区。另一方面，奥巴马政府相信，亚太地区面临

---

① Kurt M. Campbell, “Principles of U. S. Engagement in the Asia - Pacific,” Testimony before the Subcommittee on East Asian and Pacific Affairs, Senate Foreign Relations Committee, Washington, DC, January 21, 2010, http://www.state.gov/p/eap/rls/rm/2010/01/134168.htm.

② Jeffery A. Bader, *Obama and China's Rise: An Insider's Account of America's Asia Strategy*, Washington DC: The Brookings Institution, 2012, p. 6.

③ Hillary Clinton, “America's Pacific Century,” *Foreign Policy*, November 2011, http://www.foreignpolicy.com/articles/2011/10/11/americas_pacific_century.

的挑战——从确保南中国海的航行自由，到应对朝鲜的挑衅和扩散活动，再到促进平衡与包容的经济增长——也都呼唤美国的领导。“美国的未来与亚太的未来相联系，本地区的未来有赖于美国。美国有强烈的兴趣延续其在经济和安全领域发挥领导作用的传统，而亚洲也有强烈的兴趣看到美国继续作为一个充满活力的经济伙伴和起稳定作用的军事影响力”。① 既要加强参与，更要积极领导，这就是奥巴马政府对美国在亚太地区角色的认知。

二、亚太战略框架的形成

从政策制定的角度看，奥巴马执政伊始，就指示其国家安全团队就美国的全球军事存在和优先任务开展战略评估，这项评估认为，美国力量的投送和聚焦存在不平衡。奥巴马认为，美国在某些地区（如中东）投入过多，而在某些地区（如亚太）投入不足。基于此，奥巴马决定加大对亚太的资源、外交活动和政策的投入。② 在此背景下，克林顿国务卿在2010年初提出了指导美国参与亚洲事务的一系列重要原则：（1）美国与亚洲的交往应以同盟体系和双边伙伴关系为基础。除了保持和发展与传统盟国的关系外，美国还要加强与其他“关键玩家”的关系，包括印度、中国、印尼、越南等。（2）要与本地区国家确立共同的议程。这些议程包括安全上的核不扩散、领土争端和军备竞赛，经济上的降低贸易和投资壁垒、增加市场透明度、促进更加平衡、包容和可持续的经济增长模式，政治上保护

① Hillary Clinton，“Remarks on Regional Architecture in Asia：Principles and Priorities.”

② Tom Donilon，“President Obama's Asia Policy & Upcoming Trip to Asia”，Remarks at Center for Strategic and International Studies，November 15，2012，http：//www. whitehouse. gov/the - press - office/2012/11/15/remarks - national - security - advisor - tom - donilon - prepared - delivery.

人权和促进开放社会等。（3）在地区机制的建设上强调有效性。地区机制不能为了对话而对话，要有具体的行动，要有结果导向。（4）促进多边合作的灵活性和创造性。积极推进针对特定问题的非正式安排，如朝核问题六方会谈、美日澳三边战略对话、美日韩三边战略对话等。支持次区域合作机制，如美国—东盟伙伴关系计划、美国—东盟贸易投资框架协议等。（5）确定主要的地区机制，这些机制应包括所有关键的利益攸关者，如政治上的东亚峰会，经济上的亚太经合组织，安全上的东盟地区论坛等。①

尽管奥巴马政府上任伊始就明确了亚太地区的重要性，在执政一年后又提出了亚太政策的基本原则，但其亚太战略框架的形成经历了一个过程。奥巴马政府一开始的亚太政策思路是在经济和外交上重视亚太，通过加强与亚太的经济联系扩大美国的出口，重振美国经济，提升美国就业；通过外交上积极参与亚太事务防止美国被边缘化，影响亚太地区的发展，更好地促进美国在亚太的利益。由于伊拉克和阿富汗问题的牵制，奥巴马政府对亚太的安全关注一开始并不突出。2010年8月美国作战部队撤出伊拉克和2011年6月美国启动从阿富汗撤军进程，使奥巴马政府结束两场战争的计划有了眉目，美国开始摆脱中东和中亚的战略牵制。另一方面，2010年亚太地区一系列事态的发展——“天安”舰和延坪岛炮击事件的爆发、南海纷争的激化、中日钓鱼岛争端所引起的外交纠纷——使奥巴马政府找到了“重返亚太”的新的切入点，美国的亚太战略向地区安全倾斜，政治、经济、安全多管齐下。到2011年秋，美国利用举办亚太经合组织领导人会议和奥巴马首次参加东亚峰会这两个重要外交事件，将美国的亚太战略框架公之于世，这就是建立一个更富有活力和更持久的跨太平洋体系，塑造一个更加成熟的安全和经济架构。②

---

① Hillary Clinton, “Remarks on Regional Architecture in Asia: Principles and Priorities.”

② Hillary Clinton, “America's Pacific Century;” Remarks at East – West Center, Honolulu, November 10, 2011, http://www.state.gov/secretary/rm/2011/11/176999.htm.

在奥巴马政府看来，这样一个安全和经济架构应该充分体现美国地区安全和经济政策所蕴含的基本原则。安全上，确保自由和开放的商业活动，以和平方式解决争端，建立公正的国际秩序，该秩序强调国家的权利和义务、忠于法制以及所有国家畅通无阻地进入天空、太空和海洋这些“全球公共领域”（global commons）。[①] 经济上，一个以规则为基础的、开放、自由、透明和公平的经济秩序，亚太地区的经济合作与一体化，平衡、包容和环境可持续的经济增长，高标准、基础广泛的自由贸易协定。[②] 在这一系列的安全与经济原则中，“全球公共领域”的概念值得注意。这一概念最早出现在2005年美国国防部公布的《国防战略报告》中，该报告将太空、国际水域、天空和网络空间界定为具有重要战略意义的“全球公共领域”，强调“美国在这些全球公共领域的行动能力十分重要，可以保障美国从稳固的行动基地向世界任何地方投射力量”。[③] 奥巴马政府在2010年发布的《四年防务评估报告》，沿用了“全球公共领域”的概念，并指出了其所面临的广泛威胁：“一系列近期的趋势凸显了对全球公共领域稳定的不断上升的挑战，从来自国外的网络空间攻击到国内的网络入侵，到越来越多的海盗活动，到反卫星武器试验和利用太空国家的增多，到一些国家投入资源以打造旨在威胁我们主要的力量投掷手段——我们的基地、我们的海洋和太空资产，及其支持网络——的系统。”[④] 鉴于中国军事能力的发展使其有潜力挑战和制约美国长期以来视为理所当然的干预和主导地区安全事务的

---

① Michele Flournoy, Remarks at The Third Annual Engaging Asia Conference.

② Hillary Clinton, “America's Pacific Century;” Remarks at East - West Center, Honolulu, November 10, 2011; Robert D. Hormats, Remarks at The Third Annual Engaging Asia Conference; Kurt M. Campbell, “Principles of U. S. Engagement in the Asia - Pacific.”

③ Department of Defense, *The National Defense Strategy of the United States of America* (Washington DC, March 2005), p. 13.

④ U. S. Department of Defense, *Quadrennial Defense Review Report*, February 2010, pp. 8 - 9, http: //www. defense. gov/qdr/images/QDR_ as_ of_ 12Feb10_ 1000. pdf.

能力，奥巴马政府突出“全球公共领域”的概念，强调所有国家有不受干扰地进入全球公共领域的权利。此举旨在确立美国的话语优势，推动建立美国主导下的“全球公共领域”的“交通规则”。[①] 此外，推动“高标准、基础广泛”的自由贸易协定，也就是奥巴马政府积极推动的“跨太平洋伙伴关系协定”（TPP），它要体现美国在劳工权利、环境保护、知识产权保护等方面的要求，并作为未来亚太经合组织要推进的亚太自由贸易区的模板。[②]

在继承过去的美国亚太战略传统，同时又根据亚太地区经济快速发展、大国迅猛崛起和东亚合作蓬勃开展等新形势加以调整的基础上，奥巴马政府形成了基于以下内容的亚太战略框架。首先，深化和更新同盟关系。其次，拓展与越来越重要的地区伙伴如印度、印尼、越南、新加坡等国的接触。第三，与中国发展可预测的、稳定、全面的关系。第四，参与和培育地区多边架构。第五，奉行自信而积极的贸易和经济政策。第六，打造更广范围的军事存在。第七，打民主与人权牌。[③] 由此可见，奥巴马政府的亚太战略具有丰富的内容，正如其国家安全事务顾问汤姆·多尼隆（Tom Donilon）所称的，“我们在奉行一项持久和多维度的战略”。[④] 这些内容广泛、手段多样的政策工具相辅相成，共同服务于美国亚太战略的总体目标：振兴美国经济，牵制东亚合作；制衡力量和影响力快速上升的中国，应对多种安全挑战；保持美国对地区事务的参与和领导，防

---

① Michele Flournoy, Remarks at The Third Annual Engaging Asia Conference.

② Robert D. Hormats, Remarks at The Third Annual Engaging Asia Conference.

③ Kurt M. Campbell, “Asia Overview: Protecting American Interests in China and Asia,” Testimony before the Subcommittee on Asia and the Pacific, House Committee on Foreign Affairs, Washington, DC, March 31, 2011, http://www.state.gov/p/eap/rls/rm/2011/03/159450.htm; Hillary Clinton, “America's Pacific Century.” Remarks at East – West Center, Honolulu, November 10, 2011.

④ Tom Donilon, “President Obama's Asia Policy & Upcoming Trip to Asia”, Remarks at Center for Strategic and International Studies.

止美国影响力下降和被边缘化。

三、亚太战略的实施

（一）同盟关系

美国在亚太地区的安全同盟是其二战以后在本地区最重要的政治—安全资产。虽然这些同盟产生于冷战时代并服务于冷战的需要，但并没有随着冷战的谢幕而终结。相反，美国在后冷战时代谋求保持、调整和强化这些同盟关系，使其在新的国际形势下服务于美国的亚太和全球战略。奥巴马政府在2010年5月发表的《国家安全战略报告》称："同盟是力量倍增器：通过多国合作与协调，我们行动的总体效应总是比单独行动的效应大"；美国与日本、韩国、澳大利亚、菲律宾和泰国的同盟是"亚洲安全的基石和亚太地区繁荣的一个基础"，美国将"继续深化和更新这些同盟以反映本地区变化的动力和21世纪的战略趋势"。①

奥巴马政府采取了一系列举措来深化和更新同盟关系：一是重视促进盟友的能力建设。例如，与日本合作发展下一代导弹防御系统，与澳大利亚开展在网络空间的合作，与韩国加强反扩散合作，提升泰国和菲律宾打击暴力极端主义的能力，加强菲律宾的海上力量等等；二是重视与澳大利亚的安全关系。如果说后冷战时代克林顿政府和小布什政府都非常重视美日同盟的话，② 奥巴马政府则出于美国亚太安全新布局的需要着力加强美澳同盟。2011年9月，

① *National Security Strategy*, May 2010, p. 42, http: //www. whitehouse. gov/sites/default/files/rss_ viewer/national_ security_ strategy. pdf.

② 关于后冷战时代克林顿政府和小布什政府重新界定与加强美日同盟的举措，参见吴心伯，《太平洋上不太平——后冷战时代的美国亚太安全战略》，复旦大学出版社，2006年版。

美国和澳大利亚举行的外长和防长会谈（“2+2”）在加强双边安全合作方面达成两个重要协议，一是将网络战纳入美澳共同防御条约，这是美国首次与北约以外的国家开展这种合作；二是同意美海军陆战队进驻澳大利亚北部的达尔文基地，这是美军首次正式驻军澳大利亚，被认为是30年来美澳同盟关系最大的提升。奥巴马总统在2011年11月对澳大利亚的访问期间正式宣布了这项驻军计划。澳大利亚也着手调整国防布局以配合美国在本地区的军事战略。为显示美国对澳大利亚在其亚太战略中的地位的重视，美国军方还在2012年8月史无前例地任命一位澳大利亚将领担任美国陆军太平洋司令部副司令。三是美日同盟的调整。奥巴马执政后，由于2009年上台的民主党鸠山政府有意推行美亚平衡外交和在驻日美军基地搬迁问题上的态度变化，美日关系一度趋向冷淡。2010年鸠山下台和中日钓鱼岛撞船事件使美日关系有了转机。随着继任的菅直人政府和野田佳彦政府在外交安保上采取越来越向美靠拢的政策，美日同盟重新得到了调整和加强。2011年11月，野田在国内存在严重分歧的情况下基于战略考虑宣布日本将参加“跨太平洋伙伴关系协定”谈判。2012年4月，美日发表联合声明宣布，两国就驻日美军搬迁达成协议，9000名美军从冲绳迁至关岛、澳大利亚和夏威夷。另外，两国将在关岛以及北马里亚纳群岛建立日本自卫队和美军共同训练基地。后者反映了美日同盟的一个新趋向，就是为了应对中国力量的上升，美日同盟从过去注重分工协作到注重能力的联合与一体化。[①] 日本面对中国的快速崛起越来越视中国为安全威胁、对华政策愈加强硬以及美国强化亚太战略、加强对华制衡，这两股趋势的结合重振了美日同盟，在主张美日共同制衡中国的美国分析家看来，这一发展对保持亚太

① Patrick M. Cronin, Paul S. Giarra, Zachary M. Hosford and Daniel Katz, *The China Challenge: Military, Economic and Energy Choices Facing the U. S. – Japan Alliance*, Center for a New American Security, April 2012, pp. 7, 9.

地区“有利的军事力量对比和可靠的威慑力至关重要”。[①]

（二）伙伴关系

美国的亚洲政策长期以来是以与盟国的双边关系为基础的。但是随着亚洲大国中国和印度的崛起、中等国家印度尼西亚和越南的发展，美国传统盟国在地区事务中的分量下降已是不争的事实。无论是应对美国金融危机，还是解决地区问题（如朝核问题），抑或是促进全球治理，中、印等国的作用至关重要。奥巴马政府在传统的盟友关系基础上提出要重视与地区新兴力量发展伙伴关系，是对亚洲政治、经济和安全格局变化的反应，既显示出其外交思维中务实的一面，也带有鲜明的地缘政治考虑。

在奥巴马政府谋求发展伙伴关系的努力中，印度、印尼、越南是三个重要对象。美国与印度关系的实质性改善与发展始于小布什政府时期，在奥巴马执政后得到延续。希拉里·克林顿在2009年7月访问印度之前表示，要开启美印关系“3.0版”时代，在访印期间提出在要内容广泛的国际事务中与印开展合作，让印度成为美国的“全球伙伴”。实际上，发展“战略伙伴关系”是奥巴马政府对美印关系的定位。奥巴马政府在其《国家安全战略报告》中称：“美国和印度正在建立战略伙伴关系，它基于我们共同的利益，我们作为世界上最大的两个民主国家的共同价值观，以及两国人民之间的密切联系。”[②] 2010年6月，美印启动了战略对话，以推动两国战略伙伴关系的发展。奥巴马表示：“印度是可以信赖的全球性大国，美国与印度的关系将重新塑造21世纪亚洲乃至全

---

① Patrick M. Cronin, Paul S. Giarra, Zachary M. Hosford and Daniel Katz, *The China Challenge: Military, Economic and Energy Choices Facing the U. S. – Japan Alliance*, Center for a New American Security, April 2012, p. 8.

② *National Security Strategy*, May 2010, p. 43.

球的国际关系。"[①] 2012 年 1 月美国国防部公布的《战略指南》更宣称，美国投资于与印度的长期战略伙伴关系，以提升印度作为"地区经济之锚和更广泛的印度洋地区安全提供者"的能力。[②] 2010 年 11 月，奥巴马访问印度，为提升双边关系推出了两项重大举措，一是表态支持印度成为改革后的联合国安理会常任理事国，二是宣布放宽自 1998 年以来美国实施的对印度的技术出口限制，取消了印度购买"双用途"技术的禁令。2011 年 1 月，美方正式宣布了对印度战略高科技贸易解禁的措施。美印军事交流与合作也发展迅速。美印越来越频繁地举行双边和多边联合军事演习，美国对印度出售的军火越来越多，2011 年，印度成为美国对外军售的第二大客户。美方还提议与印度在国防装备上进行联合研发与合作生产。值得注意的是，与小布什政府一样，平衡和牵制中国在亚洲不断增强的实力和影响力是奥巴马政府对印政策的重要考虑，无论是积极发展与印度的军事合作，还是鼓励印度在东亚地区事务中发挥更大的作用，都带有制衡中国的强烈色彩。

作为世界上最大的伊斯兰教国家、东盟的头号大国和 20 国集团的成员，加之在东南亚重要的地理位置，印尼也是奥巴马政府重视的亚洲新兴大国。奥巴马政府在其《国家安全战略报告》中称，印尼将成为处理地区和跨国问题上"越来越重要的伙伴"。[③] 奥巴马政府希望通过与印尼关系的发展改善同伊斯兰世界的关系、推动打击东南亚的恐怖主义和极端主义，以及影响东盟的内部发展和对外关系，诸如东盟在东亚合作中扮演的角色以及东盟的对华关系。奥巴马在 2010 年 11 月访问印尼期间，与印尼总统苏西洛签署了一份旨

---

① 中国经济网北京 2010 年 6 月 4 日讯（记者王丰），"奥巴马确定 11 月份访问印度，欲战略联手重塑亚洲，" http://intl.ce.cn/specials/zxxx/201006/04/t20100604_21483120.shtml.

② U.S. Department of Defense, *Sustaining U.S. Global Leadership: Priorities for 21st Century Defense*, January 2012, p. 2.

③ *National Security Strategy*, May 2010, p. 44.

在提升双边合作的“全面”伙伴关系协议，承诺要促进两国在贸易、投资、教育、能源、环境、国家安全等领域展开全方位合作。为推动两国在上述领域的合作，美国和印尼成立了联合委员会，下设民主、环境、安全、能源、教育以及贸易与投资等6个小组，委员会每年召开一次会议，由两国外长共同主持。作为与印尼发展更加密切的合作关系的步骤的一部分，美国军方在2010年夏天恢复了同印尼特种部队的关系。奥巴马还在2011年11月出席在印尼召开的东亚峰会期间，宣布美国向印尼出售24架翻新的F－16C/D型战机的决定。近年来，美国与印尼还一直在举行双边和多边的军事演习。不过值得注意的是，印度尼西亚在与美国发展“全面伙伴关系”的同时，也警惕被华盛顿利用来牵制中国，例如，印尼作为2011年东亚峰会的主办国就抵制了美国和一些东盟国家要将南海问题纳入峰会日程的提议，印尼对奥巴马政府强化亚太战略的某些军事举措（如在澳大利亚达尔文驻军）也持保留态度。

美越关系的进展更加引人注目。2010年奥巴马政府发表的《四年防务评估报告》称，将与越南发展“新的战略关系”。[①] 2011年8月，克林顿国务卿在越南国庆祝词中强调，两国正继续合作，努力拓宽合作领域，建设美越“战略合作伙伴关系”。[②] 美越关系的发展主要体现在安全和地区事务中。在军事安全领域，两国建立了政治、安全和战略对话机制，以及定期的国防部长级安全会议。[③] 美国军舰访问越南港口，并与越南在南海举行联合军事演习。2011年9月，两国签署了《防务合作谅解备忘录》，该备忘录的内容包括双方共同“保证海上安全”、“为维护地区安全交换信息”等，被视作两国军

---

① U. S. Department of Defense, *Quadrennial Defense Review Report*, February 2010, p. 59.

② “Hillary Rodham Clinton Press Statement on Vietnam's National Day”, August 31, 2011, http://www.state.gov/secretary/rm/2011/08/171323.htm.

③ 刘卿：“美越关系新发展及前景”，《国际问题研究》，2012年第2期，第91页。

事交流升级的标志。为推动该防卫合作协议的落实，2012 年 6 月，美国国防部长帕内塔访问越南，并到访了越战期间曾为美军基地的金兰湾，越南也将金兰湾对美国的维修和补给船开放。此外，美越还在 2010 年 3 月签订了《民用核能合作谅解备忘录》，包括分享核燃料和核技术，开展核相关技术的交流，并在核安全、核存储以及相关教育领域进行合作。在地区事务上，美越合作主要体现在南海问题上。美国要借插手南海问题实现“重返亚洲”的战略，越南则要借美国牵制中国。2010 年 7 月在越南举行的东盟地区论坛会议上，克林顿国务卿公开支持越南在南海问题上的立场，明确表现出美国要积极介入南海争端的姿态。美国与越南及其它一些东盟国家在南海问题上保持着密切的磋商，利用每年的东盟地区论坛、东亚峰会等场合对华施压。另外，美国还极力将越南拉进“跨太平洋经济伙伴协定（TPP）”，鼓励越南在该协定的谈判中发挥“准伙伴”的作用。美国还通过“湄公河下游倡议”与越南开展在环境保护、医疗、教育、基础设施等领域的合作。总体而言，美国重视对越关系主要是基于战略考虑，越南的地缘战略位置、与中国在南海的纠葛及其强烈的对华防范心理，这些都有助于美国强化其亚太战略、推进对华制衡目标。

（三）对华关系

在奥巴马政府的亚太战略中，中国既是美国谋求发展伙伴关系的“关键玩家”之一，也是要进行制衡的重点对象，而后者随着其亚太战略的强化表现得十分突出。奥巴马政府上台伊始，面对严峻的金融和经济危机以及全球问题的挑战，有意加强与中国的合作，视中国为美国在全球事务中的伙伴，将对华关系置于外交日程的优先位置。在此背景下，中美关系实现了从小布什政府到奥巴马政府的平稳过渡，从而打破了冷战结束后美国政权更替必定会引起中美关系动荡的怪圈。中美两国领导人较快地就两国关系的发展方向达成了重要共识——发展“积极的、合作的、全面的”中美关系。奥巴马政府还将小布什政府时期建立的两个重要的中美对话机制——“中美高层对话”和“中美战略经济对话”——合并成“中美战略与经济对话”，作为增进了解、促进合作、解决分歧的重要手段。两国在应对国际金融危机和改革国际金融体系等问题上的合作也卓有成效。奥巴马总统还在执政的第一年访问了中国。但是，从2010年起中美关系的发展势头出现变化。美国对台军售、奥巴马会见达赖、“天安”舰事件、中日钓鱼岛争端、延坪岛炮击事件等不断冲击着中美双边关系。这些事件有些是老问题，有些是新问题，有些是双边问题，有些是第三方问题。对台军售和奥巴马会见达赖反映了美国对华政策的惰性，显示奥巴马政府在新的形势下不能以新的思维处理对华关系中的老问题；而美国积极利用朝鲜半岛问题和钓鱼岛问题则暴露了奥巴马政府竭力巩固同盟关系、削弱中国的地区影响力的政策动向。更重要的是，中美关系的挫折导致了奥巴马政府内部对华事务权力格局的变化，对华政策的主导权从白宫国家安全委员会易手于国务院，一些主张积极发展对华合作关系的官员离开了政府，对华强硬派克林顿国务卿和负责东亚事务的助理国务卿坎贝尔开始主导对华政策。

在此背景下，美国对华政策发生了一系列重要变化。首先是指导思想的变化。奥巴马政府执政之初，确立了以积极的姿态扩大中美交往与合作的对华政策方针。然而到了2011年初，坎贝尔公开提出美国对华政策的新方针，即“基于现实，关注结果，忠于我们的原则和利益”。[①] 这个新方针的要义是，美国对同中国的关系不能抱有幻想，对华交往不能为了交往而交往，要积极追求实现美国的政策目标，不能为了搞好对华关系而牺牲美国的原则（如在人权问题

---

① Kurt M. Campbell, “Asia Overview: Protecting American Interests in China and Asia.”之后克林顿国务卿也在“美国的太平洋世纪”一文中对此原则作了阐述，Hillary Clinton, “America's Pacific Century,” *Foreign Policy*, November 2011.

上）和利益（如在对台军售问题上）等。虽然 2011 年初胡锦涛主席访问美国期间与美方达成了建设“相互尊重、互利共赢的合作伙伴关系”的共识，但美方处理对华关系的消极思维依旧。其次是政策重点的变化。在奥巴马执政的第一年，对华政策更多关注全球治理问题，如经济复苏、气候变化、大规模杀伤性武器的扩散等问题，希望中国在应对这些挑战上与美国和国际社会合作，发挥负责任的领导作用。[①] 美国对华关系被置于全球的大视野中。然而，从 2010 年开始，奥巴马政府对华政策越来越关注中国在亚太地区力量和影响力的上升及其对美国的影响，关注如何有效应对这一局面。对华关系被置于亚太地区格局中，中国更多地被看作是美国在亚太地区的竞争者。第三是政策态势的变化。奥巴马执政之初，基于较强的全球治理理念，对华政策呈现合作态势。2010 年以后，现实主义思维突出，对中美力量对比的变化趋势十分敏感，对华政策的制衡态势越来越明显。[②]

总体而言，奥巴马政府的对华政策是一个复杂的矛盾体。它的理念基础中既有自由主义和全球治理的成分，又有现实主义成分，但总体上以后者居多；它的目标既包括促进共同利益，又包括关注

---

① *National Security Strategy*, May 2010, p. 43.

② 奥巴马政府对华思维的变化也反映在一些政府官员的公开讲话中。在 2010 年底之前，克林顿国务卿的讲话都把中国访在与印度、印尼等美国要与之建立伙伴关系的国家之列。然而，从 2011 年开始，克林顿、坎贝尔、多尼隆等在公开讲话中，不再将印度、印尼等国放在一起，而是将中国单列，并强调对华关系的复杂性和竞争性。—Hillary Clinton, “Remarks on Regional Architecture in Asia: Principles and Priorities”, address at Imin Center - Jefferson Hall, Honolulu, January 12, 2010; Hillary Clinton, “America's Engagement in the Asia - Pacific,” remarks at Kahala Hotel, Honolulu, October 28, 2010; Kurt M. Campbell, “Asia Overview: Protecting American Interests in China and Asia”; Hillary Clinton, “America's Pacific Century;” Remarks at East - West Center, Honolulu, November 10, 2011; Tom Donilon, “President Obama's Asia Policy & Upcoming Trip to Asia”, Remarks at Center for Strategic and International Studies, November 15, 2012.

力量对比的变化，近年来后者更突出；它的关注点涵盖双边、亚太和全球层面，而以亚太层面为重。美国对华政策这种内在的矛盾性反映出中美关系正处在一个特殊的阶段：中国力量快速上升并保持良好的发展态势，美国发展速度趋缓，因而产生一种被中国超越的战略焦虑感。既要在经济和国际事务中借力中国，又要在安全和外交上制衡中国，如何二者兼顾，美国的决策者尚未设计出一个理想的方程式。

（四）地区多边架构

奥巴马政府亚太战略的重要目标就是建立一个跨太平洋的伙伴关系和地区机制的网络，地区机制与地区规范和伙伴关系一道被认为是构建一个“开放、公正和可持续的”亚太地区秩序的基础。[①] 奥巴马政府希望以这些机制为依托的地区架构不仅能够促进其经济与安全利益，而且也能促进其价值观，因此与小布什政府轻视地区机制的做法不同，奥巴马政府表现出积极参与和培育地区多边架构的姿态。为此，国务院还进行了机构重组，设立了负责东亚和太平洋多边事务和战略的助理国务卿帮办职位，并在东亚和太平洋事务局新设置了一个多边事务办公室，负责处理与本地区多边机构相关的事务。

鉴于奥巴马政府强化亚太战略的切入点是东南亚，因此美国首先积极参与和创设与东盟相关的地区机制。克林顿国务卿表示，美国视东盟为亚太地区正在出现的地区架构的“支点”，对处理诸多政治、经济和战略问题不可缺少。国家安全事务顾问多尼隆称：“我们的目标是支持和加强作为一个机构的东盟，这样它就能够更加有效

① “Remarks by Hillary Clinton in Phnom Penh, Cambodia”, July 12, 2012, http://www.state.gov/secretary/rm/2012/07/194909.htm.

地促进地区稳定、政治与经济进步、人权和法制。”[1] 美国在2009年7月加入了《东南亚友好合作条约》，从而获得了参加东亚峰会的资格。同年11月，奥巴马总统出席了首届美国—东盟领导人会议，此后每年举行一次。2010年6月，美国在东盟总部所在地雅加达设立了驻东盟办事处，以加强与东盟的联系，并在次年由美军太平洋司令部派驻联络官，旨在强化与东盟的军事联系。美国国防部长盖茨参加了2010年10月首次举行的东盟防长扩大会，推动将人道主义援助与救灾、海上安全、军事医学、反恐和维和行动等5个领域作为优先合作选项。2011年10月，美国国防部长帕内塔出席了首次美国—东盟防长非正式对话，他向东盟防长们传递了美国将保持其在亚太的强有力的军事存在的决心和与东盟密切合作的意愿，并与他们探讨了海上安全问题。美国还与东盟合作，对东盟地区论坛进行改革，以增强其行动力，拓展其议程，使之更关注跨国和非传统安全挑战。美国积极推动东盟地区论坛在救灾、海上安全、不扩散、打击跨国犯罪以及预防性外交等方面的作为。2010年7月，克林顿国务卿在参加东盟地区论坛外长会议时，表明了美国积极介入南海问题的姿态和在东盟地区论坛上凸显南海问题的意图。此外，美国还在2009年设立了“湄公河下游行动倡议”，以加强越南、泰国、柬埔寨、老挝这四个湄公河下游国家在互联互通、卫生、教育和环境等领域的合作和能力建设。缅甸在2012年7月加入了这一倡议。2012年7月，克林顿又在金边宣布了美国的“亚太战略接触倡议（Asia - Pacific Strategic Engagement Initiative，APSEI）”，这是一个新的援助项目，旨在“应对当前迫切的双边和跨国问题，并使得美国

---

① Hillary Clinton，“America’s Engagement in the Asia - Pacific，” remarks at Kahala Hotel，Honolulu，October 28，2010；Tom Donilon，“President Obama’s Asia Policy & Upcoming Trip to Asia”，Remarks at Center for Strategic and International Studies，November 15，2012.

及其伙伴能够维持地区稳定和支持一个包容性的地区经济”。[①] 该项目提供的援助主要涵盖6个方面：地区安全合作、经济一体化与贸易、湄公河下游的参与、应对跨国威胁、民主发展、处理战争遗留问题等，其中大多数项目都是与东南亚相关的。为凸显奥巴马政府对东南亚的持续重视，美国还宣布要在3年的时间里通过“亚太战略接触倡议”向“湄公河下游行动倡议”提供5000万美元的援助。在2012年11月举行的美国—东盟领导人会议上，美国发起了“扩大的经济接触倡议”（Expanded Economic Engagement Initiative），该倡议旨在为使东盟国家承担高标准的贸易义务提供能力建设和技术支持，将优先推进谈判《美国—东盟贸易便利协定》、《美国—东盟双边（地区）投资条约》以及《美国—东盟信息与通讯技术协定》。[②]

在美国要积极参与和培育的地区机制中，东亚峰会居于核心位置。原本由东盟10国以及中、日、韩、澳、新、印参加的东亚峰会，本来是讨论推进东亚合作进程、促进东亚共同体建设的论坛，东盟在其中发挥领导作用，但2010年10月美国首次参加东亚峰会时，即表示希望峰会成为一个讨论“共同关心的迫切的战略和政治问题”——如核不扩散、海上安全、气候变化——的论坛。[③] 2011年11月，奥巴马总统首次出席了东亚峰会，再次呼吁峰会拓展讨论范围，关注本地区面临的战略与安全挑战。奥巴马在峰会上着重提出海上安全、核不扩散、灾害应对和人道主义救援三大议题，以推

① U. S. Department of State, Office of the Spokesperson, “Asia - Pacific Strategic Engagement Initiative”, July 13, 2012, http://www.state.gov/r/pa/prs/ps/2012/07/194960.htm.

② U. S. Department of State, Office of the Spokesperson, “U. S. Institutional Support for ASEAN”, Washington DC, November 19, 2012, http://www.state.gov/r/pa/prs/ps/2012/11/200825.htm.

③ Kurt M. Campbell, “Asia Overview: Protecting American Interests in China and Asia.”

动将峰会打造成一个战略安全论坛。[1] 多尼隆在解释美国的这一立场时表示，亚太经合组织给本地区的领导人提供了处理经济和贸易问题的机会，外交和国防部长们则在东盟地区论坛和“香格里拉对话”会面，而除了东亚峰会外，地区各国领导人磋商政治事务没有别的渠道，因而东亚峰会应该成为这样一个论坛。[2] 事实上，随着美国将东亚峰会作为推进其地区战略的重要抓手，峰会不仅面临着重新定位的压力，东盟在其中的主导地位也面临着挑战。

在克林顿政府时期，亚太经合组织在美国的亚太战略中占有重要位置，华盛顿力图利用这一机制推进亚太地区的贸易和投资自由化，构建“新太平洋共同体”。奥巴马政府一方面表示要巩固亚太经合组织作为亚太地区首要的经济机制的作用，推动发达经济体和新兴经济体共同促进开放的贸易与投资，并于 2011 年在夏威夷举办了亚太经合组织领导人会议。另一方面，奥巴马政府积极推进“跨太平洋伙伴关系协定”，试图通过打造一个高标准、基础广泛的自由贸易协定以为未来的亚太自由贸易区奠定基础。实际上，鉴于亚太经合组织成员在实现既定的贸易与投资自由化目标上存在的分歧，美国对该机制的兴趣早已淡化，而“跨太平洋伙伴关系协定”因其在实现美国在亚太地区多种利益目标的工具价值而受到奥巴马政府的青睐，这点将在后文中进一步分析。

总体看来，奥巴马政府参与和培育地区多边机制的举措有两大特点，一是着重抓安全机制，二是谋求塑造这些机制的议程。美国促进地区安全机制建设的主要动机，一是利用这些机制作为处理美国安全关切的手段，二是以此为抓手，塑造地区安全秩序，使之朝

---

① The White House, Office of the Press Secretary, November 19, 2011, “East Asia Summit,” http: //www. whitehouse. gov/the – press – office/2011/11/19/fact – sheet – east – asia – summit.

② Tom Donilon, “President Obama’s Asia Policy & Upcoming Trip to Asia”, Remarks at Center for Strategic and International Studies, November 15, 2012.

着对己有利的方向发展。

（五）贸易和经济政策

在经济政策方面，鉴于亚太地区对美国经济发展具有首屈一指的重要性，奥巴马政府致力于促进美国对亚太的出口，谋求制定对美有利的经济贸易规则，塑造美国主导的地区经济合作格局。要实现奥巴马总统提出的5年出口倍增计划，关键是扩大对北美（加拿大和墨西哥）和东亚（中国、日本、韩国、东南亚）的出口。鉴于中国既是美国出口增长最快的市场，又是美国贸易顺差的最大来源，奥巴马政府一方面通过中美战略与经济对话等机制促使中国更多进口美国产品，另一方面频频对华使用贸易救济措施，限制从中国的进口，以促进美国的制造业复苏和就业增长。奥巴马政府还游说美国国会在2011年通过了小布什政府2007年与韩国签署的《美韩自贸协定》，该协定将在5年内取消95%的美国对韩出口商品的关税，从而使美国对韩商品出口增加100亿美元，支撑7万个美国工作岗位。[①] 作为2011年亚太经合组织峰会的东道主，美国推动APEC为亚太地区设置21世纪的议程，聚焦高质量的经济增长，即平衡、包容和环境可持续的增长。[②] 华盛顿希望利用亚太经合组织发挥自身的比较优势。如同上个世纪90年代美国利用APEC推动世界贸易组织达成《信息技术协定》，从而有利于美国发挥其信息技术优势一样，如今奥巴马政府希望利用APEC扩大环保产品和服务的市场准入，以发挥美国在这方面的优势。在2011年11月13日召开的APEC第19次领导人非正式会议，以"紧密联系的区域经济"为主题，主要讨论亚太地区经济增长、区域经济一体化、绿色增长、能源安全、规制合作等议题。会议发表的《檀香山宣言》同意，2012年将为制

① Hillary Clinton, "America's Pacific Century," *Foreign Policy*, November 2011.

② Robert D. Hormats, Remarks at The Third Annual Engaging Asia Conference.

定一个对实现绿色增长和可持续发展目标有直接和积极贡献的 APEC 环境产品清单而开展工作，并根据各成员经济状况，在不影响各成员在世贸组织的立场的情况下，在 2015 年年底前将这些产品的实施税率降至 5%或以下。《宣言》还提到，APEC 成员要加强规制改革和规制衔接，以防止不必要的贸易壁垒抑制经济增长和就业。

对奥巴马政府来说，最重要的地区经济政策工具还是“跨太平洋伙伴关系协定”。TPP 最初是由智利、新西兰、新加坡和文莱四国于 2005 年 6 月签订、2006 年 5 月生效的一个促进经贸互惠与合作的协定。2009 年 11 月奥巴马宣布了加入 TPP 的意向以来，美国一直在积极推进并主导该协定的谈判，旨在将其打造成亚太地区范围最大、起点最高的自由贸易安排。2011 年 11 月，奥巴马又选在夏威夷 APEC 峰会召开之际宣布与有关国家达成 TPP 基础框架①，以凸显美国对 TPP 重视。参加基础框架谈判的国家曾计划在 2012 年形成该协定的法律文本，但实际上并未如期实现这一目标。在奥巴马政府眼中，TPP 至少能为美国带来如下的重要利益。首先，美国希望该协定将大大促进其对本地区的出口，创造更多的就业机会，从而有利于美国的经济复苏。奥巴马在达成 TPP 基础框架之后坦言，该协定将帮助美国实现出口翻番的目的，将支撑美国数以百万计的工作机会。其次，重订游戏规则。在该协定的谈判中，美国通过将知识产权保护、劳工标准、环境标准纳入其中，以提高美国企业的竞争优势，更好地保护美国的知识产权。第三，希望以此牵制东亚合作，重振亚太合作。美国担心东亚经济合作的发展不仅会削弱其与本地

① 这些国家包括澳大利亚、文莱、智利、马来西亚、新西兰、秘鲁、新加坡和越南等。日本、墨西哥、加拿大也在 TPP 基础框架达成后宣布要加入跨太平洋伙伴关系协定的谈判。基础框架指出 TPP 核心议题包括：贸易协定、工业产品、农业、纺织、知识产权、技术性贸易壁垒、劳工和环境。——中新社檀香山 2011 年 11 月 12 日电（记者孙宇挺），“奥巴马称，TPP 基础框架达成，明年之前形成法律文本，”中国新闻网 http://www.chinanews.com/gj/2011/11-13/3456470.shtml。

区的经济联系，更使中国成为地区经济的中心，从而降低美国对地区事务的影响力。华盛顿的如意算盘是，随着东亚国家如新加坡、马来西亚、越南、文莱、日本等加盟 TPP，东亚合作的动力将大大减少，而美国主导的亚太合作将获得新的动力。第四，该协定还将加深美国与亚太一些国家的联系，有助于巩固美国在本地区的政治与安全上的影响力，维持美国在地区事务中的主导地位。

（六）更广泛和更强大的军事存在

奥巴马政府强化亚太战略最主要的措施是在军事领域。随着美国结束伊拉克和阿富汗两场战争，其军事部署的重点开始向亚太转移。2012 年 1 月美国国防部公布的新战略指南文件《维持美国的全球领导地位：21 世纪防务的优先任务》表示，需要根据已经发生变化的地缘政治环境和预算条件评估美国的防务战略，虽然美国军队将继续在全球部署，但“将不可避免地向亚太地区再平衡”。[①] 虽然美国面临着紧缩军事预算的压力，但奥巴马政府明确表示这不会影响到对亚太的军事投入。奥巴马 2011 年访问澳大利亚时在对澳议会的演讲中强调：“当我们考虑我们武装力量的未来时，我们已经开始了一项评估，以界定未来 10 年我们最重要的战略利益，指导我们防务的优先任务和开支。随着我们结束今天的战争，我已经指示我的国家安全团队把我们在亚太地区的存在和使命作为一项最优先的课题。因此，削减美国的防务开支不会——我再说一遍，不会——影响我们在亚太的投入。”[②]

新战略指南文件认为，要维持亚太的和平与稳定、商业活动的自由开展以及美国的影响力，部分取决于潜在的军事能力和军事存

---

① U. S. Department of Defense, *Sustaining U. S. Global Leadership: Priorities for 21st Century Defense*, January 2012, p. 2.

② The White House Office of the Press Secretary, “Remarks by President Obama to The Australian Parliament”.

在的平衡。因此，奥巴马政府的新亚太军事战略主要围绕如何提升美国在亚太的军事能力和军事存在实施。这种调整主要体现在以下几方面。

首先，增加在亚太的军事部署。目前美国海军在太平洋和大西洋的部署大约是一半对一半，根据新的计划，到 2020 年，美国海军 60% 的水面舰只和潜艇将集中到亚太地区，包括 11 艘航母中的 6 艘。为提升作战能力，美国将更新诸多武器装备，如第五代战机（F－22和 F－35），改良型的“弗吉尼亚”级潜艇，新的电子战和通讯能力，改进的精确制导武器等。[①] 实际上，美国军方已计划于 2017 年前在太平洋基地部署 B－2、F－22、F－35 三种隐形战机，特别是在日本的美军岩国基地部署新型隐形战机 F－35，这是该型战机首次海外部署。随着美军撤离伊拉克和阿富汗，美国陆军和海军陆战队在亚太地区的存在将会扩大。这意味着亚太将成为美国全球军事部署的重点。

其次，加强在东南亚和印度洋的军事存在。长期以来，美国在亚太的军事部署集中在东北亚，以应对朝鲜半岛和台湾海峡的军事冲突为要旨，在新的安全环境下，美军更多关注东南亚和印度洋。为此目的，美国宣布要在新加坡部署濒海战斗舰，在澳大利亚的达尔文港常驻美国海军陆战队，以轮换部署的方式扩大在菲律宾的军事存在。为凸显美国在本地区的军事存在，美军有意以港口访问和临时使用的方式重返其在菲律宾、越南和泰国的军事基地，并与东南亚的盟友经常地、无缝地展开行动，包括增加联合训练的机会，进行新的联合巡逻和演习等。

第三，提升美国对付“冲突和胁迫”的威慑能力，确保美国的军事能力、军事基地和作战理念能够在一个美军的进入和自由行动

① Speech at Shangri－La Security Dialogue by Leon E. Panetta, June 2, 2012, http://www.defense.gov/speeches/speech.aspx? speechid=1681.

会遭到挑战的环境中获得成功。[①] 为此目的，美国积极加强美军及盟友的导弹防御能力，采取措施更好地分散关键的军事资产和兵力（如将驻冲绳美军迁至第二岛链），加固军事设施，提高远程情报、侦察、监视能力，加强打击平台建设，发展新的“空海一体战”概念。

这里值得关注的是“空海一体战”构想。在冷战时期，美国为了对付苏联强大的地面军事力量，曾提出过“空地一体战”概念，冀图借助空中与地面力量的有效配合来削弱苏联的地面军事优势。在新的安全环境下，鉴于中国、伊朗等国发展“反介入”和“区域拒止”能力，美国军方提出了“空海一体战”的构想。美国国防部在2010年2月发表的《四年防务评估报告》中首次表示，空军和海军正一起发展新的联合空海作战的概念，探讨为应对不断增长的对美军行动自由的挑战，两大军种应如何整合在所有的作战领域—空中、海上、陆地、太空和网络空间—的作战能力。[②] 2011年夏，新上任的国防部长利昂·帕内塔批准了“空海一体战”的构想，随后五角大楼便成立了“空海一体战”办公室来负责贯彻这一理念。2012年1月，美国国防部公布了具体体现该构想的《联合作战介入概念》（the Joint Operational Access Concept）。根据美国军方的介绍，“空海一体战”的核心理念包括“网络化、联合、深入打击”。“网络化”是指通过建立稳固的通讯网络，加强个人与组织的联系，使得空军和海军能够有效地开展跨领域作战，破坏敌人的反介入和区域拒止能力。“联合”是指空军和海军在作战行动中密切协调，如通过网络和水下行动破坏防空系统，或通过空中打击消除潜艇或鱼雷威胁。“深入打击”是指向任何需要破坏的敌军系统发动进攻，以进入达到行动目标所需的争夺地区。基于上述作战理念，美国空军和

---

① Michele Flournoy, Remarks at The Third Annual Engaging Asia Conference.

② U. S. Department of Defense, *Quadrennial Defense Review Report*, February, 2010, p. 32, http: //www. defense. gov/qdr/QDR%20as%20of%2029JAN10%201600. pdf.

海军在实施“空海一体战”时将在 3 个方面开展行动，即“破坏”—进攻敌方战斗网络，尤其是破坏情报、监视和侦察系统以及指挥控制系统；“摧毁”—压制敌方武器运输平台，如舰船、潜艇、飞机和导弹发射架等；“消除”—保护联合部队不受对手攻击。①

第四，举行更多和更大规模的军事演习。美军相信，其在亚太地区举行的单边、双边和多边军事演习能够强化美国的威慑力，增强盟友的防务能力，提升同盟的凝聚力。② 例如，2012 年美国在亚太举行的双边和多边演习的规模与数量都有所扩大，其中“环太平洋”军演有22 个国家参加，参加演习的共有42 艘水面舰只、6 艘潜艇、200 余架飞机和2. 5 万名军人，是 1971 年这一演习开始以来规模最大的一次。

（七）打民主与人权牌

“民主与人权牌”是奥巴马政府亚太战略的重要组成部分。希拉里·克林顿声称：“作为一个国家，我们最强有力的资产是价值观的力量——尤其是我们对民主和人权的坚定支持”，这甚至比军事能力和经济规模更加重要。③ 奥巴马政府在亚太地区打人权和民主牌的对象是中国、越南、缅甸和朝鲜，但手段各不相同。对中国，奥巴马政府一开始主要关注应对金融危机和全球气候变化，因而淡化两国在人权和民主问题上的分歧。但是在 2009 年 11 月奥巴马的中国之行和 2010 年初的“谷歌事件”中，美国开始在信息自由上做文章。从 2011 年起，随着所谓“阿拉伯之春”在中东北非的蔓延，奥巴马

---

① General Norton A. Schwartz and Admiral Jonathan W. Greenert, “Air – Sea Battle: Promoting Stability in an Era of Uncertainty,” February 20, 2012, http: //www. the – american – interest. com/article. cfm? piece = 1212.

② U. S. Department of Defense, *Sustaining U. S. Global Leadership: Priorities for 21st Century Defense*, January 2012, p. 5.

③ Hillary Clinton, “America’s Pacific Century,” *Foreign Policy*, November 2011.

政府在人权和民主问题上对华立场趋向高调和强硬，克林顿国务卿更在2011年5月举行的第三届中美战略与经济对话会上就人权问题对华发难，她还在2012年7月对蒙古的访问中含沙射影地攻击中国模式。对越南，美方以发展“战略伙伴关系”为诱饵，要求越方保护人权和促进政治自由。2011年，美国国会通过《越南人权制裁法案》、《2011年越南人权法案》等，要求国务院处理对越关系时将越南违反人权和宗教自由因素考虑进去。奥巴马政府也一再强调，人权问题阻碍了美越双边关系的快速发展，如果越南不进行新一轮政治改革，那么美越关系只能原地踏步。[①] 对朝鲜，虽然美国国会和行政部门不断在人权问题上对其进行公开抨击，但美国对朝主要关切是安全问题，人权问题既非华盛顿的优先目标，美国也缺乏有效的施压手段。

奥巴马政府的“民主与人权牌”在缅甸取得了明显进展。奥巴马执政后调整了美国对缅政策，由以制裁为主的孤立打压向制裁加接触的“务实接触”方向转变。[②] 2009年11月和2010年5月，坎贝尔两次访问缅甸，与时任总理登盛、反对派全国民主联盟主席昂山素季等会谈。2009年8月，美国参议员吉米·韦布（Jim Webb）也访问缅甸，与军政府最高领导人丹瑞大将长谈。坎贝尔和韦布的访问都旨在了解缅国内政治动向，敦促缅军政府实行政治改革。2010年11月缅甸举行受到全国民主联盟抵制的大选后，美国不承认大选结果，但随着新政府上台后改革步伐的迈进，奥巴马政府的态度发生改变。2011年8月，奥巴马政府任命米德伟（Derek Mitchell）为缅甸问题特使，标志着美国对缅接触机制化。9月，美国邀请赴纽约参加联合国大会的缅甸新外长吴温纳貌伦访问国务院。2011年11月，克林顿国务卿访问缅甸，表示如果缅方在美国关切的一系列

---

① 刘卿：“美越关系新发展及前景”，第97页。

② 杜兰：“美国调整对缅甸政策及其制约因素”，《国际问题研究》2012年第2期，第41页。

问题上（如停止缅甸与朝鲜的军事合作、释放政治犯、与少数民族和解等）作出回应，奥巴马政府将采取新的举措推进对缅关系。2012 年 5 月，奥巴马总统提名米德伟出任美国驻缅甸大使，缅甸外长吴温纳貌伦也受邀正式访问美国，这标志着美缅外交关系的全面恢复。在提升与缅甸的政治互动的同时，奥巴马政府还逐渐扩大对缅甸的援助，并取消了对缅甸金融和投资领域的制裁，鼓励美国企业到缅甸投资和开展贸易。2012 年 9 月，昂山素季访美并与奥巴马会面，缅甸总统吴登盛赴纽约出席第 67 届联合国大会，成为 46 年来首位访美的缅甸最高领导人。11 月，奥巴马访问缅甸，成为首位访问缅甸的美国总统，这标志着美缅关系取得了重大进展。此外，美国军方也在考虑开启与缅甸的军事关系，五角大楼邀请缅甸观摩 2013 年“金色眼镜蛇”亚太多国联合军演，但内容仅限于人道主义救援救灾及军队医疗救助。美军还将对缅甸军队进行“非杀伤性”培训，帮助其推进防务改革，提升其人道主义救援能力。

应该看到，美国对缅甸大打“民主与人权牌”、积极改善美缅关系的背后有着重要的地缘政治利益。缅甸地处南亚次大陆和中南半岛之间，是中国走向印度洋的必经之地，战略位置十分重要。中国是缅甸的近邻，是其最大的贸易伙伴和最大的投资国，对缅甸有着重要的政治和经济影响力，缅甸成为中国走向印度洋的重要通道。而从缅甸西部港口到中国昆明的中缅油气管道的修建，还增加了中国石油和天然气输入的通道，改善了中国能源供应的安全性。美国加紧改善与缅甸的关系，无疑有削弱中国在中南半岛的影响力、牵制中国进入印度洋和制约中国能源供应安全的战略考虑，这符合美国亚太“再平衡”战略中制衡中国的重要目标。

四、亚太战略的特点

与后冷战时代的克林顿政府和小布什政府相比，奥巴马政府的亚太战略在构想和实践上都具有一系列鲜明的特点。

特点之一是大亚太的视野。传统上美国亚太政策视野主要关注东亚和西太平洋地区，不包括中亚、南亚和西亚。[①] 随着亚洲力量对比和地缘政治环境的变化，小布什时期美国的亚太政策视野开始涉及中亚和南亚。奥巴马政府在思考其亚太战略时，明确将南亚次大陆包括进来，将印度洋和西太平洋的安全联系起来加以考虑，“印—太地区（印度洋和太平洋）”思维浮出水面。2012 年 1 月美国国防部公布的《战略指南》表示：“美国的经济与安全利益不可分割地维系于从西太平洋和东亚延伸到印度洋和南亚的弧形地带的事态发展”。[②] 作为这一大亚太视野的体现，美国积极鼓励、支持印度实施“东向”政策，积极参与东亚事务，2011 年 12 月在华盛顿举行的首次美国、日本、印度三边对话就旨在使印度更多地介入东亚安全与经济事务，加强三国间在东亚事务上的协调与合作。此外，奥巴马政府也积极谋划将美国在西太平洋尤其是东南亚的军事部署与印度洋的安全形势联系起来，而美国在澳大利亚达尔文的驻军就反映了这一目的。时任美国防部长帕内塔坦言，美国在达尔文派驻的海军陆战队能够快速地部署在亚太地区，“从而使得我们能够更加有效地

---

① 例如，美国在 1990 年代发表的三份关于亚太战略的报告，*A Strategic Framework for the Asian Pacific Rim: Report to Congress* 1992，*United States Security Strategy for the East Asia – Pacific Region*（1995），*The United States Security Strategy for the East Asia – Pacific Region*（1998），都没有将南亚和印度洋包括进去。

② U. S. Department of Defense, *Sustaining U. S. Global Leadership: Priorities for 21st Century Defense*, p. 2.

与东南亚和印度洋的伙伴合作，以应对诸如自然灾害和海上安全这样的共同挑战”。[①]

特点之二是强烈的“布局”意识。二战以后的美国亚太政策兼有结构性和功能性的双重目的，前者在于塑造地区格局，后者在于处理具体的政治、经济和安全挑战。这二者之间又存在互补关系：结构性安排为处理功能性问题提供手段，而处理功能性问题又为结构性安排提供了支撑。冷战时代，美国通过一系列的双边同盟布局亚太，形成了“轮毂—轮辐”形状的地区政策架构，并塑造了地区政治安全格局，这是结构性安排作用的体现。冷战结束后，克林顿政府提出构建“新太平洋共同体”的口号，意在重塑亚太格局。克林顿政府在经济上通过亚太经合组织整合亚太，在安全上巩固已有的双边同盟，与亚太地区的经济联系大大加强，但地区格局总体上并未发生重大变化。小布什上台后，谋求重塑亚太地缘政治格局，但“9·11”事件和朝核问题的再起打乱了小布什政府的战略计划，迫使其在亚太地区重点关注反恐和朝核等功能性问题。奥巴马政府鉴于亚太地区正在发生的深刻变化，提出需要建立一个“更加充满活力和持久的跨太平洋体系”，以为亚太地区提供一个“更加成熟的安全和经济架构”。[②] 这表明尽管奥巴马政府的亚太战略并没有忽视处理本地区的各种具体挑战，但其着眼点在结构性层面，要旨在塑造新的地区格局。通过打造新的地区安全与经济架构，奥巴马政府希望巩固美国与本地区关系的基础，并提升美国在中国崛起背景下主导地区事务的能力。

特点之三是将“轮毂—轮辐”形状的地区政策架构转变成网络状的地区政策架构。传统的“轮毂—轮辐”状架构是建立在以美国为中心的同盟关系之上的。随着中国的快速崛起、美国力量的相对

① Speech at Shangri - La Security Dialogue by Leon E. Panetta, June 2, 2012.

② Hillary Clinton, “America's Pacific Century;” Remarks at East - West Center, Honolulu, November 10, 2011.

下降以及日本经济的停滞不前，“轮毂—轮辐”架构在因应亚太地区事务中的作用方面显得捉襟见肘，另一方面，一些地区成员力量和影响力在上升，它们潜在和现实的地缘政治作用被华盛顿所看重。奥巴马政府将这些国家视为美国在亚太的重要伙伴，积极发展与他们在政治、安全和经济领域的合作。虽然美国自克林顿政府后期起就在着手改善与其中一些国家的关系，小布什政府也继承了这一做法，但奥巴马政府对此有更明确的战略构想，有更多的资源投入，有更现实的政策需求。

具体说来，奥巴马政府打造亚太地区“盟友 + 伙伴”关系网络的举措主要体现在三个层次。首先是将与本地区盟友的双边合作扩大到三边合作，即将美日、美韩、美澳合作模式拓展为美日韩、美日澳合作模式，以增大同盟的效应。例如，2012 年 6 月，美、日、韩三国海军在朝鲜半岛以南海域举行了首次联合军事演习，而美、日、澳三国海军自 2007 年以来便举行联合军演，2012 年更在南海附近海域进行军演，以凸显三国合作应对南海局势的态势。其次是“2 + 1”模式，即美国、日本与某个美国的安全伙伴的合作，如 2011 年 12 月在华盛顿举行的首次美国、日本、印度三边对话，就是奥巴马政府将“美国 + 盟友”的传统政策架构扩展为“美国 + 盟友 + 伙伴”的新架构的重要举措。第三是积极鼓励盟友和伙伴之间加强安全联系，积极介入美国关切的地区问题。例如，近年来日本、澳大利亚、印度都在以各种方式介入南海问题，日本和印度还举行了关于“海上交通线”的战略对话，两国与越南的关系也可疑地热乎起来，日本还在积极加强与菲律宾的军事关系。通过编织“美国 + 盟友 + 伙伴”的合作网络，美国在亚太的安全政策架构不再仅是一些盟国与美国之间的单线联系，也包括了这些盟国和伙伴相互之间的联系和配合，形成了纵横交错的格局。将“轮毂—轮辐”状的地区政策架构转变成网络状的地区政策架构，丰富了美国赖以实现其亚太政策目标的手段，有助于夯实其亚太战略的依托。

特点之四是外交、经济、安全多管齐下，相互配合。在以往的美国亚太政策实践中，有时会出现外交、经济和安全相互脱节、各部门自行其是的情况，这使得美国亚太政策的效果大打折扣。奥巴马政府的亚太战略在设计和实施上注重外交、经济和安全的配套。外交上，积极发展与印度、印尼、越南等国的伙伴关系。经济上，推进 TPP，打造新的地区经济架构。安全上，抓住南海问题大做文章，将东亚峰会转变为多边安全平台。这些政策手段之间的互补效应十分明显：发展与伙伴国家的关系有利于美国搭建新的地区经济和安全架构；打造新的地区经济架构有利于华盛顿拉拢一些地区成员，并巩固其地区安全安排的基础；南海问题和东亚峰会这两个抓手又有助于美国介入地区安全事务和拉拢一些东南亚国家。以上这些手段又在总体上服务于制衡崛起的中国这一重要战略目标。从政策执行的情况看，国务院扮演了主要角色，从 2009 年到 2012 年 9 月，克林顿国务卿 13 次出访亚太，多次就美国亚太政策发表演讲，美国负责亚太事务的助理国务卿坎贝尔也积极出谋划策，活跃于台前幕后，与此同时，国防部和经济部门也提供了积极和有效的配合，使奥巴马政府的亚太政策整体上体现出较强的一致性。

特点之五是以东南亚为重点。在后冷战时代，克林顿政府和小布什政府的亚太战略重点都是在东北亚，注重加强与日本、韩国的同盟关系，积极谋求处理朝鲜半岛问题和应对台海冲突。奥巴马政府忧心于 21 世纪最初 10 年中国与东南亚国家关系的发展和在这一地区影响力的扩大，同时也鉴于小布什政府对东南亚的忽视，决意把亚太战略重点放在该地区。实际上，克林顿国务卿上任后第一次出访包括了印尼这一举动就是要传递一个信息，即美国对亚洲的兴趣超越了传统上对东北亚的关注。[①] 从签署《东南亚友好合作条约》到正式加入东亚峰会，从启动“美国—东盟峰会”到推进“湄公河下游行动计划”，从重点发展与越南、印尼的伙伴关系到解冻与缅甸的关系，从介入南海问题到在新加坡部署濒海战斗舰，等等，这一系列举措使得奥巴马政府成为美国自越南战争结束以来最重视东南亚、最有作为的一届政府。奥巴马的国家安全事务顾问多尼隆称，“我们不仅在向亚太地区再平衡，我们也在亚太地区内部再平衡，即重新聚焦东南亚和东盟。”[②] 其中积极介入南海问题更是暴露出奥巴马政府的多重政策目的：拉拢东南亚国家，离间中国与这些国家的关系，更深地介入地区事务，牵制中国海军在南海的活动，等等。

特点之六是对华战略态势的变化。冷战结束以来，历届美国政府的亚太战略都有针对中国所可能带来的安全挑战的设计，克林顿政府是“防范”战略，小布什政府是“避险”战略，奥巴马政府则是“制衡”战略。[③] 从理念上讲，对华“制衡”战略是与克林顿政府的“防范”战略和小布什政府的“避险”战略一脉相承，但其针对性更强。“防范”战略和“避险”战略都是旨在做好应对中国有可能朝着对美不利的方向发展的准备，侧重于塑造中国的战略环境、引导中国的安全行为，对中国安全利益的影响主要是潜在的。“制衡”战略则是针对中国力量上升、影响力扩大的现实，要直接地和针锋相对地平衡中国的影响力、牵制中国的行为，其对中国安全利

---

① Jeffery A. Bader, *Obama and China's Rise: An Insider's Account of America's Asia Strategy*, p. 94.

② Tom Donilon, “President Obama's Asia Policy & Upcoming Trip to Asia”, Remarks at Center for Strategic and International Studies.

③ 关于克林顿政府的对华“防范”战略和小布什政府的对华“避险”战略，参见吴心伯，《太平洋上不太平 - 后冷战时代的美国亚太安全战略》第四章以及吴心伯，《世事如棋局局新——二十一世纪初中美关系的新格局》（复旦大学出版社 2011 年出版）第 3 章。

益的影响已是现实的。事实上，奥巴马政府的对华制衡战略已经对中国的安全利益产生了明显的负面影响，最主要的就是南海问题的激化和中国与东盟国家关系的紧张。由于 2010 年以来美国的怂恿、拉拢和挑拨，越南、菲律宾等国在南海问题上对华立场越来越强硬，不断挑起事端，南海争端高温不退，东盟内部在南海问题上分歧凸显，东盟与中国的关系趋向紧张。本世纪初的 10 年中国周边外交的一大亮点就是与东南亚国家关系的进展，现在由于美国的“破坏性”介入，中国的东盟外交面临新的挑战。此外，在美国的怂恿下，日本也在钓鱼岛问题上不断发难，力图突破现状，以所谓“国有化”的方式巩固日本对该岛屿的占有。奥巴马政府强化对华制衡的战略态势使得中国的周边环境更趋复杂，中国所受到的外交与安全压力剧增。

特点之七是重视规则制定。希拉里·克林顿在“美国的太平洋世纪”一文中称，美国要求新的伙伴们与美国一道塑造和参与“一个以规则为基础的地区和全球秩序”。2012 年 1 月出台的新战略指南文件也表示：“与盟友和伙伴网络密切合作，我们将继续促进以规则为基础的国际秩序，该秩序确保稳定，鼓励新兴力量的和平崛起、经济的蓬勃发展以及建设性的防务合作。”① 奥巴马政府相信，在亚太地区力量对比发生重大变化的背景下，掌握游戏规则的制定权是确保美国在本地区的主导地位的关键，同时也是美国“软实力”和“巧实力”的体现。如前所述，这些规则包括商业活动的自由和开放，以和平方式解决争端，所有国家畅通无阻地进入天空、太空和海洋这些全球公共领域，经济秩序的开放、自由、透明和公平，等等。华盛顿谋求通过自身和盟友的努力以使这些规则在新的地区经济与安全架构中充分体现出来。与此同时，美国不断敲打和施压中

① Hillary Clinton, "America's Pacific Century," *Foreign Policy*, November 2011; U. S. Department of Defense, *Sustaining U. S. Global Leadership: Priorities for 21st Century Defense*, p. 2.

国，攻击中国不按规则行事，要中国在从海上航行自由到人民币汇率自由浮动等诸多方面遵守国际规则和规范。①

① See, for instances, Remarks by President Obama and Prime Minister Gillard of Australia in Joint Press Conference, November 16, 2011, http: //www. whitehouse. gov/the – press – office/2011/11/16/remarks – president – obama – and – prime – minister – gillard – australia – joint – press; Remarks by the President in State of the Union Address, January 24, 2012, http: //www. whitehouse. gov/the – press – office/2012/01/24/remarks – president – state – union – address.

奥巴马政府的经济战略调整

宋国友

（复旦大学美国研究中心副教授）

金融危机的爆发以及奥巴马当选美国总统，从危机应对和行政权力变更两大角度共同促成了美国经济发展战略的重大调整。这种调整不是短期的，而是长期的；不仅仅是政策的，也是战略的；不只是对内的，也是对外的。可以预见的是，美国的经济战略调整不但将要塑造美国的经济发展前景，而且会对世界经济产生重大作用。考虑到中美经济的密切联系，中国也难以置身其外，将会受到较大的影响。

一、奥巴马政府关于经济战略调整的看法

本轮经济危机深刻暴露了美国原有经济增长方式的重大缺陷，从而使得美国各界在思考如何尽快走出危机的同时，也在进行认真反思，如何确保美国经济未来的良性发展。在此前提下，奥巴马政府内部对于经济战略调整的重要性和紧迫性可以说已经取得了较为普遍的共识，具体而言表现在如下五个方面：

（一）抑制消费过度化，提高国民储蓄率

自20世纪90年代开始，美国经济发展越来越依靠国内消费的推动。美国国内居民消费占GDP的比重已经超过72%，如果加上政府消费在内，总体消费的比重已经超过80%。如此高的消费比重损害了美国经济的健康发展。一旦美国国内消费萎缩，其经济发展势必受到负面影响。更为严重的是，美国的过高消费是以储蓄率不断下降为代价、建立在过度透支基础上的。在金融危机爆发的2008年，美国国民储蓄率只有12.6%，私人储蓄率更是在2%以下。[①] 过低的储蓄率无法持续负担如此高额的消费，这种后果反映在政府层面，是国家债务的屡创纪录；反映在私人层面，是家庭负债的不断增加。对于借债经济，奥巴马深恶痛绝，号召美国政府和家庭都要"提高储蓄，量力消费"。[②]

（二）防止经济继续虚拟化，鼓励生产性实体经济发展

本次金融危机爆发始于次贷危机，是从金融行业引发的。这是美国经济虚拟化恶劣后果的一个集中体现。如今的美国经济，已经和20世纪七八十年代的经济大有不同，虚拟经济成为美国经济的主导。有实际产品生产的制造业不断萎缩，其比例由1980年的20%下降至2008年的11.5%，而同期虚拟经济的比重大幅上升，从56.1%攀升至68.2%。在虚拟经济中，包含房地产在内的广义金融业独占鳌头，2008年占GDP的比重高达20%。虚拟经济的高价值化提高了其他行业的机会成本，使劳动成本大幅增加。同时，由于金融业在国民经济中的比重过大，一旦该行业出现问题，在制造业衰落而无法提供缓冲的背景下，将会给整体经济带来巨大风险。

---

① IMF, *World Economic Outlook*, October 2009, p. 196.

② http: //www. whitehouse. gov/the - press - office/remarks - president - budget.

（三）减少巨额贸易逆差，促进美国产品出口

美国一度是世界上最大的出口国，但伴随着其国内过度消费和经济虚拟化所导致的本国制造业外迁，美国的贸易逆差自上世纪90年代之后迅速扩大。从1991—2008年，美国国际贸易收支从接近平衡发展到贸易逆差占美国GDP的5%左右，这一比值在2006年甚至高达7.1%。[①] 不断攀升的贸易赤字严重威胁着美国经济。美国必须认真考虑扩大本国产品的出口，以抵消巨额贸易逆差及其对经济的伤害。

（四）调整美国—世界的经济关系，实现全球经济再平衡

在全球化的时代，仅仅通过调整内部经济发展模式是难以真正实现美国经济可持续发展的，因为美国经济发展模式当中的诸多问题并不是美国一个国家的问题，它在很大程度上也是全球经济失衡的结果，单凭美国一国之力难以根本扭转。如果想要实现美国经济的长期健康发展，就必须重新调整美国与世界的经济关系，改变两者之间以往的那种美国更多的是作为进口国和消费国的互动模式。奥巴马政府因此要致力于推动全球经济再平衡，让其他主要经济体能够配合美国的经济战略调整。[②]

（五）降低市场对于经济的过大影响，增强政府在经济发展中的作用

如果说上述四方面的反思属于经济发展模式层面，那么此点就是属于经济管理理念方面的。本次金融危机之所以爆发，与美国政

① Marc Labonte，“Is the U.S. Current Account Deficit Sustainable?”，Congressional Research Service，April 2，2010，p. 1.

② 宋国友：“全球经济平衡增长与中美关系的未来”，《现代国际关系》，2010年第1期，第3页

府对经济缺乏必要的监督有着相当大的关系。此前的美国政府对于直接引发本次金融危机的金融衍生品不仅没有进行必要的监管，对其可怕后果甚至也缺少必要的了解。危机发生后，当时的小布什政府也没有采取足够措施，而是寄希望于市场能够进行自我修复。但是，正如危机发展所表明的，市场有其无法克服的局限性，如果只凭市场来主导经济，其弊端所产生的破坏可能是致命性的。奥巴马深信此点，认为政府不但必须深度介入到国家经济的运行当中，而且可以在国家经济的运行中发挥积极的作用。他曾公开强调："政府在塑造可持续经济增长以及创造商业成功方面发挥着即便有限、但也是至关重要的作用。"①

以金融危机为契机，奥巴马政府已经决定对美国经济发展进行战略调整，调整的根本目标是为了实现美国经济未来的稳定、持续、健康和平衡发展。为此，奥巴马再三强调美国再也不能回到从前，必须要走一条与以往"不同的道路"。这条路的关键在于重新调整各经济要素的关系，包括消费/储蓄关系、虚拟/实体关系、进口/出口关系以及市场/政府关系。同时，这种调整不仅仅针对美国国内经济，还涉及国际经济。在奥巴马的思路下，行政当局内部，包括财政部长盖特纳、国家经济委员会主席萨默斯和总统经济顾问委员会主席罗默等主要经济政策制定成员，在美国经济内外结构调整方面已经着力制定相关政策并奋力推动其实行。

当然，奥巴马政府关于经济战略调整的内部共识并不意味着美国国内对此已经达成了相当的政策一致。在政府之外还存在着较大的异议。最大的异议来自国会的共和党议员。需要注意的是，共和党议员的异议并不是针对提高储蓄率、削减财政赤字以及减少贸易逆差等大的调整战略——共和党经过危机也意识到国家经济发展模

① Remarks by the President to the Business Roundtable, February 24, 2010, http://www.whitehouse.gov/the-press-office/remarks-president-business-roundtable.

式必须要进行重大的改变，因此是瞄准为这些战略调整而要采取的具体政策。几乎在每一个涉及经济战略调整的政策措施方面，共和党议员都会对奥巴马政府以及国会民主党议员提出的改革方案大为批判和加以杯葛，在已经通过的医疗改革和金融改革法案上曾经如此，在即将进行的其他重要的经济政策领域还是如此。

共和党如此针锋相对的原因首先是政治斗争的需要。对于奥巴马政府提出的经济改革政策，共和党必须加以反对，否则该党将被淹没在民主党施政的洪流当中，无法凸显自身的观点和立场，进而有可能在将来的国会选举以及总统选举中落败。更何况，任何政策不可能十全十美，通常都有无法兼顾甚至是错误之处，奥巴马在经济战略调整方面所倡议的具体政策方案也难免如此，共和党大可以抓住这些问题进行辩论甚至攻击，这样既能够暴露奥巴马政府政策的可能缺陷，也可以获得那些反对奥巴马经济政策民众的认同；其次是思维理念的区别。总体而言，共和党在经济领域比较信奉“小政府—大市场”的自由主义观点，认为政府不应该过多干预市场，这种党派理念从里根政府到老布什政府再到小布什政府以一贯之，与民主党秉承的“政府可以发挥更大作用的主张”形成鲜明对比。所以，面对奥巴马政府旨在扩大政府权能的经济改革方案，共和党本能地抱以质疑态度；最后是政治捐款利益的考虑。奥巴马政府经济战略的调整势必会触及美国国内各个行业的利益，而从现有的改革方案看，那些以往在捐款方面更为支持共和党的行业——比如保险行业、石油行业以及金融行业——将会面临较大的损失。作为对这些行业政治捐款的必需回报，共和党议员必须对这些行业的利益加以维护，这意味着他们要反对奥巴马的改革方案。

除了共和党这一最大反对力量之外，美国新兴的茶党和部分智库对奥巴马的部分经济改革政策也持否定意见。相比共和党，茶党的反对理由更为“意识形态”一些。茶党之所以能够成为一股政治力量，其根本原因在于美国中右阶层对奥巴马总统扩大政府的施政路线不满。而那些对奥巴马政府经济改革政策持否定意见的智库大致上可以分为两种：其一是定位为支持市场自由主义的智库，比如卡托研究所，该智库反感于奥巴马鼓吹的政府干预；其二是保守主义的智库，比如企业研究所。

二、经济政策调整领域及其内容

战略调整必须辅之以具体政策才能得以实现。因此尽管面临一定的国内反对，奥巴马政府仍然围绕着战略调整的大思路在相关领域制定了较为具体和细致的政策措施。这些政策措施主要体现在以下四大领域。

（一）金融政策

奥巴马是在批判华尔街和承诺进行金融体系改革中走进白宫的。金融政策改革因此处于奥巴马经济战略调整的优先位置。奥巴马认为金融体系的不健全是引发金融危机的直接原因，因此金融改革的核心是要加强政府对金融体系的监管，防止金融业不受约束和不负责任地过度扩张和进行所谓“创新”。以政府监管为核心的金融体系改革既有利于应对当前这场危机，也可以帮助未来美国经济避免重蹈覆辙。非但如此，金融体系改革在美国经济发展模式调整中也扮演着举足轻重的角色。在若干导致美国经济虚拟化的因素中，金融行业偏离传统的发展理念以及各种金融创新工具的出现是非常重要的诱因。金融行业，特别是投资银行和对冲基金变得越来越和实体经济无关，只是资本操作游戏。因此，必须对其加以改革，让金融行业更好地为实体经济服务。

在上台不到半年的 2009 年 6 月，奥巴马政府就发表了长达 88 页的金融改革倡议。在该份名为“金融监管改革之新基础：监督与规制”的文件中，美国财政部针对金融危机的原因和金融行业的弊病提出了五方面的改革意见，分别是：1. 对金融公司进行强劲有力的监管和规制；2. 在金融市场建立全面管理，增加纪律性和透明度；3. 防止金融滥用，保护消费者与投资者利益，重建市场信心；4. 为政府管理金融危机提供工具，避免政府收购问题金融企业；5. 提高金融监管标准和促进国际合作。[①] 可以说，按照该倡议进行的金融监管，将是美国自大萧条以来最为深刻的金融体系变革。

2010 年 7 月，奥巴马力推的金融改革法案经过国会参众两院批准，终于成为法律。该法案基本上体现了前述奥巴马的金融改革构想。具体内容有：1. 加强对消费者的金融保护。创立消费者金融保护署（CFPA），以保证美国消费者在选择使用住房按揭、信用卡和其他金融产品时，得到清晰、准确的信息，同时杜绝隐藏费用、掠夺性条款和欺骗性的做法。2. 建立新的监管协调机制。为改变多头监管下的“监管重叠”和“监管空白”痼疾，成立新的金融稳定监督委员会。对有系统性风险的金融机构，提出更高的资本充足率、杠杆限制、流动性和风险管理要求。3. 结束金融机构“大而不倒”的现象。为防止类似雷曼和 AIG 的危机重演，该法案给予联邦储蓄保险公司（FDIC）破产清算授权（Resolution Authority），在超大金融机构经营失败时，对其采取安全有序的破产清算程序。同时，明确相关成本由金融业界而不是由纳税人来承担。4. 改善高管薪酬及企业治理结构。在高管薪酬问题上为股东提供更多的话语权，包括使用代理人参与董事选举、拥有不具约束力的投票权，即对管理层薪酬有建议权，但不构成强制约束等。5. 进行投资者保护。制定新的严格规定，以保证投资顾问、金融经纪人和评级公司的透明度和可靠性；强调华尔街经纪人的受托职责，即客户利益高于经纪人的

---

① U. S. Treasury Department: *Financial Regulatory Reform: A New Foundation*, June, 2009, pp. 10 - 88.

自身利益；加强美国证监会的监管职能，增加其监管经费。6. 加强对金融衍生产品监管。该法案特别加强了对场外交易（OTC）的衍生产品和资产支持证券等产品的监管。为防止银行机构通过证券化产品转移风险，要求发行人必须将至少5%的风险资产保留在其资产负债表上。7. 加强对对冲基金等的机构监管。大型的对冲基金、私募股权基金及其他投资顾问机构，要求其在SEC登记，披露交易信息，并定期检查。针对此前保险业没有联邦监管机构的制度空白，财政部将成立新的监管办公室，与各州监管部门联合监管保险公司。

（二）贸易政策

美国既有经济模式的一大弊病是巨额贸易逆差，因此奥巴马政府十分希望通过政府的贸易政策推动美国产品出口，进而显著减少贸易逆差。在奥巴马政府看来，旨在促进出口的贸易政策还有其他重要政策效果：一是有助于增加美国国内就业率；二是提升美国制造业的国际竞争能力；三是扭转实体经济连续下滑的趋势，促进经济结构转型。

但是从政策制定角度而言，奥巴马政府在2009年之前并没有明确主张其贸易政策的要点，直到2010才公开了其贸易政策的基本框架。在2010年的国情咨文中，奥巴马明确提出了美国贸易政策的目标，“五年之内出口翻番，以增加200万个美国就业岗位”。[①] 随后，奥巴马签署了《国家出口倡议》行政命令。在该命令中，奥巴马在美国历史上首次设立了包括超过14个政府部门的“出口促进内阁”，并且规定每个部门都必须从本部门职能出发制定详细的出口促进规划，以美国政府的资源和努力来推动美国产品的出口。[②] 此外，奥巴

① Helene Cooper: “Obama Sets Ambitious Export Goal”, *The New York Times*, January 29, 2010, B1.

② The White House: “National Export Initiative”, *Federal Register*, Vol. 75, No. 50, March 16, 2010.

马重新建立了“总统出口委员会”，为总统的出口政策出谋划策。

奥巴马政府重视贸易政策不仅体现在创设“出口促进内阁”和重建“总统出口委员会”等出口决策机制方面的努力，还包括制定并实施了一系列具体措施和政策行动。这些政策具体包括：1. 加强贸易金融支持，帮助美国中小企业产品出口；2. 商务部和国务院等部委机构出面，寻找和扩大新市场，推销美国产品；3. 加强贸易监督执法，减少他国贸易阻碍，维护一个有利于美国产品出口的公平贸易环境；4. 放松出口控制，提高审批效率，促进美国高科技产品出口；[①] 5. 加快多层次贸易自由谈判，包括全球范围的“多哈回合谈判”、“跨太平洋伙伴关系协议”以及美国和相关国家的双边自由贸易谈判。

（三）能源政策

在竞选中，奥巴马就承诺要制定新的能源政策来推动清洁能源行业的大发展。能源政策不仅本身是经济政策调整的有机组成部分，而且能够帮助美国政府实现其他若干经济战略目标。这些目标包括：1. 增加就业。根据美国政府的统计，新能源行业的发展能够给美国新增加 72 万个就业岗位。[②] 这些岗位无论对于面临将近 10% 失业率的美国民众，还是饱受批评的奥巴马政府来说，无疑都是非常重要的。2. 发展新能源行业，减少原油的进口，不仅能够降低美国对海外能源的依赖，而且可以改善美国的贸易逆差。2009 年美国的石油进口额高达 1400 亿美元，占同期美国全部贸易逆差 3750 亿美元的 37% 。发展新能源可以替代石油等传统能源，从而减少美国的石油

① “Commerce Secretary Gary Locke Unveils Details of the National Export Initiative”, http://trade. gov/press/press_ releases/2010/nei_ 020410. asp.

② “Remarks by the President on the Economy at Carnegie Mellon University”, http://www. whitehouse. gov/the - press - office/remarks - president - economy - carnegie - mellon - university.

进口。[1] 3. 新能源行业能够促进经济结构转型，成为美国经济新的增长点，增加美国经济未来的全球竞争力。美国政府希望把清洁能源行业打造成美国经济发展的新增长点，带动美国未来经济发展。此外，在全球各主要经济体均重点培育清洁能源行业的基础上，美国大力发展新能源行业也是全球竞争的需要。[2]

奥巴马政府经过比较，选取了一些重点技术领域作为新能源行业发展的突破口。这些领域是 1. 风能、太阳能、水能等可再生能源生产；2. 节油汽车、生物燃油汽车、混和动力汽车以及电动汽车的普及发展；3. 改进电力传输效率的智能电网建设；4. 提高家庭能源使用效率；5. 碳捕捉和封存技术。

从政策开展看，美国能源部、农业部、内务部以及环保署等主要相关部门主要制定和实施了如下一些政策：1. 联邦政府用政府预算来推动能源行业建立和发展。在经济复苏和重建法案中，奥巴马政府投入了约 800 亿美元在新能源领域。此投资又带动了私人部门的 700 亿美元投资。此外，美国政府还通过其他渠道对新能源研究技术进行资助。[3] 2. 设立跨部门机构，加强新能源行业发展的协调和融合。比如，奥巴马政府建立了由农业部牵头的“生物燃油跨部门工作小组”（Biofuels Interagency Working Group），以规划生物燃油工厂建立和行业贷款等事宜。再比如奥巴马政府 2010 年 2 月成立了由能源部和环保署共同牵头的“碳捕捉和存储特别行动组”（Carbon Capture and Storage Task Force），以制定综合协调的碳捕获技术研发和商业应用国家战略。3. 在重点领域和行业制定更为严格的能源使

---

① 2009 年美国的石油净进口额高达 1700 亿美元，占同期美国货物贸易逆差 4866 亿美元的 34.9%。参见 http://www.census.gov/foreign-trade/statistics/historical/realpetr.pdf。

② 比如奥巴马在国情咨文中，提到新能源发展方面美国所面临的德国和中国竞争，并且表示美国不能落后。

③ Joseph Biden, *Progress Report: The Transformation to a Clean Energy Economy*, December 15, 2009, p. 1.

用标准。比如，奥巴马以总统备忘录的形式规定了各类汽车的燃油标准。[①] 用总统行政命令的方式规定了联邦机构建筑的节能标准。[②]

4. 提供政府补助，鼓励家庭更加节能。奥巴马政府倡议了“房屋之星”（home star）计划，拟投入 80 亿美元，帮助数百万的美国家庭使用更加节约能源的装修计划，包括屋顶、窗户、隔热层以及热水系统等。[③]

（四）财政政策

奥巴马对小布什政府非但耗尽克林顿政府留下的 2000 亿美元财政盈余，而且新产生了 4850 亿美元财政赤字极为不满，认为主要原因除了金融危机因素的影响以外，布什上台初期推行的大幅减税以及发动两场战争也是非常重要的人为失误因素。就其后果而言，巨额赤字不仅严重限制了美国政府应对经济危机的财政能力，进而大大延缓了危机的结束，而且更为关键的、不断累积的巨额赤字是不可持续的，将会从根本上束缚美国经济的健康发展。美国政府必须采取措施，扭转财政赤字不断扩大的趋势，不能再依靠借债和赤字来满足政府的开支。对于经济战略调整而言，大幅减少财政赤字既是目标，也是手段。

然而，与以往有志于减少财政赤字的总统不一样，奥巴马财政政策调整的根本困难在于他面临着自上世纪经济大萧条之后的最大一场危机。在实现减少赤字之前，他不得不利用各种经济刺激方案及其必然增加的更多赤字来应对危机。所以，奥巴马如果要想在其

---

① The White House：“Presidential Memorandum on fuel efficiency standards”，*Federal Register*，Volume 75，Number 101，2010，pp. 29399 – 29401.

② The White House：“Federal Leadership in Environmental，Energy，and Economic Performance”，*Federal Register*，Vol. 74，No. 194，2009，pp. 52117 – 52127.

③ http：//www. whitehouse. gov/the – press – office/fact – sheet – homestar – energy – efficiency – retrofit – program.

任内真的实现赤字大幅降低的目标，他必须要制定更为有效的财政政策。

从目前来看，奥巴马政府的政策有如下取向：1. 从制度建设上，奥巴马在2010年2月份签署总统行政命令建立跨党派的国家财政责任和改革委员会，他给该委员会的定位是争取在两党共识的基础上提供平衡财政的建议和措施，尽力在2015年实现平衡预算。2. 坚决推进医疗保险，降低政府在这一领域的支出。医疗保险支出作为政府必须支出，在联邦政府开支中的比重愈来愈大。奥巴马因此致力于并且成功地实现了医疗改革方案。根据OMB的估计，未来10年因为医疗改革，联邦政府将总共减少1430亿美元支出。[①] 3. 建议冻结联邦政府三年内的除了国防开支之外的非必须项目支出。减少政府采购，特别是防务采购中的浪费情况。4. 增加税收来源，终止布什期间制定的给予高收入阶层的税收优惠，自2011年起大幅提高年入25万美元以上群体的边际税率。[②] 同时考虑增收银行税和美国跨国公司的海外收入税。5. 要求国会重启克林顿时期的“现收现付”（pay as you go）制度，以后新的预算支出必须或是通过增税，或是通过减少开支来平衡，而不允许以赤字方式来进行。

三、经济战略调整的影响因素及可能效果

尽管奥巴马政府就经济战略调整提出了诸多政策倡议，但这些政策并不能独自发挥作用，它们能否帮助经济战略调整取得预期的效果，将受到以下两个因素的根本影响。

其一，国会政治生态。这是决定奥巴马经济战略调整的国内关

① http：//www. cbo. gov/ftpdocs/113xx/doc11379/AmendReconProp. pdf.

② Jackie Calmes，“Expiring Tax Cuts' Fate Has Parties Strategizing”，*The New York Times*，April 15，2010，A17.

键因素。根据美国政治制度，行政当局的政策倡议必须得到国会的批准才能成为法律。奥巴马政府的若干重大改革方案，比如医疗改革和金融改革，虽然先后都在国会获得了通过，但这种通过是较为勉强的，体现了鲜明的党派对立色彩。奥巴马的这些政策凭借民主党在国会的主导地位而过关，是建立在党内共识，而非两党共识的基础上的。[①] 非但如此，共和党对于奥巴马的政策还持极为强烈的反对态度。这在医疗改革的投票中表现得淋漓尽致，没有一名共和党参议员支持奥巴马的医改方案。

过去民主党控制国会参众两院，并且民主党内较为团结，这是奥巴马获得的难得政治机遇，而且奥巴马确实也抓住了这个机遇，成功推进了相关政策的立法工作。但现在的最大问题是，随着 2012 年 11 月举行的美国中期选举尘埃落定，共和党以较大优势重新控制了美国国会众议院，在参议院也仅仅处于微弱劣势。这给奥巴马的经济战略调整带来了很大变数。无论是基于与民主党迥异的党派经济理念，还是从布局 2012 年总统选举的政治斗争现实出发，共和党将会强烈且全面地阻挠奥巴马的重大政策倡议。这不仅会危及尚未通过的政策建议，就连那些已经通过的法案也可能面临一些变数。从目前表现出来的政治态势看，这种苗头已经出现。

其二，国际宏观经济政策协调。奥巴马推行的经济战略调整成功的另一大关键因素存在于国际层面，即其他国家能否接受并且配合美国所提出的政策建议。事实上，美国任何旨在调整经济战略的重大政策不仅和其他主要经济体所实行的宏观经济政策高度相关，而且也已经无法单凭美国自身力量实现，而必须通过和其他主要经济体协调来实现。这在贸易政策和金融政策两大领域表现得尤为

---

① 奥巴马的医疗改革方案在国会众议院最终表决时，179 名共和党众议员没有一人支持，参见 http：//www. opencongress. org/vote/2010/h/194；奥巴马支持的金融法案在众议院表决时，只有 3 名共和党众议员投赞成票，其余共和党众议员全部投反对票，参见 http：//www. opencongress. org/vote/2010/h/413.

明显。

现在的问题在于，美国尽管在国际宏观经济政策协调中仍然处于主导地位，但与以前相比，这种主导地位遭遇了越来越多的挑战，其对全球经济政策议题议程的掌控能力、达成有利于自身利益协议的能力，都有所削弱。以往美国能够较为容易地通过七国集团机制一方面对集团内部成员、另一方面对世界其他国家施加影响。但随着以“金砖四国”为代表的新兴经济体在全球经济版图中的崛起，以及 G20 在全球经济政策协调中的作用日益明显，美国原有的借助七国集团进行的全球经济协调模式受到了较为严重的冲击。特别是当美国希望以损害他国利益为代价转嫁自身经济结构调整成本时，其面临的可能阻力与之前相比更大。

不过，凭借本国的市场力量、金融力量以及在原先国际经济体系中的制度力量，美国仍可以在全球经济协调中拥有远远超过其他任何单个国家的影响力。如果运用得当，奥巴马政府还是很有可能通过国际经济政策协调来实现自身的利益诉求。

国内政治生态和国际政策协调是最为关键的两大影响因素，直接决定着美国经济战略调整总体上的未来效果。但具体到每个政策领域，还有一些不同的特定影响因素。

金融政策。金融改革的效果主要取决于奥巴马提议并且国会通过的金融监管方案的有效性。问题是体现奥巴马 90% 改革内容的“多德 - 弗兰克金融法案”（Dodd - Frank）并不是一个完美的改革方案，仍然存在着一些问题。比如，由多位资深人士组成的金融服务监管委员会尽管具有了很大的权力，但该委员会却不能根本保证能否识别防范新的金融系统风险。法案遵循“沃尔克原则”严格限制银行进行自营交易，但在利益集团的游说之下，同时又允许银行可以用不超过 3% 的资本投资于对冲基金以及私募基金，这仍然蕴含着巨大的风险。存在巨大问题的“房地美”以及“房利美”也并不在金融监管之列。上述这些问题将会影响金融政策的长期效果。

贸易政策。贸易政策的最大问题不是降低贸易逆差，而是奥巴马所做出的5年内确保美国出口翻番的承诺很难实现。以2009年的货物贸易和服务贸易为基数，该承诺意味着到2014年，美国的对外出口将由目前的1.55万亿美元增至3.1万亿美元。困难在于两方面。其一，即便是在正常年份，国际市场在短期内都容纳不了美国新增的出口，更别说全球经济目前仍处于脆弱的复苏阶段。其二，美国本身的经济结构限制了这一设想的实现。服务业更多地带有不可贸易的属性，因此美国的出口更多只能依靠制造业。但制造业如今在美国经济当中的比重以及发展前景并不足以支撑这样的出口增长。假如美国通过单边贸易政策来迫使其他国家增加从美进口，有可能引发全球性的贸易保护主义，同样会影响奥巴马贸易政策目标的实现。

能源政策。奥巴马能源政策的核心有二：一是要降低美国对外部能源的依赖；二是大力发展清洁能源。作为降低对外部能源依赖的重要举措，奥巴马政府曾大力推动本国近海油气开发。然而墨西哥湾原油泄漏事件极大干扰了奥巴马既定能源改革的步伐，在强大的国内压力下，奥巴马不得不于2012年5月暂停近海石油钻探和勘测。奥巴马期望变危机为转机，利用此事件突出使用传统能源的弊端，从而实现发展清洁能源目标。但后者受到现有技术条件以及价格因素的严重制约，不能一蹴而就。更为重要的是，改变当前美国民众大量消耗传统能源的生活方式不是短时间可以达成的，可能需要数任美国总统的共同努力。

财政政策。奥巴马政府以降低财政赤字为目标的财政政策尽管取得一定成果，但其实现的困难最大。短期因素是美国经济复苏进程不确定。如果美国经济实现复苏，那么美国联邦政府既可以减少应对危机的联邦开支，又可以因为经济的活跃而加大收入来源。但是，美国经济启稳进程并不顺利，诸如欧债危机等突发性因素制约着美国经济的真正复苏。更为重要的是，从长期来看美国巨额联邦赤字恶化几乎是不可避免的。事实上，美国财政的最大问题并不是以往的财政赤字累积，而是未来美国联邦政府在“必须开支”项目上的开支将会越来越大。[①] 这些必须开支的项目——社会保障、医疗救助和医疗保险——是美国政府必须进行的，极难缩减。奥巴马耗费了大量政治资源所通过的医疗改革方案，并不能阻止政府在这一领域开支的持续增加，只是略微减少了增加的幅度而已。在减少其他必须项目开支上，联邦政府更是束手无策，只能坐视用于这些领域的开支大量增加。

四、对中国的影响

奥巴马政府的经济战略调整势必会或者通过中美之间业已存在的密切经济联系，或者通过塑造世界经济进而对中国经济产生影响，实际上，每一个具体政策领域都会对中国产生影响，这些影响积极和消极并存。

金融政策。奥巴马金融改革的国内政策如果能够实现有效控制金融风险、避免下一次类似金融危机的目标，客观上将有利于中国。其金融改革的国际部分，比如加快国际货币基金组织改革，以提高新兴经济体在其中的代表性，强调 G20 在世界经济政策协调中的作用，也有利于中国影响力的扩大。但是，美国政府提议征收全球银行税以及对各国主要金融机构加强监管这两个政策，可能会损害中国的利益。

贸易政策。奥巴马的贸易政策是所有政策中对中国最为不利的。

---

① 所谓强制性开支，是指政府无权改变、国会立法要求每年必须支出的福利项目。强制性开支是美国联邦财政支出剧增的主要原因。参见 David M. Walker，*Comeback America：Turning the Country Around and Restoring Fiscal Responsibility*，New York：Random House，2009，pp. 6 – 7.

奥巴马政府贸易政策的主要目标国之一是中国。为了扭转对华贸易逆差，扩大对中国出口，美国政府一方面利用反补贴、反倾销等贸易制裁措施限制中国产品对美出口，另一方面在中国的市场准入、政府采购以及知识产权保护等议题上指责中国，试图扩大美国产品对华出口。在人民币汇率问题上美国更是咄咄逼人，全方位对华施压，要求人民币汇率更多更快地升值。正是这种政策取向导致了近期中美之间的大量摩擦。贸易政策的有利之处是美国为了扩大出口而准备放松出口控制，中国如果能够抓住机会将从中有所获益。

能源政策。美国能源政策总体上对中国也带来了较为不利的影响。奥巴马政府把国内能源政策和全球应对气候变化相挂钩，主张在美国提高清洁能源使用、降低温室气体排放的同时，其他国家也必须承担类似的责任。作为世界上和美国温室气体排放相当的国家，中国首当其冲，成为美国政策的重点。尽管中国政府在节能减排方面自主设定了目标，但并不能令美国满意。在哥本哈根全球气候大会上，中国也因此面临了非常大的国际压力。从有利的方面说，美国的压力可以帮助中国更加重视提高国内清洁能源的使用，并有可能获得来自美国的资金和技术支持。此外，如果通过其能源政策美国可以大大减少对传统能源的消费，那么世界石油价格将会出现较为明显的降低，这对高度依赖石油进口的中国而言，也不失为有利之处。

财政政策。美国的财政政策相对而言比较中性，对中国难以产生直接影响。即便如此，从理论上仍然有两条对华影响途径存在：出口和外汇储备。假如美国能够缩减财政赤字，这意味着美国长期需求也会减少，通常这会导致中国对美国的出口增速放缓。如果美国的财政赤字无法控制，中国对美出口还将继续扩大。就外汇储备而言，如果美国联邦赤字继续增加，这将会带来对中国外汇储备的更大需求，中国购买美国国债将会增多，绝对收益率也会增加。如果联邦赤字减少，那么其对中国资金的需求将会减少。值得注意的是，如果奥巴马财政政策无法取得预期效果以至联邦赤字持续恶化，将会削弱世界对于美国以及美元的信心，中国以美国国债形式存在的外汇储备也会因为美元的贬值而面临较大的收益风险。

超越单个具体政策的传导，奥巴马政府经济战略调整对于中国最大的影响在于它在很大程度上干扰了中国按照自身步骤和意愿来进行经济结构调整和发展方式转变的自主性。中国政府已经意识到原有经济增长模式的不可持续，并采取相关措施积极推动经济发展方式的转变以实现可持续发展。问题在于，中美两国各自都在进行的经济战略调整及其所制定的配套政策，存在着步伐不一致和利益相冲突的现实。例如，美联储于 2010 年 11 月推出的第二轮总量高达 6000 亿美元的量化宽松货币政策，从美国的角度而言，有助于增加其市场的流动性，促进其经济的进一步复苏。由于美国经济主要面临通货紧缩而非通货膨胀的威胁，所以这一量化宽松政策利大于弊。但对中国来说，美国新增的 6000 亿美元可能有导致更多的热钱流向中国，进而给已经面临严重通货膨胀压力的中国政府带来更多的挑战。

在中国经济受到美国经济及世界经济的更多影响而非相反的前提下，通常是中国而非美国调整自身的政策以适应对方。同样以上述美联储第二轮量化宽松政策为例。尽管中国通过双边以及 G20 峰会等各种场合表达了不满，但并不能改变美国继续推行这一政策。这给中国宏观经济政策的制定带来了很大的苦恼和问题。面对这种状况，中国必须加快推进经济增长方式的转变，同时要在维护自身核心利益的前提下，和美国加强合作和协调，平稳有序地共同推动世界经济的可持续发展。

“重返”接触：美国对东盟“10 + X”合作体系的参与

焦世新

（上海市社科院国际关系研究所副研究员，博士）

由于经济、安全以及历史和地缘的原因，美国在东亚有着重大的现实利益和巨大影响力，一直是东亚合作进程中最主要的外部因素。[①] 2009 年，以变革姿态上台的奥巴马总统，将重振在东南亚的影响力作为美国调整亚洲政策和重塑在世界上领导地位的重点：2009 年 2 月，希拉里罕见地以对日本、韩国、印度尼西亚和中国等亚洲国家的访问作为自己新任美国国务卿的首次外交出访，拉开美国“重返”东南亚的帷幕；7 月，希拉里参加在泰国普吉岛举行的东盟地区论坛时郑重宣布“我们回来了”，并宣布美国将参加《东南亚友好合作条约》；其后，美国高调采取了一系列步骤来加强与东盟的合作，将美国对“东盟 10 + X”合作的参与推向前所未有的高度。美国的举动深刻影响了东亚的地缘安全环境，并给东亚地区的合作格局带来了直接的巨大影响，本文将对美国政府对东盟合作的政策进行分析，并指出其带来的影响和后果，提出若干政策建议。

① 参看吴心伯：《美国与东亚一体化》，《国际问题研究》，2007 年第 5 期，第 47 页；秦亚青主编：《东亚地区合作：2009》，北京，经济科学出版社，2010 年 4 月版，第 290 页。

一、美国的"重返"：含义与特点

许多美国学者对"重返亚洲"的提法颇有微词。他们认为，作为一个全球性大国，美国在东亚或东南亚的存在已经有几十年的历史，并不是东亚的"域外"大国，而是一个"定居"的大国（resident power）。美国本来就存在于东亚，美国作为亚太国家是由"我们的历史、文化、经济和国家安全来界定的"，[①] 不存在所谓"重返"的问题。

当然，希拉里高调宣布"美国回来了，美国将重返亚洲"有其特定的用意：首先，重新回到"接触"的政策上，改变上一届政府不重视东南亚的形象和政策，重振美国在东南亚的影响。在布什政府期间，尤其是第一任期，美国的战略重点专注于反恐和中东事务。伊拉克和阿富汗两场战争也消耗了美国大量精力，使其无暇顾及东南亚。时任国务卿赖斯曾两次缺席东盟地区论坛，小布什总统在访问印尼时也突然缩短行程。除了反恐之外，美国对东南亚国家似乎找不到其他的关注点，这些被视为美国不重视东南亚的表现，东盟国家对"美国轻视该地区"的不满也溢于言表。在这一期间，美国也失去了东盟最大贸易伙伴国的地位。所有这些都使得美国在东南亚的影响相比以往大大下降。小布什政府第二任期内曾试图加强与东盟的联系和接触，先后与东盟签署了《关于增进东盟——美国伙伴关系的联合声明》和《实施增进东盟——美国伙伴关系的行动计

① Kurt M. Campbell, "Principles of U. S. Engagement in the Asia - Pacific", *Before the Subcommittee on East Asian and Pacific Affairs Senate Foreign Relations Committee*, Washington, DC, January 21, 2010, http: //www. state. gov/p/eap/rls/rm/2010/01/134168. htm.

划》等，也试图借助反恐、地区海洋安全倡议（RMSI）[①] 来加深对东南亚的接触。但由于美国的战略重点未有根本的调整，东南亚在美国战略中的地位未有实质变化，这些举动对提高美国的影响力都效果不彰。与此同时，中国与东盟之间的经贸合作则如火如荼，中国在东南亚的影响力迅速上升。

希拉里高调宣布美国重返亚洲，其表现形式是美国将改变“缺席”的形象，重新回到东盟地区论坛等多边机制中去，重新塑造“美国是东盟”对话国的形象。从实质内容看，这其实也宣布了战略的调整。美国的关注重心将从伊拉克、阿富汗等重新返回到东亚地区，即美国将重新奉行“接触”的战略，东亚成为美国全球战略的重心，以此纠正上届政府留下的不重视东南亚的形象和政策。从重振影响力的角度看，美国的“重返”有“收复失地”的意味。有一种论调在美国和东南亚颇为流行，那就是在过去的十年，美国忙于反恐和两场战争，而中国则专注于经济发展和崛起。在美国影响力不断下滑的同时，中国则在不断扩大在东亚的影响力。今天美国的重返，颇有些像当年里根政府在第三世界与苏联展开竞争的“推回去”战略，将中国积累的影响力重新推回到原有的状态。所以，美国不断利用中国与周边国家的领土和主权纠纷，处处以抵消中国近些年积累的影响力为目的。希拉里的讲话指出：“美国动用了几乎各个领域的外交资产，包括最高层级的官员、发展问题的专家、一系列紧要问题的援助团队，前往亚太地区的任何一个首都和角落。美国加快了步伐和扩大了接触的范围，通过积极的努力去推进共享的

① 有关“美国借助地区海上安全倡议（RMSI）加强在东南亚存在”的分析，请参看 Christian - Marius Stryken，“The US Regional Maritime Security Initiative and US grand strategy in Southeast Asia”，in Kwa Chong Guan and John K. Skogan eds，*Maritime Security in Southeast Asia*，London and NewYork，Routledge，2007，pp. 134 - 142.

目标，这些接触的对象包括地区机构、伙伴和盟国、各国人民。"[1]

其次，美国"重返"的路径是先"挤进"再"改造"。美国"重返"、"接触"的根本目的是重塑美国在这一地区的领导权，但是出于挤进"东盟10+X"对话体系和排挤中国影响力的考虑，美国在口头和表面上承认了东盟在东亚区域合作中的主导或领导地位。东盟的主导地位是由东亚合作的现实决定的，由于大国关系复杂而微妙，东亚合作及一体化始终由东南亚小国的联合来带动，东盟始终发挥着"驾驶员"的作用。在"东盟方式"的基础上，形成了以东盟十国的合作为核心的"10+X"合作体系，除了东盟十国之间的对话和磋商外，还有"10+1"、"10+3"、以及"10+6"（"10+8"）等对话机制。但长期以来，美国并未承认东盟的领导地位，虽然与东盟建立了对话机制，也时常参与泛亚太的东盟地区论坛，但是美国却更多将其视为"清谈馆"，对东盟主导的"10+X"对话进程鲜有介入。美国与东盟在推进东亚合作的架构和领导权等问题上实际上是有分歧的，它更希望通过主导亚太经济区域合作——如APEC——来实现自己的"领导"地位，对东盟主导的地区合作持消极态度。希拉里所谓的"重返"，实质上是在东盟主导"10+X"对话体系的前提下，首先挤进这一进程，参加东盟的一系列高峰会议和论坛，然后逐步改造这一体系，树立自己的主导权。

在调整亚太战略的背景下，美国近两年"重返"与接触的进程呈现出如下特点及内容：

第一，全面加入东盟"10+X"对话体系。东亚峰会是以东盟为核心连接域内外大国的规模最大、层级最高的会议，根据首届东亚峰会签署的《吉隆坡宣言》规定，只有《东南亚友好合作条约》的签约国，并与东盟建立实质性关系的完全对话伙伴国，才有资格

---

① Hillary Rodham Clinton, "America s Engagement in the Asia - Pacific", Kahala Hotel, Honolulu, HI, October 28, 2010, http://www.state.gov/secretary/rm/2010/10/150141.htm.

加入到东亚峰会中来。奥巴马政府对加入这一对话机制具有很强的紧迫性，一上台就着手为全面参与东盟合作体系扫清法律障碍。希拉里第一次出访就造访东盟秘书处，宣布美国正在考虑加入《东南亚友好合作条约》。在 2009 年 7 月的东盟地区论坛期间，美国正式签署了这一条约，2010 年 7 月又签署了这一条约的第三议定书。"美国加入这一条约强化了美国接触东盟的努力，显示了奥巴马政府成为在东南亚的强有力和富有成效的存在的决心。美国寻求在地区制度建设中成为伙伴，而加入这一条约将进一步加强我们与亚洲的关系。"① 从部长级会议到首脑会议，从经济领域到安全领域，美国不仅继续参加东盟地区论坛，还提升或新建了美国—东盟的"10 + 1"对话机制：美国与东盟已经分别于 2009 年 11 月在新加坡、2010 年 9 月在纽约和 2011 年 11 月在雅加达举行过三次"10 + 1"首脑会议，各种部长级的对话也在逐步增多，美国国务卿和防长已经与东盟展开了"10 + 1"的部长级会议。在完成了相关的法律程序后，希拉里在 2010 年 10 月出席了在河内举办的东亚峰会，而奥巴马则参加了 2011 年 11 月在印尼巴厘岛举办的东亚峰会，成为第一位参加东亚峰会的美国总统。除"10 + 3"对话机制外，美国完全可以与东盟建立起类似域内中、日、韩任何一个大国的对话合作框架。从美国来看，它担心自己被中国和印度日益上升的影响力挤出东盟，对与东盟建立对话机制的态度非常积极。除了签约和建立对话机制外，美国还向东盟派遣首任大使，正面介入到与东盟及东亚合作的进程之中。

第二，刻意放低身段来接受东盟规范和方式，并积极介入各种地区性事务。美国过去并不愿意签署《东南亚友好合作条约》，这个带有东盟特色的规范反映了东南亚国家解决分歧的基本立场和态度，

① Office of the Spokesman, "*U. S. Secretary Clinton Signs the Third Protocol of the Treaty of Amity and Cooperation in Southeast Asia*", Washington, DC, July 26, 2010, http://www.state.gov/r/pa/prs/ps/2010/07/145129.htm.

带有反对武力和互不侵犯的性质。美国一直担心签署这个条约会限制美国运用霸权实力的自由。但签署这个条约“不仅是增加信任，也是扩展与东盟安全和政治合作的通行证”。① 1992 年东盟就向安理会的成员国发出了加入邀请，美国时隔 16 年终于提出申请，成为最后一个提出申请的安理会成员国。在人权问题上，美国也对东盟成立人权委员会表示支持，对人权委员会通过建设来促进和保护妇女和儿童的权利表示支持。在缅甸的人权问题上，东盟也欢迎美国改善与缅甸的接触，② 而美国过去一直向东盟施压制裁缅甸。以上表明，美国为了与东南亚建立更好的接触，实现重返战略，放低了自己全球霸权的身段，至少表面上接受了东盟的地区规范。除了气候变化、不扩散和反恐等原有的全球性议题外，美国也积极介入到地区性事务中去，这主要体现在南海主权争议本和“湄公河下游行动计划”（Lower Mekong Initiative）上。南海主权争议本来是相关声索国之间的事务，但美国却以航行自由为由提出南海主权争议事关美国国家利益，改变了长期奉行的中立政策。澜沧江—湄公河涵盖大半个中南半岛，对中国具有极其重要的地缘战略意义，中国与中南半岛五国早已建立了大湄公河次区域经济合作机制（GMS）。但美国则将中国与缅甸排除在外，与泰国、柬埔寨、老挝和越南探讨建立“湄公河下游行动计划”，即“美国—湄公河合作机制”，以更具体地参与到与相关国家的环境、教育、医疗等领域的合作之中。美国接受东盟的规范有利于更顺利地“重返”和建立起接触，而介入到当地事务则使得“重返”有了实际内容，并能够得到东盟相关国家

① Scot Marciel, *US Policy Toward ASEAN*, Institute of Security and International Studies, Chulalongkorn University, Bangkok, Thailand, February 26, 2009, http://www.state.gov/p/eap/rls/rm/2009/02/119967.htm.

② The White House, *Joint Statement of the 2ND U.S. - ASEAN Leaders Meeting*, September 24, 2010, http://www.whitehouse.gov/the-press-office/2010/09/24/joint-statement-2nd-us-asean-leaders-meeting.

的更大支持，为重塑美国的领导地位埋下伏笔。

第三，以巩固与盟友的关系为优先，全面推进与东盟各国的双边关系。发展与东盟国家的伙伴关系是美国强化与东亚接触的重要步骤。同盟关系是美国进行地区参与的基石，这不仅可以指日美同盟，也可用于美国与菲律宾、泰国等盟友的关系。由于小布什政府的战略重点在反恐和中东事务，美国与东亚的盟友关系近些年出现疏离。奥巴马政府一上台立即通过高层访问来拉近与盟友的关系：通过 2009 年 7 月希拉里对泰国的访问、2009 年美菲之间的元首互访、2009 年 11 月奥巴马对新加坡的访问，以及 2010 年美国国务卿的四次东亚之行和防长的多次访问，美国加强了与盟友的关系。即便是在“东亚峰会”、东盟地区论坛及其他多边机制中，美国也将其与盟友的磋商作为接触亚太地区的基础，然后再将接触扩大到其他伙伴国。[①] 美国也通过改善与其他国家的伙伴关系来扩大接触。近年来，美国与印尼和马来西亚的关系不断改善，美国与印尼已经在希拉里访问期间同意建立“全面伙伴关系”，并于 2010 年 9 月印尼外长访美期间举行了联合委员会会议。[②] 两年多来，希拉里几乎访问了包括缅甸在内的所有东盟国家。美国与缅甸的关系由制裁转向接触是美国接触东盟的一个突破，2009 年 11 月，负责东亚事务的助理国务卿坎贝尔访问缅甸并会见了时任总理吴登盛，这被视为美国与缅甸对话的开始。2011 年 11 月底，希拉里的访问又将美缅关系提升一步。这与美越关系的迅速升温都可以看出美国越来越重视与东盟国家的关系，这既包括美国的盟友和伙伴国，也包括长期被美国忽视的国家。

---

① Hillary Rodham Clinton, *Intervention at the East Asia Summit*, Hanoi, Vietnam, October 30, 2010, http://www.state.gov/secretary/rm/2010/10/150196.htm.

② Hillary Rodham Clinton, *U.S. – Indonesian Joint Commission Meeting With Indonesian Foreign Minister Marty Natalegawa*, Washington, DC, September 17, 2010, http://www.state.gov/secretary/rm/2010/09/147304.htm.

第四，美国—东盟合作中的中国因素突出。美国重返东南亚的主要战略担忧之一就是中国的崛起挑战美国的领导地位，所以从介入南海争议、湄公河下游开发计划到参与各种与东盟的对话机制，甚至与东盟国家发展伙伴关系，美国的一个主要动力就是针对中国，通过削弱中国的影响来重振美国的影响，从而确保美国的领导地位。在2010年10月对柬埔寨的访问中，希拉里直言不讳地说："柬埔寨不应过度依赖中国，要有自己独立的外交政策。"[①] 美国的这一意图贯穿于整个"重返"的进程中。

二、美国的亚太战略和参与东盟合作

亚太地区在奥巴马政府的全球战略中占有极其重要的地位。据美方的统计，"亚太经合组织的成员其国民生产总值占世界的54%、全球贸易的44%、世界40%的人口，它的经济反弹是世界经济复苏的关键，国际货币基金组织预计这个地区的经济在2014年之前都会高于世界其他国家经济发展的平均水平"。[②] 亚太地区还处于急速的变化之中，"许多21世纪的历史将在亚洲被书写，这个地区将经历我们这个星球上的绝大多数的变革经济体的增长，大多城市将成为全球的商业和文化中心。随着这个地区更多的人获得受教育的机会，将在商业、科学、技术、政治和人文等方面产生众多的地区和全球

① John Pomfret, "Clinton urges Cambodia to strike a balance with China", in *The Washington Post*, Monday, November 1, 2010, http: //www. washingtonpost. com/wp-dyn/content/article/2010/11/01/AR2010110101460. html.

② Robert D. Hormats, "Engaging Asia, The Future of U. S. Leadership", National Bureau of Asian Research Engaging Asia 2010 Conference, Washington, DC, September 17, 2010, http: //www. state. gov/e/rls/rmk/2010/149393. htm.

领袖。"[①] 同时，美国也认为，亚洲的发展不是确定的。它既有崛起的大国，也有孤立的政权，面临各种新、老挑战，包括增长带来的社会不平等、气候变化、领土主权纠纷、军备竞赛、极端主义等等，缅甸还存在着人权问题。许多全球问题的解决都与亚太国家的参与密不可分。

美国认为，自己"与这一地区有着不可分割的经济联系。美国公司每年向亚太国家出口 3200 亿美元的货物和服务，创造了数以百万计的工作岗位。几十万的美国军人驻守在这里，世代承担着维护安全的责任。所以，美国不是一个来拜访的外来国家，美国就是本地的居民。"[②] 作为亚太国家，美国的未来与亚太地区的未来相连，而亚太地区的未来也依赖于美国。"当亚太世纪出现的时候，美国必须增强和加深它对亚太的战略接触和在这一地区的领导"。[③] 为此，美国已经展开了所谓"前置外交（forward - deployed diplomacy）"，通过接触来影响亚太地区的未来，"美国外交的目标不在眼前，而在遥远的地平线。"

美国将其在亚太地区压倒一切的目标界定为：维持和加强美国的领导，增进安全，增强繁荣，促进美国的价值观。[④] 这也是美国

---

① Hillary Rodham Clinton, "*America s Engagement in the Asia - Pacific*", Kahala Hotel, Honolulu, HI, October 28, 2010, http: //www. state. gov/secretary/rm/2010/10/150141. htm.

② Hillary Rodham Clinton, "Remarks on Regional Architecture in Asia: Principles and Priorities", Imin Center - Jefferson Hall, Honolulu, Hawaii, January 12, 2010, http: //www. state. gov/secretary/rm/2010/01/135090. htm.

③ Kurt M. Campbell, "Principles of U. S. Engagement in the Asia - Pacific", Before the Subcommittee on East Asian and Pacific Affairs Senate Foreign Relations Committee, Washington, DC, January 21, 2010, http: //www. state. gov/p/eap/rls/rm/2010/01/134168. htm.

④ Hillary Rodham Clinton, "America s Engagement in the Asia - Pacific", Kahala Hotel, Honolulu, HI, October 28, 2010, http: //www. state. gov/secretary/rm/2010/10/150141. htm.

“重返”接触的基本利益。奥巴马意图把美国的观念和影响注入到整个地区展开新的实践，通过增加接触来加强美国的领导。其接触亚太的战略工具是盟友、形成中的伙伴关系和地区机构。美国将它与日本、韩国、澳大利亚、泰国和菲律宾的盟友关系视为战略接触的基础，认为这些盟友已经保卫了亚太地区近半个世纪的和平与安全，支撑了非凡的经济增长。美国与这些国家以安全合作开始结盟，现在已经扩展到许多领域的共同行动。美国所要做的工作不仅仅是要维持它们，还要更新它们，以使它们在这个变化的世界里仍然有效。正在形成的伙伴关系主要是指同印尼、越南、新加坡、马来西亚和新西兰以及两个同时崛起的大国中国和印度建立伙伴关系。地区机构包括东盟和东盟地区论坛、亚太经合组织、“湄公河下游行动计划”以及东亚峰会等。美国将运用这些战略工具在三个途径和方向实现美国的“前置外交”：第一，塑造未来的亚太经济；第二，确保地区安全；第三，支持更强的民主机构，传播人类的普遍价值。也就是在经济发展、地区安全和持久的价值观等方面发挥美国的领导。[①] 根据希拉里的讲话，第一要务是发展经济。美国希望在平衡增长的前提下，推行正确的自由贸易，通过 G20 和 APEC 协调各国的经济政策，拓展出口和投资；第二是安全保证。可持续的经济发展需要依赖在安全和稳定上的持久投入，美国的军事存在已经制止了冲突，提供了安全，美国将继续为此提供安全保证；最后，美国将继续坚持自己的价值观。

美国对东盟合作体系的参与是其亚太接触战略中的一环，它既有为美国经济复苏提供动力的经济利益方面的考量，也有牵制和防范中国崛起的算计，同时也有通过这个组织来对地区事务施加影响的意图。

---

① Hillary Rodham Clinton, “America s Engagement in the Asia－Pacific”, Kahala Hotel, Honolulu, HI, October 28, 2010, http: //www. state. gov/secretary/rm/2010/10/150141. htm.

首先，奥巴马的亚太接触战略将东盟视为正在形成中的地区结构的支点，参与东盟合作体系是实现其“前置外交”的重要环节。东盟虽不是美国所指的高效的“强机构”，但是它与东亚一系列的政治、经济和战略问题密不可分。美国认为，东盟是次区域机构的重要成功案例，它已经开始推进地区经济、社会文化和政治安全的一体化。一个更强、更统一的东盟将会在稳定和繁荣地区利益方面提供更多的支持。美国将会继续支持东盟，继续在《美国——东盟增强伙伴关系》和《美国——东盟贸易和投资框架协议》下强调能力建设。[①] 美国正在寻求扩大对东盟的接触。在东盟国家中，美国已更新了和泰国、菲律宾的盟友关系，加强了与印尼和越南的伙伴关系，正在拓宽和多边机构的接触。美国与东盟有着频繁的高官接触，包括美国总统第一次以正式成员身份出席在巴厘岛举办的东亚峰会，国务卿出席东盟部长会议和东盟地区论坛以及东亚峰会部长会议等，此外还有国防部长参加东盟部长会议的开幕式等。美国还支持东盟的三根支柱：在政治—安全方面，美国举办反扩散、反金融犯罪的研讨班，进行海上安全的演习，为大多易受恐怖袭击的国家提供反恐训练；在经济方面，支持地区一体化和更大的东盟—美国贸易和投资合作，帮助东盟制定在药物、电子和电气装备以及建筑领域的工业标准，提供贸易谈判的训练，支持公私部门的对话等；在社会—文化方面，帮助东盟更好地应对灾害和传染病，与东盟国家进行新闻训练。美国继续与其伙伴在湄公河下游进行合作等等。[②] 对正在走向一体化的东盟进行接触，将对东南亚未来的地区结构产生直接影响，这正是美国“前置外交”的目的。

---

① Hillary Rodham Clinton，“*Remarks on Regional Architecture in Asia*：*Principles and Priorities*”，Imin Center - Jefferson Hall，Honolulu，Hawaii，January 12，2010，http：//www. state. gov/secretary/rm/2010/01/135090. htm.

② US - ASEAN Cooperation，*Office of the Spokesperson*，Washington，DC，July 22，2011，http：//www. state. gov/r/pa/prs/ps/2011/07/168943. htm.

其次，在美国对亚太的经济接触中，东盟处于重要但非核心的地位。美国展开对东盟的战略接触后，双边的经贸关系得到了显著提升。[①] 但东盟作为一个政治、经济和安全共同体，经贸问题只是美国—东盟合作的一部分，美国对东盟的接触还包括安全和政治领域。"美国从经济上接触亚太的工具包括：一是自由贸易协定，包括美韩之间的自由贸易协定和跨大西洋伙伴关系。二是地区多边组织，尤其是亚太经合组织，还有包括像东盟这样的地区组织。三是双边关系。包括与老朋友的历史关系与新兴国家的经济关系"。[②] 美国将APEC视为经济合作的主要论坛，并提出要在APEC的基础上构建一个跨太平洋的亚太自由贸易区，而"跨太平洋伙伴关系"（TPP）则被美国看成是最有希望成为亚太自由贸易区的模式。东盟充其量只是美国跨太平洋的自贸区构想的一部分。从东盟自身来看，其经济规模总量远远比不上中日韩等大国，但却在地区的经济合作和一体化中居于"驾驶员"的位置，所以它在美国的经济接触战略中虽非核心，但却非常重要。

再次，在对东亚峰会和东盟地区论坛的参与中，美国始终强调以东盟为中心，但这种中心是形式上或程序上的中心，并非主导和领导地位。东亚峰会和东盟地区论坛都是以东盟为核心而发展起来的多边论坛，东盟作为主持或者发起方的角色，在议程设定方面具有重要作用。美国支持东盟在不断演变的峰会中发挥这种作用，认为这是开展更大的跨地区合作的基础，但这并不等同于美国放弃追

---

① 双边贸易在2010年的上半年达到840亿美元，比上年同期增长了28%。另外，美国在东盟的直接投资达到1530亿美元，东盟在美国的直接投资达到135亿美元。The White House, *Joint Statement of the 2ND U. S. - ASEAN Leaders Meeting*, September 24, 2010, http://www.whitehouse.gov/the-press-office/2010/09/24/joint-statement-2nd-us-asean-leaders-meeting。

② Robert D. Hormats, "Engaging Asia, The Future of U. S. Leadership", *National Bureau of Asian Research Engaging Asia* 2010 *Conference*, Washington, DC, September 17, 2010, http://www.state.gov/e/rls/rmk/2010/149393.htm.

求主导或领导作用。美国已承诺参加以后的高峰会议，但希望将东盟峰会改造成结果导向型的战略性论坛。美国的意图是以双边关系的力量作为手段，将与日本、韩国、澳大利亚、泰国和菲律宾更紧密的磋商作为参与东亚峰会和接触亚太的基础，寻求塑造东亚峰会。美国已经提出应该寻求一个积极的议程，比如核扩散、常规军备的增强、海上安全、气候变化和促进共享的价值观等，将东亚峰会视为对亚太经合组织、东盟地区论坛和东盟防长会议的补充和强化。[①]在今年的巴厘岛东亚峰会上，美国力图将南海问题纳入峰会的主要议程。在最后一场闭门会议上，美国高调就这一问题表达自己的立场，美国的盟友和相关国家也随后就南海问题或海上安全阐述立场，美国力图通过南海问题将东亚峰会塑造成一个安全机制。关于东盟地区论坛，美国已经承诺在反恐和跨国犯罪、灾害救援、海上安全、不扩散和裁军、预防外交等重要的安全问题领域参与到这个论坛中。无论是参与东亚峰会还是东盟地区论坛，美国对东盟中心地位的强调，只是形式上或者程序上的，美国不会放弃追求主导或领导的地位。

最后，建立美—湄合作新框架。美国寻求与柬埔寨、老挝、越南和泰国建立美国—湄公河合作机制，即“湄公河下游行动计划”。这个计划重点关注环境、卫生、教育和基础设施等领域。美国密西西比河委员会和湄公河委员会还启动了“姊妹河伙伴关系计划”。美—湄合作新框架将中国和缅甸排除在外，具有明显针对大湄公河次区域经济合作的意味，它意在提高美国在中南半岛的影响力。

① Hillary Rodham Clinton, “*Intervention at the East Asia Summit*”, Hanoi, Vietnam, October 30, 2010, http://www.state.gov/secretary/rm/2010/10/150196.htm.

三、美国参与东盟合作对地区合作的影响

东亚合作并不拒绝美国的参与，但美国此次重返亚太的"接触"战略具有特定的背景和针对性，其目的是重振已经出现削弱征兆的霸权，确保未来几十年美国在这一地区的领导地位，它产生了重大的影响。

第一，对东亚域内大国合作上升的态势具有抑制作用。所谓东亚地区合作秩序，就是东亚国家在区域合作进程中形成的先后合作顺序，或者说，东亚地区合作中不同合作机制发展程度的水平差异。长期以来，东亚形成了东盟一体化领头，东盟与中日韩的"10+1"合作、东盟与中日韩的"10+3"合作、中日韩合作依次随后的地区合作秩序，APEC和东亚峰会是东亚地区合作的外围组成部分。东亚地区合作是区域内的小国合作带动大国合作，从而推动整个地区的合作。东盟10国通过自身的一体化与合作带动"10+3"合作体系，又扩展到10+6的范围。但金融危机后，东盟鉴于内部矛盾和自身实力有限，缺乏有力和有效应对危机的动能，使得中日韩合作在东亚地区合作秩序中走向前沿，东亚地区合作秩序出现重大变化。2008年12月中日韩三国首次在日本福冈举行"10+3"之外的首脑会议，决心加强自身合作，并就联手应对危机达成一致，三国明确表明要通过三国的合作来推动东亚地区的合作，加强三国在东盟与中日韩（10+3）金融领域的合作，加快"清迈倡议"多边化进程，尽快建立区域外汇储备库，推进亚洲债券市场建设。2009年2月22日，东盟与中日韩（10+3）特别财长会议在《亚洲经济金融稳定行动计划》中，将筹建中的区域外汇储备库规模从800亿美元扩大至1200亿美元。其中，中日韩分担其中的80%，其余20%由东盟国家负

担，东盟各国的出资额将根据经济发展水平而协商决定。[①] 5 月 3 日，中日韩财长会议就三方应承担的出资份额达成一致，中日各承担 32%，韩国承担 16%。[②] 此后，中日韩三国机制定期召开年度峰会，走向稳定。尽管三国在各种会议上都不断重申东盟的主导作用，但中日韩三国合作是 2009 年“10 + 3”高峰会议取得成功的前提，实际上已经发挥了主导作用，[③] 这对东盟主导东亚合作带来了挑战。

美国的亚太“接触”，目的是防止可能出现的任何挑战美国领导地位的趋势，在此战略考量下：首先，美国参与东盟“10 + X”体系是对中日韩三国合作的平衡，削弱了中日韩合作给东亚合作秩序带来的影响，具有力挺东盟的意图。其次，日本和韩国将受到它们与美国双边关系的制约和影响。美国的亚太“接触”以双边盟友关系为基础，而与日本和韩国的盟友关系则是重中之重。近些年，美日和美韩同盟出现了疏离倾向，同时日韩两国更加重视参与东亚的区域合作，两国与中国的合作也发展很快。奥巴马上台以来，利用“天安”号事件和“延坪岛”事件，以及日本扣押中国渔船事件，强化了美韩同盟和美日同盟，并构建针对中朝的三边性质的军事合作。这增加了中日韩三边合作，以及中日、中韩的双边关系的不确定性和不信任。日本自鸠山以后的菅直人内阁和野田内阁对东亚共

---

① Tim Johnston, “EAST ASIA MOVES TO COUNTER SLOWDOWN”, in *Finical Times*, February 22 2009, http://www.ft.com/cms/s/0/6a8cf682 - 0113 - 11de - 8f6e - 000077b07658.html

② 秦亚青主编：《东亚地区合作：2009》，北京，经济科学出版社，2010 年 4 月版，第 83 页。

③ 东盟国家对此深表忧虑，开始考虑引入美国来平衡中日韩合作。李光耀 2009 年 10 月在访美参加美国—东盟理事会成立 25 周年晚宴上发表演讲，批评把美国排除在地区合作之外是重大错误，在中国成为顶级强国，其他亚洲国家无法与之匹敌时，美国必须介入亚洲事务，否则美国将失去世界霸主地位。这与美国的重返亚太战略不谋而合，奥巴马在随后接见李光耀的会谈中高度评价了美国与新加坡的关系。参看秦亚青主编：《东亚地区合作：2009》，北京，经济科学出版社，2010 年 4 月版，第 306 页。

同体的热情明显不及鸠山内阁，韩国对美军在半岛作用的看法也趋向好转。美国对将其排除在外的地区合作高度警惕，美国强化与日韩的盟友关系，对中日韩合作推动东亚地区合作，将会起到重大的抑制作用。

第二，对东亚一体化的未来发展路径产生重大影响。长期以来，美国和东亚国家对东亚合作的未来模式一直存有分歧，美国主张发展由其领导的涵盖太平洋两岸的泛亚太的合作机制，例如 APEC 等，而东盟国家，包括日本和韩国都倾向于建立东亚地区的合作机制。近些年，尤其是金融危机后，随着美国在东亚地区的影响力下降，以及由于美国缺席东亚合作进程，再加之东盟缺乏足够的动能继续带动东亚合作和克服金融危机，日、澳等分别提出对东亚合作未来模式的设想。日本鸠山内阁提出的“东亚共同体”构想常常被解读为“脱美入亚”，它包括经济、环境、人道主义和安全等方面的合作，其成员大致包括“10+6”峰会的 16 个国家，其目标是欧盟式的共同体。按照鸠山设想，“东亚共同体”的核心是日中韩，然后吸纳东盟以及澳大利亚、新西兰和印度等。鸠山及其幕僚在最初的阐述中并不包括美国，但迫于压力，后来也将美国包括进来。[①] 澳大利亚的陆克文政府提出的“亚太共同体”虽然包含了美国，但其着眼点在于应对中、印的崛起及亚太世纪的到来，这个机制涵盖经济、政治议题以及面对未来安全挑战进行全面对话、合作并采取集体行动。在亚太共同体中，美澳同盟对亚太地区的和平与稳定具有重要意义，而东盟则是未来亚太共同体的核心。在以后的演讲中，澳方阐明亚太共同体是类似东亚共同体的渐进性的地区合作和开放的对

① 日方在最初的阐述中认为美国属于域外大国，加入东亚共同体并不合适，这引起了美方的高度关注。参看秦亚青主编：《东亚地区合作：2009》，北京，经济科学出版社，2010 年 4 月版，第十三章。

话进程模式。[①] 围绕着自己的构想，日本和澳大利亚在多种场合兜售各自的主张，引起国际社会的热议和美国的警惕。尤其是鸠山在 2009 年 10 月第二次中日韩领导人会议提出以中日韩为核心来建设东亚共同体后，有舆论认为这打破了中美之间的战略平衡，遭到美国的反对。美国对“亚太共同体”同样持反对态度，担心这会限制美国的力量且忽略了美国的全球影响力。东盟的立场则是以东盟为核心，以“10 +3”为主渠道来推进东亚共同体的建设，在推进东亚共同体之前，首先要建成东盟共同体。

不管未来东亚的一体化的模式如何，美国的接触战略最重要的是确保领导地位，使得亚太未来朝着符合美国利益的方向发展。与日本、澳大利亚主张建立新的机构不同，美国接触亚太和东南亚的优先考虑是让原有的地区组织产生效率，促使它真正解决问题，而不是建立新的组织。美国虽未提出对未来模式的设想，但却提出了标准。“地区机构应致力于推进我们明确的和不断增多的共同目标，包括增强安全和稳定，促进经济机会和增长，培育民主和人权。”[②] 在促进地区安全方面，必须能应对核扩散、领土争议和军备竞赛，以及 21 世纪的其他威胁；在促进经济机会方面，必须要降低关税和投资壁垒，提高市场的透明度，促进更平衡、包容和可持续的发展模式；在政治进步方面，必须支持人权保护和促进开放的社会。在这些原则的指导下，奥巴马政府急切地加入到东盟地区论坛中，希拉里自 2009 年以来出席了历次外长会议，成功地将美国的议题和关切带入到论坛中。[③] 在经济方面，美国将力图重振 APEC，美国的目

---

① 参看秦亚青主编：《东亚地区合作：2009》，北京，经济科学出版社，2010 年 4 月版，第十四章。

② Hillary Rodham Clinton，“*Remarks on Regional Architecture in Asia：Principles and Priorities*”，Imin Center - Jefferson Hall，Honolulu，Hawaii，January 12，2010，http：//www. state. gov/secretary/rm/2010/01/135090. htm.

③ 参看 Office of the Spokesperson，“*US ASEAN Regional Forum Cooperation*”，Bali，Indonesia，July 24，2011，http：//www. state. gov/r/pa/prs/ps/2011/07/169002. htm。

标是推动 APEC 演变成一个重要的、结果导向的论坛，以促进共同的、包容性的和可持续的经济发展。同时，美国于 2009 年 12 月宣布加入"跨太平洋伙伴关系协议（TPP）"，要打造一个高标准的区域性协定，以图推动建立亚太经合组织自贸区，掌握未来的主导权，并对抗中国提出的"10+3"自贸区。在政治与人权方面，美国对东盟建立专门的政府间人权委员会表示赞赏，希望东盟宪章能加强作用。

美国参与东盟"10+X"合作体系使得关于东亚合作前途的暂时争论平息下来，也将自己关于东亚合作的战略意图和理念带入到东盟合作体系中来。与先前不同，加入后的美国，可以直接通过各种对话合作机制，对有可能出现的任何挑战其"领导权"的趋势做出反应，美国已经开始通过接触来影响东亚合作进程。当前的局面也反映出，东盟主导地区合作已经日益力不从心，大国主导合作的态势上升，大国角逐正式登上东亚的舞台，使得域内各种发展趋势的竞争更加复杂。

第三，美国—东盟合作使得中国的周边环境更趋复杂化，短期内不利的因素大于积极因素。美国参与东盟"10+X"体系明显具有应对中国崛起的目的，美国正不断利用中国与东盟国家之间的敏感问题，达到改善与东盟关系、牵制中国崛起的目的，这体现在安全、经济和政治等方面。比如，介入南中国海主权争议；在建立美—湄合作框架时，以上游和下游的水资源分配及建坝会破坏环境为由，挑拨中国与下游国家的关系等。美国还会不失时机地挑拨中国与东盟国家的关系，甚至包括与中国关系友好的国家，比如柬埔寨、缅甸等。东盟国家也有拉美国制衡中国影响力不断上升的需要，在中国—东盟自贸区建成后，东盟一些国家对美国倡导的 TPP 反应积极，也有防止过度依赖中国的战略考虑。美国和东盟防范中国的态势在短期内不会改变，所以美国—东盟合作将会增加中国开展周边外交的难度。

美国国内社会

CFIUS 与美国的外资审查制度研究

吴其胜

（上海市美国问题研究所特约研究员）

一、研究目的、意义、现状和方法

（一）研究目的

作为一个推崇自由贸易和资本自由流动的国家，美国一方面通过各种多边和双边的方式推动国际贸易和投资的自由化，但另一方面，它同样也在国内建立了多种管理和限制对外经济联系的法律体系。以对外贸易为例，美国不仅在出口领域内建立了一整套关于军用品和军民两用品的出口管制体系，还在进口领域建立了多种限制外国商品进入美国市场的法律，如反倾销法、反补贴法等。不为人所熟知的是，在外来投资领域，美国国内同样存在一套较为完整的审查制度和体系，包括外资安全审查、证券交易审查、反垄断审查以及各个产业内关于外资的法律规定等。如何客观地认识美国的这些外资审查制度？美国外资审查制度的形成、演变及其背后的政治动力是什么？这些外资审查制度及其运行对中国在美直接投资会产生什么样的影响？中国企业和政府应该如何应对？本文正是对这些问题的初步探讨。

本文将以美国外资审查委员会（Committee on Foreign Investment in the United States，以下简称 CFIUS 或“委员会”）[①] 为切入点，通过考察美国外资安全审查制度的形成、演变、运作机制、政治动力等，尝试对以上问题进行初步探讨，并为中国企业赴美直接投资提供政策建议。在美国，直接或间接涉及外来投资监管的法律和制度范围很广泛，包括反托拉斯法、证券法以及在特定产业（如航运、航空、银行、能源、电信等）内关于外来投资的各种规定等。本文之所以选择 CFIUS 为切入点，一方面是因为该机构目前在美国的外资审查体系中扮演着十分突出的角色，美国国内关于外资审查制度改革的辩论也主要围绕该机构展开。尤其是受到 2006 年“迪拜港口世界”（Dubai Ports World）收购美国港口事件的影响，美国国会围绕 CFIUS 的审查程序进行了激烈的辩论，并推动了关于外资审查的最新立法，对美国的外资审查制度进行了较大的修改。另一方面，更为重要的是，目前中国企业进入美国市场所面临的一个主要政治阻力就是来自 CFIUS 及其进行的外资安全审查。因此，对 CFIUS 的研究不仅能够帮助我们较好地认识美国的外资审查制度，还能为赴美投资的中国企业提供有针对性的建议。

（二）研究意义

近些年来，在政府“走出去”战略的指导下，有条件的中国企业纷纷走出国门，到国外寻找技术与市场。而作为当今世界的技术强国和市场大国，美国无疑是许多中国企业对外投资的重要目的地。也正因为此，近些年来中国对美国的直接投资出现了迅猛增长的势头。根据商务部的统计数据，中国对美国的非金融类对外直接投资在 2006 年为 1.3 亿美元，到 2010 年激增到 13.9 亿美元，增加了 10

---

① 关于 CFIUS，国内又将其翻译成“外国在美投资审查委员会”或者“美国外资审查委员会”等。

倍多，增长速度远远高于同时期中国对美国的商品出口增长速度(2006 年对美出口额为 2035 亿美元，2009 年的对美出口额为 2833 亿美元)。[①] 但随着赴美投资领域和规模的扩大，中国企业在美国遇到的阻力也不断凸显，特别是在最近一段时间，中国企业赴美投资受挫的报道频繁见诸报端。值得关注的是，造成这些中国企业在美国投资失败的原因并非只是经济上的，在许多案例中更重要的还是政治原因，这在很大程度上也反映了国内企业对在美国投资的政治环境缺乏足够的了解。正如中国美国商会会长华金生（John D. Watkins）指出的："中国在美国的直接投资只占中国对其他发达和发展中国家投资的一小部分，这主要是由于双方互不了解造成的。中国企业高管完全不懂得美国的政治环境、经营方式和法律体系，而美国政治家和工人也严重误解了中国和中国人民。"[②] 因此，通过对美国外资审查制度的研究，能够帮助我们进一步了解中国企业赴美投资将会面临的政治环境，进而尽可能地帮助中国企业降低赴美投资的风险。

另外，在理论上，对美国外资审查制度的研究也能够深化我们关于美国对外经济政策的政治经济学研究。作为国际政治经济学（IPE）的一个重要研究分支，美国对外经济政策的政治经济分析一直国内学界关注的一个重要研究领域。然而，目前对该领域的研究仍然主要集中在美国的对外贸易政策上，而关于金融、货币和投资政策的研究并不多见。[③] 通过研究美国外资审查制度及其运作，特别是美国国会、行政机构、相关企业对特定外资并购交易的反应和行为，以及它们是如何通过各种直接和间接的方式参与美国的外资审

① 中国商务部：《国别贸易投资环境报告》（2007—2011 年）。

② ［美］华金生："鞍钢收购美企对美国有益"，载《华尔街日报》，2010 年 8 月 18 日。网址：http://cn.wsj.com/gb/20100818/opn150233.asp?source=NewSearch。

③ 宋国友："基于中国的国际政治经济学研究：问题领域、理论突破和学科弥合"，载《世界经济与政治》，2011 年第 1 期，第 6 页。

查进程当中，并如何影响最终的决策，无疑能够加深我们对国内政治如何影响一国对外经济政策这一问题的了解。也正因为此，作为美国对外投资政策研究的一个重要组成部分，关于美国外资审查制度的研究无疑是对现有研究的一种重要补充。另外，由于 CFIUS 所进行的外资安全审查关注的是外来投资对美国国家安全造成的影响，即从国家安全的角度来审查一项投资交易，因此关于该机构的研究还能够帮助我们了解安全战略如何影响国家间的投资关系，进而促进国际安全研究与 IPE 研究的融合。[①]

（三）研究现状

目前国内学界关于 CFIUS 及美国外资审查制度的研究并不多见，且主要集中在法学领域。例如，苏州大学法学院的韩龙教授在 2007 年的一篇文章中，对美国外资安全审查制度所涉及的几个核心概念以及 CFIUS 的审查进程进行了介绍和分析，并指出了其对中国建立外资安全审查制度的借鉴意义；[②] 在此前的研究基础上，韩龙教授等人对美国外资安全审查制度的最新变化做了非常详细的介绍，并对赴美投资的中国企业如何应对美国的外资安全审查提出了一系列建议；[③] 中国人民大学法学院的邵沙平教授和王小承博士对美国外资并购的国家安全审查制度的历史发展、最新变化和基本框架进行了介

① 近些年来，“国际安全的政治经济学”逐渐成为国际关系学内一个兴起的研究领域，其研究目的在于通过衔接国际关系学内的安全研究和国际政治经济学研究，以更好地理解安全与经济之间的关系。关于该研究领域较为详细的介绍，可参见 Jean – Marc F. Blanchard, et al., eds., *Power and the Purse: Economic Statecraft, Interdependence, and National Security*, Portland: Frank Cass & Co., Ltd., 2000; Peter Dombrowski, ed., *Guns and Butter: The Political Economy of International Security*, Boulder: Lynne Rienner Publishers, Inc., 2005.

② 韩龙：“美国对外资并购的国家安全审查制度：中国之借鉴”，载《江海学刊》，2007 年底 4 期，第 134—139 页。

③ 韩龙、沈革新：“美国外资并购国家安全审查制度的新发展”，载《时代法学》，2010 年第 5 期，第 93—103 页。

绍，并在此基础上着重探讨了我国外资并购国家安全审查制度的构建；[1] 类似地，中南财经政法大学法学院的王小琼和何焰两位学者对2007年以来美国外资安全审查制度的变化和对我国构建外资安全审查制度的启示进行了较为深入的分析。[2] 国内关于美国外资安全审查制度的研究还包括政府发布的一系列报告，包括商务部发表的年度《国别贸易投资环境报告》和《中国对外投资促进国别/地区系列报告——投资美国》等。[3] 这些报告对范围更加广泛的美国国内投资环境进行了介绍，包括美国的外资安全审查制度，并为准备赴美投资的中国企业提供一系列建议。

通过以上介绍不难发现，国内现有的研究成果主要是从法学的视角考察美国外资安全审查制度的发展、演变，主要关注的是相关的法律和法规，以及这些制度设计对中国构建自身的外资安全审查制度的借鉴意义。这种研究视角是我们了解美国外资安全审查制度的基础，但却忽视了这些制度产生、变革和具体运作的政治动力。然而，如果我们不了解美国外资安全审查制度背后的政治推力，不了解美国国会、企业和媒体在外资安全审查过程中所扮演的角色，我们就无法真正理解美国对外来投资特别是对中国企业投资的审查，更无法为中国企业赴美投资提供具有针对性的建议。

国外特别是美国学界关于 CFIUS 的研究同样并不多见，相关的研究主要包括美国国会研究处（CRS）以及美国智库的一些研究报告。例如，美国国会研究处研究员詹姆斯·杰克逊（James

① 邵沙平、王小承：“美国外资并购国家安全审查制度探析：兼论中国外资并购国家安全审查制度的构建”，载《法学家》，2008年第3期，第154—160页。

② 王小琼、何焰：“美国外资并购国家安全审查立法的新发展及其启示：兼论《中华人民共和国反垄断法》第31条的实施”，载《法商研究》，2008年第6期，第11—21页。

③ 中国商务部：《国别贸易投资环境报告》（2002—2011年）；《中国对外投资促进国别/地区系列报告——投资美国》。相关报告可以从商务部外资司网站获得，网址：http：//www.fdi.gov.cn/pub/FDI/wzyj/yjbg/default.jsp？mm =3.

K. Jackson）在一系列研究报告中专门介绍和分析了 CFIUS 建立和改革的背景，以及其目前的运作情况；[①] 在另外一篇文章中，杰克逊专门分析了 CFIUS 与涉及美国国土安全的外资安全审查。[②] 2006 年，由于当时美国国内围绕美国外资安全审查制度的改革进行了激烈辩论，美国著名智库彼得森国际经济研究所（Peterson Institute for International Economics）发布了一份名为《美国国家安全与对外直接投资》的研究报告。[③] 该报告对美国外资安全审查制度建立的政治经济背景以及 CFIUS 发展演变的政治过程进行了非常详细的论述，并对当时 CFIUS 所进行的外资安全审查的特征做了很好的概括。

从研究成果来看，与国内学界的研究相比，国外学者更加关注美国外资安全审查制度建立和发展的政治动力，以及 CFIUS 在具体实践中所面临的国内政治环境，这些研究也加深了我们对美国外资安全审查制度的认识。然而，与国内的研究相比，国外的这些研究成果对中国企业的关注并不多，其主要研究目的是为美国的外资审查制度的改革提供政策建议，而不是专门为其他国家特别是中国的企业如何应对美国的外资审查制度提供建议，包括外国企业如何能更好地规避或者通过 CFIUS 的审查等。

（四）研究方法

由于本文的研究首先是制度分析，而关于制度特别是正式的制度，主要是由法律条文来确立的，因此本文首要的研究方法是文本分析。具体地，本文将在现有研究的基础上，通过对一些原始的法

---

① CRS Report RL33388, *The Committee on Foreign Investment in the United States (CFIUS)*, by James K. Jackson, July 29, 2010; CRS Report RL33312, *The Exon – Florio National Security Test for Foreign Investment*, by James K. Jackson, February 4, 2010.

② CRS Report RS22863, *Foreign Investment, CFIUS, and Homeland Security: An Overview*, by James K. Jackson, February 4, 2010.

③ Edward M. Graham and David M. Marchick, *US National Security and Foreign Direct Investment*, Institute for International Economics, Washington, D. C., 2006.

律、行政命令、条例等文本的剖析和解读，来介绍和归纳美国外资审查制度的形成、演变和运行机制。

文本分析的方法虽然能够帮助我们了解制度的基本构架，是我们进行制度分析的基础步骤，但却具有自身的局限性。首先，这种方法无法帮助我们了解非正式的制度。例如，正如下文将要提到的，虽然正式的法律文件中规定CFIUS在外资安全审查中包括申报、审查、调查和总统决定等几个阶段，但在实际的运作中，同时还包括了一个非正式的阶段，即进行投资交易的相关企业与CFIUS成员的非正式磋商。其次，文本分析方法同样无法帮助我们了解制度的变迁及其运作的政治动力，而这些政治动力却往往决定了制度的建立、变化及其实施结果，忽视政治因素将使我们对美国外资审查制度的了解片面化，只局限于对制度本身的解读。因此，为了弥补文本分析方法的局限，本文将结合案例分析的方法，来考察美国外资安全审查制度的历史演变及目前的具体实施情况，分析CFIUS对中国投资企业进行审查的重点，并在此基础上提出具有针对性的政策建议。

二、CFIUS的建立及其历史演变

在1973年第一次石油危机之后，石油输出国组织（OPEC）成员国积累了巨额金融盈余，并开始大规模投资美国的证券市场（包括购买美国国债、公司股票和债券等）。美国国内特别是国会，对这些突然到来的大规模证券投资产生了极大担忧，认为这些来自欧佩克国家的投资多数是出于政治动机而非经济动机。为了安抚国会的紧张情绪，福特总统以行政命令的方式建立了CFIUS，并授权后者监管外来投资对美国国家利益的影响。① 根据该行政命令，CFIUS是

① Executive Order 11858, May 7, 1975, 40 F. R. 20263.

一个跨部门委员会，由6位成员组成，包括国务卿、财政部长、国防部长、商务部长、总统经济事务助理、国际经济政策委员会执行主任，并由财政部长作为该委员会的主席。该行政命令授予CFIUS的职责主要是监控和评估外来投资（包括直接投资和证券投资）的影响，并提交关于外来投资现状和发展趋势的分析报告。虽然CFIUS可以对一些对美国国家利益造成重要影响的外来投资进行审查，然而当时它主要还是总统的一个顾问机构，并没有权力来制定规则或对特定外来投资采取实质性的行动。

20世纪80年代中期发生的一系列事件，包括美元和美国股市的走弱、美国债务的急剧增加以及日本对美国企业的大量并购，再次使美国感到不安。多数美国人认为美国的企业变得越来越脆弱，很容易被外国企业所兼并；同时，由于其他新兴工业化国家特别是日本的崛起，美国的经济领导地位也正逐渐被取代。正是在这种背景下，美国国内关于外资政策展开了一场激烈辩论，并最终导致了美国在1988年对其外资审查制度进行了改革。

这次改革的导火索是日本企业在美国进行的一次收购事件。1987年，日本富士通公司（Fujitsu Ltd.）拟收购一家位于加州的大型半导体制造商——飞兆半导体公司（Fairchild Semiconductor Co.），引起了美国国内的激烈辩论。反对者认为日本会通过该项收购获取美国的关键技术，进而会损害美国的竞争力，并使得美国依赖日本生产的半导体产品。由于飞兆半导体公司当时是为美国军队提供电脑芯片的一个主要供应商，因而美国国防部尤其反对该项收购。国防部认为该项收购将使日本企业进一步加强对高新技术产品的控制，使得美国的国防工业更加依赖日本的供应商。面对来自国内的压力，里根政府指示CFIUS对该项收购造成的影响进行审查。但正如前面提到的，当时的CFIUS主要是一个顾问机构，对外资并购无法采取实质性的行动。在此情况下，里根政府不得不转而通过司法部，要求其利用《哈特—斯科特—罗迪诺反垄断改进法》（Hart - Scott -

Rodino Antitrust Improvements Act of 1976）的授权对该并购交易进行调查。由于美国国内的反对和美国政府的调查，富士通公司最终放弃了该项收购。

然而，富士通公司放弃收购并没有平息美国国内的担忧，一些国会议员继续抨击里根政府的不作为，并提出通过新的立法，促使总统阻止损害美国国家安全利益的外资并购。[①] 在与行政当局的激烈博弈中，国会最终于1988年通过了“埃克森－弗罗里奥”条款（the Exon－Florio provision）。[②] 该条款授权总统基于国家安全考虑，对外国企业在美国进行的合并、获取或接管进行调查。该法同样规定，如果“有可信的证据使得总统认为外资的控制会威胁损害国家安全”，并且在总统的判断下，除了此授权之外，没有其他法律能够“赋予总统足够或合适的权力来保护国家安全”，则总统可以阻止该项交易。[③] 在“埃克森－弗罗里奥”条款生效之后，里根总统发布行政命令，将实施该条款的权力授于CFIUS。[④] CFIUS也因此从一个主要负责分析和评估外来投资数据的机构，转变为一个在外来投资问题上具有广泛授权的机构。根据新的授权，CFIUS可以针对具体的外资并购展开审查或调查，并可以直接影响一项外资并购能否获

① 实际上，1977年通过《国际危机经济权力法》（International Emergency Economic Power Act of 1977，IEEPA）赋予了美国总统广泛的权力来干涉包括投资在内的所有对外经济政策。但总统在引用该项授权时必须首先声明国家进入紧急状态，进而限制了总统运用该项授权的范围。

② P. L. 100－418，§5021；50 USC App. §2170. “埃克森－弗罗里奥”条款是作为《1988年综合贸易和竞争力法》（the Omnibus Trade and Competitiveness Act of 1988）的修正案通过的。通过之后，该条款被并入《1950年国防生产法案》（Defense Production Act of 1950），成为该法的第721条款，因此“埃克森－弗洛里奥”条款又被称为“721条款”（Section 721 or Provision 721）。起初，该条款的授权至1991年到期。1991年8月颁布的《〈国防生产法案〉展期及修正法》（Defense Production Act Extension and Amendments of 1991）的第8条使“埃克森－弗洛里奥”条款成为美国的永久性法律。

③ 50 USC App. §2170（e）.

④ Executive Order 12661，Dec. 27，1988，54 F. R. 779.

得通过。根据要求，美国财政部在 1991 年 11 月发布了“埃克森－弗罗里奥”条款的具体实施条例，该条例也为 CFIUS 进行外资安全审查制定了基本的程序和规则。[①]

1992 年，法国的一家大型国企汤姆逊公司（Thomson－CSF）试图接管美国的军工企业 LTV 公司（LTV Aerospace and Defense Co.）。虽然该项收购最后以失败告终，但却促成了美国国会在当年通过了“伯德”修正案（the Byrd Amendment），即《1993 年财年国家防务授权法》（National Defense Authorization Act for Fiscal Year 1993）的第 837（a）条款。该修正案也是对“埃克森－佛罗里奥”条款进行的一次重要修订。根据该修正案，“当一受到外国政府控制或代表一外国政府的企业寻求合并、获取或者接管一美国企业，并且该交易会影响美国的国家安全时”，CFIUS 必须对该交易进行调查。[②] 通过该修正案的文本可以看出，当外国公司在美国从事的一项并购活动符合以下两种标准时，包括该外国公司被外国政府控制或者代表外国政府，并且外国公司所从事的并购活动会影响到美国的国家安全，CFIUS 必须对该项并购进行调查。虽然这并不意味着所有受到外国政府控制的企业在美进行并购时都必须接受调查，但外国企业与政府之间的关系是 CFIUS 评估国家安全风险的一个关键考虑因素。因此，“伯德”修正案使得在美国从事并购活动的外国国有企业面临比一般企业更加严厉的监管。

随着外来直接投资的不断变化以及“9·11”事件后美国所面临的国家安全环境的转变，美国对其外资安全审查制度进行了进一步的改革。尤其是几年前在美国国内发生的一系列重大收购事件，如 2005 年中海油收购美国石油公司优尼科（UNOCAL）和 2006 年阿联酋国营公司“迪拜港口世界”（DPW）收购英国航运公司（P&O）

---

① 56 F. R. 58780.

② P. L. 102－484，§837（a）.

在美国6个港口的运营权，直接导致了美国国会通过新的立法，来改革原有审查制度中存在的弊端。美国国会一方面对来自中国和海湾国家的公司在美国进行的并购活动表示极大担忧，另一方面则抱怨行政当局没有采取适当措施保护美国的利益，认为CFIUS内部的进程缺乏透明度，对外资并购所带来的安全影响没有进行全面的分析。在此背景下，美国国会于2007年6月通过了《外来投资与国家安全法》（the Foreign Investment and National Security Act of 2007, FINSA），对美国的外资安全审查制度进行了重要修订，也是最近的一次修订。[①]

FINSA对美国外资安全审查制度进行了范围较大的修订，但集中体现在两个方面，包括要求CFIUS加大对外资安全审查的力度以及加强国会对CFIUS审查过程的监督。

在2007年立法之前，CFIUS在具体的外资安全审查中主要考虑的是一项外资并购对传统意义上的国防安全的影响，如外国企业对美国企业的控制是否会损害美国国防生产的能力，是否会影响关键性战略资源的供给，是否会导致非常规武器和技术的扩散等。[②] 而在国会的要求下，新的立法扩大了"国家安全"这一概念的内涵，将国土安全和经济安全等因素纳入到CFIUS进行外资安全审查的进程当中，进而显著地扩大了CFIUS进行审查或调查的范围。例如，在FINSA的要求下，CFIUS在审查和调查中必须考虑外来投资对关键基础设施的影响，并将其作为向总统提出建议的依据。更为重要的是，FINSA关于"关键基础设施"这一概念的界定非常宽泛。2007年的法律规定，"关键基础设施"是指"对美国至关重要的任何有形的或无形的系统和资产，对这些系统和资产的损害或破坏会对国

---

① P. L. 110 - 49. 布什总统在2007年7月26日签署了该法案，并于次年1月发布第13456号行政命令正式实施该法。参见 Executive Order 13456, Jan. 23, 2008, 73 F. R. 4677.

② 50 USC App. §2170 (f) (1) (2) (3) (4).

家安全，包括国家经济安全和国家公共健康或安全具有负面影响”。[①] 根据这一要求，几乎所有涉及经济安全或国家公共健康的外资并购活动都将受到CFIUS较为严格的审查。

FINSA对美国外资安全审查制度的另外一项重要修订是赋予国会更多的途径监管CFIUS进程，进而加强了国会对美国外资安全审查的监督。例如，新的法律要求CFIUS在每次审查和调查程序结束后都需要向国会提供书面报告，提供特定投资交易的详细内容，并保证对特定交易的批准不会对美国的国家安全造成威胁，或者特定的缓冲协议（mitigation agreement）[②] 能够消除这种威胁；[③] 另外，CFIUS还必须向国会司法委员会的主席和副主席提交详尽的年度报告，汇报过去一年内已经审查和调查的投资交易的相关信息，包括对外来审查或调查的详单、关于投资所涉产业部门和国别的趋势、所采用缓冲协议的类型等。[④] FINSA对国会监督权力的增加还体现为，在收到CFIUS提交的通知和报告后，国会成员可以对相关投资交易的审查情况及缓冲协议的后续实施情况进行质询，等等。2007年立法的这些重要修订，不仅增加了国会在美国外资安全审查中的话语权，另外正如下文将要指出的，也进一步促使了CFIUS外资安全审查进程的政治化。

---

① P. L. 110－49，§2（a）（6）.

② “缓冲协议”是自“埃克森－弗罗里奥”条款在80年代末实施以来，CFIUS所采取的一项非正式的实践。具体地，针对一项投资交易，CFIUS成员会通常会在正式的审查程序开始后甚至是在正式提交投资交易申报之前的非正式过程当中，与交易方进行谈判并达成相关协议来消除引起CFIUS成员产生国家安全顾虑的商业安排。这些协定多数是非正式的安排，并没有明确的法律基础，也没有经过法院裁定。然而，在2007年通过的FINSA对此作出了明确规定，授权CFIUS与投资交易方进行谈判和实施相关协议，“缓冲协议”也因而具有了法律基础。参见P. L. 110－49，§5.

③ P. L. 110－49，§7（a）.

④ P. L. 110－49，§7（b）.

三、CFIUS的运作机制及其特征

根据2007年法律的要求，美国财政部于2008年底发布了FINSA的实施条例，即《关于外国人兼并、收购、接管的条例》（Regulations Pertaining to Mergers, Acquisitions, and Takeovers by Foreign Persons，以下简称《条例》）。[①] FINSA和财政部发布的《条例》一起构成了目前美国外资安全审查制度最新的法律渊源，并为CFIUS制定了具体的运作框架。

在具体的审查程序方面，FINSA和《条例》将CFIUS的运作过程主要分为四个正式的步骤或阶段，包括申报（notice）、审查（review）、调查（investigation）和总统决定。

第一，申报阶段。《条例》为从事一项并购交易的企业（包括并购方和被并购方）规定了一种自愿申报机制，即“拟定中的或已完成的交易中的相关方可以向CFIUS提交一份关于交易的自愿申报”。[②] 然而，《条例》同时也规定，如果相关交易方没有向CFIUS提交自愿申报，并且该交易属于“受管辖交易”（covered transactions）[③] 的范围以及该项交易会对美国的国家安全利益造成潜在影响，则CFIUS可以要求相关交易方提交申报，或者由CFIUS的任何成员直接提出审查要求。由此可以看出，虽然《条例》规定一项并购交易的申报在名义上是自愿的，但实际上对于并购交易方来说是强制性的，准备在美国从事并购交易的企业都必须通过各种途径包

① 73 F. R. 70702; 31 CFR §800.

② 31 CFR §800.401 (a).

③ FINSA首次提出了“受管辖交易”这一概念，用来界定属于CFIUS管辖的交易类型；《条例》对这一概念做了进一步的细化，并通过正面和反面列举的方式界定了“受管辖交易”的类型。参见31 CFR §800.301，§800.302.

括积极与 CFIUS 成员进行沟通，来判断所从事的并购是否属于 CFIUS 的“受管辖交易”。如果一项属于“受管辖交易”的外资并购没有向 CFIUS 进行申报，则该项并购在后期会面临很多不确定性，因为 CFIUS 可以随时发起对该项并购的审查，已完成的并购交易可能会遭到否决或者面临其他惩罚措施。例如，中国的电信设备制造商华为于 2010 年在没有告知 CFIUS 的情况下，完成了对美国一家云计算技术制造商的专利收购，但在 2011 年却遭到 CFIUS 的审查，并最终被迫放弃该项收购。

第二，审查阶段。在收到相关投资交易方提交的申报之后，CFIUS 开始启动正式的审查程序，以审查相关交易是否会威胁或损害美国的国家安全，并在 30 天之内做出初步的决定。[①] 在该阶段，如果 CFIUS 的所有成员都认为相关交易并不会威胁或损害美国的国家安全，则整个审查程序到此结束。相反，如果有一名委员会成员认为投资会威胁或损害美国的国家安全，或者受到审查的交易是由外国政府控制的，或者该交易会导致美国的关键基础设施受到外国控制并且会威胁到美国的国家安全，并且 CFIUS 成员无法与投资交易方达成相应的“缓冲协议”来消除对美国国家安全造成的威胁，则 CFIUS 要继续对受到审查的交易进行调查。

第三，调查阶段。实际上，该阶段在调查内容上与审查阶段没有实质差别，而只是后者在时间上的延续。进入该阶段后，CFIUS 必须在 45 天之内就一项交易是否会造成美国企业被外国控制以及该交易是否会对美国的国家安全造成损害做进一步的调查。[②] 在调查完成或终止后，如果 CFIUS 建议总统暂停或禁止一项交易，或者 CFIUS 成员无法达成一致意见时，CFIUS 应向总统提交一份报告，要求其做出决定。如果受到调查的投资交易不会对美国的国家安全造成

---

① 31 CFR §800.502.

② 31 CFR §800.506.

威胁或损害，或者CFIUS与交易方达成了缓冲协议来缓解或消除这种威胁，则CFIUS可以决定结束整个程序而不向总统提出任何建议。

最后，总统决定阶段。如果CFIUS向总统提交了调查报告，则在CFIUS调查结束之后的15天内，总统必须宣布最终的决定。具体地，如果总统认定“有可信的证据表明外国对美国企业的控制会威胁损害美国的国家安全，并且除了“埃克森－弗罗里奥”条款和《国际危机经济权力法》的授权之外没有其他的法律能够提供足够和合适的授权来保护国家安全”，则总统可以“中止或限制”该项交易。[①]

除了以上正式的程序之外，CFIUS在具体的实践中还采取了一种非正式的磋商程序。该程序是指在并购交易方在正式向CFIUS提交申报之前，与CFIUS成员之间进行的一种非正式的接触和互动，这种非正式的程序在时间上也没有明确的限制。根据美国国会研究处研究员詹姆斯·杰克逊的分析，这种非正式的磋商程序之所以产生，是因为它同时满足了CFIUS和公司的需要。[②] 对于CFIUS及其成员来说，与交易方之间的非正式磋商为他们提供了足够多的时间来评估一项并购交易，从而避免了在正式的审查程序中所面临的时间限制。同时，这种非正式的磋商也给予了CFIUS成员额外的时间来与并购交易方进行谈判，指导交易方对并购协议进行调整以解决任何潜在安全问题，或者与交易方达成缓冲协议来消除委员会成员对一项投资交易所产生的安全顾虑。进行并购交易的公司同样能够从这种非正式的磋商中获益。一方面，它给予了公司额外的时间来与CFIUS的成员解决任何国家安全问题；另一方面，更重要的是，它能够帮助公司避免潜在负面影响，因为一旦公司向CFIUS提交正式的申报并最终受到调查或者投资交易被限制，该公司无形中就会被

① 50 USC App. §2170（d）.

② CRS Report RL33388, *The Committee on Foreign Investment in the United States* (*CFIUS*), by James K. Jackson, July 29, 2010, pp. 7－8.

贴上损害美国国家安全利益的标签，其形象无疑会受到损害。

通过对相关法律文本的分析，并结合 CFIUS 所进行的具体外资安全审查，可以发现美国的外资安全审查制度及其运作具有以下几个方面的特征：

第一，CFIUS 所进行的外资安全审查是在总统授权下所进行的，并主要反映了总统的政策偏好。一方面，作为一个跨部门的委员会，CFIUS 本身就是由总统通过行政命令的方式建立起来的，其职责和主要成员构成也是由总统授权和委任。另外，从法律规定的外资安全审查程序上来看，针对一项投资交易是否能够获批的最终决定权仍然在总统手中。CFIUS 可以提出是否批准特定交易的建议，但总统并没有义务来采纳这些建议。虽然在实践上很少出现，但总统在法律上可以拒绝 CFIUS 提交的建议，自主判断一项交易是否应该被批准。也正是这种制度上的设计，使得美国的外资安全审查总体上并没有偏离总统在外资政策领域内的政策偏好。出于促进就业和经济增长的考虑，美国总统大都主张促进投资的自由化。① 也正因为此，美国外资安全审查制度的存在并没有从总体上阻碍外来资本在美国的自由流动。

第二，在具体的外资安全审查中，相关的法律和条例也给予了 CFIUS 较大的灵活性和自主性。例如，对于发起一项外资并购交易的审查，相关法律并没有对 CFIUS 的授权做出时间上的限制。CFIUS 既可以在并购交易方提出自愿申报的基础上进行审查，也可以在任何一位 CFIUS 成员的要求下进行审查，并且这种审查甚至可以在一项并购交易完成之后的任何时间内。另外，现有的法律和条例关于一些核心概念的界定比较模糊，甚至并没有界定。概念上的模糊性赋予 CFIUS 极大的灵活性，CFIUS 可以在审查中根据具体需要来解

① 实际上，自卡特政府以来，美国历届政府都曾公开声明支持国际投资的自由化。参见 CRS Report RL33984, *Foreign Direct Investment: Current Issues*, by James K. Jackson, February 11, 2010, pp. 3 - 5.

释这些概念。例如，虽然美国外资安全审查的主要目的是考察一项外来投资交易是否会威胁到美国的国家安全利益，但法律并没有对“国家安全”这个概念进行界定，而只是提供了一些非常宽泛的参考标准。在实际的审查中，CFIUS 的各个成员可以根据所属部门的职责来对国家安全的定义进行解读。例如，国防部的代表主要关注军事安全，国务院的代表主要考虑外交因素，财政部的代表主要考虑经济安全，国土安全部的代表主要考虑基础设施，等等。[①] 类似的概念还包括“外国控制”（foreign control）、“可信的证据”（credible evidence）等。

第三，美国外资安全审查的政治化特征。由于外资并购本身所具有的特点，以及外资安全审查制度上的局限，使得美国的外资安全审查制度在具体的实践中极易被政治化。一方面，外资并购牵涉到外国企业对本国资产的获取，并且往往涉及的资金规模比较庞大，因此极易引起公众关注并在美国国内引起负面反应，从而导致一项普通的商业并购成为高度敏感的政治议题。另一方面，由于现有法律对一些核心概念的模糊界定，使得美国国内利益集团倾向于通过向政府施压，促使 CFIUS 在具体的审查中按照自身的利益诉求来解读这些概念，进而影响 CFIUS 的审查过程。一种较为常见的情况是，为了提高潜在的外国竞购者的并购成本，或者重新开启竞标过程，美国本土的竞购企业会通过外资并购威胁国家安全这一借口，直接向 CFIUS 成员施压，要求后者制止外国企业参与并购；或者在国会开展游说，通过国会议员来间接地向 CFIUS 施压。

---

① 美国国会在 FINSA 中规定了 CFIUS 主要以下 9 个部门的负责人或者其代表组成，包括财政部长、国土安全部长、商务部长、国防部长、国务卿、司法部长、能源部长、劳工部长和国家情报局长。其中劳工部长和国家情报局长为 CFIUS 的“当然成员”（ex officio member），不拥有投票权。参见 P. L. 110－49，§3. 在 2008 年 1 月份发布的行政命令中，布什总统将 CFIUS 的成员扩大到 11 名，增加了美国贸易代表和白宫科技政策办公室主任这两名成员。参见 Executive Order 13456，Jan. 23，2008，73 F. R. 4677.

美国国内企业影响外国企业在美收购业务的一个典型案例是2000 年荷兰的阿斯麦公司（ASML）欲收购美国的一家半导体设备制造商——硅谷集团（SVG）。起初，这两家公司比较顺利地达成了相关收购协议，但由于该项收购损害了（Ultratech Stepper）公司等美国国内潜在竞购者的利益，它们开始在国会山展开游说，要求国会就该项交易对 CFIUS 进行施压。虽然该项收购最终得以完成，但由于来自美国国内企业和国会的压力，使得阿斯麦公司为此付出了高昂的代价，包括放弃对硅谷集团部分业务的控制权，同意在收购协议中附带更为苛刻的条款等。其他的类似案例还包括 2005 年印度一家国有电信公司 VSNL 收购美国泰科全球网络公司（TGN）；2005 年中海油竞购优尼科，以及 2006 年迪拜港口世界收购英国航运公司在美国的港口业务；2010 年中国鞍山钢铁集团与一家美国钢铁企业在美国的密西西比州合资建厂，等等。

四、CFIUS 与对中国在美投资的审查

与对外贸易特别是与商品出口相比，中国在对外资本输出上的步伐要慢的多，中国对外直接投资在国际投资中所占份额也远远低于出口商品在国际市场上的份额。中国对外贸易和对外投资之间的这种失衡尤其体现在中美之间的经贸关系当中。例如，在 2010 年，中国对美出口达到 2800 多亿美元，而同时期中国在美国的非金融类对外直接投资却仅仅为 13. 9 亿美元；同时期美国在中国的投资项目达到 1500 多个，实际使用金额为 30 多亿美元，远远高于中国在美国的投资，两国在对方的投资额明显不对称。① 另外，中国在美国的投资额也远远低于其他亚洲和欧洲国家在美国的投资额。根据美国

① 中国商务部：《国别贸易投资环境报告》(2011 年)。

经济分析局提供的数据，中国公司在2009年对美国企业的投资只有7.91亿美元，而韩国企业对美国公司的投资额达到120亿美元，日本公司的投资额为2642亿美元，德国公司的投资额为2180亿美元，英国公司的投资额为4530亿美元。[①]

中国在美国相对较低的投资额并没有降低美国对中国资本的担忧。事实上，在2005年以来美国国内关于外资安全审查制度改革的辩论中，中国就是主要议题之一。2012年之前在美国的外资安全审查的实践中，美国总统唯一一次引用“埃克森－佛罗里奥”条款来禁止外来投资的案例就是针对中国的企业，即1990年布什总统通过引用“埃克森－佛罗里奥”条款的授权，禁止中国航空技术进出口公司收购美国的一家商用飞机金属部件制造商曼可（MAMCO）公司。[②] 另外，随着近几年中国赴美投资的不断增加，美国对中国企业的审查力度也随之不断加大。表—1是笔者根据媒体报道所搜集的CFIUS针对赴美投资的中国企业所展开一些有代表性的审查案例。[③]通过该表不难看出，自冷战结束以来，CFIUS对中国企业的审查力度逐年加大，仅2010年一年就有3起引起广泛关注的案例。[④] 其中多数受到CFIUS审查的收购案都以中方企业撤回收购而结束。值得注意的是，在这些比较大的收购案中，只有一项通过CFIUS的审查，即2005年联想收购IBM的个人电脑业务。但即使在这一案例中，

---

① 转引自环球网：《中国在美投资落后于竞争者》，2011年1月18日。网址：http：//finance. huanqiu. com/roll/2011－01/1437480. html.

② George Bush：“Order on the China National Aero－Technology Import and Export Corporation Divestiture of MAMCO Manufacturing，Incorporated，” February 1，1990. Online by Gerhard Peters and John T. Woolley，*The American Presidency Project*，available at http：//www. presidency. ucsb. edu/ws/？ pid＝18108（accessed on September 8，2011）.

③ 由于CFIUS对审查信息的保密，笔者无法全部掌握它所进行的涉及中国企业的全部审查案例。

④ 事实上的案件数量有可能更大，因为一些中国企业在与CFIUS成员进行的非正式磋商中，认识到在美国的投资交易获得CFIUS批准的可能性比较小或者难度较大，就会主动放弃收购，从而不再向CFIUS提交正式申报。

CFIUS 也只是有条件的批准，要求中方在收购协议中附带较为苛刻的条款。

表—1 CFIUS 关于赴美投资的中国企业的审查案例

年份	案例	审查结果
1990	中航技收购美国曼可公司	禁止收购
2005	联想收购 IBM 个人电脑业务	有条件批准
2005	中海油收购优尼科	撤回收购
2008	华为收购 3com	撤回收购
2009	西色国际收购 FirstGold	撤回收购
2010	华为收购 3leaf	撤回收购
2010	华为收购 2wire 和摩托罗拉旗下子公司	撤回收购
2010	唐山曹妃甸与美国光线制造商组建合资企业	撤回收购

资料来源：笔者根据国内外媒体报道自制。

CFIUS 对中国企业的安全审查，突出反映了中美两国军事和安全关系的脆弱性，尤其反映了美国政府在安全领域对中国的疑虑。表—2 中列举了 2010 年美国与其前十大贸易伙伴国之间的军事和安全关系。通过该表可以发现，在美国的前十大贸易伙伴国中，有 5 个国家属于美国的北约（NATO）盟国，包括加拿大、德国、英国、法国和荷兰；有 2 个国家属于美国在东亚的双边军事同盟，包括日本和韩国；有 2 个国家与美国同属于《里约协定》成员国；中国是唯一与美国不存在任何防务安排的国家。另外，在政治制度方面，中国也是美国前十大贸易伙伴国中唯一没有实行西方式民主制度的国家。虽然中美之间存在紧密的经济联系（正如表—2 表明的，2010 年中国为美国的第二大贸易伙伴），但由于两国在安全和战略关系上的脆弱性，以及在国内政治制度上的差异性，必然会使得美国在处理对华经贸关系（包括投资关系）上有别于其他国家。也正因为此，美国在对中国赴美投资企业的审查中也会区别于来自其他国家的企业。通过对近些年来涉及中国企业的案例进行分析，可以发现，CFIUS 对中国投资企业的安全审查主要关注以下几个相互关联的议题。

表—2 美国与前十大贸易伙伴的战略和军事关系

国家	贸易额排名	战略和军事关系
加拿大	1	NATO
中国	2	无
墨西哥	3	《里约协定》
日本	4	双边军事同盟
德国	5	NATO
英国	6	NATO
韩国	7	双边军事同盟
法国	8	NATO
巴西	9	《里约协定》
荷兰	10	NATO

资料来源：关于 2010 年美国前十大贸易伙伴的数据来自美国统计署（U. S. Census Bureau）网站，参见 http：//www. census. gov/；关于美国现存双边或多边安全条约的资料来自美国国务院法律顾问办公室（Office of the Legal Adviser）网站，参见 http：//www. state. gov/s/l/index. htm。

注：虽然根据美国统计署的数据，中国的台湾地区是美国的第 9 大贸易伙伴，但由于本文主要考察的美国和主权国家之间的贸易与安全关系，因此表—2 将台湾地区排除，并将美国的第 11 大贸易伙伴荷兰排在第 10 位。

CFIUS 在审查中国企业在美国的投资项目时，首先关注的是中国企业和政府之间的关系，并且几乎所有涉及中国企业的争论都围绕该议题展开。作为一个转型国家，政府在中国经济发展中扮演着十分重要的角色，国有企业在有中国特色社会主义市场经济中所占的较高比重在短期内也不会发生根本性的变化。根据美国政治风险研究和咨询公司欧亚集团（Eurasia Group）总裁伊恩·布雷默（Ian Bremmer）和美国纽约大学（New York University）教授努里尔·鲁比尼（Nouriel Roubini）在《华尔街日报》撰文指出的："在 2010 年《财富》500 强上榜的 42 家中国企业中，有 39 家是国有企业；在中国 100 家最大的上市公司中，有四分之三是由政府控制的。”[①] 国有企业在中国经济中的比重同样反映在对外投资领域。根据美国智库传统基金会（The Heritage Foundation）的统计，自 2005 年以来，国有企业在所有投资额超过 1 亿美元的中国对外投资项目中所占的比例超过 90%；另外，包括中石油、中石化在内的四家国有企业的对外投资占中国 2005 年以来对外投资额的一半左右。[②] 从为东道国提供资金、创造就业和促进经济增长等经济学指标上来看，国有企业与一般私营企业在对外投资上并无本质上的差别，但在政治上却是一个敏感的议题。正如上文在关于美国外资安全审查制度演变历史的介绍中提到的，1993 年的“伯德”修正案要求 CFIUS 在对外资并购的安全审查中考虑“外国控制”这一因素。该修正案尤其针对外国国有企业在美国的投资，它规定“当一受到外国政府控制或代表一外国政府的企业寻求合并、获取或者接管一美国企业，并且该交易会影响美国的国家安全时”，CFIUS 必须对该交易进行调查。[③] 虽然并不是所有的国有企业在美国进行投资时都必须接受调查，但投资企业与外国政府之间的关系却是 CFIUS 评估国家安全风险的一个重要考虑因素。[④]

然而，由于中国社会主义市场经济的特殊性，在实践中缺乏统一的标准来明确界定企业的属性，加上美国政府官员往往戴着有色

---

① Ian Bremmer and Nouriel Roubini，“Whose Economy Has It Worst?” *The Wall Street Journal*，November 12，2011，available at http：//online. wsj. com/article/SB10001424052970204358004577029972941870172. html（accessed on November 14，2011）.

② Derek Scissors，“Chinese Outward Investment：More Opportunity Than Danger，” The Heritage Foundation，July 13，2011，available at http：//www. heritage. org/research/reports/2011/07/chinese - outward - investment - more - opportunity - than - danger（accessed on July 14，2011）.

③ P. L. 102 - 484，§ 837（a）.

④ 50 USC App. § 2170（f）（8）.

眼镜看中国，使得CFIUS成员更倾向于认为所有赴美投资的企业都是直接或间接受到中国政府控制的。① 因此，在政府控制问题上，相对于其它国家的企业，中国企业特别是国有企业在寻求CFIUS批准在美国投资项目时必然会面临更多的挑战，并会受到美国国内政治更大的干扰。例如，针对2010年中国钢铁企业鞍山钢铁集团与美国钢铁企业在美国合资建厂的计划，代表美国各主要钢铁生产州利益的美国国会钢铁联线（Congressional Steel Caucus）的50位议员致函美国财政部长蒂莫西·盖特纳（Timothy Geithner），敦促CFIUS重新审查该投资计划。这些国会议员指出，由于鞍钢的国有企业性质及其与中国政府的密切关系，该项投资会对美国就业及国家安全构成威胁，并将使得“中国政府势力及资金在美国本土对美国钢铁市场进行开拓，……令美国市场遭到扭曲”。②

与此相关的一个议题是政府补贴，即在美从事并购的外国企业是否受到企业所在国政府的补贴和支持，如为特定并购项目提供低息或无息贷款等。虽然相关法律并没有规定CFIUS在进行外资安全审查时必须考虑交易方是否受到母国的金融支持，但政府补贴问题是CFIUS在评估外国投资方是否受到其母国政府控制的重要参考指标。如果一个在美从事并购的外国公司被认为受到其母国政府的补贴，则CFIUS的成员会更倾向于认定该公司是受到外国政府控制的。另外，一项外资并购是否存在政府补贴的问题，还会与该项并购是否会被政治化有关。如果一个受到政府补贴的公司在美国从事一项并购，反对该并购交易的美国利益方就会以此为借口，在美国国内

① Edward M. Graham and David M. Marchick, *US National Security and Foreign Direct Investment*, p. 105.

② The US House of Representative, “Steel Caucus Urges Investigation of Chinese Investment in American Steel Industry,” July 2, 2010, available at http: //visclosky. house. gov/2010/07/steel - caucus - urges - investigation - of - chinese - investment - in - american - steel - industry. shtml (accessed July 8, 2010).

推动投资项目的政治化，以阻止该项交易的通过。这一点尤其体现在中国企业对美投资上。例如，中海油在 2005 年竞购优尼科时，就有美国媒体指出中海油在该项并购中获得了其国营母公司和中国政府的大量低息贷款，从而使得其能够战胜美国石油巨头雪佛龙公司，赢得对优尼科的竞购。① 雪佛龙公司为了重新赢回对优尼科的竞购，通过媒体宣传和政府游说，抱怨中国政府的补贴使得中海油获得了相对于雪佛龙的报价优势。在中海油正式提出收购报价后，时任雪佛龙公司副总裁的彼特・罗伯森（Peter J. Robertson）指出："显而易见的是，这不是商业竞争，我们是在与中国政府竞争。"②

在雪佛龙公司的游说下，美国国会议员也迅速做出反应，不断向布什政府施压，要求严格审查此项收购。在给白宫的一封公开信中，美国参议员财政委员会主席查克・格拉斯利（Chuck Grassley）和该委员会资深成员麦克斯・鲍克斯（Max Baucus）指出："中海油对优尼科的收购产生了一个重要的问题，即获得补贴的国有企业是否应该被允许收购我们急需的稀缺自然资源。当通过政府补贴来获取和开发稀缺资源时，应该考虑到对市场扭曲的影响。这种补贴使得稀缺资源被分配到无效率或者效率较低的生产商。CFIUS 的所有审查都应该考虑到这种受到补贴的收购对美国经济以及对我们国家安全利益的潜在威胁。"③ 在美国媒体、企业和国会的推动下，中海

---

① Allan Sloan, "Parent's Help Puts CNOOC Bid in Different Light," *The Washington Post*, July 26, 2005, available at http://www.washingtonpost.com/wp-dyn/content/article/2005/07/25/AR20050725017 (accessed April 14, 2011).

② Jad Mouawad and David Barboza, "In Seeking Unocal, Chevron Ruffles an Asian Partner," *The New York Times*, July 5, 2005, available at http://www.nytimes.com/2005/07/05/business/worldbusiness/05chevron.html? pagewanted=all (accessed April 14, 2011).

③ The United States Senate, Committee on Finance, "Grassley, Baucus Express Concern over Potential CNOOC - Unocal Dear," July 13, 2005, available at http://finance.senate.gov/newsroom/chairman/release/? id=edaf06b1-d7dd-4ba6-9be4-75fbc69b43ba (accessed on April 16, 2011).

油对优尼科的收购迅速被政治化，并最终迫使中海油撤回了该项收购计划。

除了关注中国投资企业与政府之间的关系，CFIUS另外的一个主要关注点是中国企业在美国所进行的投资是否会对美国国家安全造成了潜在威胁。这种安全威胁体现在两个方面：一是投资项目是否会增加美国在安全上的脆弱性或者削弱美国的军事实力；二是投资项目是否会增加中国的军事实力或提高第三方国家威胁美国安全的能力。

第一种安全威胁属于CFIUS传统的外资安全审查范围，主要关注一项外资并购是否会导致外国企业或政府对美国国内特定人力资源、原材料、产品或服务的控制，进而削弱美国的国防生产能力。① 对于涉及中国企业的投资项目，CFIUS在这方面尤其担忧中国企业对一些敏感性资产的控制是否会削弱或损害美国的国防实力。例如，2008年华为公司计划与贝恩资本公司（Bain Captial）联合收购美国的一家互联网公司——3Com。由于该互联网公司是美国国防部的一个重要服务商，为其提供反间谍软件服务，从而引起了作为CFIUS成员之一的国防部的反对，认为由于华为与中国军方的关系，该项收购会削弱美国国防部软件系统的防卫能力，从而更加容易受到外部特别是来自中国的攻击。②

CFIUS所关注的第二种威胁是中国企业的对美投资是否会潜在地增强中国的军事实力。虽然根据美国的外资安全审查法，CFIUS在进行调查时并没有被要求考虑一项并购是否会导致外国军事实力的提高，但由于国防部等安全部门的推动，CFIUS非常关注中国企

① 50 USC App. §2170（f）（1）（2）（3）.

② Steven R. Weisman，"Sale of 3Com to Huawei Is Derailed by U.S. Security Concerns，" *The New York Times*，February 21，2008，available at http：//www.nytimes.com/2008/02/21/business/worldbusiness/21iht－3com.1.10258216.html？pagewanted＝all（accessed on February 23，2008）.

业在美国的并购对中国提高军事力量的潜在影响。通过其历年向国会提交的《年度中国军力报告》可以看出，美国国防部一直将中国军事实力的提高视作对美国国家安全的威胁。[①]具体到对中国企业在美投资项目的审查，CFIUS 关注投资项目是否会导致中国企业控制一些战略性资源或者敏感性的军民两用产品和技术，并将这些资源、产品和技术通过各种方式转移到中国，从而帮助中国提高军事实力。例如，在 2009 年，CFIUS 反对中国西色国际投资公司收购美国内华达州的矿业集团优金公司（Firstgold Corp）的原因之一，就是担心中国公司获得可用于制造导弹的金属钨；[②] 而华为自 2008 年以来在美国投资受阻的一个重要原因就是 CFIUS 认为其与中国军方的联系，担心华为对美国互联网和电信设备制造商的收购会将大量的敏感技术转移到中国，进而促进解放军的现代化建设。

CFIUS 对中国投资进行审查的另外一个关注点是关于间谍问题。该问题一直是美国政客和媒体热衷的话题，美国国内关于该问题的炒作曾在 20 世纪 90 年代末出现一次高潮。1999 年，以美国众议员克里斯托弗·考克斯（Christopher Cox）牵头的众议员特别委员会炮制了一份名为《美国关于中国的国家安全和军事/商业关切》，即《考克斯报告》。[③] 该报告声称中国通过在美国设立的“幌子公司”等途径搜集和窃取美国军事技术，进而损害了美国的国家安全。随后，美国政府的其他部门陆续发布关于中国在美国从事间谍活动的报告和声明，进一步损害了中国的形象。美国国内的这种政治氛围

① 美国国防部历年发布的《中国军力报告》，可参见美国国防部网站：http：//www. defense. gov/pubs/china. html.

② Stephanie Kirchgaessner，“US Blocks China Fiber Optics Deal Over Security，” *Financial Times*，June 30，2010，available at http：//www. ft. com/cms/s/0/8348c03a－83d4－11df－ba07－00144feabdc0. html（accessed on July 1，2010）.

③ U. S. House of Representatives，Cox Committee，*U. S. National Security and Military/Commercial Concerns with the People' s Republic of China*，1999，available at http：//www. house. gov/coxreport/pref/preface. html（accessed on September 4，2011）.

不可避免地影响到了对中国企业的安全审查，这尤其体现在美国政府对中国远洋集团（COSCO）租赁美国加州长滩港的反应上。1997年中国远洋集团拟租赁位于美国加州长滩的一处废旧军港，然而此项投资却遭到了美国政府特别是部分国会议员的反对，认为中国远洋集团作为一个国有企业，与中国政府和军方存在密切的关系，对长滩港的租赁将会帮助中国获取美国军方特别是附近海军演习的情报，进而威胁到美国的国家安全。① 同样，2009年中国西色国际投资公司收购美国内华达州的矿业集团优金公司被CFIUS否决的一个主要原因，就是由于优金公司的几个采矿区靠近美国的军事基地，美国政府担心中国企业利用这些矿区的开采权从事关于美军基地的情报收集活动。②

五、政策建议

通过对CFIUS的历史演变及其运作机制的介绍，并结合以往案例的分析，可以发现，与美国在对外贸易政策领域内的制度建设相比，如在反倾销、反补贴和出口控制等领域，美国的外资安全审查制度还远不成熟，一些重要法律概念仍相当模糊。这一方面为CFIUS在行使法律授权时提供了很大的自由度和灵活性，但在另一方面对于赴美投资的外国企业来说也增加了很多不确定性。另外，在很大程度上，也正是由于美国外资安全审查制度的不完善性，使得CFIUS的审查进程极易被政治化。尤其是2007年的立法加强了国会

① CRS Report, *Long Beach: Proposed Lease by China Ocean Shipping Co.* (*COSCO*) *at Former Naval Base*, by Shirley A. Kan, June 3, 1998.

② Eric Lipton, "Chinese Withdraw Offer for Nevada Gold Concern," *The New York Times*, December 1, 2009, available at http://www.nytimes.com/2009/12/22/business/global/22invest.html (accessed on September 26, 2011).

在美国外资安全审查中的影响力，为美国国内特殊利益团体寻求自身的狭隘利益提供了更多的便利。

正如本文第四部分指出的，美国的外资安全审查机制已经对赴美投资的中国企业造成了很大干扰。随着赴美投资规模和数量的不断扩大，中国企业必然会面临更多的挑战，投资争端和摩擦也必然会成为中美经贸关系中的又一热点问题。事实上，从近几年中美双方领导人的高层对话中可以发现，投资问题特别是中国对美投资的准入问题已经成为中方关注的一个重要议题。然而，对于赴美投资的中国企业来说，在该问题从根本上解决之前，美国的外资安全审查制度依然是一道不可回避的“栏栅门”，因而探讨如何尽可能地顺利通过这道“栏栅门”无疑具有重要的现实意义。针对美国外资安全审查制度的特点，并结合以往 CFIUS 对中国企业的审查，本文提出一些具体建议，以期帮助赴美投资的中国企业更好地应对美国的外资安全审查。

对于中国政府和企业来说，首先要做的是正确认识 CFIUS 及其所进行的外资安全审查。正如文章第二部所介绍的，CFIUS 和美国外资安全体系建立的背景是出于对外来投资对美国国家安全所带来影响的担忧，并且这种担心会随着外资涌入量的增加而增强，这也是一个国家基于自身经济竞争力和国家安全利益的本能反应。不仅是美国，世界上的多数大国也正是基于这种考虑建立了各自的外资安全审查制度。另外，更为重要的是，虽然 CFIUS 在对中国企业的审查中给予了“重点照顾”，但必须认识到的是，美国的外资安全审查并非只针对中国。从历史上来看，美国对来自其盟国的投资企业同样进行了大量的安全审查，并不乏阻挠这些企业进行投资的案例。从目前的情况来看，在对待中国的投资问题上，美国政府总体上依然持比较开放和鼓励的态度，大多数中国企业的投资都能得以顺利进行。因此，我们在对赴美投资上要有信心，不能因为担心 CFIUS 对中国企业的审查而裹足不前，放弃投资机会。

其次，对于中国企业来说，要注意投资策略的选择以及与CFIUS进行沟通的技巧。在投资策略上，应该循序渐进，不能急于做大做强。在进入美国市场的初期应尽可能地避免进行规模较大或者涉及敏感行业的投资，而应更多地选择投资一些敏感度较低的行业，以及数额较小的项目，从而尽可能地降低美国政府和公众对来自中国投资的担忧，并逐渐提升中国企业的形象，为以后更大规模地投资打好基础。另外，相对于并购，直接在东道国设厂的“绿地投资”（Greenfield Investment）能够直接增加当地就业，并且很少涉及外国控制当地企业等敏感性议题，进而能够更好地降低东道国政府和公众的忧虑。因此，有条件的中国企业应该更多地在美国进行“绿地投资”。同样不可忽视的是，由于中美两国在制度、历史和文化等方面的差异，在美进行投资的中国企业必然会面临一系列无形的障碍，这就要求中国企业应该尽可能地聘请当地的管理人员和顾问。这不仅是因为当地人士更熟悉美国的市场，还因为他们能够促进企业与当地政府和媒体的沟通。[①]

在与监管机构CFIUS的沟通上，要积极主动配合它的审查。在美国现有的外资安全审查制度下，虽然外来投资企业的申报是自愿进行的，但正如本文第三部分介绍的，由于CFIUS有权对已经完成的投资交易进行审查，因此对于准备在美投资的企业来说，向CFIUS提交申报实际上是强制性的。例如，2010年华为公司在完成对一家总部位于加州的云计算技术制造商3Leaf的收购之前并没有向CFIUS进行申报，然而CFIUS在2011年威胁要重新对该交易进行审查，并最终导致华为放弃了该项收购。另外，中国企业在向CFIUS提交正式申报之前，还应该主动接触CFIUS及其成员，充分利用非正式

① 例如，在2005年联想集团收购美国IBM公司个人电脑业务一案中，联想之所以能够顺利通过CFIUS的审查，一个重要原因就是很好地利用了美国顾问公司的资源。参见“柳传志解收购IBM内幕：要会依靠外国顾问公司”，载《北京青年报》，2005年3月11日。

阶段的磋商，来解决一些在正式的审查阶段可能面临的问题，以避免在正式的审查中被否决的风险。

最后，从以往来看，CFIUS 所审查的中国企业几乎全部属于国有企业或者被认为与政府关系比较密切的企业。由于历史原因和中国的特殊国情，政府在推动“走出去”战略的过程中主要关注的还是大型国有企业，尤其鼓励这些国企在国外收购一些战略性资源。然而，随着国内民营企业的壮大，以及推动经济转型的需要，目前应该更多地在政策上鼓励和扶持有条件的民营企业走出国门。实际上，相对于国企来说，民营企业不仅会减少国外监管机构的担忧，同时在投资效率和灵活性上，民营企业的表现往往比国企高得多。[①] 同时，还应该通过各种政府间的对话与合作平台，如中美战略与经济对话等，敦促美方尊重和公平对待来自中国企业的投资。如果可能，还应该继续推动双边投资协议的签订，从而更好地保护中国对美国的投资。另外，与联邦政府相比，美国的州政府和地方政府更加关注外来投资给当地所带来的就业机会和税收收入，因而普遍欢迎外来投资。因此，中国政府也应该通过各种渠道，包括推动中美企业和地方政府之间的交流等，动员美国地方政府对中方投资企业的支持，以在美国国内塑造对中国企业有益的投资环境。[②]

---

① 文静：“民营老板的海外投资学”，载《21 世纪经济报道》网络版，2009 年 10 月 15 日，参见 http：//www. 21cbh. com/HTML/2009 - 10 - 16/149841. html.

② 例如，在上世纪 80 年代日美投资摩擦不断升温之际，日本与美国成立一系列全国性论坛（如美日商业协会）和区域协会，为两国的商业人士和地方政府官员之间的交流的搭建平台。这些协会每年轮流在日本和美国举行会议，美国相关的州长都会经常参加这些会议，并通过这些会议宣传外来投资给本州带来的利益。这些论坛及其活动为帮助缓解日美投资摩擦尤其是缓和美国国内对日本投资活动的担忧起到了非常重要的作用。

美国司法机构契约外包模式研究*

蒋红珍

（上海市美国问题研究所特约研究员）

引言："绝密美国"中的情报外包及其延伸思考

2010年7月，《华盛顿邮报》连刊题为"绝密美国"（Top Secret America）的系列调查报告，① 被认为是对美国情报系统所作的最为全面的"诊断"。报道指出，美国政府为应对2001年"9·11"恐怖袭击事件而一手打造的"绝密世界"，涉及大约1271个政府机构以及1931个私人公司从事的与反恐、国土安全以及情报相关的业务，遍布全美国约1万处。这无疑是一枚深度炸弹，将所谓"情报外包"（intelligent outsourcing），尤其是"商业性情报"——即政府

---

* 本文系上海社科联美国问题研究中心委托课题的成果，同时也是国家社科基金项目（09CFX017）、教育部人文社科基金项目（08JC820033）的阶段性研究成果。

① Nana Priest & Bill Arkin: *Top Secret America*, Washington Post, July 19, 2010。它由四个系统报告："隐蔽的世界、大到无法控制"（A hidden world, growing beyond control）、"国家安全公司"（National Security Inc.）、"隔壁的秘密"（The secrets next door）和"追踪美国"（Monitoring America）构成，分别刊于《华盛顿邮报》2010年7月19日、7月20日、7月21日和12月20日。

通过与私人主体签订契约的方式来购买情报——推到风口浪尖之上。

据悉，美国国防部（Department of Defense）、国家安全局（National Security Agency，NSA）、司法部（Department of Justice，DOJ）、联邦调查局（Federal Burean of Inrestigation，FBI）、中央情报局（Central Intelligence Agency，CIA）、国防情报局（Defense Intelligence Agency）都牵涉其中。以国家安全局为例，从 90 年代末，它就开始采用私人主体帮它搜集情报，以服务于全球最大和最有影响力的间谍系统；“9·11”事件后，情报需求更是迅猛增加，其业务合同方已经从 2001 年的 144 家公司，扩大到 2006 年的 5400 余家私人公司，成为联邦系统内采用“情报外包”最多的机构之一。[①] 美国国防部 85% 的预算用于职能外包，国防情报局 35% 的情报人员为合同外包人员。[②] 证据表明，美国的“商业性情报”已经形成涉及数十亿美元的产业链，预计有 85.4 万人曾经接受过最高机密的政治审核，70% 的美国公民受到监控。[③]

这一伴随“维基解密”而揭示出来美国军事外包和民营化，[④] 不仅在美国国内引发广泛反响，在我国乃至全世界，都获得了深度关注。1931 个私人公司从事与反恐、国土安全以及情报相关的业务遍布全美国约 1 万处；那些受雇专门破解国内外间谍网络所获取的文件和谈话的分析人士，每年要发表 5 万份情报报告，以贡献他们的情报信息和判断。那么，这些情报哪里来？实质意义上的情报搜集机构、主体和私人，是否正如影子般地排旋于我们的周遭？此外，这种契约外包模式是否在向司法机构渗透？我们又能从中获取怎样

---

① Tim shorrock，*Spies for Hire*：*The Secret World of Intelligence Outsourcing*，Simon & Schuster Paperbacks，2008，p. 14.

② Tim shorrock，*Spies for Hire*：*The Secret World of Intelligence Outsourcing*，Simon & Schuster Paperbacks，2008，pp. 14 – 15.

③ Nana Priest & Bill Arkin：*Top Secret America*，Washington Post，July 19，2010.

④ 相关介绍请参见苏言著，《维基解密：谁授权美国统管世界》，江苏人民出版社。

的制度借鉴?

确实，美国的契约外包（contracting out）模式，已经由原先一般性公共物品和服务的提供，慢慢拓展到更为多元的公共职能领域。[①] 并且，与过往公共职能外包（outsourcing of public function）类型相区别，当下美国的公共职能外包已经深入到那些传统上具有国家主权性质的职能范畴。[②] 比如新近，司法机构频频寻求与外包公司合作来缓解自身压力，这不仅为20世纪末开始席卷全球的民营化或称私营化（privatization）风潮，注入又一个新鲜的注脚，却也同时提出“司法职能是否能够契约外包”的疑问，从而将“公私合作”（public - private participation，PPP）的边界争议推向风口浪尖。

无论从社会功能、职业群体，还是公权力属性看，司法机构所承担的职能具有一定的特殊性。对司法职能能否进行契约外包的讨论，虽然从表面上回答的仅仅是司法机构职能外包的正当性分析及其边界问题，但其本质触及国家公权力的核心职能能否由“私主体”（private sector）代行的问题。从现实角度看，美国所实践的司法机构与外包公司的合作案例，不仅对我国具有制度参考和借鉴的意义，并且借助对业务外包类型和承接商的解读，还带有为抢占美国法律外包市场做先期决策分析的价值。[③] 从理论角度看，现代公私合作模式的转型，甚至可能深入影响到未来国家形态的塑造和机制建构本身。有鉴于此，本文首先介绍美国司法机构与外包公司合作的微观

---

① 从英美等国的民营化实践看，民营化最早出现在包括供水、供电、天然气、电信行业等公用事业领域，进而慢慢拓展到其它公共职能领域，比如基础设施建设和维护等。

② 有学者据此区分“政府权力私营化”（privatization of governmental powers）与“政府职能私营化”（privatization of governmental functions），并认为前者必然更具争议。参见 David M. Lawrence，*Private Exercise of Governmental Power*，61 Ind L J 647，647（1985）。

③ 后文将会提到，美国法律服务外包市场已经为印度每年招收的30万法学院学生提供了一个很有吸引力的职业发展道路。

个案，分析这一制度实践的发展动因及其正当性风险，进而以司法机构的职能分层为基础，将既有的外包业务进行类型化，并以此为前提讨论其背后的公共职能性质、责任制风险和职业性需求，试图回应司法机构与外包公司合作的正当性基础和适用边界，以期助益于我国的制度借鉴，并为应对美国外包服务市场做政策分析的先兵。

一、浮光隐现的美国司法机构契约外包

受联邦制的影响，美国司法体系在联邦和州际层面存在区别。同时，单就“司法机构”的概念而言，也区分包含了监管性和行政性职能的司法机构（例如司法部）与专职性的司法审判机构（以法院为典型）。为较大限度地揭示美国司法机构契约外包的涉及领域和范畴，本文所提及的“司法系统”、“司法机构”、“司法部门”与“司法职能”均采用广义概念。从这一角度看，即使与其它诸多公共职能领域风生水起地采取契约外包相比，司法部门的业务外包显得相对低调和谨慎，但业务外包形式已经涉及到司法机构职能的方方面面。

（一）司法部与优利系统“资产罚没项目”服务协议

2008 年，美国司法部与优利系统①签署业务外包合同，由优利系统为其“资产罚没项目”（Asset Forfeiture Program）提供专业技术服务。这是一项涉及全国性的执法项目，旨在对罪犯及违法企业中

① 优利系统（Unisys）是一家全球的信息技术服务及解决方案提供商，为客户提供咨询、系统集成、外包服务、基础架构，以及性能强大的企业级服务器技术。该公司尤其专注于帮助客户通过信息技术来实现其业务的高效性，构建更加安全的企业，以协助客户达成业务目标。Unisys 的咨询顾问和行业技术专家与客户一同了解他们的业务挑战，为其业务运营的关键环节创造更高可视性。

所涉及的罚没资产进行有效管理。优利系统是签署此份“未确定交付/数量”（indefinite delivery/indefinite quantity，IDIQ）合同的4家公司之一。它为资产罚没项目管理和专业人员提供各种服务，包括犯罪侦察、起诉期的调查和分析服务、咨询、技术服务以及案例相关的专业支持服务。

实际上，美国司法部与优利系统的合作可以追溯到更早。从2002年开始，优利系统就为美国司法部的资产罚没项目提供信息技术支持服务（Information Technology Support Services），服务涉及资产罚没项目信息的现代化运用、信息整合、运作和维护。2007年，优利系统与司法部签署支持“固定资产跟踪系统”（Consolidated Asset Tracking System）的综合购买协议。该系统用于跟踪、监控和报告执法过程中罚没的所有资产。持续到现在，司法部与优利系统一直在跟进和扩大这些服务协议，为执法和公共安全维护发挥助力。[①]

（二）以联邦信息自由法案为基础的信息公开业务外包

在持续性的透明化和信息公开压力之下，包括司法部在内的许多联邦机构，纷纷寻求业务外包形式，借助私合同雇佣者（privately contract employee）的力量来完成大量原本属于公共机构的信息公开职能。[②] 这种信息公开业务外包模式，萌芽于20世纪90年代，并随着政府加强信息公开承诺而不断推进。例如奥巴马政府于2009年12月签署“开放政府指南”（Open Government Directives），承诺联邦政府将以每年10%的速度来减少信息公开申请的积压。这就极大地增加了联邦政府的信息公开压力，也使得信息公开外包在近几年间获

① *Department of Justice Awards Contract to Unisys for IT Services to Support Law Enforcement and Public Safety*, http://www.unisys.com/unisys/news/detail.jsp?id=1120000970016010167，2012年9月11日访问。

② Clara Hogan, *The Outsourcing of FOIA Service*, The News Media & The Law, Summer 2011, p. 21.

得联邦政府官员越来越多的欢迎。[①]

不过，以联邦信息自由法案为基础的信息公开业务外包，在不同公共职能部门中的运用存在差异。例如基于各自职能和信息类型的不同，公共机构选择合同雇佣者的范围和责任存在较大区别。以责任分工看，有些机构仅仅允许外包工人对信息申请做出标准化的回复，或是联系机构内的信息审查人员；而有些机构则是将作出最终决定之前的所有环节，包括对信息的接收、回复、分类、编辑以及是否公开的建议，都外包给契约雇员。此外，不同职能部门对于信息公开业务外包的总体态度也有差别。以司法部为例，其专门监督 FOIA 法律执行的信息政策办公室（The Office of Information Policy）就明确肯定信息公开业务外包的积极意义。[②] 有时即使在职能机构内部，还有所区别。比如在交通部、海事部门雇佣临时性外包公司承担特定年份的信息申请积压；而在地铁运营部，则采取一半联邦雇员、一半外包工人的方式实现其常规职能。

（三）法律服务业务外包及海外外包

呈现持续性增长趋势的业务外包，是近 20 年间美国法律服务界的一项显著特色。这种服务外包不仅涉及与国内的外包公司合作，甚至漂洋过海，实现“海外外包”或称“离岸外包”（Offshore outsourcing）。[③] 换言之，美国的法律服务市场，包括从私营公司到公共

---

① 支持者普遍认为信息公开业务外包，能有效促进“信息及时发布，获益民众”；但也有反对者认为，对公共信息申请的处理，是政府的职责，不应该由那些“知识量有限并且极可能涉及自身利益”的私人公司来承担。Tiffany A. Stedman，*Outsourcing Openness：Problems with the Private Processing of Freedom of Information Act Requests*，35 Pub. Cont. L. J. 133（2005 – 2006）.

② Clara Hogan，*The Outsourcing of FOIA Service*，The News Media & The Law，Summer 2011，pp. 21.

③ Ken Wollins，*Outsourcing Legal Service Overseas：Choosing the Solution That's Best for You*，17 Bus. L. Today 61（2007 – 2008）.

机构，甚至是美国本土的律师事务所本身，均纷纷寻求价格更为低廉、姿态更为迁就客户、技术和知识转型更显勤奋的海外法律服务市场。

印度的法律职业群体在这场美国法律服务业务外包浪潮中获益最为显著。[①] 由于和美国有着同样根植于英国法律的法律体系，且双方都用英语进行法律诉讼，这为印度获得美国法律外包业务提供了便利。外包的业务类型，从原来只提供法律文书转录工作，扩大到如今提供包括法律研究、诉讼支持、法律文档的开示和审核、起草合同和专利文件等综合性的法律服务工作。并且，不少外包公司正纷纷拓展法律支持技术，增设信用卡防欺诈管理、消费者研究和架构服务等服务类型。而美国近年来的经济放缓还为它们机遇性地创造了“破产业务外包”的新增长点。对于印度每年招收的30万法学院学生来说，美国法律业务外包为之提供了一个极富吸引力的职业发展道路。[②]

（四）包含“法院外包”的市政外包实践

在美国司法机构外包实践中，最富创造性也是争议最大的一类外包形式，当属“法院外包”。这意味着将司法职能中最核心的审判权也外包给私人公司实施。“法院外包”的形式往往出现在县市一级的地方政府，并且往往与所谓的“市政外包”结合在一起。[③]

桑迪斯普林斯市（City of Sandy Springs）位于美国佐治亚州，拥有约9.4万居民。从2006年开始引入市政外包模式并且坚持至今，

① Darya V. Pollak, “*I'm Calling My Lawyer... in India!*”: *Ethical Issues in International Legal Outsourcing*, 11 UCLA J. INT'L L. & FOREIGN AFF. 99, 102 (2006).

② Sejal Patel, *Is Legal Outsourcing up to the Bar? A Reevaluation of Current Legal Outsourcing Regulation*, 35 J. Legal Prof. 81 (2010－2011).

③ Mark D. Bradbury & G. David Waechter, *Extreme Outsourcing in Local Government: At the Top and All But the Top*, Review of Public Personnel Administration, 29 (3): 230－248, 2009.

成为研究美国市政外包模式的典范。政府里有庞大的职业群体，却只有包括市长在内的7人能领到由国家拨给的工资，其余全部是来自民营化的私企雇佣者，实现所谓的“以工赈市”——用私企高效的优势来消除城市管理的繁文缛节和资金浪费。[①] 更有意思的是，该法院亦由一家加利福尼亚的私营企业管理。这家企业负责法院的一切行政事务，连法官劳伦斯·杨也是“租”来的，他的临时工资按照计时标准发放——每小时100美元。眼下，美国很多地方发生公职人员因作风不正、贪污腐败而饱受诟病，要求缩减财政开支的呼声也愈加强烈。这使得桑迪斯普林斯的“公私伙伴关系”模式备受关注，被认为是政务改革可供效仿的典范。[②]

（五）司法外包：海外司法案件的阻止引渡和就地审判

与司法机构职能外包密切相关的还有一种趋向是，将原本适用引渡机制返回本国加以司法审判的案件，留于海外加以判决。实际上，就是将本国的司法管辖权外包给海外司法系统，实现就地审判。从现有资料看，尚无法获取美国是否曾将类似审判职能外包给海外司法机构的个案信息。但确实已经存在由美国司法机构来承办对原本属于引渡范围的他国组织或个人在美国境内犯案的审判业务承担。类似的案例包括涉及“西敏寺银行三人组”（NatWest Three）[③] 和对

---

① 与此类似的还有佛罗里达州的韦斯顿市，1996年建市后公共服务领域中只有三名政府工作人员，绝大多数公共服务都采用合同外包的治理模式，至今运行效果良好。参见，Jonas Prager，*Contract City Redux*：*Weston*，*Florida*，*at the Ultimate New Public Management Model City*. Public Administration Review，2008（1）.

② Mark D. Bradbury & G. David Waechter，*Extreme Outsourcing in Local Government*：*At the Top and All But the Top*，Review of Public Personnel Administration，29（3）：230－248，2009.

③ 这是由“国家西敏寺银行”的三名前英国员工Messrs Mulgrew，Bermingham和Darby组成的组织，该案涉及与安然公司财务有关的英国银行人员是否引渡的争论。该组织已经对其提起的一宗诉讼服罪。

布莱克勋爵（Lord Black）[1] 的审判。

当然，这里的司法外包，涉及到对民营化以及契约外包制度的重新定义。以美国为例，传统民营化课题立足于将国有化公共服务企业和列入联邦或州政府财政的项目，以契约形式外包给私主体，它强调的是“公共职能的私主体承担”这一核心主题。而这里的司法外包，则更为强调将属于本国管辖权的司法案件，以某种方式委托给更为合适的他国司法系统代加实施。不过，司法外包作为一项极具创新性和开拓性的制度实践，尤其是聚焦于司法职能的新型样态，值得实务界和理论界的关注和研究。

二、司法机构业务外包的发展成因和学理质疑

从民营化和契约外包机制诞生至今，学理上的赞成和批评声音本就交织不绝。相比于公用事业民营化、社会服务性质的公共职能外包，司法机构的契约外包模式更具制度和学理的挑战性。不仅司法权具有高度国家性的特点，司法系统的核心执业群体也受到职业化的严格要求，这就使司法机构与外包公司的合作模式备受争议。那么，美国司法机构业务外包究竟基于怎样的发展成因？是否能够有效对抗司法权的高度公权力属性以及司法职业自身的“反民营化”？围绕于这一新兴实践领域的学理质疑是什么？

（一）制度实践背后的成因分析

1. 削减财政支出和改善服务质量

与所有民营化和契约外包领域一样，司法机构的业务外包也享

① 布莱克勋爵是英国公民，管理着一家名义上的加拿大公司，涉嫌欺骗遍布全球的股东。他在芝加哥接受审判。在经过数十位证人超过14周的作证、出示700份文件和12天的陪审团考虑之后，布莱克被判妨碍司法公正和三宗邮件欺诈罪。

有一条黄金优势：那就是削减财政支出、改善服务质量。以桑迪斯普林斯市的市政外包为例，“用私营化节约预算”是贯彻始终的法则。在工业园区的楼房里租用市政厅，将法院的所有行政事务打包给私营公司，对雇佣的法官发放临时性的计时工资……这都符合“节俭挂帅”的原理。当然，因次贷危机引发的经济低迷，也推动了这股节俭之风的盛兴。受经济影响，美国不少城市收入锐减，财政预算有限，激发出不少城市“把一切能够外包的政府和公共服务都外包给企业”的应变之道。[①] 此外，得益于私营企业自身的优势品质，业务外包还使得民众享受到更为高效而优质的服务。面向顾客、重视人才、控制流程……这些都是私企可能超越于公共服务机构的优势所在。此外，私企对于员工所采取的聘用、考核和流动机制，也成为美国当下公职人员因作风不正、贪污腐败而饱受诟病的一幅参照对比表。

2. 司法机构自身专项性和新型技术的缺弱

司法机构自身对某些专项性以及新型技术的缺弱，也成为引入外包机制的契机所在。信息化、网格化和电子技术的迅猛发展，极大地改变了传统国家职能行使的路径与方法。有鉴于此，美国在许多国家职能领域引入外包。比如 2012 年，隶属于美国司法部的联邦调查局选择埃森哲联邦服务部作为四个承包商之一，提供针对微软产品的技术支持和咨询服务。[②] 从司法职能的实现看，现代信息技术革命也在很多环节影响传统司法技术，比如证据制度、财产保全和

---

① Mark D. Bradbury & G. David Waechter, *Extreme Outsourcing in Local Government: At the Top and All But the Top*, Review of Public Personnel Administration, 29 (3): 230 - 248, 2009.

② 这是一项不确定交付、不确定数量（IDIQ）合同，价值达 3400 万美元。合同包含一项为期一年的基本期和四项为期一年的延长期。其主要为网络和企业架构提供支持，其中包括开发和执行技术解决方案、IT 支持服务和培训。联邦调查局将使用这些服务为网络提供支持，提供运营培训，并为项目开发和集成提供帮助，从而实现从战略上增强技术能力。

跟踪、罚没资产的管理、文书及其送达等等。而这些信息技术本身，对于法律职业群体本身来说并不占优势。这就为专项业务的外包提供需求。美国司法部与优利系统已经开展长达十余年的关于“资产罚没项目”的外包合作就是一个例子。有评论也指出，有时行政机构的职能外包，确实是因为某个私人企业（如事务所）中的特定成员所掌握的专业技术。①

3. 法律和行政命令给司法机构带来的压力

促使司法机构将大量电子文档归类与整理、信息申请的格式化操作和公开，以及大量其它法律服务业务寻求外包公司合作的另一股动因，在于一批主要涉及传统信息和文书变革的法律及政令颁布。基于法律的刚性要求以及政令的公开承诺，包括司法机构在内诸多政府部门的工作压力剧增，业务外包成为履行法律义务和完成政府承诺的选择。比如，之所以包括美国司法部在内的大量行政机构均纷纷寻求法律服务外包公司，这与2006年美国所制定的《电子证据开示法》密切相关。该法律旨在规范联邦法院诉讼审判行为所需的电子数据的储存和管理。一夜之间，为诉讼而要储存、归档、过滤和审查的信息量急剧膨胀。但是，美国国内根本没有足够的、雇用得起的律师或者律师帮办来从事此类工作。这样，业务外包就成为履行《电子证据开示法》的首选。此外，在政务信息公开领域的大量服务外包，也可以归因于1966年《信息自由法》的颁布和此后总统令的不断重申和补强。比如奥巴马政府于2009年12月签署的“开放政府指南”（Open Government Directives）承诺联邦政府将以每年10%的速度来减少信息公开申请的积压，它使得联邦政府的信息公开压力剧增，信息公开外包形式在近几年间获得越来越多的欢迎。

① Patrick McFadden, *The First Thing We Do, Let's Outsource All the Lawyers: An Essay*, 33 Pub Cont L J 443, 443 (2004).

4. 法律要素全球化和跨区域流动的外包需求

全球化的趋势，改变了传统法律要素的流动形式和管辖需求。[①] 比如，便捷和高频次的人员流动，催生大量跨区域犯罪和异地犯罪，这就对诸如证据采集和质证、财产跟踪和保全、预防、侦查和救济的管辖权，乃至最终的审判权归属等业务要素都发生了巨大转变。这使得“外包司法系统”的概念也被学界所提及。[②] 不过，这里的“外包”，虽然在形式上也借助于契约等合意方式将公共职能外包给他者加以实施，但是较之于传统民营化模式对于契约外包的限定，有需要对所谓的契约外包加以拓展理解。

（二）质疑：从共识性的风险到特殊性的反思

传统公共服务外包，一直在学理界遭受对其风险性的质疑。核心风险主要包括 5 个方面：道德风险、寻租风险、新垄断风险、社会不公平风险以及政府合法性风险。[③] 但与这些共识性的风险相比，司法机构的职能外包，更具有特殊性：

---

① Steven C. Bennett, *The Ethics of Legal Outsourcing*, 36 N. Ky. L. Rev. 479 (2009).

② Richard E. Levine, *Outsourcing the Judicial System After Grafton*, http://www.levinebakerlaw.com/Arbitration; James Kimer, *Outsourcing Justice: Russia And The ECHR - OpEd*, http://www.eurasiareview.com/19082011-outsourcing-justice-russia-and-the-echr-oped/.

③ 道德风险是针对各种签约后机会主义行为的一个通用概念，它影响和妨碍委托代理当事人双方忠实地履行契约条款，诱因如外包合同的不完备性、书面条款的解释问题，以及合同的过失、欺诈行为；寻租风险，是通过从事直接非生产性活动而获得利润的方法，利用权力并通过政治过程获得特权从而构成对他人利益的损害大于租金获得者收益的行为；新垄断风险，是指公共服务外包后，公共服务的生产者由公共部门转向私营部门，原有的公共垄断可能会随之而转为私营垄断，进而损害公众利益；社会不公平风险，是指外包会给强势的私营部门带来更多的商业机会，实质上带来新的财富分配不均；政府合法性风险，是指合同外包对改善公共服务供给的结果具有不确定性，它成为批评者质疑其合法性的武器。关于契约化的风险分析，请参见詹国斌：《公共服务合同外包的理论逻辑和风险控制》，载《经济社会体制比较》，2011 年第 5 期。

1. 司法职能是否具有高度的国家垄断性价值？

与提供一般性的公共物品与社会服务不同，司法在近现代观念中是一项核心国家权力。这使司法职能从本质上有别于市场性和竞争性的公共物品和服务领域。“9·11”以后，美国存在许多将司法侦查领域的智能性业务外包的做法，比如电子监察、信息收集，以及审讯和推理，但是学界普遍质疑这种外包的边界和可行性。[①] 其中一个重要的论点为它是否符合对“固有政府职能”（inherently governmental functions）外包的限制。[②] 换言之，对那种国家机器而言具有高度垄断性价值的职能，是否可以适用外包？外包的边界和限制在哪里？一个国家是否必须存在“固有政府职能”的范畴，比如立法和政治决策、宣布紧急状态和发动战争、提起公诉和做出审判，从而在最低限度内维护公私分界，避免陷入无政府甚至无国家状态？

2. 司法职能外包的“责任制风险”可控吗？

责任制（accountability）问题是公共职能外包一直面临的有力挑战之一。有学者认为，公共职能外包所带来的高效率优势，恰恰正是其责任制缺弱的表现。[③] 对于一般性的公共物品和服务外包而言，责任制风险的控制，需要借助于市场竞争的充分性和政府监管的有效性。换句话说，对一般公共服务外包的风险认知标准和控制方法，借助于引入充分的竞争市场和有效的政府监管，将责任制风险纳入可控范围。但是，这种风险认知和控制方法，对于司法职能的外包能否同样有效，非常值得怀疑。从司法权的本质看，

---

① Armin Krishnan, *The Future of U. S. Intelligence Outsourcing*, 18 Brown J. World Aff. 196（2011）.

② Simon Chesterman, ‘*We Can't Spy … If We Can't Buy*!’: *The Privatization of Intelligence and the Limits of Outsourcing ‘Inherently Governmental Functions’*, New York University Public Law and Legal Theory Working Papers, 7 – 30 – 2008, http: //lsr. nellco. org/cgi/viewcontent. cgi? article = 1085&context = nyu_ plltwp.

③ Richard Mulgan, *Contracting Out and Accountability*, Australian Journal of Public Administration56（4）: 106 – 116, December 1997.

它已经构成权力监督的塔尖。其职能调整的对象是非常有限的个案主体，对于服务优劣的满意度和感官度具备极强的个体差异。并且，职权运作过程涉及大量机密性、隐私性信息，外包给私人主体会增加泄露风险。此外，这项职权运作的好坏，并非是一般性公共物品或服务的可得或不可得，而是从本质上颠覆政体的可信赖度和整个国家机器运行。

3. 特殊的职业群体：专家技艺和伦理体系

另一个指诋司法职能外包正当性的基础在于，司法的核心功能为审判权。而担任审判主体之法官，则是一群非常特殊的职业群体。从技术层面，法律呈现专家技艺，没有经过必要的职业教育和培训、严格的职业甄别和遴选机制，就无法进入法律职业共同体，这在西方法治发达国家已经成为常识；同时，高标准的职业伦理，更是建构这个职业共同体的关键。从职业进入前的细致考核和经历跟踪，到职业进入后的高薪养廉和终身任职，再到诸多成文不成文的职业执行自由限制，都在确保这一群体保持高度的职业性和排他性。从这个意义上说，法官的职业群体，本身就具备“反民营化”和“抗外包性”的特点。如此，允许审判职能通过公开招投标和契约方式外包给私人公司，本身就是对法官职业群体和整个法治框架的解构。[①]

① Sarah Foster, *Ohio Considers Eliminating Part－Time Judges*, Miami Student（Sept 26, 2006）, http/www. miamistudent. net/2. 8197/ohio－considers－eliminating－part－time－judges－1. 1153773; James L. Cotton, Jr. , *The Impossible Balance: A Tennessee Judge Makes the Case for Abolishing State's Part－Time Judgeships*, 37 Term Bar J 12, 15（May 2001）.

三、类型化的业务外包及其风险控制：以司法权能分层为基础

由此可见，美国司法机构与外包公司合作，在实践层面具有强烈的现实需求，但在理论层面又面临较大的正当性质疑。从这个意义上看，试图单纯地支持赞成，或是全盘抛弃否定，均不可取。无论立足于学理回应制度实践的任务本身，或是基于对公共职能外包的学理深化和拓展，都要求对现行司法机构与外包公司的合作，采取更为细致和深入的正当性分析和风险控制标准，尤其是需要借助对司法机构自身多重职能的剖析，来区分不同业务外包可能涉及的权力属性、责任制风险和职业群体要求，并以此为基础探讨业务外包的价值趋向和风险控制方法。

（一）与公共职能机构性质无涉的业务外包

1. 典型性的后勤类和管理类事务外包

在民营化浪潮下，公共职能机构区分事务类型，选择与外包公司合作的方式，以实现削减支出和获取更优质服务的目的，十分普遍。有一类外包的业务类型，属于与公共职能机构的性质无涉的业务类型，它主要可以细分为三个方面：第一，后勤类事务，比如餐饮、保洁等；第二，行政辅助类事务，比如补耗、机修；第三，一般性的管理性事务，比如财务、安保等。

从本质上说，此类业务外包类型，不直接针对司法机构，甚至不针对任何公共职能机构。换言之，这类业务外包也可能出现在纯粹私领域，比如私营公司、民间组织，其直接目标在于缩减成本、改善服务。对公共职能机构而言，它还有助于改变传统管理机构设

置的“大部制思维”。[①] 因此，讨论这一业务外包类型在司法机构的正当性和可能性，需要讨论它对于一般性外包业务的风险控制机制，比如设置规范的招投标流程、确保充分的市场竞争性等。

2. 司法机构作为法律服务市场中的被服务者

与其他任何个体或组织、私营公司或公共机构一样，司法机构自身有时候也需要特定的法律服务。此时，作为法律服务市场中的被服务者，司法机构可以通过契约形式，选择合适的法律服务供应者满足外包自身的法律需求。比如，司法部作为美国典型的司法机构，经常性地卷入诉讼，需要不时地获取包括起诉时效建议、调查与取证、法律文书写作、证据保全、文档管理等内容的法律服务项目。这些法律服务事项，既可以由司法机构内部设置特定的职能部门加以实施（类似企业法务部门），也可以外包。[②] 从当下改变传统官僚制机构的庞大帝国而趋向机构削减角度看，司法机构将法律服务外包给私营公司，已经成为其业务外包的典型类型之一。[③]

此类业务外包，从本质上说司法机构作为公共职能机构的角色因素，依然不明显。作为单纯法律服务市场中受制于供需法则的需求方，司法机构一般无需承担核心司法职能外包所面临的质疑：比如权力属性、责任制风险和职业群体需求。当然，较之于更为私域

---

① 比如小布什总统任期内就提出过“更大份额地采取契约制来实现政府职能”的政策主张，并鲜明提出“政府必须市场化”（Government should be market – based），从而实现更小政府和去官僚化。Office of Mgmt. & Budget, Exec. Office of the President, Present's Management Agenda (2002), http: //www. whitehouse. gov/omb/budget/fy2002/mgmt. pdf；也有学者指出，官僚制的本性会促使机构越来越庞大，民营化有助于削减机构规模。Clayton P. Gillette & Paul B. Stephan III, *Constitutional Limitations on Privatization*, 46 Am. J. COMp. L. 481, 482 (1998).

② Howard M. Erichson, *Coattail Class Actions*: *Reflections on Microsoft*, *Tobacco*, *and the Mixing of Public and Private Lawyering in Mass Litigation*, 34 UC Davis L Rev 1, 17, 35 (2000).

③ 比如二十世纪初叶美国实务界就有“对任何只要公民不在乎究竟是私人还是公共机构实施的服务提供或项目都倾向于外包”的观念。

性质的后勤服务和行政辅助业务，这种法律服务事务外包可能涉及到部分公共利益（如部分公共信息、公关形象等），但这依然不改变这类外包事务更多地受到市场规则的作用机理。这样，如果能够确保一般性的外包流程和风险控制，比如规范的招投标流程、充分的竞争性，同时适当加强缔约的保密条款和履约过程的注意义务，应当允许此类业务外包类型的实施运用。

（二）与公共职能机构性质相关的业务外包

司法机构作为公共职能机构的一部分，存在一类与公共职能机构性质相关、但是不直接针对司法权能的业务外包类型。换言之，这类业务，直接与公共职能机构性质有关，并非任何个体或组织都可以通过与外包公司的合作来实现。从这个意义上说，契约主体双方，除了外包公司，必须是公共职能机构。同时，由于涉及公共职能机构性质本身，因此业务外包也就面临权力属性、责任制的正当性质疑。

1. 业务外包的类型：以现有实践为基础

（1）以电子化为核心的信息技术变革对契约外包的影响

以电子化为核心的信息技术变革，对公共行政模式革新影响深远。为实现从早期的记录和档案管理，到现代电子信息管理的转变，美国出台一系列法律和政府文件来敦促其落实。例如，从《政府信息技术服务的前景报告》到《文书削减法》，从《电子信息自由法》到《电子政府法》，美国通过一系列法律文书，来实现电子化的信息交换和政务落实。在这一过程中，负有时限的无纸化办公要求和电子信息交换系统建设，[①] 增加了额外的行政成本。不少公共机构纷纷寻求外包模式，将业务委托给外包公司进行。

① 比如《文书削减法》就要求美国在5年内实现无纸化办公，所有联邦政府的工作和服务都以信息网络为基础。

2006 年美国制定“电子证据开示法”，来规范联邦法院诉讼审批所需的电子数据的存储和管理。一夜之间，为诉讼而需存储、归档、过滤和审核的信息量急剧膨胀。这也成为契约外包“爆炸性增长”的机遇来源。

（2）以政府信息公开为基础的业务外包

以政府信息公开为基础的业务外包（FOIA 业务外包），近年来在美国呈现方兴未艾之趋势。2004 年，美国审计总署（General Accounting Office）[①] 刚刚公布 2004 年单就联邦政府所收到的政府信息公开申请数量为 400 万件，超过 2.83 亿美元用于 FOIA 活动，4900 名全职人员负责此项业务。[②] 紧接着《华盛顿邮报》刊登文章专门介绍覆盖于能源部、国防部、交通部、司法部、国务院、交通安全局等诸多职能部门的 FOIA 业务外包。[③] 该文作者发出海量的关于 FOIA 契约外包的政府信息申请，针对这些回馈得出：“除了最终是否予以公开的批准，契约工人已经涉入到政府信息公开的所有环节。”

2. 正当性质疑：聚焦于“政府固有职能”

对这类与公共职能机构性质相关的契约外包，存在着一些有关“责任制风险”的讨论，但核心争议，聚焦于它们是否属于排除契约外包模式适用的“政府固有职能”（inherently governmental functions）。“政府固有职能”的概念出自美国管理和预算办公室（OMB），为应对公共职能外包风潮，以及实现人力成本缩减的考

① 比如有学者认为公共机构缺乏充分的资质识别、契约管理和质量控制，来解决外包责任。Steven Schooner, *Competitive Sourcing Policy: More Sail than Rudder*? 33 PuB. CoNT. LJ. 263, 272 (2004).

② General Accounting Office, *Report to the Ranking Minority Member*, *Committee on the Judiciary*, *U. S. Senate*, *Information Management*: *Update on Freedom of Information Act Implementation Status* 1 – 2 (2004).

③ Christopher Lee, *On FOIA Front*, *More Agencies Contract Out*, WASH. POST, June 8, 2004.

虑，OMB 要求所有公共机构必须将其业务区分为“政府固有”和“商业性”两类，并提出前者必须由政府职员完成，后者则尽可能通过廉价而高效的方式完成，以此来区分契约外包适用和排除适用的范围。[①]“政府固有职能”采了宽泛定义方式，是指“与公共利益密切相关因而需要由政府人员加以履行的职能”。[②] 2003 年“关于契约工作的政府政策”进一步就这两种公共机构业务分类做出界定，其核心判断规则是：凡是裁量性决定（discretionary decision making）属于政府固有职能，契约工人（contract worker）只允许代行政府的非裁量性决定，即商业性活动。[③]

这样，围绕“政府固有职能”的讨论，也就转移到司法机构的外包业务是否运用“实体性裁量”（substantial discretion）的问题上。以 FOIA 外包为例，有学者认为虽然 FOIA 职能的运行确实涉及“政府固有”和“非政府固有”两类职能，但界分两者非常困难，再加上“政府固有职能”自身的概念也有存在模糊性、不易操作的特点，[④] 因此，应当认定 FOIA 业务即为“政府固有职能”，从而排除

---

① Office of Mgmt. & Budget，OMB Circular No. A – 76（May 29，2003）.

② 有点类似于有学者所定义的“政策事项”（matter of policy）概念，Ralph C. Nash Jr.，ET AL.，*The Government Contracts Reference Book*，303（2d ed. 1998）. 审计总署曾经就此提出“契约外包不得涉及政策、决定和其它属于政府官员直接职能的管理核心（management nature）职能”，并建议 OMB 制作一个具体的列表。General Accounting Office，*Government Contractors：Are Service Contractors Performing Inherently Governmental Functions*？2（1991）.

③ 其将“政府固有业务”进一步定义为：“需要运用实体性裁量来履行政府职能或做出政府决定。”Office of Mgmt. & Budget，OMB Circular No. A – 76（May 29，2003）.

④ 这也跟司法态度有关。由于往往缺乏“原告资格”，很少有涉及契约外包的案件能够被提起。第六巡回法院曾声明“法院依据行政程序法有权对此类案件获得管辖权”，不过没有解释判断外包职能是否属于政府固有职能时的起诉资格问题。Diebold v. United States，947 E2d 787，810 – 11（6th Cit. 1991）；但是有案例是明确排除这种起诉资格，AFGE v. Babbitt，143 F Supp. 2d 927，940（D. Ohio 2001）.

任何契约外包形式。[①] 这种观念也存在于部分公共机构，比如国土安全部，就认为所有关于信息公开的活动都是“政府固有”，属于不适用契约外包的“裁量性决策”部分。美国《联邦采购条例》（Federal Acquisition Regulations）中，也明确将批准信息公开的决定列为“政府固有职能”。[②] 契约外包的任何“效率性考虑”（efficiency consideration）根本不能与“政府固有职能”限制相抗衡。[③]

3. 回应：操作流程的区分与顶层控制的视角

既然需要以是否涉及“实体裁量权”作为是否属于“政府固有职能”的判断标准，那么就需要对当下涉及电子信息变革和政务信息公开的契约外包模式做更深入的分析。以《联邦采购条例》为例，它虽然将是否批准信息公开的决定列为“政府固有职能”，但是它依然对其它的涉及信息公开过程的环节做了保留。尤其是，它也强调用“判断权”（exercise of judgment in determining）作为界分信息公开职能行使性质的标准。[④] 从这个意义上说，司法机构在这些领域的契约外包，可以通过更为细致的业务流程区分，并借助当下已经提出的顶层控制的视角，回应“政府固有职能”对契约外包的质疑。

以 FOIA 外包为例，它是一套涉及多项环节的业务连锁线。其过程大致可区分为：（1）初始程序（initial processing）：环节包括接收申请信息、标注和日志、创设文件夹、对申请事项的分类、确定申请信息的范围、判断机构是否为信息公开的责任机构、信息或文档

---

① Tiffany A. Stedman, *Outsourcing Openness: Problems with the Private Processing of Freedom of Information Act Requests*, 35 Pub. Cont. L. J. 133 (2005 – 2006).

② FAR 7. 503 (a).

③ Steven Schooner 还为此提出过两阶段理论。Steven Schooner, *Competitive Sourcing Policy: More Sail than Rudder?* 33 PuB. CoNT. LJ. 263, 272 (2004).

④ 比如它列出 FOIA 的政府固有职能包括：机构对政府信息公开申请予以批准的回复（而不是基于法律、规制和政府政策所要求的、不需要对是否公开或不公开信息做判断的格式化回复），以及机构对拒绝信息公开申请提起上诉的予以批准的回复。FAR 7. 503 (c) (1 3).

的创设时间、评估调取信息的费用，并就申请者所需承担费用做出说明，最后是发送初步回复；（2）获取相应文件（retrieve responsive documents）：这是在确认上述环节后，就需要查询政府记录来调取相应信息，如果是特殊文件，调取之前还需要安全性审核（security clearance）；（3）豁免事项排查和信息编辑：此时需要确认申请信息是否属于9类立法豁免事项，并对信息进行编辑，如果涉及豁免类型则说明豁免理由；（4）复查：对上述所有尤其在同意信息披露之前对编辑的信息予以复查；（5）发出最终决定。①

虽然也有学者认为，FOIA所有环节都离不开一定意义上的“判断”，即使是前期的例行程序，也对最终判断至关重要，② 但批评者也承认，包括申请标注、创设文件夹、信息申请的数据库维护，以及对信息申请的例行答复……确实仅具“辅助性质”。更有学者指出，实际上信息公开的整体过程非常适合契约外包，比如围绕特定信息确立团队，而政府要做的仅仅是最终批准而已。③ 此外，“顶层控制”（top-level insight）也是不少机构实施FOIA外包的重要理由。比如TSA就声称契约仅仅应用在FOIA纸面工作的低级层次（low-level positions to process FOLA paperwork）。④ 国防部、土管局、国务院和交通部也将外包业务局限于信息申请的简单处理和不包含酌情决策的部分，以此来满足契约外包需要与“政府固有职能”控制的两厢需求。

---

① 这一流程由美国审计总署所确定。Information Management, Implementation of the Freedom of Information Act: Testimony Before the House Subcomm. on Gov't Mgmt., Finance and Accountability, Comm. on Govt Reform, 105th CONG. 13 (2005).

② Dan Guttman, *Governance by Contract: Constitutional Visions; Time for Reflection and Choice*, 33 PUB. CONT. LJ. 321, 345 (2004).

③ 司法部也对FOIA外包业务持高度肯定态度。

④ Tiffany A. Stedman, *Outsourcing Openness: Problems with the Private Processing of Freedom of Information Act Requests*, 35 Pub. Cont. L. J. 133 (2005-2006).

（三）与司法职能相关的业务外包类型

1. 实践中出现契约外包的职能类型

广义的司法权，指“国家行使的审判和监督法律实施的权力”，除了实施核心审判功能的法院系统，还包括其它监督和执行法律运行的相关系统。以美国司法部为例，作为联邦政府机构之一，它虽然隶属于行政，却是美国司法系统不可分割的组成部分，也是美国最高检察机关和最高执法机关。[①] 从当下美国实践看，契约外包已经出现以下广义的司法职能领域：

（1）预防和侦查职能

国防和国家安全领域的侦查职能外包，在美国早已不是机密。从 2009 年始，美国非洲司令部（Africa Command）就将针对非洲的间谍任务外包给私营企业。在这之前，针对拉美的间谍任务早已外包，业务覆盖飞行员、传感设施、职能分析、动力装置和翻译等诸多环节。[②] 广义的司法职能履行中，也包含一类重要内容，那就是犯罪预防和侦查（crime prevention and detection）。在美国，犯罪预防和侦查职能都已经出现契约外包的雏形，甚至功能正在进一步扩大。比如，警察业务外包（outsourcing policing）正在兴起，经常能够见到将某个街区的治安管理和犯罪预防外包给私营机构的例子。[③] 此外，警察业务外包还涉及其它执法功能和次级服务（subservice）类型，比如犯罪资料库分析、信息输入与分派，被拘留者的看守、运

---

① 从规模上看，它可谓当今世界各国执法机构中规模最庞大的中央执法机构，下设 60 多个司、局、办公室、委员会及研究机构。职能覆盖对检察系统、警察系统、监狱及其他惩戒机构的管理和监督、对违反联邦法律的各种犯罪活动的调查与起诉，以及其它协助法律规程出台、提供法律意见、执行相关法律等众多方面。

② Spencer Ackerman, *US Outsourcing Spy Missions in Africa Since* 2009, Times, June 16, 2012.

③ Allison Stanger, *One Nation Under Contract*: *The Outsourcing of American Power and the Future of Foreign Policy* (*Yale* 2009), *p*. 26.

送罪犯等等。[①]

尤其值得关注的是，“9·11”事件后，涉及美国国防部（Department of Defense）、国家安全局（National Security Agency，NSA）、司法部（Department of Justice，DOJ）、司法部下设的联邦调查局（Federal Burean of Investigation，FBI）、中央情报局（Central Intelligence Agency，CIA）、国防情报局（Defense Intelligence Agency），将大量情报侦查业务外包，类型涉及电子监察、审讯、推理等诸多环节，引发了很多讨论。[②] 在“9·11”之后，美国新成立或重组至少263个情报组织。其应对恐怖威胁的政府部门中，至少20%是在“9·11”袭击后建立或重组。国防部情报局雇员从7500人扩充至1.65万人；联邦调查局打击恐怖活动联合工作组的数量从35个增加至106个。大约1271家政府机构和1931家私人情报公司眼下在美国大约1万处地点从事与情报、反恐和国土安全相关活动。大约85.4万人拥有绝密级别授权，这相当于美国首都华盛顿人口的1.5倍。美国2012年公布的情报预算为750亿美元，是2001年数字的3.5倍。

正如开篇所述，《华盛顿邮报》经过近两年的调查所发布的《绝密美国》专题报道，全方位揭露美国自2001年“9·11”恐怖袭击以来国家安全机构和私人情报承包商疯狂膨胀的现状。报道指出，美国的情报网已经变成一个连政府高层都无法得知全貌的庞大反恐机器。国家安全机构不得不依赖于数量庞大的私人情报承包商，后者则在这个过程中疯狂敛财……据报道，在美国，掌握国家“头

① Philip E. Fixler, Jr., and Robert W. Poole, Jr., Can Police Services Be Privatized?, in Bowman et al, eds, *Privatizing the United States Justice System* at 31 – 32.

② Simon Chesterman, '*We Can't Spy … If We Can't Buy!*': *The Privatization of Intelligence and the Limits of Outsourcing* '*Inherently Governmental Functions*', New York University Public Law and Legal Theory Working Papers, 7 – 30 – 2008, http://lsr.nellco.org/cgi/viewcontent.cgi?article=1085&context=nyu_plltwp; Armin Krishnan, *The Future of U.S. Intelligence Outsourcing*, 18 Brown J. World Aff. 196, 2011.

等机密”的大约有84.5万人，其中26.5万人都来自私人情报公司。雇佣私人公司参与情报工作的做法始于小布什政府时期，当时这被认为是一种迅速而成本低廉的做法：因为招聘联邦雇员的程序繁复，无形中鼓励了CIA和反恐部门多雇用承包商。但如今看来，这样做的代价其实更高。更大的问题是，这些养肥的私人保安公司规模大得惊人，早已尾大不掉。

由《绝密美国》报道的从事与情报、反恐和国土安全相关的1931家私人公司中，大约有110家已经分去了约90%工作。然而，私人情报公司依然扩张迅速，职位招聘广告醒目，职位名称令人眼花缭乱，包括“目标分析员”、“紧急基建专家”等。总部设在弗吉尼亚州郊区的通用动力，就是私人情报公司的巨擘。在“9·11”之前，通用动力已跟9个情报机构合作；“9·11”之后，与它有合约的情报部门则增至16个，雇员遍及国家安全局和国土安全部。通用动力2009年收益为319亿美元，远超2000年的104亿美元，同期雇员人数也由4.33万增加逾1倍至9.17万。现在，该公司还有一份与空军签订的6亿美元合同，负责截取通讯；还有一份一年10亿美元合约，负责保护美国计算机系统免遭黑客入侵及为美军通讯加密。此外，私人情报公司因为业务扩展，更向官方情报部门高薪挖墙脚，撬走大量经验丰富的情报人员和保安专家。而这还带旺猎头行业，有超过300间猎头公司如雨后春笋般涌现，它们每招募一名最高机密工作者，可收取5万美元（约合人民币33万元）。可以说，以契约外包形式寻求私人公司对侦查和预防职能的合作，已经成为美国的制度现实。

（2）检察和公诉职能

除了预防和侦查，司法权限的职能还表现在批捕、公诉等检察领域。美国经常用刑事司法系统（criminal justice system）来形容这一套国家机构发挥惩戒犯罪功能的制度体系。可以说，整个刑事司法系统的外包趋向正在渐渐明显。[①] 除了犯罪预防和侦查，外包甚至还包括裁决与校正（adjudication and corrections）领域。[②] 最近，起诉职能能否由外包公司代行，引发较多争议。在联邦层面，美国司法部成功说服议会授权其将白领欺诈案件的起诉外包给私人企业；[③] 在州政府层面，政府为了削减财政，通过立法将政府职能进行外包，其中一项正是对犯罪提起公诉的职能。[④] 此外，联邦、州和地方政府还存在将检察和提起公诉职能直接外包给特定私人的尝试，即所谓的“私人检察官”（private prosecutor）。[⑤]

（3）业务监管和执行职能

司法机构还承担其它的业务监管和执行职能，也出现将这部分职能外包的例子。比如前文提到的美国司法部与优利系统外包合作，主要涉及对在联邦犯罪的犯罪及违法企业的罚没资产进行管理，而这项覆盖全国范围的执法项目，传统上属于联邦司法部的执法职能。此外，优利系统还曾协助开发联邦调查局的下一代组合 DNA 检索系统，并与监狱管理局合作，实施和支持囚犯电话系统。它还与犯罪调查办公室（FDA/OCI）实施资产罚没项目，与

---

① Ric Simmons, *Private Criminal Justice*, 42 Wake Forest L Rev 911（2007）.

② Roger A. Fairfax, *Outsourcing Criminal Prosecution?: The Limits of Criminal Justice Privatization*, 2010 U. Chi. Legal F. 265（2010）.

③ 一个具有 800 名律师的 Shearman, Gray & Myers 事务所成功获得该项外包业务。

④ 立法调查机构的数据显示，平均一个检察官一年需要 5 万工资和 2.5 万的医疗等职业福利。此外，用于培训和后续教育投入、办公场地、助手等其它费用约 2.5 万，这样，该州共 10 个检察官需要每年支付 100 万的财政。以每位检察官平均每年办案 100 个计，一个案件的平均人力成本为 1000 美元。一个叫 Henry & Bell, LLP 的律所成功获得该项外包业务。

⑤ Roger A. Fairfax, Jr., *Delegation of the Criminal Prosecution Function to Private Actors*, 43 UC Davis L Rev 411, 419 – 24（2009）; John D. Bessler, *The Public Interest and the Unconstitutionality of Private Prosecutors*, 47 Ark L Rev 511, 595（1994）.

美国律师司法执行部（EOUSA）合作金融诉讼调查员项目（FLIP）。[①]

（4）惩戒和教化职能

在惩戒和教化职能方面，美国的监狱外包可谓是实践良久、知名甚早，并得到实务界和学术界的长期关注。[②] 美国的监狱外包业务，既可能涉及整个监狱的私营化，也可能是仅仅提供医疗和餐饮服务的特定外包。可以说，监狱民营化在美国已经形成独特的产业结构和利益链，甚至成为影响议会立法和决策的重大利益团体。除了监狱系统，惩戒所等矫正机构的契约外包也在兴起，比如围绕药品监管政策，一些解除药物依赖等强制性医疗服务机构和惩戒所，也纷纷寻求契约外包形式来提供校正服务。[③]

2. 广义司法职能外包的界限：实体规范的要求

广义司法职能的外包，一直以来伴随争议。以监狱民营化为例，批判者有的基于“矫正功能”的绝对公共属性、有的立足人权主张质疑私营监狱的劳役和违反国际人权条约、甚至还有将国家惩戒和刑罚职能立足于“主权性责任”（sovereign duty）高度，对监狱民营

① 这与涉及国土安全部美国移民与海关执法局（ICE）资产罚没项目、美国食品药品监督管理局及其犯罪调查办公室（FDA/OCI）资产罚没项目一起，作为三大任务订单，也是司法部与优利系统于2008年3月签署的价值四千七百五十万美元多厂商的未确定交付数量专业援助合同2（PACS 2）的一部分。

② Logan, *Private Prisons* at 38 – 48; Gary W. Bowman et al, eds, *Privatizing Correctional Institutions* (Transaction 1993); Douglas C. McDonald, ed, *Private Prisons and the Public Interest* (Rutgers 1990); Alexander Volokh, *Privatization and the Law and Economics of Political Advocacy*, 60 Stan L Rev 1197 (2008); Dolovich, 55 Duke L J 437; Ira P. Robbins, *Privatization of Corrections: Defining the Issues*, 40 Vand L Rev 813 (1987); Richard Culp, *Prison Privatization Turns Twenty – Five: The Evolution of a Mature Private Prison Industry in the United States*, *July* 2009, http/ssrn. con/abstract = 1462792.

③ Sharon Dolovich, *State Punishment and Private Prisons*, 55 Duke L J 437, 439 – 40 (2005).

化提出责难，但是这并没能从根本上遏制自18世纪便开始萌芽至今发展迅猛的美国监狱民营化实践。此外，围绕侦查、检控等职能的契约外包，也有大批学者质疑其责任制（accountability）、透明化（transparency）、表现差强人意（underperformance）、角色伦理（ethics）等。[①] 而从“政府固有职能”角度看，这些外包的业务类型经常性带有“决策和裁量权”，比如检察官是否以及如何提起公诉——这些决定绝不仅仅是确定被告和犯罪行为的受害者，更是对法律执行战略、矫正资源分配以及更宽泛的社会政策长期思考的结果。此外，契约外包也构成对公共检察官（public prosecutor）所需具备的民主性的破坏。[②]

不过更有力量的质疑在于，司法职能外包是否违背包括宪法在内的法律规范。这也为司法职能外包提供实证法上的限制和制约。以检察公诉职能外包为例，首先，从美国宪法要求看，尽管公共机构们乐此不彼地进行着职能的宽泛授权和外包，司法也欣然接受公共职能外包于私人主体，[③] 但是宪法对授权的限制——包括正当程序、公平保护、权力分立和授权禁止性原则——在这些宽泛的职能

① Angela J. Davis, *The American Prosecutor: Independence, Power, and the Threat of Tyranny*, 86 Iowa L Rev 393, 448 (2001); Marc L. Miller and Ronald F. Wright, *The Black Box*, 94 Iowa L Rev 125, 129 (2008).

② Ronald F. Wright, *How Prosecutor Elections Fail Us*, 6 Ohio St J Crim L 581, 583 (2009); Daniel C. Richman, *Old Chief v. United States: Stipulating Away Prosecutorial Accountability?*, 83 Va L Rev 939, 963 (1997).

③ 相关论述请见 Jody Freeman, *The Contracting State*, 28 Fla St U L Rev 155, 155 (2000); Gillian E. Metzger, *Privatization as Delegation*, 103 Colum L Rev 1367, 1369 (2003); David M. Lawrence, *Private Exercise of Governmental Power*, 61 Ind L J 647, 647 (1985).

外包中如何体现值得深思；[①] 其次，从政府契约法规范（Government Contracting Law Norms）看，有学者指出，检察职能外包明显与现行关于契约外包的法律规范相冲突，例如《联邦活动清单改革法》（The Federal Activities Inventory Reform Act，FAIR）、《联邦采购条例》（Federal Acquisition Regulations，FAR）、OMB 的 A－76 公告。[②] 最后，从有关主权和公诉的规范（Sovereignty and the Public Prosecution Norm）看，检控官是刑事司法管理中最具影响力的机构，行使的是主权权力（sovereign prerogative），联邦最高法院也曾指出“刑事案件中的政府利益，是实践正义，而非赢得官司”[③]，这种职业价值是任何外包主体所无法实现的。从这个意义上说，实践层面渐趋扩大的司法职能外包，依然缺乏学理的支持和证成。

（四）与审判职能相关的业务外包类型

狭义的司法权为审判权，专属于法院，并且受到国际法意义上国家法律管辖权的约束。如果仅仅立足于契约外包的表征，在美国初露端倪的审判职能外包实践主要存在于两类：一是雇佣法官来外包审判业务；二是将具有本国管辖权的跨国跨地区案件，基于各种考虑（比如取证和证据保护、防止国内势力干涉以确保司法中立等

---

① Jody Freeman, *The Private Role in Public Governance*, 75 NYU L Rev 543, 595 (2000); Paul R. Verkuil, *Outsourcing Sovereignty: Why Privatization of Government Functions Threatens Democracy and What We Can Do about It*, Cambridge 2007, pp. 15; Ira P. Robbins, *The Impact of the Delegation Doctrine on Prison Privatization*, 35 UCLA L Rev 911 (1988); Robert M. Ireland, *Privately Funded Prosecution of Crime in the Nineteenth – Century United States*, 39 Am J Legal Hist 43, 58 (1995).

② 具体分析，请参见 Roger A. Fairfax, *Outsourcing Criminal Prosecution?: The Limits of Criminal Justice Privatization*, U. Chi. Legal F. 265 (2010).

③ Berger v US, 295 US 78, 88 (1935). 关于公共检控官的职业伦理也请参见，Carolyn B. Ramsey, *The Discretionary Power of "Public" Prosecutors in Historical Perspective*, 39 Am Crim L Rev 1309, 1326 (2002).

等)，外包给其它国家加以审判。考虑到后者涉及国际法内容,[①] 并且严格意义上也不具备"公共职能外包于私主体"的特征，在此不再展开，这里着重分析将司法审判的核心职能外包给私主体的情形。

1. 雇佣法官来外包审判业务：人事和对价关系

如果说将法院的行政事务外包，从职能性质上尚属于一般性行政事务外包；那么，将法院职能发挥的核心——法官一职，通过契约外包的方式，雇佣私企或者作为私人性质的律师来审查审判职能，恐怕是司法机构职能外包中最具争议和值得反思的一类。不过这种模式正慢慢渗透，尤其是州际下属的县市初审法院（county or municipal court)。比如前文提及佐治亚州桑迪斯普林斯，除了整个法院外包，还采用小时计费方式雇佣法官；在阿拉巴马，兼职法官的模式渗透到全州几乎所有乡村和郊区;[②] 在俄亥俄州，88 个郡县中有 36 个地方初审法院采取了这种兼职法官的方式。[③] 在联邦层面，兼职法官也开始出现于联邦地区法院（US District Court)。[④]

对于这类审判业务外包，从合作的私主体看，既可能是以组织形态为对象的私营单位（主要是律师事务所)，也可以是以个体为对象的律师；从资质上说，大部分兼职法官为职业律师，也有部分具备在公共职能部门任职的经验;[⑤] 从计费类型看，既有以小时作为付费标准的"计时制"、也有以案件作为付费标准的"计件制"、还有

---

① 相关讨论也正在慢慢兴起，比如有学者提出针对印度的本国司法往往成为"任意的帮凶"，建议采取将司法权外包他国，英国已经实践了数起相关案例。

② J. Anthony McLain, *Part – Time Judges*, *Part – Time Assistant District Attorneys and Imputed Disqualification*, 70 Ala Law 217 (2009).

③ Sarah Foster, *Ohio Considers Eliminating Part – Time Judges*, Miami Student (Sept 26, 2006), http/www. miamistudent. net/2. 8197/ohio – considers – eliminating – part – time – judges – 1. 1153773.

④ 比如加利福尼亚州的联邦地区法院。Reappointment of Part – Time United States Magistrate Judge Rita Coyne Federman，参见该法院官网，http: //www. cacd. uscourts. gov/.

⑤ 比如加利福尼亚州联邦地区法院的兼职法官 Rita Coyne Federman，她曾担任司法辅助人员（judicial staff attorney)。

以固定期限为基准的“打包制”……无论形态如何多样，从人事关系角度，被雇佣的法官属于“兼职法官”（part - time judge），一般不属于政府公职人员；从对价关系角度，属于“计费制”（fee - based），而有别于“计薪制”（Salary - based）；[①] 从职责角度看，也存在区别。有些兼职法官的职责仅仅是类似主持传讯、仅仅当全职法官生病以及在特殊案件中涉及利害关系时，代为行使审判职能；而有些则较为全面地在实施审判的职能。[②]

2. 正当性危机：权力属性、责任制风险和职业伦理困境

从审判职能作为诉讼和司法过程的核心程序看，契约外包首先面临职权属性和实定法层面的正当性风险。美国司法部法律顾问委员会（Department of Justice Office of Legal Counsel）曾明确表示：“诉讼职能（litigation responsibility）不得契约外包”。[③] 从作为公共职能外包适用标准的“政府固有职能”角度看，《联邦活动清单改革法》对“政府固有职能”的解释包括“对每个涉及决定、保护和促进经济、政治、领土、财产安全，或者其他涉及民事和刑事司法程序利

① J. Anthony McLain, *Part - Time Judges*, *Part - Time Assistant District Attorneys and Imputed Disqualification*, 70 Ala Law 217 (2009) . Tenn Code § 7 - 3 - 311 (g) (2003); State of Nevada Commission on Judicial Discipline, Opinion JE04 - 03 (Mar 17, 2004), online at http/judicial. state. nv. us/je040033new. htm。并且，这种人事和对价关系已经在英国形成过司法判决。O'Brien (Appellant) v Ministry of Justice (Formerly the Department for Constitutional Affairs) (Respondents), [2010] UKSC 34; Rachel Dalton, *Part - time Judges Could Win Pension Rights after Supreme Court Hearing*, Professional Pensions, 11 Jul 2012.

② *Regarding Reappointment of Incumbent Part - time United States Magistrate Judge Dean Brett in the Western District Washington at Bellingham*, http: //www. wawd. uscourts. gov/documents/HomePageAnnouncements/MagistrateJudgeReAppointment/Public% 20Notice% 20 -% 20Magistrate% 20Judge% 20Brett. pdf.

③ Office of Legal Counsel, *Application of Conflict of Interest Rules to the Conduct of Government Litigation by Private Attorneys*, 4B Op Off Legal Counsel 434, 1980 WL 20939 (Feb 22, 1980); Office of Legal Counsel, *Constitutional Limits on "Contracting Out" Department of Justice Functions under OMB Circular A - 76*, 14 Op Off Legal Counsel 94, 96, 1990 WL 488475 (1990) .

益的法律解释和执行”。《联邦采购条例》则是对“政府固有职能”做了一个非穷尽性列举，在列举的顶端分别为“军事命令”、[①]“外交决定”[②]和“裁决职能的执行”（performance of adjudicatory functions）[③]。另一项对“政府固有职能”界定极为重要的文件——OBM的A－76公告，明确两项“政府固有职能”，其中一项即为“主权性职能”，其中包括刑事调查、起诉和其它司法职能。[④]

不少批评指出，即使不在现实层面，审判职能外包至少在观念上产生强烈的利益冲突，削弱整个法治原则。[⑤]这个也突出地体现在对兼职法官职业伦理的质疑上。比如兼职法官是否与全职法官一样，必须接受大量关于法官职业伦理和执业自由的限制？[⑥]在郡县的初审法院，兼职法官的另一个身份往往是职业律师，所以自身需要在法官与律师之间进行角色转换，这里首先就涉及职业伦理的“看得见的正义”问题。更大的问题是，由于同时任职于律师事务所，这样就会发生作为兼职法官的律师和他（她）所在事

① 48 CFR § 7.503（c）（3）.

② 48 CFR § 7.503（c）（4）.

③ 48 CFR § 7.503（c）（2）. 并且还特别排除审判职能中“涉及裁决性或者其它争议解决方式”。

④ Office of Management and Budget，Circular No. A－76（revised）＊2（Aug 4，1983）.

⑤ Sarah Foster，*Ohio Considers Eliminating Part－Time Judges*，Miami Student（Sept 26，2006），http/www. miamistudent. net/2. 8197/ohio－considers－eliminating－part－time－judges－1. 1153773；James L. Cotton，Jr.，*The Impossible Balance：A Tennessee Judge Makes the Case for Abolishing State's Part－Time Judgeships*，37 Term Bar J 12，15（May 2001）.

⑥ 比如在纽约州律师协会职业伦理委员会，就出台关于“兼职法官能否参加政治性社团”的准则。NEW YORK STATE BAR ASSOCIATION Professional Ethics Committee Opinion，*Improper for part－time judge to hold office in political Club even though judge's duties are limited and part－time*，Opinion #64 － 10/16/67（26－67）http：//www. nysba. org/Content/ContentFolders/EthicsOpinions/EO_ 64. pdf.

务所的其他律师的关系。[①]

四、司法机构契约外包模式的启示：代结语

美国司法机构契约外包模式的运用，留给学理和制度的思考还有很多。而这些外包模式对于我国的意义主要在于两个方面：

（一）立足于开拓美国法律服务外包市场的立场

立足于开拓美国法律服务外包市场的立场，本课题的研究可致力于引导我国的法律从业群体，从法科生的培养到律师事务所的转型，来有意识地回应这场法律服务全球化的盛宴。从这个意义上说，我们不仅需要了解美国法律业务所谓“海外外包”或“离岸外包”的内在需求，也需要借鉴印度在法律职业群体培养和转型中的有利方面。比如加强英语的专业能力，有意识地培养熟悉英美法律体系尤其是美国法律背景的法科生和事务所团队，及时掌握和了解供求方的需求信息，有针对性地开展业务培训，从而抢占和开拓美国法律服务外包市场。

（二）立足于制度比较和借鉴角度

立足于制度比较和借鉴角度，对美国司法性机构职能外包在实践和学理上的梳理，则可能为我国能否以及如何选择司法性机构与外包公司合作提供分析角度。当然，从大量的学理性批判看，美国司法性机构职能外包依然缺乏学理上较为主流的支持；但从其运作甚至是略显扩展的现实状况看，它确实显现出一股实践驱动力。从

① Gray and Biro, *An Ethics Guide for Part－Time Lawyer Judges*, American Judicature Society, 1999, pp. 54－55.

这个意义上，有必要分析和梳理其实践运作中的成功要素：

1. 注重职业声誉和履约能力的遴选机制

从美国司法机构契约外包模式运行看，确保外包服务质量的首要环节是对合作的私人主体的资质遴选。比如涉及对电子化和信息技术革新所采取的业务外包，例如优利系统、埃森哲联邦服务部，大多都是在信息技术服务领域的佼佼者。[①] 在聚焦于检察和公诉职能外包的领域，私人组织层面往往由有特定资质的律师事务所担任。比如联邦层面，美国司法部成功说服议会授权其将白领欺诈案件的起诉外包给一家具有 800 名律师的事务所：Shearman，Gray & Myers；在州层面，一个叫 Henry & Bell，LLP 的律所成功获得公诉职能的外包业务。这家律师事务所拥有 120 名律师，旗下 6 个办公室几乎遍布整个州。合伙人中的 John Henry 和 Edwina Bell，均为前检察官，具有卓越的犯罪预防经验。该事务所中另两名高级律师才能卓著，能对加盟该所、并曾经在法学院出类拔萃的律师们进行有效监督。可见，职业声誉和执业能力对于承接商的遴选至关重要。[②]

2. 加强执业监管和颁布特殊职业伦理要求

对于承接司法性职能的外包公司而言，其责任制风险往往大于其它承接民营化和公共职能外包的主体。比如对于审判职能外包而言，兼职法官直接面临与所属事务所的同事之间的关系，此外也很容易发生其与兼职所在的法官之间的"寒蝉效应"（chilling effect）。为了加强执业监管，尤其强化职业伦理要求，比如纽约州律师协会

① 以优利系统（Unisys）为例，它创立自 1873 年，迄今已有一百多年历史，现为一家全球性的信息技术服务和解决方案公司，为六大垂直领域市场包括金融服务、公共事业、通讯产业、运输产业、商业组织及媒体传播的企业提供以科技为基础，以服务为导向的端到端咨询顾问服务，从而实现咨询提供、系统集成、外包服务、基础架构，以及性能强大的企业级服务器技术。它尤其专注于帮助客户通过信息技术来实现其业务的高效性，构建更加安全的企业，以协助客户达成业务目标。

② 不过也有评论指出，除了声誉和执业能力，削减成本、提高效率的目标也是非常重要的考虑。

职业伦理委员会，就“兼职法官能否参加政治性社团”出台准则。美国司法协会专门就律师兼职担任法官作出伦理性指导；[①]《司法行为守则》（Code of Judicial Conduct）明确规定：“兼职法官不得作为律师在所任职的法院里执业。”根据美国律师协会特别委员会的意见，这种兼职法官就律师执业的准入限制，也包含对可能发生上诉案件的法院里。换句话说，如果一个兼职法官处理的是来自于市、镇法院或者其它小额诉讼法院的再审案件，那么他（她）同样不可在这些法院里面从事法律（律师）事务。这样的话，例如兼职一个上诉法院的高级法官，就不可能在整个州从事律师业务。

3. 运用合同类型实现对缔约和履约过程的控制

还原到契约外包的契约本质看，所有契约外包的目标都需要借助于缔约和履约来实现。从这个意义上说，如何从契约角度规避风险，也是美国司法性机构在进行业务外包时的考虑。比如，司法部选择与“优利系统”合作资产罚没项目，联邦调查委员会选择与埃森哲联邦服务部合作，外包针对微软产品的技术支持和咨询服务，所签订的合同均为“未确定交付/数量”（indefinite delivery/indefinite quantity，IDIQ）合同。顾名思义，这类合同类型没有明确具体的交付日期和交付数额，并且一般都有多个承接商，比如“优利系统”是可以竞标的四家单位之一。此外，借助于对合同期限的约定，来加强对履约过程中的服务质量和评价的把握。比如司法部与“优利系统”关于资产罚没项目的“未确定交付/数量”合同基本周期只有6个月，司法部有权以一年为单位，保留6年的续约权。

（三）着重于美国“情报外包”的警示和应对

正如有学者指出的：“9·11”事件以后，在美国国防安全和情

---

① An Ethics Guide for Part - Time Lawyer Judges, American Judicature Society, 1999, pp. 54, 55.

报侦察领域，“情报外包”已经成为“后9·11时期”的国防安全新范式（post－9/11 security paradigm）。[①] 从维基解密的信息，和《华盛顿邮报》的深度报道可知，美国司法机构和国防安全机构，通过契约形式进行的“情报外包”工作，涉及的广度和深度可能都超乎我们的想象。即使是在美国国内，根据相关统计，预计有85.4万人接受过最高机密的政治审核，达到70%的美国公民或多或少地受到监控。[②] 这就需要我们反思：我们如何提高对美国“情报”工作的警惕性，如何应对可能正在我们身边的私人“情报人员”？

1. 开展对出国赴美人员的安全意识防范和培训

近年来，无论是因私还是因公，我国出国赴美人员的数量急剧上升。据有关报道统计，仅以赴美留学的数量计，中国持有F－1（F2）的学生群体和持有J－1（J－2）的交流（访问）学者的赴美人数已经突破13万，加上前些年的人数，加起来总数应该超过50万。这样，曾经到访或正在到访美国的中国公民，是个不容小觑的群体。既然美国国内，达到70%的美国公民都或多或少地受到监控，更不用说是对入境美国的其它国家公民。从这个意义上说，中国急需加强对出国赴美人员在安全意识上的防范。这里的安全意识并非是人身和财产等传统安全领域，而是涉及所属国的国家信息和个人信息。

从开展这项工作的责任主体角度看，除了因商务或旅行的出境，需要责成商务部和国家旅游局系统对信息安全防范的宣传和培训职能，更重要的是要加强出国留学人员的防范意识。比如可以要求国家留学基金委加强出国留学和访学人员的信息安全防范和培训工作。

---

① Jacob B. Gale, *Intelligence Outsourcing in the U. S. Department of Defense: Theory, Practice, and Implications*, http://www.docin.com/p-406315112.html, 2012年11月26日访问。

② Nana Priest & Bill Arkin: *Top Secret America*, Washington Post, July 19, 2010.

2. 加强本国国境内的情报安全普及和宣传

即使没有入境美国，在中国国内并非就是安全的。根据《华盛顿邮报》的报道，大约1271个政府机构以及1931个私人公司从事与反恐、国土安全以及情报相关的业务，遍布全美国约1万处。考虑到《华盛顿邮报》本身还可能受到政治和军事压力因而无法披露美国情报机构在境外的活动状况，完全有理由相信，“情报外包”绝不可能仅仅局限于美国国境之内。比如美国非洲司令部（Africa Command）将针对非洲的间谍任务外包给私营企业；针对拉美的间谍任务也进行外包。维基解密中涉及大量伊拉克战争的信息，就涉及情报外包和军事民营化问题。可见，美国的境外情报收集和间谍工作，早就已经引发全世界的关注。

从美国情报外包看，如此众多的承担情报收集工作的私人机构，并不一定仅仅局限于国内的私人外包公司，甚至可能直接秘密雇佣国外的私营机构，以方便就地取材和减少怀疑。从这个意义上说，无论是政府部门、研究性机构、市场经营主体、乃至公民个人，都需要时刻警惕极有可能猝不及防地出现在自己身边的“情报获取者”。从这个意义上说，所有涉及国家事务的信息、学术性信息、商业性信息还是个人隐私和信息，都需要在工作和生活的交流中保持必要警惕。这也需要有关部门加强对国内情报安全知识的宣传和普及。

美国的新思想库*

魏红霞

（中国社科院美国研究所副研究员、《美国研究》编辑）

“思想库”也称为“脑库”、“智囊团”或“思想工厂”，一般是指“独立的、非盈利的政策研究机构”。这一概念最初来源于第二次世界大战期间美军对讨论作战计划和战略的密室的称谓，1950年代被首次用来特指军工企业的签约研究机构，例如著名的兰德公司。[①] 在20世纪60年代，“思想库”作为研究政治、经济、外交等问题并为政府提供决策参考的机构的专门名称在美国流行。70年代这些机构成为西方国家政治生活中重要组成部分。80年代以后，思想库在美国大量涌现。同时，世界其他地区的一些国家也效仿美国成立思想库。思想库由此被称为增长最快、最为兴盛的一种“服务业”。[②]

“思想库”这一名称已有60年的历史，但思想库的出现在美国已经有100多年的历史。很多研究思想库的学者认为，美国思想库是在20世纪初美国“进步主义”时期作为一种政治现象出

* 本文中的研究对象是美国20世纪末以来新成立或重新组建的思想库。

① “Prologue,” and “Notes,” in James A. Smith, *The Idea Brokers: Think Tanks and The Rise of The New Policy Elite*, The Free Press, 1991, p. Xiii, p. 241.

② R. Kent Weaver, “The changing World of Think Tanks,” *Political Science and Politics*, Vol. 22, No. 3, Sept., 1989, p. 363.

现的。[1] 跟踪研究世界思想库的学者詹姆斯·麦克甘（Jmaes G. MGcnan）则倾向于认为，1916年成立的布鲁金斯学会的前身“政府研究所”是第一个专门从事公共政策研究的独立组织，是现代意义上思想库的起源。[2]

对于美国思想库的发展轨迹，由于相关研究者所处的时代、其研究成果出版的时间，以及其对历史发展阶段的看法不同，他们对美国思想库发展阶段的划分标准也不相同。例如，詹姆斯·A. 史密斯1991年出版的著作中将美国思想库的发展分为三个阶段：20世纪初期，20世纪中期和1970—1980年代。[3]随着1990年代思想库的进一步发展，有些学者将思想库的发展划分为四个阶段，如麦克甘1995年出版的研究著作将思想库的发展阶段划分为1900—1929年、1930—1959年、1960—1975年、1976—1990年四个阶段。阿伯尔森2002年的研究著作也将美国思想库的发展分为四个阶段，他称之为“波”（wave）或“代”（generation）：第一波是致力于政策研究的机构（1900—1945）；第二波是政府的签约机构（1946—1970）；第三波是鼓吹型思想库（1971—1989）；1990—1998为第四波遗产型（legacy - based）思想库。[4]虽然对思想库的发展阶段划分不同，但是

① 迪恩·斯通（Diane Stone, *Capturing the Political Imagination: Think - Tanks and the Policy Process*, Frank Cass, 1996），多纳德·埃布尔森（Donald E. Abelson, *Do Think Tanks Matter?: Assessing the Impact of Public Policy Institutes*, McGill - Queens University Press, 2002）和安德鲁·里奇（Andrew Rich, *Think Tanks, Public Policy, and the Politics of Expertise*, Cambridge University Press, 2004）的研究中一般将20世纪初成立的塞奇基金会作为最早的思想库典型。

② James G. Mcgann, “Academics to Ideologues: A Brief History of the Public Policy Research Industry,” *Political Science and Politics*, Vol. 25, No. 4, Dec. 1992.

③ James A. Smith, *The Idea Brokers: Think Tanks And The Rise of The New Policy Elite*, Free Press, 1991, pp. xiii ~ xiv.

④ Donald E. Abelson, *Do Think Tanks Matter?* pp. 22 - 36; “Think Tank and U. S. Foreign Policy: A Historical Perspective,” *U. S. Foreign Policy Agenda*, Volume 7, Number 3, Nov. 2002, pp. 10 - 13.

从其数量增长来看，1980 年代以来，美国新成立的各种类型的思想库几乎是成倍地增长。据麦克甘在其研究报告中的统计，1980 年代初以来美国新成立的思想库占目前总数的 58% 之多。①

然而，与 1980 年代中期至 1990 年代中期的十年中美国成立思想库的数量相比，20 世纪末期至今，美国新成立思想库的数量锐减。其原因是什么？又有什么样的代际特色？旨在对这些近十年来新成立的思想库作一概览。

一、美国思想库现状

20 世纪 60 年代，思想库开始试图左右国家政策和舆论导向，这导致了目前美国思想库在地理上的特殊布局：思想库纷纷挤进政治决策集中的华盛顿特区，而且层出不穷的新研究机构也多设在华盛顿及其周边地带，一些西海岸的思想库也在国家政治神经中枢地带建立办公室。詹姆斯·麦克甘博士是宾夕法尼亚大学“智库与公民社会”项目负责人，他一直跟踪研究世界各国思想库的发展状况。他的最新调查表明，全球思想库共有 6603 家，其中美国的思想库有 1823 家，占全球总数的近 30%。② 华盛顿及其周边的马萨诸塞、纽约、弗吉尼亚、新泽西、康狄涅格、马里兰、罗得岛和宾夕法尼亚等地区就集中了 1000 多家（参见表 1）。③美国排名前 10 位的思想库

① James G. McGann, “THE GLOBAL “GO - TO THINK TANKS”: The Leading Public Policy Research Organizations In The World,” 2009, p. 11.

② James G. McGann, Think Tanks and Civil Societies Program, University of Pennnsylvania, Dec 1, 2012, available at: http: //repository. upenn. edu/cgi/viewcontent. cgi? article = 1006&context = think_ tanks.

③ James G. McGann, Think Tanks and Civil Societies Program, University of Pennnsylvania, Dec 1, 2012, available at: http: //repository. upenn. edu/cgi/viewcontent. cgi? article = 1006&context = think_ tanks.

中，有 7 家总部位于华盛顿。其他 3 家也在华盛顿设有办公室。①

表 1 美国思想库地理分布情况

（只列出思想库数量超过 20 家的州）

首都华盛顿特区	394
马萨诸塞	176
加利福尼亚	170
纽约	143
弗吉尼亚	106
伊利诺伊	55
马里兰	50
德克萨斯	47
康尼狄格	46
宾夕法尼亚	41
新泽西	36
佛罗里达	31
密歇根	31
科罗拉多	31
佐治亚	29
俄亥俄	25
明尼苏达	23
北卡罗来纳	23
华盛顿	23
威斯康星	22
亚利桑那	21

① 根据 2012 年的报告排名前 10 位的思想库分别为布鲁金斯学会、卡内基国际和平基金会、美国对外关系协会、战略和国际问题研究中心、兰德公司、伍德罗·威尔逊国际学者中心、美国企业研究所、皮尤中心、传统基金会、卡托研究所。其中美国对外关系协会总部设在纽约；兰德公司总部设在加利福尼亚的圣莫妮卡。参阅“James G. McGann，Think Tanks and Civil Societies Program，” University of Pennnsylvania，Dec 1，2012，http：//repository. upenn. edu/cgi/viewcontent. cgi？ article = 1006&context = think_tanks。

续表

印第安纳	21
缅因州	20
罗得岛	20

资料来源：James G. McGann，Think Tanks and Civil Societies Program，University of Pennnsylvania，Dec 1，2012，available at：http：//repository. upenn. edu/cgi/viewcontent. cgi？article＝1006&context＝think_ tanks.

从思想库的运作、发展和影响情况来看，目前美国思想库呈现以下三个特点：

第一，一些历史悠久的思想库综合研究能力较强，影响力深厚而且稳固。在麦克甘近几年的调查研究中，对公共政策最具影响力的思想库是布鲁金斯学会和传统基金会。[①]卡托研究所、布鲁金斯学会和卡内基国际和平基金会则被评为世界排名前三位的最具创新力智库。[②] 其中布鲁金斯学会在综合性课题、国内经济政策、安全和国际问题、国际经济和社会政策等各方面研究的评比中都拔得头筹。[③]

第二，近年来，随着国家间教育和学术交流的增加，布鲁金斯学会和卡内基国际和平基金会等综合能力较强的思想库开始在美国以外设立分支机构，例如，1994 年，卡内基国际和平基金会成立莫斯科中心以后，又在贝鲁特、布鲁塞尔和北京设立了分中心；布鲁金斯学会于2006 年也在北京设立了“清华大学—布鲁金斯公共政策

① James G. McGann，“The Leading Public Policy Research Organizations In The World，THE THINK TANKS AND CIVIL OCIETIES PROGRAM，” 2008，Revised，January 19，2009，p. 39.

② Ibid，p. 38.

③ Ibid，pp. 33－37. 2012 年的研究结果类似，参阅 James G. McGann，“Think Tanks and Civil Societies Program，University of Pennnsylvania，” Dec 1，2012，available at：http：//repository. upenn. edu/cgi/viewcontent. cgi？article＝1006&context＝think_ tanks.

研究中心。

第三，设在华盛顿以外、在美国地方各州为公共政策服务的思想库大量产生。随着自20世纪70年代尼克松政府开始倡导的“新联邦主义”、倡导“还政于州”进程的发展，美国地方政府权力扩大，承担的社会责任增强，要解决的问题也增加了很多。[①] “9·11”事件之后，国土安全的需要，加上教育、医疗和经济发展所需条件的提高，地方州政府面临的问题更加浩繁复杂，财政负担也日益加重。由此，一些州政府采取委托项目等方式来征集解决问题的办法。于是，一些州级的思想库应运而生。它们主要关注一些地方性的经济和社会问题。即便如此，为了影响决策，许多州级的思想库也在华盛顿设立了办事处。[②]

但是，在新建立的思想库中，涉及外交和国家安全等重大问题的思想库仍然集中在华盛顿及其周边地区。本文的研究对象主要就是这些新成立的、对美国国家政策影响比较突出的几个思想库。（参见表2）

① “新联邦主义”是尼克松执政时期，对美国内政方针的重大改变。面对城市危机、社会危机和对政府的信任危机，1969年8月，尼克松正式提出“新联邦主义”、倡导“还政于州”，旨在扭转自罗斯福以来联邦政府权力集中的趋势，加强州和地方在解决各种经济和社会问题中的作用。里根执政时期，进一步推进“新联邦主义”，改革社会保障制度，缩小联邦政府干预社会福利的规模，强调州、地方政府和社会团体应当更多地担负起社会保障的责任。克林顿总统上台后，提出了“放权革命”（devolution revolution）的口号，决心调整政府系统的权力关系，一方面继承了“新联邦主义”的权力下放目标，同时又对“新联邦主义”作了调整。他强调联邦政府应加强对各州寻找和实施各种问题解决方案过程的监管。因此，其政策被称为“新现代联邦主义”。2001年小布什上台，在调整联邦政府与州政府的关系上，也坚持“新联邦主义”政策，主张缩小联邦政府权限，相应扩大州政府的权限。

② James G. McGann, *Think Tanks and Policy Advice in the United States: Academics, Advisers and Advocates* (NY: Routledge, 2007), pp. 26 – 27.

表 2　新成立的主要思想库概况

思想库名称	成立时间	地点	影响力排名（美国国内）
斯坦福大学国际安全与合作中心	1998	加利福尼亚州	无
全球气候变化皮尤研究中心	1999	弗吉尼亚	无
经济和政策研究中心	1999	华盛顿	无
新美国基金会	1999	华盛顿	32
全球发展中心	2001	华盛顿	26
美国进步中心	2003	华盛顿	11
新美国安全中心	2007	华盛顿	14

注：麦克甘博士在其 2008 年的研究报告中列出了全球 407 家被提名参加评比的思想库，作者根据列表中的思想库名称，查阅其网站对成立历史的介绍，筛选出表中所列出的对美国外交政策有影响的思想库。表内的排名是根据其 2012 年 1 月份公布的修订后研究报告中列出的。

二、新思想库及其对政府政策的影响

（一）新思想库成立的背景和特点

美国思想库的发展与美国国内的政治和社会思潮，以及世界局势的发展密切相关，呈现出明显的代际特色。如 20 世纪初期，思想库在美国的出现是工业革命和进步主义时期社会思潮的产物。这一时期，思想库的动机是利用科学研究的成果和方法，帮助政府的一些部门排忧解难。它们成立的推动力有两个方面：一是社会精英想要把自身的力量用于社会改良；二是大资本家自觉地维护和巩固让他们受益无穷的现存的企业制度和政治秩序，并使之为广大公众所接受。

1920 年代后期至 1950 年代，从数量上看，思想库的发展处于缓慢时期。但这一时期，由于经济大萧条的冲击和第二次世界大战的爆发，美国的决策者面临更加复杂的内政外交问题，政府开始依赖于政策专家，把具体工作，特别是专门的经济问题和外交问题留给思想库和大学的专家教授来寻找解决方案。学者与决策者的关系也变得密切起来。这一时期政府的资助和思想库建立起来的信誉为以后思想库的大量涌现奠定了基础。1960 年代以后，美国对外深陷越战泥潭，国内民权运动兴起，加上与苏联的冷战对峙，政府面临着前所未有的挑战，政府的机构愈来愈庞大，而其执政能力却开始受到质疑。在这种情况下，思想库发挥作用的空间扩大。同时，思想库的资助来源开始多样化，一些基金会和公司，甚至个人开始为思想库提供捐赠。大批新的思想库在 1970 年代之后如雨后春笋般地涌现出来。同时思想库的特色和功能开始出现分野。新保守主义思潮的兴起使思想库开始呈现浓厚的意识形态色彩。1980 年代之后，时代的发展为思想库的发展和创立提供了条件。政府机器的日益庞大超越了政府官员的驾驭能力，决策的复杂性和应对的及时性提高了对思想库研究的需求，信息技术的应用和媒体的多样化使思想库更容易找到“扬名”和发挥作用的渠道。

与 80 年代中期至 90 年代中期的 10 年中美国涌现的思想库数量相比，20 世纪末期至今，美国新思想库成立的数量锐减。其中原因大致有两个方面：一是之前成立的各类思想库已经运行良好，打下坚实的基础，新思想库欲要成长起来，与老牌思想库进行竞争，发挥影响很困难，甚至生存都是问题；二是捐助者捐赠意愿的变化使思想库很难募集到资金。然而，在这种局势下，仍有一些新的思想库成立或者从旧的思想库中分立出来成为独立的新机构。

新思想库的建立既有传统意义上的代际特色，也面临新的机会。首先，从国内环境看，从 90 年代中期开始，美国国内保守主义与自由主义的争论为新思想库发挥思想库阵地的作用提供了平台。例如，由保守派代表人物威廉·克里斯托尔 1997 年创建的“新美国世纪计划”（Project for the New American Century）的成员几乎都是新保守派人物，其推出的“美利坚帝国论”，以及为巩固美全球领导地位而提出的一系列主张，成为布什政府奉行单边外交政策的理论依据。因此，该计划被看作是新保守主义的阵地，几乎左右了布什第一任期内的政策。[①] 其次，从国际环境看，反恐的需要促使安全议题增加，气候和能源问题被提到世界政治日程的前列，这使新思想库容易找到研究课题的切入点，引起注意，从而产生影响。第三，虽然在被称作“信息社会”的今天，媒体有时候也对国家决策日程产生很大影响，对思想库言论和作用形成挑战，但也为思想库鼓吹自己的观点、宣传自身的形象提供了更多的机会。一些思想库甫一成立，其媒体宣传就由成熟的团队操作，借助各种媒体和信息渠道制造舆论影响。例如，美国进步中心、新美国安全中心等网站上均有专门的新闻栏目详细通报本思想库在国会作证和在媒体露面的情况、名人加盟的消息，以及本思想库研究人员被政府任用的信息。甚至还有思想库开设专栏，向外界定期展示自己的影响力。

（二）主要新思想库概况

从麦克甘博士的调研结果、世界媒体引用资料情况以及思想库本身网站的介绍来看，新思想库中对美国外交政策影响力比较突出的是以下几个思想库：美国进步中心、新美国基金会、新美国安全中心、全球气候变化皮尤研究中心以及斯坦福大学国际安全与合作中心。

1. 美国进步中心（Center for American Progress）

“美国进步中心”的前身是成立于1989年的美国民主党领导委员会的政策机构，名称是“美国进步政策研究所”。2003年，美国进步中心在克林顿时期白宫办公厅主任约翰·波德斯塔（John D. Podesta）的领导下正式成立，波德斯塔本人也曾出任总裁。目前中心的总裁是医疗问题专家尼拉（Neera Tanden）。2007年，该中心在加利福尼亚开设了办事处。美国进步中心所宣称的宗旨是致力于

① 布什第二任期由单边主义转向多边主义，新保守派逐渐丧失发挥作用的阵地。该思想库随后在2006年宣布解散。

通过进步的思想和行动来改善美国人的生活，推进新的政策思想，树立一个进步美国的长期愿景，批评反击保守派的政策主张，并提供有思想深度的替代方案以及向美国公众传递进步信息。[①]该中心虽然成立不久，但研究领域涉及广泛，包括能源、国家安全、经济发展、移民、教育和医疗等方方面面。目前中心有以下几个常设研究项目：（1）美国医生项目（Doctors of America），该项目主要关注奥巴马政府的医疗改革，为其献言献策；（2）“忍受限度”项目（The Enough Project），该项目致力于建立一些持久的团体，来推动阻止种族屠杀和反人类罪行的活动。（3）领导力项目（Leadership Institute），该项目旨在培养和推出各领域的领军人物，从而对政策产生影响；（4）进步研究项目（Progressive Studies Program），该项目具有教育培训功能，通过讲座、研讨会、文章、公共活动、读书会、新媒体和培训项目等手段，培训官员和决策者，旨在增强对其倡导的进步主义观念的理解，该项目还研究近代进步主义以及它与早期进步时代和美国历史上其他政治、社会运动的关系；（5）可持续安全项目（Sustainable Security），在改善美国与盟国关系的思想指导下，力求修正其认为的美国现有的一系列误导性的政策，设计新的美国国家安全战略。[②]

美国进步中心一直标榜自己是一个无党派偏见的研究机构，但是它被美国国内观察家们公认为是民主党智库。该中心前身美国进步政策研究所曾与比尔·克林顿保持着密切关系，后来该所多名成员参加了克林顿角逐总统的竞选班子，可以说该研究所是克林顿的“私人智囊团”。克林顿上台后，波德斯塔被委任为白宫办公厅主任。小布什及共和党执政时期，该中心的地位和政策影响力减弱。2008年在美国大选进入最后阶段时，该中心加入奥巴马竞选团队，为奥

① 详见该中心网站介绍：http：//www. americanprogress. org/aboutus。

② 详见该中心网站介绍：http：//www. americanprogress. org。

巴马提供从竞选策略到当选后的政策调整一系列切实可行、见解独到的研究报告，深得奥巴马的认可。此后该中心的多位高管被委以重任：波德斯塔担任奥巴马过渡事务主管，行动基金中心执行副总裁麦乐迪·巴恩斯（Melody Barnes）担任白宫国内政策委员会主任，曾在克林顿政府任要职的很多重要成员也再次返回政府任职（见表3）。2013 年 1 月 18 日，美国进步中心和美国战略与国际中心联合发布了一份跨党派（bipartisan）的原则声明，以前国务卿奥尔布赖特为首的 21 名前政府官员和学者签名组成高级别工作组，强调美国的作用在于支持民主的改革和包容的社会，声明建议与非政府机构和美国的国际盟友合作，以推进民主目标。①

美国《时代》周刊 2008 年 11 月 21 日的一篇文章这样评论美国进步中心："在对政府的影响力方面，当前没有任何其他机构能与其媲美。"② 麦克甘博士对全球思想库的调查报告显示，该思想库影响力已经跻身布鲁金斯学会、传统基金会等资深思想库之列。③

目前，美国进步中心对奥巴马政府的内外决策已经产生了多方面影响。中心近年来发表的多份战略性研究报告和对策建议，都得到奥巴马政府的重视和采纳。例如，2007 年 11 月，中心公布了《进步性增长：通过清洁能源、革新与机遇扭转美国经济》的报告，指出美国经济面临五大挑战，提出向低碳型经济转变、实现进步性增长的具体变革建议。④ 奥巴马上台后改变了在气候变化谈判上的立场，加大了对新能源和环保经济的投入力度，在很大程度上采纳了

---

① 参阅网页资料：http://www.americanprogress.org/wp-content/uploads/2013/01/StatementofPrinciples-2.pdf.

② Michael Scherer, "Inside Obama's Idea Factory in Washington," *Time* magazine, November 21, 2008.

③ 2008 年和 2009 年报告。

④ John Podesta, Sarah Rosen Wartell, David Madland, Progressive Growth: Transforming America's Economy through Clean Energy, Innovation, and Opportunity, November 28, 2007, available at: http://www.americanprogress.org/issues/2007/11/progressive_growth.html.

该报告的建议。2007 年底，中心发表了《重建美国的军事力量：朝着一种新的改良型国防战略迈进》的报告，主张美国国防部对潜在竞争者的遏制应放在次要地位，把更多开支用于军队人员而非硬件上，并提出一系列具体方案。[①] 2009 年 4 月 6 日，国防部长盖茨提出了 2010 年国防预算草案，几乎照单收纳了这些建议。2008 年底，中心发布了《2009 年核态势研究》报告，列出了奥巴马在政府过渡阶段、就职后 100 天内和第一年中应该做的事项。[②]奥巴马在就职后的第 100 天（2009 年 4 月 5 日），在布拉格发布了关于建立无核世界的核裁军战略，与报告建议的内容相似。

2. 新美国基金会（New American Foundation）

新美国基金会成立于 1998 年，在华盛顿和加利福尼亚首府萨克拉门托设有办公室。谷歌公司前首席执行官埃里克·施密特（Eric Schmidt）曾任该基金会董事会主席，董事会成员还包括著名学者法里德·扎卡利亚、弗朗西·斯福山、《大西洋月刊》著名记者詹姆斯·法罗斯（James Fallows）、前美联储副主席副主席罗格·弗格森（Roger Ferguson）等。2013 年 9 月，著名国际问题学者安尼－玛丽·斯劳特（Anne－Marie Slaughter）被委任为新的董事会主席，兼任总裁。

该基金会的宗旨强调应对信息时代的挑战和问题，研究课题非常广泛，综合性强。其研究人员经常对一些问题发表新的看法。2001 年该基金会成立后不久，出版了《激进中心：美国政治的未来》（The Radical Center：The Future of American Politics）一书，作者为基金会的创始人之一特德·豪尔斯泰德（Ted Halstead）和高级

---

① Lawrence J. Korb，Max Bergmann，Restoring American Military Power：Toward a New Progressive Defense Strategy for America，December 10，2007，available at：http：//www. americanprogress. org/issues/2007/12/restoring_ military. html.

② Andrew J. Grotto，Joseph Cirincione，Orienting the 2009 Nuclear Posture Review：A Roadmap，November 17，2008，available at：http：//www. americanprogress. org/issues/2008/11/nuclear_ posture_ review. html.

研究员迈克尔·林德（Michael Lind）。作者在书中提出“政治和政策激进中心”（the politics and policies of a radical center）的概念，认为美国的两党制越来越教条，导致意识形态极端分化，于是，“中庸的多数派”（ moderate majority）也变得与社会格格不入。该书倡导的很多政策原则成为“新美国基金会”设立项目的宗旨。该基金会的另一个特点是强调以“大智慧和公正使用的方法”解决21世纪信息时代的经济问题。[①]《新闻周刊》（*Newsweek*）专栏作家霍华德·法恩曼（Howard Fineman）称该基金会为“高级政策企业家的会所”（a hive of state – of – the – art policy entrepreneurship）。[②]

该基金会的政治学家帕拉格·康纳（Parag Khanna）针对“G2”——中美共治世界的提法，提出建立“G3”概念。他在《纽约时报》发表文章，认为在G2框架内，理顺国际合作的共识仍不足。只有通过建立美国、欧盟、中国“G3”集团，才能实现全球治理。他在这篇题为“向霸权挥手再见”的文章中分析说：“形成以美国为中心的单一世界秩序的可能性在10多年后落下了帷幕。美国、欧盟、中国三强相互牵制，争相聚集协助自己的理想（vision）和秩序的‘第二世界’（the second world）国家的21世纪新地缘政治学游戏已经开始。”对此，坎纳提出了5种美国的应对战略：舍弃美国的“国家利益（national interests）优先主义”，将世界普遍价值放在首位；国务院代替国防部负责安保的最前线；将和平服务团、英语教师派遣到海外等积极支援民间外交；让亚洲充裕的流动资金流入美国；与欧盟、中国举行G3会谈。[③]

---

① 参阅该基金会的简介：http：//www. newamerica. net/about/。

② Howard Fineman，“Living Politics：Election Gave‘04 Brokers More Clout，” *Newsweek*，13 November 2002，available at：http：//www. newsweek. com/2002/11/12/living – politics – election – gave – 04 – brokers – more – clout. html.

③ Parag Khanna，“Waving Goodbye to Hegemony，” *The New York Times*，Thursday，March 6，2008.

2010 年 1 月 20 日，在该基金会的组织下，美国国务卿希拉里与谷歌等网络公司高管召开“互联网自由”研讨会。5 天后，谷歌公司即表示不再接受中国的内容审查，高调宣布“准备离开中国市场”。随后，奥巴马和希拉里做出表态，表示支持谷歌公司的决策。

该基金会将国内问题的研究主要集中在资产建设（assets building)、教育和医疗方面。该基金会的高级研究人员雅各布·哈克（Jacob Hacker）2007 年撰写的关于医疗改革的报告[①]成为奥巴马政府医疗改革的蓝本。[②]曾担任该基金会医疗政策研究项目主任的雷恩·尼克斯（Len Nichols）帮助俄勒冈州民主党参议员罗恩·怀登和犹他州的共和党参议员鲍勃·班内特（Bob Bennett）制订医疗改革计划。他还起草了公共医疗保险中的“公平建议”（level - playing field alternative)。[③] 另外，基金会的加州分部在推动加州的全民医疗改革中起了很大的作用。[④]

该基金会将美国外交政策设在全球项目下，分为两个方面：一个是项目倡议，一个是问题研究。另外还有气候政策研究项目和全球资产研究项目。项目倡议主要隶属于国际战略研究项目，其中包含安全倡议、反恐倡议、能源地缘倡议、全球治理倡议等全球问题的研究，以及核战略及不扩散倡议、国家外部安全倡议、外交政策私人化倡议、灵活战略倡议和大国倡议、伊朗倡议、中东工作小组、

---

① Jacob Hacker, Health Care for America, 11 January 2007, available at: http://www.sharedprosperity.org/bp180.html. 雅各布撰写此报告时在经济政策研究所（The Economic Policy Institue）任职。

② Timothy Noah, “Obama: Soft on Health Insurance?” *Slate*, 6 March 2009.

③ Len Nichols, New America Foundation with John M. Bertko, Actuarial Consultant, A Modest Proposal for a Competing Public Health Plan, Policy Paper, March 11th, 2009, available at: http://www.newamerica.net/publications/policy/modest_ proposal_ competing_ public_ health_ plan.

④ New America Foundation, New America Foundation's Statement on Gov. Schwarzenegger's New Health Care Proposal, 8 January 2007.

美国—古巴政策倡议等国别和地区研究。[①]问题研究分为外交、安全、气候、贸易，以及地区、国别等几个方面。对中国的研究属于亚洲地区研究。该基金会虽然没有专门的中国问题专家，但是其中多位高级研究人员对中国问题的看法颇为引人注意。例如，帕拉格·康纳提出的“G3”概念。另外，全球经济政策项目负责人格雷格·马斯特尔曾发文呼吁美国应确保台湾加入世贸组织。[②]

该基金委还下设一个国家安全咨询理事会（New America's National Security Advisory Council），由法里德·扎卡利亚和美国华平投资集团（Warburg Pincus）的联合总裁查尔斯·卡耶（Charles R. Kaye）主持，通过举办闭门会议为美国决策者提供政策应对建议。

该思想库以博客作为宣传其项目成果、推销其政策的重要工具。

3. 新美国安全中心（Center for a New American Security）

新美国安全中心（Center for a New American Security，CNAS）是一家小型智库，创建于2007年，是思想库中相当“年轻”的一员，然而，该思想库正迅速成为奥巴马政府对外政策的“风向标”之一。其独特的管理层和研究团队人员是该中心发挥影响力的关键所在。该中心的管理层和研究人员中很多人有军方背景，甚至有军职研究人员。[③] 曾经在克林顿执政时期出任助理国防部长的库尔特·坎贝尔（Kurt Campbell）是其创办人，后来他已被任命为奥巴马政府第一任期的东亚及太平洋事务的助理国务卿。[④]董事会主席理查德·丹泽格（Richard J. Danzig）是前克林顿政府海军部长。据卡内基基金会

---

① 参阅网页：http：//www. newamerica. net/programs。

② Greg Mastel，Taiwan in the WTO：An Economic and Policy Analysis，November 1，1999，available at：http：//www. newamerica. net/publications/policy/taiwan_in_the_wto.

③ 参阅网页：http：//www. cnas. org/people/militaryfellows。

④ 参阅网页：http：//www. cnas. org/node/328。

《卡内基中国透视》月刊的采访，此人为奥巴马核心顾问团中“在国防与国家安全事务政策中起最重要作用的人物”。[①]另外12位董事会成员中的9位有军方背景，而且前国务卿马德琳·科贝尔·奥尔布赖特、前国防部长威廉·佩里、前副国务卿理查德·李·阿米蒂奇均在其列。[②] 中心的首席执行官纳森尼尔·C. 费克（Nathaniel C. Fick）是一名海军陆战队军官，曾参加2001—2003年美军在阿富汗、巴基斯坦和伊拉克的军事行动。[③] 中心总裁约翰·纳格尔（John Nagl）是著名的军事分析家，也有过从军经历，而且是国防政策委员会成员。[④]

在该中心的研究人员中，帕特里克·克罗宁（Patrick Cronin）和罗伯特·卡普兰（Robert D. Kaplan）是较有影响的两位学者。克罗宁曾在国防大学任职，2001年他被任命为美国国际开发署的高层官员。[⑤] 卡普兰是美国《大西洋》月刊记者，他在“9·11”事件之前所写一篇文章中预言，由于未来战争趋向于非传统，而且是“不宣而战”，国际法在这些冲突中所扮演角色将愈显渺小。由于敌手不在乎平民的死伤，“我们的道德价值观……竟成了我们的致命伤”。布什总统读了此书之后，印象深刻，特意邀卡普兰到白宫面谈。后来，布什接受了卡普兰的这些观点，可能受其影响，在《国情咨文》中提出“邪恶轴心论”。[⑥]

卡普兰还曾在《大西洋》月刊上发表了代表美国部分右翼专家观点的文章《如何与中国作战》，引起广泛注意。卡普兰认为，中国的势力扩张必然会和美国在太平洋沿岸的部署发生某种程度的冲突。

---

① 参阅网页：http：//www. cnas. org/node/806；《卡内基中国透视》月刊（*Carnegie China Insight Monthly*）。

② 参阅网页：http：//www. cnas. org/people/boardofdirectors。

③ 参阅网页：http：//www. cnas. org/node/331。

④ 参阅网页：http：//www. cnas. org/node/57。

⑤ 参阅网页：http：//www. cnas. org/node/3614。

⑥ Steven Menashi，“Teaching Evil，” *Policy Review*，April & May 2002，pp. 90 - 96.

其结果不难想象：旧日旷日持久的冷战将再次重演。不过，这次对手国不是位于欧洲的中心，而是位于太平洋的环礁之间的中国。[①] 他关于中国的多篇文章都夸大中国对美国的威胁。[②]

该中心目前设立的研究项目涉及领域主要是安全和冲突问题研究，也有公民能力建设（Civilian Capacity）和跨国犯罪等问题。中心每年举行年会，频繁地邀请前政府官员或著名学者来中心演讲。2009 年 9 月 24 日，美国副国务卿詹姆斯·斯坦伯格（James B. Steinberg）以“本届美国政府关于美中关系的设想”为题在该中心发表了主题演讲。[③]

在当前的热点问题上，该中心也涉猎气候变化问题。2008 年 7 月底，新安全中心与全球气候变化皮尤研究中心等多家思想库，邀请中、美、印、欧、日等国的学者在美国首都华盛顿，就气候变化的四个关键议题（移民、资源短缺、灾害和减排）组建了中、欧、印、美四个“代表团”，在“联合国秘书长”的倡议并支持下，进行“实战演练”，以期达成2015 年后的气候变化框架协议。[④] 新安全中心在这次活动中起了主导作用。

---

① Robert D. Kaplan, “How We Would Fight China,” Atlantic Monthly, Vol. 295, No. 5, June 2005, pp. 49 - 64. 卡普兰的这篇文章也招致很多批评，有人认为此文建立在“与中国作战的前提”上，只会散布恐惧，使美国人真的认为中国是美国的下一个敌人。

② 这些文章有：“China: A World Power Again”, *The Atlantic Monthly*, Aug. 1999. Vol. 284, Iss. 2; p. 16 (2 pages); “Fear of China”, *Wall Street Journal* (Eastern edition), Apr. 21, 2006, p. A. 14; “The Geography of Chinese Power”, *Foreign Affairs*, May/Jun 2010, Vol. 89, Iss. 3, p. 22 (1 page).

③ James B. Steinberg, “Administration’s Vision of the U. S. - China Relationship”, Keynote Address at the Center for a New American Security, Washington, DC, September 24, 2009, available at: http://www.state.gov/s/d/2009/129686.htm.

④ 详情参阅网页：http://www.cnas.org/node/149。

4. 斯坦福大学国际安全与合作中心（Stanford University Centre for International Security and Cooperation）

该中心附属于斯坦福大学国际问题研究所，其前身是一个军控与裁军课程，1998年正式成为研究中心。该中心的主要研究课题是军控与核裁军项目，反恐、全球治理与解决冲突等。[①]该中心的特色是依托斯坦福大学雄厚的科技实力和人才储备进行“跨学科”教育和研究。很多项目是由政治学家、社会学者及科学家和工程师联合完成的，目的是为了应对复杂挑战。其人员构成也分为两部分：一部分是社会科学的专家学者，包括政治学、历史学、法学、经济学和心理学等。另一部分则是理工类和工程类科学家，包括核物理学家、化学家和生物学家等。该中心目前主要研究项目和领域有：弹道导弹防御技术与政策，化学与生物武器扩散与恐怖主义，国土安全与反恐、核武器安全与政策等。每个项目的研究团队都是跨学科配置。中心出版很多有影响力的书籍和报告，其中很多涉及美国核武器战略、生物恐怖主义、南亚和东亚的核武器扩散、联合国维和等。

该中心的管理层设置是二人联合主任的方式。目前一位主任是斯坦福大学医学教授戴维·雷尔曼（David Relman），另一位是政治学教授艾米·泽加特（Amy Zegart）。

该中心有强大的教育功能，设立面向本科生的国际安全奖学金，旨在培养下一代安全专家。其奖学金之一是前国防部长威廉·佩里设立的“威廉·佩里”国际安全奖学金项目。中心每年接收国防部或国土安全部等政府部门与安全相关的人员进行培训，或者参与中心的研究项目。前国家情报委员会主席托马斯·芬格（Thomas Fingar）曾在该中心做访问学者。目前该中心的研究员伊丽莎白·舍伍德-兰德尔（Elizabeth Sherwood - Randall）被奥巴马任命为国家安

① 参阅网页：http：//cisac.stanford.edu/research/。

全委员会总统特别助理和北约安全政策的高级主任。[①]

据美国国家安全特别助理兼国家安全委员会俄罗斯东欧事务高级主任迈克尔·麦克福尔（Michael A. McFaul）透露，奥巴马总统决定放弃东欧的导弹防御系统，在很大程度上受到该中心前联合主任赛格菲尔德·海格及物理学家戴维·哈罗维的研究报告的影响，该报告名为“伊朗的核与导弹潜力——美俄技术专家评估的联合威胁”。[②]

5. 全球气候变化皮尤研究中心（The Pew Center on Global Climate Change）

该中心由慈善信托基金会于1998年创办，中心的主任为美国前海洋、国际环境和科学事务助理国务卿艾琳·克劳森女士（Eileen Claussen），中心的目标是就气候变化的原因和可能的后果教育公众和关键的决策人物，并鼓励国内和国际社会减少温室气体的排放。中心目前专注于三个领域，包括：（1）评估并传播气候变化对环境、经济方面的影响；（2）通过公益广告、公众演讲及相关会议来教育公众和决策者；（3）通过协调跨国政策、工业界和政府间讨论而推动对气候变化的国际间协作。在麦克甘博士的报告中，该中心是研究世界环境问题排名第一位的思想库。[③]美国前总统西奥多·罗斯福的重孙西奥多·罗斯福四世（Theodore Roosevelt IV）是该中心董事会主席。

---

① Lisa A. Trei, “NATO Expert Elizabeth Sherwood - Randall Named to National Security Posts,” *CISAC*, *FSI Stanford Press Release*, March 2, 2009, available at: http: // cisac. stanford. edu/news/nato_ expert_ elizabeth_ sherwoodrandall.

② 韦弦：“谁在为奥巴马支招?”，载《时事报告》，2009年第7期。报告参阅：Siegfried S. Hecker & David Holloway, Iran’ s Nuclear and Missile Potential: A Joint Threat Assessment by U. S. and Russian Technical Experts, May, 2009。

③ James G. McGann, THE GLOBAL “GO - TO THINK TANKS”: The Leading Public Policy Research Organizations In The World, Think Tanks and Civil Societies Program, University of Pennnsylvania, 21 January, 2010, p. 42.

在2006年，该中心发表了美国第一个减少温室气体排放的综合报告——气候行动议程（agenda for climate action）。这项议程是为了应对全球气候变化而制定的一套可靠的行动计划。[①]

奥巴马上台后，气候变化和减排问题被提上重要日程，为该中心提供了扩大影响的平台。中心的专家频繁出席国会听证会，为政府建言建策。该中心主张，在减排节能和应对气候变化方面，美国联邦政府应该发挥领导作用。[②]

（三）新思想库对政府政策的影响

美国政策的制定过程一般包括三个步骤：提出问题和政策构想，拟出各种供选择的方案和制定政策。在这个过程中，“确定政治日程”是第一步。问题一旦排上政治日程，需要在继续调查研究的基础上拟定多种供选择的政策方案。美国政治学者托马斯·R. 戴伊认为，在这第一个步骤中，发挥重要作用和起决定性作用的不是政府，而是各重要社会机构和其最上层掌权的优秀人物。[③] 思想库就是其中社会机构的主体。

在对美国思想库的研究中，评估思想库的作用始终是一个重要部分。迪克森将思想库的影响称为“权力”（Power），认为这种权力在解决问题、分析政策中的作用无人质疑或挑战。思想库对政府

---

① Agenda for Climate Action，February 8，2006，报告全文参阅网页 http：//www. pewcenteronthestates. org/report_ detail. aspx？id = 32828.

② The Federal Government's Role in Building Resilience to Climate Change，Testimony of Stephen Seidel，Vice President for Policy Analysis Pew Center on Global Climate Change Submitted to Select Committee on Energy Independence and Global Warming U. S. House of Representatives，October 22，2009，available at：http：//www. pewclimate. org/federal/congress/testimony/seidels/federal - governments - role - building - resilience - climate - change；New Report Calls for Federal Leadership on Climate Adaptation，April 30，2010，available at：http：//www. pewclimate. org/press - center/press - releases/new - report - calls - federal - leadership - climate - adaptation.

③ 李道揆：《美国政府和政治》（下），商务印书馆，1999 年版，第544—545 页。

决策的影响如此之大，甚至被称为“影子政府”（the shadow government）或“第四权力部门”（fourth branch）。[①]思想库的领导者往往担当五角大楼或国务院的顾问，而且这些机构，甚至国会却无权解雇他们。

当代美国思想库是在美国上升为全球领导的过程中逐渐兴盛的，其对美国外交政策的影响也是随着美国加深对世界事务的介入而加强。思想库在美国外交决策中的作用主要有以下几个方面：

1. 为决策者提供应对世界事务的“新思维”（new thinking/ idea）。思想库往往就某一问题进行分析研究后提出新颖的见解，这可以改变决策者对美国国家利益的认知，影响他们政策优先的排列顺序，为他们的行动提供路线图，促进政务官员和事务官员之间的合作，影响持久性规章制度的制定。[②]

“美国新世纪计划”在“9·11”事件发生后不久即联合41名新保守派分子发表致总统公开信，称无论伊拉克政府是否与恐怖分子有直接联系，要想根除恐怖主义就必须“坚决地除掉萨达姆政权”。[③] 珀尔、伍尔西等人通过发表文章、电视谈话及公开演说等方式指责伊拉克拥有化学和生物武器并正在发展核武器，主张美国对伊拉克开战。

2. 为政府提供专业性人才。在美国，每次政府变更都会带来数百名中层和高级行政机构的人事变动。人事变动之后的空缺往往由一些思想库的专家学者作为补充。同时，思想库还为离职的政府官员提供一个制度环境，让他们可以分享在政府机构中工作时收集的信息，并且能够继续介入重大外交政策的争论，形成外

---

① Paul Dickson, *Think Tanks*, p. 45.

② Richard N. Haass, “Think Tank and U. S. Foreign Policy: A Policy – maker's Perspective”, *U. S. Foreign Policy Agenda*, Volume 7, Number 3, 2002, p. 5.

③ Letter to President Bush on the War on Terrorism, 参阅网页：http://www.newamericancentury.org/Bushletter.htm。

交政策机构的一个非正式约束力量。这就是美国独有的“旋转门”现象。这种现象被认为是美国政治的活力所在。有的思想库为了维护或扩大其对政策的影响，有意培养人才填补政府部门的空缺职位，形成“里应外合”。这种情况在卡特、里根和小布什三位总统任期内尤为突出。卡特政府时期来自思想库的高官达20位之多。其中在中美关系正常化过程中起了关键作用的国家安全事务助理布热津斯基和副总统蒙代尔均来自三边委员会，还有12位来自布鲁金斯学会。里根时期的国家安全事务助理和多位经济顾问则分别来自国际战略研究中心、胡佛研究所和企业研究所。不谙国际事务的小布什仰仗的一些高官顾问的思想库背景经历也相当引人注目。

奥巴马上台以后，其内阁成员和政府官员中来自新思想库的专家尤其引人瞩目。早在其竞选期间，“美国进步中心”和“新美国安全中心”就有专家为其出谋划策。奥巴马就任后，来自这上述各新思想库的专家有多位在政府中任职。（参阅表2）

表2　奥巴马第一任期内阁中新思想库成员概况

姓名	职位	所在思想库
詹姆斯·斯坦伯格	常务副国务卿	新美国安全中心
库尔特·坎贝尔	负责亚太事务的助理国务卿（奥巴马第一任期）	新美国安全中心
米歇尔·弗卢努瓦	国防部副部长	新美国安全中心
约翰·纳格（John Nagl）	防务政策委员会成员	新美国安全中心
罗伯特·卡普兰	防务政策委员会成员	新美国安全中心
苏珊·赖斯	常驻联合国代表	新美国安全中心
艾琳·多纳霍（Eileen Chamberlain Donahoe）	美国驻联合国人权理事会代表	斯坦福大学国际安全与合作中心
迈克尔·麦克福尔	负责安全事务的总统特别助理	斯坦福大学国际安全与合作中心

续表

姓名	职位	所在思想库
杰瑞米·威斯汀（Jeremy Weinstein）	国家安全委员会负责民主事务的主管（Director for Democracy at the National Security Council）	斯坦福大学国际安全与合作中心
保尔·斯托克顿（Paul Stockton）	助理国防部长	斯坦福大学国际安全与合作中心
马里亚诺·库埃利亚尔（Mariano – Florentino Cuéllar）	奥巴马国内政策特别助理	斯坦福大学国际安全与合作中心
梅洛蒂·巴恩斯（Melody Barnes）	白宫国内政策委员会主任	美国进步中心
约翰·波德斯塔（John Podesta）	奥巴马政府过渡事务主管	美国进步中心
丹尼斯·麦克多诺（Denis McDonough）	国家安全事务副助理	美国进步中心
卡洛尔·布朗内（Carol Browner）	白宫能源和环境政策协调官	美国进步中心
迈克·高德温（Marc Goldwein）	负责任联邦预算委员会政策主任	新美国基金会

3. 一些大型的思想库为学者和政府官员讨论外交政策提供了公共场所。两党制是美国政治最鲜明的特色之一，民主党和共和党两个政党往往代表了美国社会中在各个议题上相互对立或矛盾的集团，在政策决策过程中进行政治博弈与平衡。一些大型思想库常常通过召开会议的形式提供一种超党派场所，就公共政策进行讨论。与老牌思想库相比，新美国安全中心等新思想库在这方面的运作也不逊色。2009 年 9 月 24 日，美国副国务卿詹姆斯·斯坦伯格（James B. Steinberg）以“本届美国政府关于美中关系的设想”为题在新美国安全中心发表主题演讲，阐明了美国“一方面需要保护本国的国家利益，另一方面也需要适应中国的崛起”的政策思路。①

① James B. Steinberg, Administration's Vision of the U. S. – China Relationship, Keynote Address at the Center for a New American Security, September 24, 2009, available at: http://www.state.gov/s/d/2009/129686.htm. 2009 年 9 月 22 日，新美国安全中心发表了报告《中国的到来：全球关系的战略框架》。斯坦伯格的讲话是在 24 日该报告的发布会上发表的。

4. 思想库还可以充当政府现行政策的诠释者、风向标和试探器。每当美国对外政策有调整时，思想库的著名研究人员就召集研讨会，在电台、电视台、报刊、杂志上介绍背景，分析由来，发表评论。在这些活动中，思想库往往扮演了政府对外政策的诠释者和风向标。政府在出台新的政策时，很多时候通过思想库的报告或言论释放出信号，借以观察国内外的反应。同时，专家在解释政府政策时引发的国内外反应也是政府的决策参考。2008 年底，奥巴马上台前，美国进步中心发布的《2009 年核态势研究》报告是一个典型的例证。

5. 思想库还在很大程度上起一种教育公众和政府公职人员的作用，同时充当了沟通政府和民众之间的桥梁。冷战后，随着全球化的发展，国际事件日渐影响美国普通民众的生活。特别是“9·11”事件以后，防止恐怖袭击、确保美国民众在国内外旅行中的安全成为与美国外交政策密切相关的大事。随着新媒体的普及，以及思想库传播自己观点的需要，越来越多的思想库专家现身媒体。专家对一些问题的解释在很大程度上能够吸引民众的注意，从而起到教育美国国民认识他们所生活的世界的作用。另外，一些思想库还利用互联网的便利，采取各种灵活方式，吸引民众，特别是青少年参与到对外交政策的讨论中。这种讨论不仅仅限于美国人，而且意在吸引全世界的青年人参加，起到了让美国人与世界其他国家进行沟通的作用。斯坦福大学国际安全与合作中心由于是附属于大学的机构，本身就具有系统性很强的教育功能，旨在培养下一代安全专家。中心每年接收国防部或国土安全部等政府部门与安全相关的人员进行培训。美国进步中心的“进步研究项目”（Progressive Studies Program）也具有教育培训功能，通过讲座、研讨会、文章、公共活动、读书会、新媒体和培训项目等手段，培训官员和决策者，旨在增强对其倡导的进步主义观念的理解。

三、新思想库的对华政策研究和主张

冷战后，美国超级大国地位得到确立和巩固。与此同时，中国在不断深化改革的过程中也获得了巨大的发展动力，成为正在崛起中的大国。如何处理与崛起中国的关系便成为美国朝野共同面对的重要课题。为了应对中国崛起的新情况，美国国内提出了多种战略思想，美国思想库关于中国研究的课题和提出的战略对策大大增加。在上述几个新思想库中，关于中国的研究几乎都是重要的领域之一。这些研究与中美关系中的主要议题息息相关，主要表现在以下几个方面：美国对华总体战略、台湾问题、能源和气候变化。

（一）美国对华总体战略

布什执政初期，由于新保守主义的主导性影响，“新美国世纪计划”成为影响布什政府对华决策的新思想库中的重要阵地。但该思想库随着布什第二任期政策由单边主义到多边主义的调整，渐渐淡出，2006 年，该思想库宣布解散。之后，美国进步中心成为美国对华政策的主要设计师。关于对华政策方面的报告，影响力较大的是该中心 2008 年 8 月发表的《进步视角下的美中关系》报告。它强调美国处理好与中国关系的重要性，为奥巴马新政府建设美中关系提出了 6 个应优先考虑的问题领域，即气候变化与能源安全、平衡与可持续的全球发展、亚太地区安全、中国的军队现代化、台海稳定性以及政府治理与个人权利。该报告被进步中心列为十大重要报告之一。[①]

---

① Nina Hachigian, Michael Schiffer, Winny Chen, A Global Imperative: A Progressive Approach to U. S. - China Relations in the 21st Century, August 13, 2008, available at: http: //www. americanprogress. org/issues/2008/08/china_ report. html.

2009 年 11 月，美国进步中心又发表了该中心研究员尼娜·哈奇吉安等人撰写的研究报告——《中国在国际体系中的新动向》，全面分析了中国在全球变暖、经济危机、核扩散，以及流行疾病等方面的政策动向，及其中国参与行为的程度。报告最后在上述四个领域建议奥巴马政府对中国提出明确的 8 点“要求”[①]。报告声称，美国决策者应该从中国自身的角度来考虑中国会如何看待某个既定的国际问题。

新美国基金会克里斯蒂娜·拉尔森（Christina Larson）2010 年 3 月 10 日在美国《时代》周刊上发表文章，呼吁中美应该在全球治理的问题上结成“不可或缺的轴心”（indispensable axis）。这种“轴心”关系不同于 20 世纪的美英关系，是一种前所未有的独特关系：双方既存在竞争又存在合作。[②]

（二）台湾问题

奥巴马入主白宫后，初期采取了平稳的对台政策。他与其政府的团队成员都赞赏两岸关系出现的积极变化，但没有改变在对台军

---

① 这 8 点建议是：同意制定可衡量、可报告、可核实的减排目标，运用其影响力，促使国际社会在哥本哈根及其他气候变化峰会上就气候谈判框架协议达成共识；继续走扩大内需、促进增长的经济发展模式，帮助平衡国际经济；确保 G20 峰会是驾驭全球经济、全面参与宏观经济“同行评论”过程的一个成功论坛；参与伊朗和朝鲜核武器计划多边谈判，成为核谈判具有建设性作用、先发制人和坚定不移的参与方。批准《全面禁止核试验条约》，或者采取措施加强《不扩散核武器条约》；确保对《禁止生产裂变材料条约》的谈判获得成功；领导世卫组织改革，使它成为一个更有效的组织；生产符合联合国机构使用标准的高质量疫苗。报告全文参阅：Nina Hachigian，Winny Chen，Christopher Beddor，China's New Engagement in the International System，November 6，2009，available at：http：//www. americanprogress. org/issues/2009/11/chinas_ new_ engagement. html.

② Christina Larson，China and the U. S.：The Indispensable Axis，*Time*，Thursday，Mar. 11，2010，available at：http：//www. time. com/time/specials/packages/article/0，28804，1971133_ 1971110_ 1971106，00. html.

售、与台湾经贸关系、支持台湾民主和支持台湾扩展国际空间等问题上的政策。这种政策延续除了在政界有广泛的支持以外，在学界也有广泛的言论基础。新美国安全中心在2009年11月发表研究报告，主张美国重视与台湾的关系，建议奥巴马政府采取三项具体措施：一是继续对台军售政策，美国对台军售等承诺应予维持，同时美国应与台湾制订长期规划，密切协商，加紧合作，为加强台湾的战斗力建立新的准则和战术；二是扩展与台湾的经贸，而其他国家如果扩展与台湾的经贸，美国应在外交上支持那些国家；三是派遣高层官员访台，表达政治支持。① 该中心研究员理查德·方塔尼（Richard Fontaine）等在一篇文章中呼吁美国政府大力发展美台经贸关系，称“现在已经是华盛顿认真考虑经济政策的潜在地缘政治影响的时候了”。他认为，一旦台海两岸签署“经济合作架构协议”（ECFA），会导致台湾在经济上更加依赖大陆。为此，美国应该扩大与台湾的经贸关系，“考虑与台湾重启中断已久的自由贸易协定的商谈”。②

在支持台湾扩展国际空间等问题上，新美国基金会全球经济政策计划负责人格雷格·马斯特尔早在1999年就公开发表文章，鼓吹美国要确保台湾加入世贸组织。③

（三）气候变化和能源问题

冷战后，应对气候变化问题作为安全问题被提上美国外交的日

---

① Abraham M. Denmark, Richard Fontaine, Taiwan's Gamble: The Cross - Strait Rapprochement and its Implications for U. S. Policy, Policy brief, December, 2009，报告简介可以参阅网页：http://www. cnas. org/node/3849.

② Richard Fontaine, "Washington Must Boost Economic Ties with Taipei," *the Wall Street Journal*, October 25, 2009.

③ Greg Mastel, Taiwan in the WTO: An Economic and Policy Analysis, November 1, 1999, available at: http://www. newamerica. net/publications/policy/taiwan_in_the_wto.

程。在克林顿执政时期，美国政府为应对气候变化问题积极采取了具体行动，参与谈判并签署了《京都议定书》。但是，小布什政府采取的政策基本上是漠视气候变化，并撕毁了《京都议定书》。[①] 奥巴马在其竞选时期，就把气候变化问题提到重要日程。入主白宫后，气候变化已成为奥巴马政府加以战略性关注的核心议题。奥巴马甚至任命了一名美国气候变化事务特使。

气候变化问题在奥巴马上台后成为中美关系中的新议题之一。奥巴马就任前，2009 年 1 月，美国亚洲协会美中关系研究中心与皮尤全球气候变化中心联合发布了一份报告。这份题为《共同的挑战，协作应对——中美能源与气候变化合作路线图》的报告认为，美中两国在减少温室气体排放、减缓气候变化方面开展全面合作不仅是必要的，也是可能的。这份报告为奥巴马就职后与中国国家主席举行峰会及美中两国开展一系列广泛、长期的合作勾勒出包含政策和技术领域建议的路线图，希望美国新一届政府能利用迎接气候变化挑战这个契机使美中双边关系发展到新的高度。报告指出，在能源和气候变化方面更有力的双边合作可以促使美中关系奠定新的、更稳固和更有建设性的基础。该报告除呼吁尽快举行两国领导人峰会外，还建议设立一个由双方负责环境和能源的高级官员组成的中美气候领导委员会，制定合作的总体规划，以及双边技术工作组负责具体项目的制定、监督和实施。报告提出了一些亟待开展对话和探讨合作的优先领域，包括能源效率和节能、低排放煤炭技术、先进的电网、可再生能源以及排放量量化和预测等。[②]

---

① 关于美国在气候变化方面的政策演变，参阅李海东："从边缘到中心：美国气候变化政策的演变"，载《《美国研究》，2009 年第 2 期。

② A Roadmap for U. S. – China Cooperation on Energy and Climate Change, January 2009，全文参阅网页：http：//www. pewclimate. org/US – China。

五、结语

与20世纪60年代中期至90年代中期的30年相比，美国自20世纪末以来成立的新思想库数量大大减少。但是，从上述分析我们可以看出，这些思想库的影响却不可轻视。例如，“新美国世纪计划”仅仅存在了十几年的时间，但是这个思想库及其成员作为新保守派的代表，却对布什第一任期的政策有着决定性的影响。作为民主党总统的奥巴马上台后，有着明显党派色彩的“美国进步中心”找到了发挥作用的舞台，为奥巴马新政府设计了一系列政策大纲。新美国安全中心在成立仅三年的时间里，不但在研究领域硕果累累，也有很多研究人员获得了在政府任职的机会，从而直接影响政府的决策。该思想库研究人员的强大的军事背景为该思想库架起了通往决策层的最直接的桥梁，简直可以说是一个新型的“兰德公司”。

在思想库对政策的影响方面，美国学术界经常讨论的问题是：美国的国际问题研究与国际政策实践之间存在着严重脱节现象，甚至连著名的哈佛大学教授、“巧实力”概念的提出者约瑟夫·奈都曾发出学者要因此“靠边站”的抱怨。① 奥巴马上台后任命犹他州州长洪培博为美国驻华大使，而没有任命一些著名的中国问题专家似乎证实了这种事实的存在。的确，在外交、安全等政策领域，美国存在各种理论流派，如以沃尔兹为代表的结构现实主义流派和以米尔斯海默为代表的进攻性现实主义流派等。近年来，一些自然科学的研究方法被运用于政治学领域后，国际关系领域的研究融入了很多模型和数字，甚至成为越来越理性的工具。然而，从上述分析中，

① Joseph S. Nye Jr. ,“Scholars on the Sidelines,” *The Washington Post*, Monday, April 13, 2009.

我们可以看出，近十多年来新成立的思想库在政策领域既坚持了理论分析，又注重研究成果在现实中的应用。例如，在关于核问题和气候变化问题的报告中，有很多方面涉及到各领域的专业性知识。可以说，这些建立在专业知识基础之上而非建立在意识形态之上的政策判断和建议，在很多时候将使美国的政策趋于理性。

在对华政策方面，建立在现实利益之上的判断很明显已经超越以往基于意识形态之上的偏见。这些新思想库所主张的美国对华战略多是“接触”战略，意在将中国纳入国际体系，使中国承担国际责任。

美国国内恐怖活动状况及其发展趋势

张家栋

（复旦大学美国研究中心副教授）

美国不仅面临严重的国际恐怖主义威胁，也面临着严峻的国内恐怖主义威胁。在国际上，伊斯兰极端主义是美国面临的主要威胁来源。无论是“基地”网络，还是其他地区性、国别性伊斯兰极端组织，往往都把美国视为主要或附带性袭击目标。2012 年美国驻利比亚大使遇害案，就是其中的一个代表。在国内，美国所面临的恐怖主义威胁形势也日益复杂。圣战分子出现本土化、草根化趋势，美国传统国土安全措施面临这种国境以内的圣战威胁作用有限。从 2009 年 11 月“胡德堡枪击案”到 2013 年 4 月“波士顿马拉松爆炸案”，都表明美在“9·11”后历经 10 余年建构起来的庞大全球反恐怖体系和本土安全措施，仍然有其脆弱性与缺陷。本文将从美国面临的国际恐怖主义威胁开始，分析当前美国内恐怖主义形势及其发展趋势。

一、美国面临的国际恐怖主义威胁

在国际舞台上，美国也长期是国际恐怖主义的主要袭击目标。美国的外交政策特别是中东政策，以及与伊斯兰国家之间的文化和政策差异，是导致反美恐怖主义的主要根源。反美恐怖主义的这一根源，也体现在反美恐怖活动的地区分布特征与活动特征方面。

（一）反美恐怖活动的地区分布

国际反美恐怖活动的多发地区，与人们的直观感受有所差异。单从活动次数上来看，从上世纪 60 年代末至 70 年代末（1968—1979），全球反美恐怖活动的三大热点地区主要是：拉美占 28.08%，中东占 25.53%，西欧占 22.39%。在 80 年代（1980—1989），拉美占 43.95%，西欧占 33.85%，中东占 8.21%；而到 90 年代（1990—1995），拉美地区占 66.15%，西欧占 17.25%，中东占 6.71%。中东是最能反映美国武力和霸权主义力量的地区，但是针对美国利益的恐怖活动却相对有限，有时甚至会降低到可以忽略不计的程度。这些情况与人们所直观想象中的伊斯兰极端势力对美国的仇恨不相符合，也从一个侧面表明这些伊斯兰极端势力并非完全狂热，而经常是精于理性计算的。这种现象也与三个因素相关：第一，中东国家多为专制政体，控制社会比较容易；第二，美国在中东的存在、特别是人员比较少；第三，一些中东恐怖分子转移到西欧甚至是拉美去袭击美国目标。

到 21 世纪，反美主义的这一地区分布特征也没有发生根本的变化。至少在美国统计的国际恐怖活动中，针对美国人和美国利益的恐怖活动次数仍高居首位。2001 年，全球国际恐怖活动共 355 起，其中针对美国利益的有 219 件，其中发生在哥伦比亚的反美恐怖活动就有 178 件。2002 年，全球国际恐怖活动的数字下降为 199 件，其中反美恐怖活动 77 件，但是发生在哥伦比亚的只有 41 件。下降部分主要集中在哥伦比亚，而在世界其他地区则没有显著的变化，拉美仍然超过中东，是反美恐怖活动的主要地区。但是，美国在国际反美恐怖活动中的人员伤亡并不大。2010 年，美国公民在美国以外死于恐怖活动的只有5人，另外有9人受伤。[①] 2011年美国公民海外的恐怖活动伤亡数量虽然有所上升，死亡17人、受伤14人、被绑架3人，但是与当年世界恐怖活动死亡12533人、受伤25903人、被绑架5554人相比，基本不值一提。[②]

（二）反美恐怖活动的行为特征

反美恐怖主义的活动方式与全球国际恐怖活动的方式大致相近，爆炸、袭击、绑架、劫持人质、暗杀、劫机与劫持车船是主要手段。从表1可以看出，爆炸最为普遍，并且呈逐年上升趋势：1968—1985年间，爆炸占恐怖活动的57.42%，其中1968年占69%，1985年则占95%以上，1997年占90%左右。2000年，单单是针对哥伦比亚石油管道的爆炸事件就达到152次，占总数的40%；而2001年达到178次，占各种恐怖活动的51%。由于打击美国目标的恐怖活动容易得到国际社会的关注，容易宣传自己的政治主张，从1961—2001年“9·11”事件，针对美国利益或涉及美国利益和美国人的重大恐怖活动有99次，占全球135次重大恐怖活动的73.33%。而其中爆炸手段使用了52次，占总数38.66%。这还没有包括大量针对基础设施的爆炸活动。

爆炸在反美恐怖活动的各种方式中日益占据主要地位，不仅仅是活动方式问题。与其他恐怖活动方式相比，爆炸有着明显的特征。首先，由于恐怖活动的一个主要特征是不区分平民与武装人员，爆炸就是最适宜这种特征的一种方式；其次，爆炸是容易被操作的一种活动方式，只需要极少的后勤组织工作，并且不需要实施者承担太多的精神和技术压力；再次，爆炸非常适合于弱者使用，不需要太多的训练；最后，爆炸还使实施者很少有反悔余

① United States Department of State, *Country Reports on Terrorism* 2010, August 2011, p. 252.

② United States Department of State, “Annex of Statistical Information”, *Country Reports on Terrorism* 2011, July 2011, pp. 2, 7.

地，便于恐怖组织控制实施者。“基地”等组织还曾经派人监督“人弹”活动，一旦“人弹”动摇就使用备用引爆装置。但是，爆炸无法像劫持和绑架那样充分调动媒体的宣传，因为它持续时间短暂，不能长期吸引媒体来宣传自己的主张，也更难得到民众的同情和认可。

在早期针对美国的恐怖活动中（主要是80年代以前），以劫持绑架居多，表明当时的国际格局基本上处于均势状态，恐怖组织可以采取劫持等需要强大力量储备的活动方式。但是80年代中，美国与利比亚之间在常规战争手段与非常规战争手段之间的角力和斗法，使得爆炸案件不断增多。90年代以后，美国的力量空间迅速拓展，特别是对阿富汗和苏丹的导弹袭击，使得恐怖组织的行为方式受到更大限制。同时，由于美国增强了对官方设施的保护力度，针对商业与其他设施的爆炸活动渐渐成了反美活动的主要特征。美国反恐措施的增强并没有导致显著的恐怖活动数量，但反美恐怖活动方式和战略变化则非常显著。这些变化到“9·11”事件时达到空前绝后的高度，令世人一时不禁惊慌失措。

但是，海外反美恐怖活动所造成的人员伤亡率并不高，这些恐怖活动主要针对具有象征意义、相对静止而又缺少自我保护能力的经济设施。这种反美恐怖活动的高发生率和低死亡率特征，表明恐怖活动的几个特点：首先是区别对待平民目标与官方目标。袭击平民目标往往是因为袭击政府目标的难度和风险太大，而避免美国平民的伤亡则表明这些活动的强烈目的性。其次，恐怖组织的弱势状态不但没有因为恐怖活动形式而有所改善，反而日益被边缘化。如果说国家机器掌握着宣传工具，那么爆炸就是恐怖组织的宣传手段，但是爆炸活动的增加表明恐怖活动受到的限制不断增强。最后，需要注意的是，反恐怖措施与恐怖活动的方式有着密切关系。当国家与政府愿意与恐怖组织进行谈判、妥协的时候，恐怖活动往往以绑架、劫持等为主；但是由于美国和以色列的不妥协态度，不愿意将恐怖组织视为一个有效的政治对手，爆炸等毁灭性恐怖事件的发生次数就会上升。

表 1　反美恐怖主义的特征

组织活动形式及次数（%）	袭击次数（%）	死亡（人数）（%）	造成死亡的袭击次数（%）	造成死亡的袭击概率（%）
零星袭击组织 21（44%）	48（8.4%）	158（4%）	23（20.7%）	47.93%
70 年代高峰组织 10（22.4%）	171（30%）	59（1.5%）	22（19.8%）	12.87%
80 年代高峰组织 14（29.3%）	322（56.5%）	410（10.4%）	48（43.2%）	14.91%
21 世纪高峰组织 2（4.3%）	29（5.1%）	3316（84.1%）	18（16.2%）	62.07%
合计 47（100%）	570（100%）	3943（100%）	111（100%）	

Source：Crenshaw，Martha.，LaFree，Gary. and Yang，Sue－Ming，"A Group Based Analysis of Anti－American Terrorist Attacks"，table 3. http：//www.allacademic.com//meta/p_ mla_ apa_ research_ citation/3/1/2/6/1/pages312610/p312610－42.php 2010－11－23.

目前，国际恐怖主义、特别是伊斯兰极端主义对美国的威胁重新上升。从 2009 年 12 月 25 日发生在底特律机场的炸机阴谋，到 2010 年 5 月的纽约时代广场爆炸阴谋，再到 2010 年 10 月针对美国的邮包炸弹阴谋，都表明国际恐怖主义逐渐重新将美国本土视为恐怖活动目标。这种转变将对美国造成严重的恐怖主义威胁。更重要的是，2009 年的胡德堡枪击案和 2013 年 4 月的波士顿马拉松爆炸案，已经难以区别国际与国内恐怖活动之间的界线，美国御恐怖主义威胁于国门之外的反恐怖战略受到严峻的挑战。

二、美国国内恐怖活动情况

恐怖活动在美国国内并不鲜见，政治暗杀至少与美国历史同龄，自林肯开始，共有4位总统遭暗杀。根据美国联邦调查局（FBI）的定义，国内恐怖主义就是“完全在美国内部或其领土上，在没有外来指导的情况下，针对个人或财产的由一个组织或个人非法使用、或威胁使用武力或暴力活动，其目的是为了伤害或强制政府、公民和其他任何阶层以达到自己的政治和社会目标”[①]。美国《爱国者法案》中的“国内恐怖主义”包括：1. 涉及违反美国和任何国家刑法的、威胁人的生命的活动；2. 表现出有意——（1）胁迫或强制一个平民；（2）通过胁迫或强制来影响一个政府的政策；或（3）通过大规模的破坏、暗杀或绑架来影响一个政府的行为；3. 主要发生在美国领土管辖范围之内。[②] 近几十年来，美国面临的国内恐怖主义威胁依然严峻。据FBI统计，1980－2005年间发生在美国领土上的恐怖事件有318起，除“9·11”事件等少数特例外，绝大部分是本国公民所为。[③] 从“9·11”事件爆发到2012年，至少有380人因与恐怖主义活动相关被调查。其中“圣战”分子为207人，非“圣战”分子174人。[④] 按照FBI的分类，美国国内恐怖主义分为左翼恐怖主义、右翼恐怖主义、本土暴力“圣战”分子（homegrown violent

---

① FBI，“Terrorism 2002 - 2005”，http：//www. fbi. gov/stats - services/publications/terrorism－2002－2005.，2011－11－8.

② “USA PATRIOT ACT OF 2001”，http：//frwebgate. access. gpo. gov/cgi－bin/getdoc. cgi? dbname＝107_ cong_ public_ laws&docid＝f：publ056. 107. pdf，2011－5－30.

③ FBI，“Terrorism 2002－2005”，p. 11，http：//www. fbi. gov/stats－services/publications/terrorism－2002－2005/terror02_ 05. pdf，2011－5－30.

④ The Homegrown Threat，“Homegrown terrorism cases，2001－2012”，http：//homegrown. newamerica. net/，2013－4－30.

Jihadists）和特殊利益恐怖主义四大类，下面分别进行论述。

（一）本土暴力“圣战”分子

本土暴力“圣战”型恐怖主义，是当前美国在本土面临的主要威胁来源，主要与“基地”组织的全球“圣战”运动相关。从2001年至今，美国已有20人死于圣战恐怖暴力。这一数字虽然没有极右分子高，但从2001年9月11日到2009年9月11日，在美国法庭上被审判的、可以辨别组织来源的恐怖分子中，仅来自“基地”等7个伊斯兰极端组织的成员就占到54.7%（见表2）。从2001年“9·11”事件爆发到2013年1月，美国共破获62起本土伊斯兰极端主义活动阴谋，其中38起针对本土目标，22起针对外国目标，2起同时针对本土和外国目标。[①] 从“9·11”事件到2012年，美国发现了23名有能力从事爆炸活动的圣战极端分子，其中12人是从反恐怖机构的卧底手中获得的。[②] 2013年4月15日的波士顿马拉松爆炸案，造成了3人死亡、260多人受伤，是2001年以来美国发生的第一起“9·11”型恐怖事件。2名来自高加索地区的穆斯林移民青年从事了这起圣战型恐怖事件，也是“9·11”事件以来美国本土发生的第一起成功的圣战型恐怖活动。其实，美国早就开始关注本土圣战分子问题，打击力度也非常大。在被美国司法部门起诉的圣战分子中，只有5%从事过过某种类型的暴力袭击活动。与此相比，在被起诉的极右分子中，有50%已经从事过暴力极端活动。[③] 美国本土发生的伊斯兰“圣战”型恐怖活动或阴谋也在不断上升。

---

① Jerome P. Bjelopera, “American Jihadist Terrorism: Combating a Complex Threat”, January 23 2013, p. 26. http://www.fas.org/sgp/crs/terror/R41416.pdf, 2013-4-30.

② The Homegrown Threat, “Homegrown terrorism cases, 2001-2012”, http://homegrown.newamerica.net/, 2013-4-30.

③ Ibid.

2008 年，美国明尼阿波利斯市 7 名索马里裔中学生离家前往索马里接受索马里极端组织“青年运动”（the Shabab，the Youth）的恐怖活动训练。[①] 这表明在美国国内活动着一个或多个隐形的恐怖分子招募网络。虽然奥拉基等人被美国击毙，但是“基地”网络对美国本土穆斯林民众的圣战宣传与灌输并没有中断。

（二）右翼恐怖主义

美国国内极右恐怖组织的主要思想基础是种族至上主义和极端宗教信仰，经常反对联邦税收和法律、反对联合国等国际组织和美国政府本身。在殖民地时期和建国前期，美国极右组织主要针对印第安人和其他少数族裔从事屠杀和清洗活动。后来的“三 K 党”（Ku Klux Klan）则是南北战争以后美国极右恐怖组织的代表。当代美国右翼恐怖主义也主要是由“白人至上”主义思想所激发的，在 20 世纪 80 年代达到了高潮。90 年代，右翼恐怖主义曾是美国国内安全面临的主要威胁。1995 年的俄克拉荷马爆炸案，1996 年 7 月亚特兰大奥运会期间“百年纪念公园”（Centennial Park）爆炸案，1999 年夏天在芝加哥和洛杉矶发生的单身枪手针对少数民族的枪击案等，都是在美国引起轰动的恐怖案件。根据 FBI 的报告，目前除了“三 K 党”以外，美国右翼武装组织主要还有：“国民联盟”（the National Alliance）、“世界创世教堂”（the World Church of the Creator，WCOTC）和“雅利安国”（the Aryan Nations）等。[②] 另外，“光头党”（skinheads）、“基督教爱国运动”、“上帝军”（Army of

① Peter Bergen and Bruce Hoffman，“Assessing the Terrorism Threat”，September 10，2010，p. 3，http：//www. bipartisanpolicy. org/library/report/assessing – terrorist – threat，2011 – 8 – 26.

② Dale L. Watson，Testimony Before the Senate Select Committee on Intelligence，February 6，2002，http：//www. fbi. gov/news/testimony/the – terrorist – threat – confronting – the – united – states.（上网时间：2011 年 8 月 26 日）

God)、“犹太保卫协会”(Jewish Defense League)、“阿尔法66”(Alpha 66)、“上帝盟约、剑和手”(The Covenant, The Sword, and the Arm of the Lord)和“菲尼亚斯教士”(Phineas Priesthood)等右翼组织也在美国积极或曾积极活动过。

在经济困难、失业和金融财政问题严重的大背景下，极右组织得到良好的发展机会，特别是在黑人总统执政的情况下，一些右翼极端主义组织如“白人至上主义组织”等，将有可能招募成员。[①] 2011年，美国非白人新生儿数量第一次超过白人新生儿。据估计，到2043年，白人将失去在美国的主导地位。再加上奥巴马总统大力失推动禁枪法案，进一步刺激了美国极右势力的发展。最近，一些右翼恐怖组织，如曾在20世纪80年代活动积极的“寂静兄弟”(The Brotherhood of Silence)及其母组织“雅利安国”(Aryan Nation)等，又有重新活动的迹象。美国“国家社会主义运动”(National Socialism Movement, NSM)等仇视外国人、仇视少数民族的所谓爱国组织数量也在不断增加。从2004—2012年，美国有29人死于极右恐怖暴力活动，超过本土圣战恐怖活动。[②]

目前美国极右组织大致分为三类：一是各种仇恨/极端组织(Hate & Extremism)，这是目前极右组织中的主流；二是由各种本土主义者(Nativist Extremist)组成的大量民间反移民组织，主要反对外来移民；三是反政府“爱国”组织(antigovernment “Patriot” movement)，它们视美国联邦政府为主要敌人。从表3可见，从2000—2012年，美国仇恨组织数量增加了66%，达到1007个。更值得关注的是，反政府武装团体或所谓“爱国主义”组织的复兴。

① US DHS, “Rightwing extremism: current economic and political climate fueling resurgence in radicalization and recruitment”, http: //www. fas. org/irp/eprint/rightwing. pdf. (上网时间：2011年3月27日)

② The Homegrown Threat, “Homegrown terrorism cases, 2001 - 2012”, http: //homegrown. newamerica. net/, 2013 - 4 - 30.

和帝国主义的非人待遇。他们的目标是在美国引起革命性的变化，并且认为这种变化只能通过革命、而不是现有政治过程所能实现的。对于这些组织来说，恐怖活动并不是其革命的最终手段，但可以帮助它们获得民众的关注与支持。到上世纪80年代中期，随着整个国际社会中左翼思想的退潮，美国左翼恐怖主义也开始衰退，目前只有“波多黎各武装力量”（Armed Forces for Puerto Rican）等少数带有极左色彩的恐怖组织尚没有正式停止活动。但是，极左恐怖主义的影响仍存。直至今日，美国联邦调查局还在通缉“黑人解放军”（the Black Liberation Army）的前成员乔安妮·切西玛德（Joanne Deborah Chesimard）和“5月19日共产主义组织”（the May 19th Communist Organization，M19CO）成员伊丽莎白·杜克（Elizabeth Anna Duke）。[①] 极左分子甚至有从事大规模杀伤性恐怖活动的冲动。2002年，自称为“混乱博士”（Dr. Chaos）的无政府主义者约瑟夫·考纳普卡（Joseph Konopka）就储存了很多剧毒化学品如氰化钠（sodium cyanide）等。[②]

（四）特殊利益恐怖主义

“特殊利益”（Special interest）恐怖主义，又称“单一议题”（single issue）恐怖主义。这是FBI在概念上的一个独创，是一个范围宽泛的概念，包括所有不能被归属于其他三类的恐怖组织和活动。这种恐怖活动往往集中于某些具体而单一的问题，旨在通过恐怖暴力活动来改变社会舆论。在上世纪80年代，反堕胎曾是一种重要的特殊利益恐怖活动动机。现在，环境保护、动物权利保护等是特殊利益恐怖主义运动的主要思想根源，特别是由环境保护论者发起的

① “Wanted by the FBI, most wanted, domestic terrorism”, http: //www. fbi. gov/wanted/dt, 2010－11－24.

② The Homegrown Threat, “Right and Left wing terrorism since 9/11”, http: //homegrown. newamerica. net/overview_ nonjihadists, 2013－4－30.

生态恐怖主义，从英国进入美国后成了 20 世纪 90 年代后期美国恐怖主义的重要类型。“地球解放阵线”（The Earth Liberation Front）已经宣布对 1998 年 7 月一个滑雪场地的纵火案、2001 年 5 月 21 日华盛顿大学城市园艺中心（Center for Urban Horticulture）和俄勒冈州克拉斯科尼（Clatskanie，Oregon）的纵火活动等多起案件负责。“动物解放阵线”（The Animal Liberation Front）也与一些犯罪案件有联系，其中包括对西海岸动物实验室和 1999 年 3 月在新泽西富兰克林镇的爆炸纵火案件等。据统计，在 1996—2002 年间，与这两个组织有关的或其涉嫌的犯罪案件达 600 余件，造成经济损失 4300 多万美元。① 从“9·11”事件爆发以来，非圣战恐怖活动中的大约 16% 是由环境极端主义者所为，主要袭击目标为企业与公司。②

在美国，一些恐怖事件还很难用现有恐怖主义分类标准来进行描述。2001 年的系列炭疽病毒事件，共造成 5 人死亡，据 FBI 称，嫌疑犯是美国陆军传染病医学研究所（United States Army Medical Research Institute of Infectious Diseases，USAMRIID）高级研究员布鲁斯·艾文斯（Bruce Ivins）。但最终的证据、包括艾文斯从事这些病毒恐怖活动的动机，至今没有揭露出来。2013 年 4 月的新炭疽病毒案件，虽然还没有得到证实是何种极端分子所为，但调查结果也有可能走上 2001 年炭疽案的老路。

① Testimony of James Jarboe，Federal Bureau of Investigation，before U. S. House of Representatives Subcommittee on Forests and Forest Health，February 12，2002，cited in Stefan Leader and Peter Probst，“The Earth Liberation Front and Environmental Terrorism”，*Terrorism and Political Violence*，vol. 15，no. 4，Oct. – Dec. 2003，pp. 37 – 58.

② The Homegrown Threat，“Right and Left wing terrorism since 9/11”，http：//homegrown. newamerica. net/overview_ nonjihadists，2013 – 4 – 30.

三、美国国内恐怖主义的发展趋势

“9·11”事件爆发以来，随着美国国内反恐措施的强化，以及国际反恐形势的新发展，美国国内恐怖主义出现了一些新变化。

（一）恐怖威胁来源多元化

恐怖威胁来源更加多元化，恐怖组织无领导化趋势更加明显，伊斯兰极端主义的影响也在不断上升。具体而言，一是无领导恐怖主义成为一个重要潮流。过去 10 年间，由于国际社会采取严厉反恐措施，全球恐怖主义已经出现了去中心化、自我激进化趋势，很多暴力“圣战”分子或恐怖组织在自己国家内部从事恐怖活动，而不是像“基地”那样组织一个规模庞大的国际恐怖主义网络。[①] 在这一背景下，美国国内恐怖主义也呈现出“无领导抵抗”（leaderless resistance）的新形式。这使得人们很难预测恐怖组织的行为规律，甚至对恐怖组织的规模和能力也难以准确评估。2001 年秋美国大量出现的炭疽病毒信件事件的制造者，至今也没有找到。这种恐怖主义表现出很大的灵活性和随意性，在活动方式上也从一般性活动到大规模杀伤性武器都有所涉猎。到目前为止，这种“孤狼”型（Lone Wolves）“圣战”分子已经在美国成功地制造了四起恐怖事件，其实施者尼克尔·哈桑（Nidal Hasan）、阿布杜拉津·穆罕默德（Abdulhakim Muhammad）、哈桑·阿克巴尔（Hasan Akbar）和穆罕默德·阿扎尔（Mohammed Taheri - Azar）等人都没有实质意义的组织支持。这种状况使得美国虽然不太可能再面临“9·11”式的大规

① Marc Sageman, *Leaderless Jihad: Terror Networks in the Twenty - First Century*, Philadelphia: University of Pennsylvania Press, 2008, pp. 71, 133 - 146.

模恐怖主义威胁，但是威胁的来源更加分散、多元，也更难以应对。①

（二）国际“圣战”运动国内化

伊斯兰极端主义和国际“圣战”运动曾只是美国面临的海外威胁，但现在这种威胁出现了本土化、国内化趋势。从表4可以看出，从2001年“9·11”事件爆发到2008年底，美国逮捕了94名穆斯林恐怖嫌疑犯，平均每年不到12人。也正因为此，美国联邦调查局长期不将伊斯兰极端主义视为重要的国内恐怖主义威胁来源。但是从2009年开始的2年内，美国当局就逮捕了67名穆斯林恐怖嫌疑犯，平均每年近34人。这表明美国反恐部门对本土“圣战”分子的关注程度在上升，也从一个侧面反映了伊斯兰极端分子在美国的活动有加剧趋势。

表4 “9·11”以来美国当局逮捕的穆斯林恐怖嫌疑犯

年度	2001	2002	2003	2004	2005	2006	2007	2008	2009	2010	合计
人数	2	18	24	7	9	16	16	2	47	20	161

Source：Charles Kurzman，“Muslim－American Terrorism since 9/11：an Accounting”，http：//sanford. duke. edu/centers/tcths/about/documents/Kurzman_ Muslim－American_ Terrorism_ Since_ 911_ An_ Accounting. pdf，2011－5－30.

美国日益恶化的穆斯林激进化、恐怖主义化问题，还具有明显

① Marc Sageman and Bruce Hoffman，“Does Obama Still Call the Shots?：Debating the Containment of al Qaeda's Leadership”，*Foreign Affairs*，July/August 2008，pp. 163，163－164；Paul R. Pillar，“The Evolving Terrorist Threat to the U. S. Homeland”，Statement to the Subcommittee on Intelligence，Information Sharing and Terrorism Risk Assessment，Committee on Homeland Security，U. S. House of Representatives，19 November 2009，http：//cpass. georgetown. edu/documents/pillarHome_ Sec_ Cmte_ T_ statement_ Nov0911_ 1. doc，2011－8－26.

的地域特征。从表5可以看出，过去2年中美国逮捕的恐怖嫌疑犯主要是索马里裔、阿拉伯裔、高加索裔和南亚裔美国人。这表明，在过去2年中，美国面临的主要国内恐怖主义威胁来自其国内的穆斯林群体，并且是与问题国家和地区相关联的穆斯林群体。

表5　2009—2010年在美国及海外因恐怖主义罪行被逮捕或起诉的美国公民或居民

民族	索马里裔	非裔	阿拉伯裔	南亚裔	高加索裔	其他	合计
数量	21	5	12	8	9	8	63

Source：Peter Bergen and Bruce Hoffman，“Assessing the Terrorism Threat”，September 10，2010，Appendix B，pp. 36 – 37，http：//www. bipartisanpolicy. org/library/report/assessing – terrorist – threat，2011 – 8 – 26.

注：2010年数据截至9月10日。

（三）极右势力有上升趋势

“9·11”事件以后，美国国内反恐措施进一步加强，极右恐怖事件迅速减少，但美国国内针对穆斯林民众的排斥情绪却在上升。虽然美国民众对穆斯林群体的安全顾虑很少以恐怖暴力的形式表现出来，但是现在美国国内却充满着滋养极右势力发展的元素。黑人总统、社会福利政策改革、移民问题、反恐措施对公民自由的影响和经济问题等，都是美国极右势力生存、发展的良好土壤。① “茶党”运动在美国政治生活中的一度兴起并影响深远，右翼极端主义兴起的可能性也因此大大上升。

在美国历史上，每次发生这种社会现象以后，都会带来极右犯罪活动包括恐怖活动的增加。与上一次发生在20世纪90年代的类

① The Extremism and Radicalization Branch，Homeland Environment Threat Analysis Division，“（U//FOUO）Rightwing Extremism：Current Economic and Political Climate Fueling Resurgence in Radicalization and Recruitment”，7 April 2009，http：//www. fas. org/irp/eprint/rightwing. pdf，2011 – 8 – 29.

似思潮相比，这一次的右翼活动在种族问题上非常高调。根据“哈里斯互动”（Harris Interactive）的民调，在2010年上半年，有40%的美国成年人相认为奥巴马总统是一个社会主义者，25%的人认为奥巴马总统没有出生在美国、没有资格担任美国总统，20%的人认为奥巴马总统正在做希特勒做过的事情，14%的人说奥巴马总统也许是反基督教的。事实上，自从奥巴马总统宣誓就职以来，这些极右组织已经暗杀了6名美国司法人员，很多“光头党”和极右分子因为涉及暗杀奥巴马总统的阴谋而被逮捕。[①]

这一次美国极右势力的复兴也出现了一些新现象。在过去，不同类型的右翼运动和组织之间并没有多少交集，基本上是各自为战。但现在反对外来移民的本土主义者开始更多地接受“爱国主义”运动的观点，反对奥巴马总统和犹太人的种族主义者也开始与反政府的“爱国者”联合或混合，而“联邦政府阴谋论”者则涉及到所有类型的右翼组织和运动。在这种情况下，美国可能会前所未有地出现一个具有统一旗号的极右运动。

（四）极左恐怖主义势力有复苏可能

在20世纪80年代，美国发生的恐怖事件中有75%是极左恐怖组织和带有极左意识形态的恐怖组织所为。[②] 冷战结束后，在失去了意识形态动力的情况下，美国面临的极左恐怖主义威胁一度缓和。但是在失去了苏联这一强大对手以后，美国政府在提高工人收入、缩小贫富差距等方面的积极性也在下降。据统计，2005—2009年间，美国平均家庭财富从9.6894万美元下降到7万美元，降幅为28%。目前，至少有6200万美国人或20%的美国家庭处于零资产或负资产

---

① Michelle Leland，“When Right - Wing Extremism Moves Mainstream”，http://www.npr.org/templates/story/story.php? storyId = 124906766，2010 - 10 - 25.

② Karl A. Seger，“Left - Wing Extremism: The Current Threat”，p. ii. http://www.osti.gov/bridge/servlets/purl/780410 - SHVVvq/native/780410. PDF，2011 - 11 - 8.

的境地（这一数字在 2005 年时只有 15%），西班牙裔美国人的零资产或负资产率高达 31%，黑人家族更是高达 35%。[①] 2009 年，美国的贫困率达 17.3%，儿童贫困率则高达 20%，这意味着有 1550 万儿童处于贫困之中。[②] 这使得依赖社会福利生活的人越来越多。2005 年时，美国有 2570 万人依靠政府提供的食品券生活，这一数字在 2009 年上升到 4580 万人。[③] 更重要的是，不仅美国经济的整体状况出现了严重问题，贫富差距也在不断扩大。从 1990—2010 年，美国平均生活开支增加了 67%，但员工收入却在下降。仅仅从 2007—2009 年间，美国的员工收入就下降了 13.7%，减少了 8588 美元。但与此同时，美国公司领导人的收入却在快速上升。仅仅在 2008 年一年，美国 CEO 们的收入就增加了 28%。从 2009—2010 年，88% 的收入增长被公司获得，只有 1% 变成了工人工资。[④] 这种状况使得美国的基尼系数不断上升，2009 年达到 0.468，创人口普查局 1967 年开始统计家庭收入以来的最高。[⑤]

这种状况使得美国面临着比自己所要改造的中东国家更加严重的社会危机。2011 年 9 月 17 日以来，美国爆发了“占领华尔街”运动，并陆续蔓延到全美近千个城市，发展成“占领华盛顿”、“占领美国”等社会运动。“占领”运动的参与者不仅有失业者和少数族裔，还包括工会组织和失意的中产阶级。这表明美国国内矛盾与

① Rakesh Kochhar, Richard Fry and Paul Taylor, “Wealth Gaps Rise to Record Highs Between Whites, Blacks and Hispanics”, pp. 13, 16, http: //pewsocialtrends. org/files/2011/07/SDT – Wealth – Report_ 7 – 26 – 11_ FINAL. pdf. 2011 – 8 – 25.

② “Record Breaking Poverty in America”, http: //daviddegraw. org/2011/08/record – breaking – poverty – in – america – 52 – 8 – million – and – growing – 46 – million – on – food – stamps – 34 – million – in – need – of – work – over – 1 – million – deaths – annually – worlds – largest – prison – population/, 2011 – 9 – 28.

③ Ibid.

④ Ibid.

⑤ “美国贫富差距创纪录 2009 年基尼系数超‘警戒’”，2010 年 9 月 29 日，http: //news. xinhuanet. com/world/2010 – 09/29/c_ 13534449. htm。2011 年 10 月 11 日。

冲突，有演化为意识形态矛盾与冲突的趋势。仅仅是因为拥有强大的国防力量和制度力量，美国才可以对外防止外来干涉和挑拨，对内平息反对力量、规范反对势力的活动模式。如果不是因为美国拥有强大的国际、国内管制能力，如果国际社会通过相关谴责或制裁决议，如果有大国向示威群体提供各种援助并操纵形势发展，“占领华尔街”运动将很快转变为大规模骚乱，将成为一个美国版的“阿拉伯之春”。

在当前的国际国内氛围下，虽然左翼恐怖主义现在还没有对美国构成严峻挑战，国际社会上也不存在极左意识形态的大气候，但美国今天的贫富差距问题比历史上更加严重。虽然贫富差距和贫困问题一般不会单独导致恐怖活动的发生，但一旦与民族、宗教等问题结合，就有可能成为恐怖主义的根源之一。[①] 美国能否永远幸免于这一规律还有待观察，但极左恐怖主义在美国滋生的环境和土壤已经具备。

（五）恐怖分子草根化

在过去，不管是反美的国际恐怖分子还是本国反政府恐怖分子，多数得到过相关恐怖活动技能训练。“9·11”事件是由一些经历过战争洗礼或“基地”恐怖主义网络培训、能熟练掌握飞机驾驶等现代技术的新型恐怖分子从事的。但是现在，不论是本土“圣战”分子还是其他极端意识形态型恐怖分子，往往由一些草根民众组成。这些人没有值得关注的恐怖活动经历，恐怖活动技能也非常笨拙并经常失败。但这些新型恐怖活动小组往往由几人组成，以家庭、同学、朋友、教友、网络聊天室等为联系纽带，不需要或很少需要来自国外的援助，也不需要与更多的人和组织合作，很难侦破。2013

① James A Piazza, “Poverty, minority economic discrimination, and domestic terrorism”, *Journal of Peace Research*, vol. 48, no. 3, 2011, pp. 339－353.

年5月15日的波士顿马拉松爆炸案，就显示了这种新型恐怖分子的威力。更重要的是，由于美国的霸权地位和超强国力，美国也面临一些其他国家所没有的挑战。英语的国际语言地位和美国公民在很多国家享有的签证优先或免签证待遇，使得美国公民可以比其他国家公民更加自由地进出很多国家，从而为一些美国极端分子接触恐怖分子及其思想、接受恐怖主义训练提供了便利。这使得目前美国极端分子向恐怖分子转变的速度正在加快，转变模式也更加多样。而在当前反恐法律体系之下，美国反恐部门很难对美国籍恐怖嫌疑犯采取预防性措施。其结果是，虽然一些恐怖嫌疑人早就在美国反恐部门的监控名单之中，仍然最终成功实施了恐怖活动。例如，在胡德堡枪击案发生之前几个月，美国“联合反恐任务组”（Joint Terrorism Task Forces，JTTF）就监控到哈桑少校与奥拉基之间的电子邮件往来，并将其邮件内容与哈桑本人的言论进行对比分析。在阿卜杜拉津·穆罕默德因枪击案于2009年6月1日被逮捕之前，美国联邦调查局已经多次对他进行了约谈，但最终都因没有证据而不了了之。[①] 事实上，在恐怖分子草根化趋势面前，美反恐怖部门确实很难采取预防性措施，因为具有类似经历和生活特征的人太多，没有办法进行提前区别。

结语

为了应对国内恐怖主义威胁，美国已经投入了巨大的人力、物力和财力。美国司法部和联邦调查局已经成立了106个“联合反恐

① James Dao and David Johnson, “Suspect in Soldier Attack was Once Detained in Yemen,” *The New York Times*, June 3, 2009. http://www.nytimes.com/2009/06/04/us/04recruit.html?_r=0, 2013-4-30.

任务组”，涉及4400多名联邦、州和地方司法部门官员和特工。[①] 2008年以来，“联合反恐任务组”的工作更加繁忙，越来越多的地方警察也参与到国内反恐事务中。据统计，为了配合“联合反恐任务组”的工作，美国情报部门发给地方警察的最高级别安全忠诚调查（top - secret security clearances）许可从2007年的125份增加到2009年的878份。[②] 另外，美国国土安全部和国家反恐中心等机构也采取了很多国内反恐措施。但是，这些反恐措施虽然使美国没有再发生大规模恐怖事件，但其国内恐怖主义的根源仍然存在，国内恐怖主义的表现形态和恐怖组织的结构模式也在不断转型。特别是阿富汗战争和伊拉克战争所导致的一些美国穆斯林民众在宗教认同与公民认同之间的矛盾与冲突，将继续是美国国内恐怖主义威胁的重要根源。

---

① Brig Barker and Steve Fowler, “The FBI Joint Terrorism Task Force Officer”, *The FBI Law Enforcement Bulletin*, vol. 77, no. 11, November 2008, pp. 12 – 15; FBI, “Protecting America Against Terrorist Attack: A Closer Look at Our Joint Terrorism Task Forces”, May 2009, http://www.fbi.gov/page2/may09/jttfs_052809.html, 2011 – 9 – 27.

② Kevin Johnson, “FBI Issues More Top Secret Clearance for Terrorism Cases”, *USA Today*, August 12, 2010, http://www.usatoday.com/news/nation/2010 – 08 – 12 – secret – clearances_N.htm.（上网时间：2011年9月27日）；Alfred Cumming, “Intelligence Reform Implementation at the Federal Bureau of Investigation: Issues and Options for Congress”, *CRS Report* RL33033.

非政府组织与美国公共外交

攻占"心灵和灵魂"：非政府组织与美国公共外交

宋国友

（上海市美国问题研究所兼职研究员）

"9·11"恐怖主义袭击的出现，让美国政府开始反思其在外交方面的缺陷。为什么外国不认同美国、美国的政策以及美国的价值观？作为这种反思的结果，公共外交被重新放置在一个非常重要的地位。开展公共外交的关键是"通过理解、增进和影响外国公众的方式，来促进美国国家利益的实现"。或者抽象地说，是赢得外交目标国民众的"心灵和灵魂"。如果攻占了目标国民众的"心灵和灵魂"，那么美国的软实力以及国际美誉度将获得极大的提升。不仅如此，美国政府还可以通过影响目标国民众的"心灵和灵魂"来塑造和干涉目标国的国内政治局势。基于此，公共外交被美国政府作为外交当中的重点加以推进。而非政府组织，因其特点和优点，已经越来越被美国政府视为公共外交的重要载体。需要说明的是，本书所指非政府组织，特指在美国登记注册的非政府组织。

一、非政府组织参与美国公共外交的优势

对于什么是公共外交，有着不同的定义。定义不同的原因很大

程度上是因为美国的公共外交在不同阶段，有着不同的侧重点。比如，在冷战阶段，公共外交直接被看成一种心理战，旨在赢得苏联民众的心理；而在“9·11”之后的一段时间，被用于缓解中东地区民众强烈的反美仇美情绪。无论定义如何，侧重点如何变迁，纵观公共外交这一名词出现以来的核心，其实质和精髓就是赢得目标国民众的观念、思想和信仰，让美国的想法和价值观在敌对国家、竞争国家以及盟友国家普及和流行，从而为美国的外交战略和外交利益服务。这才是公共外交的根本目标。只不过在实现国家利益的过程中，公共外交是以通过了解外国公众、告知外国公众、接触和说服外国公众这一独特的方式来完成的。

政府仍是美国公共外交的主体，这点毋庸置疑。美国政府的任务是动员“一切可以调动的资源投入这项工作，不论是公共资源还是社会资源，也不论是人力资源还是技术资源”。与非政府组织相比，美国政府可以主动地设定公共外交目标并且清楚地知晓如何使用外交手段来实现这些外交目标。整个国家资源都可以为政府外交，包括公共外交服务。非政府组织显然不具备这些优势。但是，非政府组织在推进公共外交方面也有政府所不具备的独特优势。

优势一：非政府。如果是政府推进公共外交，不仅容易引发目标国政府对美国的反感和抵制，同时也很难被目标国民众所接受。非政府组织则基本上不存在这些问题，因其非政府身份，具有某种迷惑性，更容易被目标国民众所信任。而且，基于非政府角色，它更容易扮演出某种客观、公正和中立的角色。

优势二：非盈利。根据美国的法律，如果某一组织登记为非政府组织，在享受了免税优惠的同时，就不能够以盈利为目标。换言之，在国外进行活动的时候，非政府组织不会像跨国公司等经济单位一样追求利润。因为放弃了对利润的追求，不涉及“赚钱”的问题，所以其形象可以更单纯，看起来更美好。

优势三：志愿性。非政府组织的普通成员大都是志愿从事组织活动，他们是怀着某种强烈的兴趣和使命感来从事某些组织活动的。有了兴趣或者使命的支撑，他们会从内心深处相信他们所从事活动的正当性和高尚性，因此会更为执著和热情，甚至愿意为此做出很大程度的奉献和牺牲。

优势四：筹款途径。非政府组织的经费来源大部分是来自于社会和商业企业，而不是政府拨款。而且，某些非政府组织具有特别出色的资金募集能力，能够获取数以亿计的资金支持。如果能够让这些拥有巨额“自有资金”的非政府组织从事政府所希望的公共外交，那么这相当于美国政府用于公共外交的预算凭空增加了不少。在通常意义上，用于公共外交上的资金投入越多，其效果将会越好。

优势五：草根化。非政府组织的一个重要特点是草根化，深入民众当中。这种草根化不仅表现在美国国内，而且体现在它在目标国的组织活动方面。由于深入当地民众，非政府组织不仅容易取得普通民众的支持，还容易潜移默化地通过面对面的方式来直接影响目标国民众的思想，从而自下而上地发挥作用。这是美国以政府身份推行公共外交所欠缺的。而且，因为草根化的特点，这些非政府组织在获取第一手实地信息方面也有着独到的优势。

优势六：网络化。同一领域的非政府组织之间通常以各种方式进行着密切的沟通和联系，从而建立了某种政府之外，更多的是存在于非政府组织之间的互动网络。依靠这种遍布全球的密集网络，非政府组织可以聚集力量，交流信息和进行更好地动员，就某个政策或者议题表达非政府组织联合起来的声音，进而塑造或者影响目标国政府的政策。而这种网络，也是可以被美国政府所利用的。

优势七：西方化。非政府组织的发展和扩大在某些国家政府的大力支持下，越来越成为一种国际潮流。因为西方发达国家的社团和自治传统使得它们在从事非政府组织活动方面具有天然的制度优势，所以这里的国际化更带有西方化的特征。在这些具有资金优势、组织优势和议题塑造优势的西方化非政府组织的影响下，目标国的本土非政府组织更容易以它们为参照对象和学习榜样，在进行类似活动的时候接受它们的建议。

综上所述，由于非政府组织拥有以上从事公共外交的独特优势，美国政府非常希望和鼓励它们在从事组织自身的活动同时，能够承担部分政府不能够开展的公共外交事务，从而成为不具备外交身份的外交官。事实上，在一些美国政府的外交力量不足的热点地区，比如在苏丹、伊朗或者缅甸，美国的非政府组织都表现得非常活跃，并且已经发挥了外交官的作用。

需要指出的是，并不是每个在国外活动的美国非政府组织在意愿上都会承担政府所希望的公共外交活动，确实有一部分非政府组织独立于美国官方，跟美国外交政策没有关系，但不容否认的是，即便是这些非政府组织，它们也会自觉或不自觉地维护美国国家利益，执行美国对外政策，和美国政府有着千丝万缕的联系。另外，虽然这些非政府组织不愿意接受美国政府的“指导”，而是按照自己的组织目标进行活动，但只要活动确实取得了效果，由于这些非政府组织是美国的，所以这对于美国的形象也是一种非常好的促进，能够增加美国的影响力。目标国民众将会因此改变他们对美国的憎恨，增加对美国的好感。这也达到了美国公共外交旨在改善美国形象、赢得目标国民众“心灵和灵魂”的这一根本目标。更何况，还有很多非政府组织希望并且实际上也和美国国务院等政府机构保持着资金或者人员联系，并且接受他们的业务指导。

二、美国政府如何支持非政府组织参与公共外交

鉴于非政府组织对美国的公共外交在赢得目标国民众的“心灵和灵魂”方面具有不可替代的作用，美国政府采取了一系列措施来

确保和支持非政府组织参与公共外交。2006年12月，美国国务院公布了《对待非政府组织的指导原则》，明确表示美国政府所拟订的对于非政府组织的有关原则能够得到其他国家全面遵守。这些指导原则包括十项具体内容：

1. 允许个人组建、加入和参与所选择的非政府组织，行使言论自由、和平集会与结社的权利。

2. 任何对非政府组织成员行使言论自由、和平集会与结社的权利可能施加的限制，必须符合国际法律义务。

3. 允许非政府组织在友好及不存在被骚扰、报复、恐吓和歧视的环境下和平从事有关活动。

4. 承认政府为促进公共福利在本国领土范围内对有关实体进行监管的权力，此类法律和行政措施应保护——不得阻碍——非政府组织和平从事有关活动，并以非政治化、公正、透明和一贯的方式实施。

5. 政府对非政府组织采取的刑事和民事行动，与对任何个人和组织采取的行动一样，都应遵守正当程式和法律面前人人平等的原则。

6. 应允许非政府组织为从事和平活动寻求、接受、管理和支配来自国内、国外和国际组织的财务支援。

7. 非政府组织应有搜集、接受和发布资讯与观点的自由，包括在该组织所在国家境内外向政府和公众提出自己的观点。

8. 政府不应干涉非政府组织与本国和国外媒体接触。

9. 非政府组织应有与该组织所在国境内外的本组织成员和公民社会其他人员保持联系的自由，也应有与各国政府和国际组织保持联系的自由。

10. 不论何时，以上对待非政府组织的原则一旦受到破坏，民主国家都必须为捍卫这些原则采取行动。

除了制定了希望全球遵守的对待非政府组织的指导原则并且承

诺用美国的外交力量来维护这些原则外，美国政府还从以下几方面具体支持非政府组织的活动。

1. 资金支持。非政府组织要在公共外交目标国开展卓有成效的组织活动，必须要有一定的甚至是充沛的资金支持。尽管这些非政府组织能够通过在美国国内募集捐款解决一部分，但如果要进行美国政府所希望的更多活动，来自于政府的资金必不可少。而且，如果给予了这些非政府组织政府资金，它们将会更好地服务于美国政府的外交政策。从法律层面来说，非政府组织也可以接受来自于政府的捐款。事实上，美国非政府组织约有30%的资金来源于政府捐款和合同。美国主要有四大政府部门给非政府组织拨款。

（1）美国国务院。美国国务院是最为重要的负责推动公共外交的政府部门。国务院的行政序列中专门设置了负责公共外交和公共事务的副国务卿（Under Secretary of State for Public Diplomacy and Public Affairs）。其主要任务之一就是决定用于美国公共外交事务的资源分配，当然包括资金资源的分配。而非政府组织历来是资金分配的重要接受方。

除此之外，向非政府组织提供从事公共外交事务资金事实上还包括国务院民主、人权和劳工事务局。1998年由国会所建立的“人权和民主基金”（Human Rights and Democracy Fund）便由该局掌管。该基金高达4亿美元，主要用于支持全球与有关外交努力相配合的人权和民主项目。该局在介绍此基金的申请及用途时，明确指出“这些资金资助以美国为基地的各非政府组织与国际伙伴为建设民主的创新项目进行合作”。

（2）美国国际开发署。作为一个承担美国大多数对外非军事援助的联邦机构，美国国际开发署的部门定位是要通过对外援助来实现美国的国家利益。而在美国的公共外交战略中，国际开发署几乎与国务院处于同等重要的位置。其位置之所以如此重要，关键原因当然是因为国际开发署是最为重要的众所周知的资金提供部门。

国际开发署对外资金援助主要通过非政府组织实施，具体的提供资金方式包括项目资助（Grants）、合作协议（cooperative agreements）以及合同（Contracts）等。对非政府组织获得资金的方式而言，如果是项目资助方式，开发署对资金具体使用不加干涉；如果是合作协议方式，开发署将会进行部分监管；如果是合同方式，开发署将会按照合同条款来审查。根据美国审计署对国际开发署2000财年援助资金流向的一份审计报告，该财年总额72亿美元的对外援助中，有40亿美元流向了非政府组织。

（3）美国国防部。美国国防部也是美国公共外交的重要参与者。很多国防部官员都坚定地支持在公共外交领域采取行动。曾任美国国防部部长的罗伯特·盖茨曾表示：“从长远来看，我们不能靠击毙或追捕赢得胜利。非军事行动——以理服人和启发人心的方式——在21世纪同样不可或缺，甚至可能更为必要。”他甚至用“思想战”这一描述来突出公共外交的重要性。正是对于公共外交非常重视，美国国防部指定负责政策规划的副部长直接开展公共外交事务。美国国防部除了在组织设计以及任务执行等方面直接参与公共外交外，还通过向美国非政府组织提供资金资助的方式鼓励其从事公共外交活动。

（4）美国国家民主基金会（NED）。NED本身是一个非政府组织，同时又向其他非政府组织提供资金。在美国，有很多这样的基金会向非政府组织提供资金援助以资助其从事公共外交活动，其中包括索罗斯基金会和亚洲基金会。这里把NED单独列出，在于它和其他基金会不同，主要从美国国会和其他政府机构获得拨款。NED拥有的资金不到1亿美元，这些资金主要流向那些以民主建设、人权维护以及新闻自由等为目标的非政府组织。

需要说明的是，上述各个部门的资金来源有时候会存在某些重复。比如，美国民主基金会也会从人权与民主基金或者国际开发署等部门获得资助，然后再分配给非政府组织。而有些非政府组织，可能会从上述几个部门都取得资金。另外，上述所列出部门所投入的资金仅仅是涉及人员交流、人权、民主和宗教自由等与公共外交核心目标更为紧密的领域。如果把涉及难民救助、健康项目、农业发展以及环境保护等领域的美国政府投入算在内，获得政府资金的美国非政府组织将会更多。

2. 舆论支持。美国政府还利用其掌握的媒体机构来支持美国非政府组织从事公共外交，而这一工作主要是通过美国广播理事会（Broadcasting Board of Governors，BBG）来进行。BBG 成立于 1994 年，由政府拨款，负责掌管美国联邦政府或美国政府赞助的所有非军事国际广播服务，其任务是“促进世界信息和观点的开放交流，支持民主，自由表达，接受和发布信息”。BBG 有 9 位理事会成员，其中的 8 位由美国总统指定并受美国国会认可。国务卿为当然的第 9 位成员。其下属业务单位包括“美国之音”、自由亚洲电台，自由欧洲电台、Sawa 电台、马蒂电视台和电台以及 Alhurra 电台等 6 个部门。通过这 6 个受众不同的具体机构，BBG 用 60 种语言向全世界 125 个国家和地区进行广播。根据 BBG 的统计，每星期全球有 1.75 亿听众、观众以及互联网用户收听，观看或者登陆 BBG 的所属媒体。此外，全球大约有超过 1200 家电台和电视台从 BBG 获得各种节目。2008 年，BBG 拥有将近 800 名雇员，其预算达到 6.7 亿美元。

事实上，在美国政府所拟订的公共外交战略中，BBG 本身就是和国务院以及 USAID 等部门并列的重要成员。在这种身份下，BBG 承担着为非政府组织从事公共外交摇旗呐喊的任务也就不足为奇了。BBG 向非政府组织提供舆论支持的具体方式有：

第一，BBG 下属媒体机构所确定的节目选题，往往涵盖非政府组织目前所关心或者正在从事的领域，比如民主、人权等等。在这些美国政府控制的媒体机构的大力宣传和褒扬下，美国非政府组织在目标国的各种相关活动能够被当地民众更为普遍地接受，被认为是一种国际趋势或者是潮流。

第二，当敏感地区发生热点问题时，频繁采访非政府组织成员，邀请他们就这一问题发表观点和提供意见。这样做一方面可以利用非政府的“中立”身份塑造媒体本身以及非政府组织的客观性，另一方面还可以因此增加这些非政府组织的知名度、帮助它们建立在当地的权威性。

第三，和非政府组织遥相呼应，炒作渲染某一议题，形成舆论攻势，对目标国政府造成舆论压力。在各种意识形态类型的非政府组织非常活跃的中东欧以及中东地区，经常出现这种报道模式：非政府组织提供某一故事材料，BBG下属的相关电台跟进，进行讨论，然后实施舆论干预，然后非政府组织再提供后续情况，电台再讨论。如此呼应一番，对事件本身以及政府造成影响。

第四，接受并且播报非政府组织提供的研究成果或者年度报告。这样做既可以扩大这些非政府组织的影响力，又可以对目标国民众进行信息传递和议题塑造。例如，总部位于华盛顿的“自由之家”的年度《全球自由度报告》以及其他报告，经常被“美国之音”或者其他BBG控制的媒体所播发。

美国政府除了对非政府组织提供上述资金支持和舆论支持外，还提供培训支持——美国国务院有时会对国外的非政府组织成员进行培训、信息支持——目标国使馆工作人员经常与非政府组织沟通信息以及安全支持——非政府组织在目标国会受到美国政府的安全保护。

三、非政府组织参与公共外交的领域和形式

美国国务院负责公共外交事务的前任副国务卿詹姆斯·格拉斯曼（James K. Glassman）曾发表演讲说，美国政府的公共外交有四个开展领域，分别为教育和文化事务，主要是交流项目；国际信息

项目，通过演讲、出版物和因特网讲述美国的社会风貌；美国的国际广播；最后是意识形态的较量——思想战。

从根本上说，前三项更多的只是公共外交的日常活动，而意识形态较量则构成美国公共外交最为重要的使命。2006 年 12 月，由布什总统签署的《美国公共外交与战略沟通国家安全战略》就曾明确指出，所有沟通和公共外交活动必须要：1. 强调我们对于民主、人权以及人类尊严和平等的承诺；2. 向那些认同我们观念的人提供帮助；3. 支持那些为自由和民主奋斗的人士；4. 对抗那些仇恨与压制的意识形态。由此可见，美国政府更为看重的是公共外交的思想战属性。逻辑非常简单，如果目标国民众认同了美国所宣传的意识形态，并且为实现这些意识形态而斗争，那么他们的“心灵和灵魂”和美国就没有太大区别，美国政府公共外交的根本目标自然也会实现。

而美国很多非政府组织在国外所进行的活动领域恰好属于意识形态领域。事实上，按照美国国务院民主、人权和劳工事务局的定义，美国非政府组织就是“指独立的公共政策倡导组织、保卫人权和促进民主的非营利组织、人道主义组织、民间基金会和基金专案、慈善信托机构、社团、协会和非营利公司。政党不包括在内”。从这个定义可以看出，非政府组织主要从事政策、人权、民主以及人道主义等领域的活动。而这些领域更抽象地说，是涉及思想、信仰和意识形态的，属于“心灵和灵魂”范畴。因此，美国政府的公共外交目标和从事公共外交的多数美国非政府组织的国际活动目标高度一致，是试图在全球范围内推进人权、民主以及宗教自由等美国价值和西方价值观。

美国政府曾经分析过本国非政府组织在意识形态方面的活动领域及其可能发挥的作用。这些领域包括人权——促进国际标准，监督侵犯和践踏权利的情况；法治——提供低费或免费法律服务，向公民介绍有关公民权利的知识，倡导司法改革；妇女参与——协助妇女参与政治，保护她们免受社会经济歧视；公民教育——就公民在民主多元社会中的作用开展教育项目；新闻自由——促进新闻媒体独立，培训记者，确立新闻道德标准；政党发展——由训练有素的国内观察员监督选举以及开展非党派的选民登记活动；政府问责——进行政策分析，监督政府行为。

如果把美国政府基于政教分离考虑而刻意忽略的宗教自由这一领域的非政府组织也列入，那么可以看出美国的诸多非政府组织在国外所从事的活动事实上直接和宗教、人权和民主等意识形态领域高度相关。程度虽然有所不同，不容否认的是，这些非政府组织或多或少向目标国宣传着美国的价值观。当然也要承认，美国确实还有一些非政府组织在难民救助、全球保健、经济发展以及环境保护等一些不那么敏感的非意识形态领域活动。不过，这些非政府组织的活动领域虽然没有直接涉及意识形态，但通过以广义的“提升美国形象以赢得人心”这一公共外交目标来衡量，它们事实上也在间接为美国的公共外交服务。

在上述领域，非政府组织从事公共外交的形式按照其和政治活动相关性由低到高排列，主要有文化教育交流、项目资助、组织建设指导和网络形成、社会影响直至直接介入。

1. 文化教育交流。文化教育交流是最为常见和普通的活动方式。以2005财政年度为例，美国国务院共投入5.97亿美元用于公共外交，其中约60%即3.56亿美元用于文化教育交流项目。其中大部分文化教育交流项目的经费流入非政府组织，由非政府组织出面提供经费以及其他资助方式来邀请目标国的一些关键影响者——那些对目标国国内社会有着重要影响的人士——到美国进行访问，包括教育工作者、新闻记者、妇女领袖、商界精英、工会领导、政治人物、科学家和军界人士等等。此外，还包括青年学生交流。这些文化交流访问可以让受邀者能够直观地接触美国，感受美国，进而欣赏美国，喜欢美国。在这些文化教育交流活动中，非政府组织通常不会迫切地希望在短期内影响受邀者，而是着眼长远，希望能够通过潜移默化的方式来影响和转化目标国的精英，并且通过他们，来影响目标国的普通民众。文化教育交流不是单向的，美国非政府组织还会通过美国人到目标国进行文化教育交流的方式来进行公众外交。

据美国国务院统计，在其公共外交的重点区域伊斯兰世界，2005 年 58 个伊斯兰国家和地区接受的来自美国的文化教育交流项目的经费总和为 1. 15 亿美元。2002—2005 年，国务院投入共约 1. 5 亿美元用于在伊斯兰世界新开展的“学习伙伴关系计划”，而 2006 年一年中的预算即达 1 亿美元。该计划的资助对象为伊斯兰世界的青年尤其是高中生，为其提供奖学金和赴美交流机会。自 2003 年起，“学习伙伴关系计划”又新增了“青年交流与学习”与“本科学习伙伴计划”两大子项目，2006 年预算达 2500 万美元。

如果说这样的教育文化交流更看重长期效果，旨在增加目标国对于美国的好感，提升美国的形象，那么美国非政府组织还开展了一些更具进攻性的交流活动，意在颠覆目标国政府。比如在中亚不少国家，美国“索罗斯基金会”为一些在校的青年学生精英提供奖学金，资助他们赴美国留学，从而造就一大批亲美的“社会精英层”，使其学成回国后成为美国在中亚的“民主布道士”及反政府的中坚力量。美国不少非政府组织还在美国各个大学设立访问学者课程，吸引多个国家从事“民主改革”的官员、学者、媒体人士与非政府组织人员到美国留学、进修和考察。据统计，从 1993—2005 年，已有 9 万多名独联体各国官员、学生得到资助赴美国访问，这些人回国后纷纷成为本国政界、商界精英，其影响力自然不可小视，其中许多人更是成为近年来“颜色革命”的骨干。

2. 项目资助。很多美国非政府组织会向目标国的个人和非政府组织提供项目经费资助。对这些最终被选定的项目进行分析，不难发现，它们通常与民主、宗教、人权、新闻自由、民族自决以及政府监督等领域有关。在项目申请时，美国的非政府组织通常会对项目申请提出非常具体的要求，包括项目目标、工作计划、项目背景、参与人员、活动方式和效果分析等。此外，非政府组织还会对资助项目进行评估。通过这些金额不等的项目，非政府组织可以在目标国帮助和扶持大量人员，扩大美国的影响。

福特基金会在中国的例子可谓典型。1988 年福特基金会在北京设立办事处。福特基金会的宗旨为：“提高致力于和平与社会公正的公民组织的影响力。加强支持它们的慈善社会团体，鼓励公民监督公共及私有部门”；“相信团体活动的价值，并把培育一个强健的、独立的和民主的公民社会作为我们的愿望和目标。”从该组织的自身宗旨出发，福特提供的项目资助主要集中于公民社会、法治建设和社会公正与治理等方面。对于项目的选题和入选人员，福特基金会都有一定的选取标准。此外，福特基金会在华总开支的五分之一左右用于资助中国学者和非政府组织与国际同行的交流、会议和培训。虽然从事这些项目的研究成果可能并不完全符合美国的利益，研究人员也并不一定“亲美”，但不容否认的是，福特基金会通过给予项目资助，能够扩大其在中国的影响。

3. 组织建设指导和网络形成。对美国非政府组织开展公共外交而言，在目标国也建立与美国非政府组织类似的本土非政府组织是非常重要的活动方式。在条件成熟情况下，美国非政府组织会派人员直接到目标国帮助当地的非政府组织在确立活动目标和完善组织架构等方面进行指导。

非但如此，以其在东欧、中亚等地区的活动来看，美国非政府组织还会在目标国不断发展和扩张，以形成人员网络、组织网络和信息网络，扩大其对目标国公众、社会以及政府的影响。这里的网络形成有两个层面。第一个层面是某一非政府组织自身的多个目标国组织之间可以形成网络，第二个层面是美国国内某一领域的多个非政府组织可以进行沟通，形成更大范围内的组织网络。

以中亚为例。在苏联时代，中亚没有多少非政府组织存在。但随着苏联的解体，美国非政府组织迅速在中亚开展活动。因此，中亚的非政府组织绝大多数是由美国非政府组织发起、培训和发展起来的。美国积极资助这些非政府组织，为它们在中亚国家活动撑腰。据统计，美国在塔吉克斯坦成立了1400多个非政府组织。吉尔吉斯斯坦的“反腐败文明社团”组织由美国资助，其撰写和发行有关非暴力抵抗运动等内容的手册，被称为“无声的政权更迭”。吉尔吉斯斯坦较为著名的“女权运动论坛”和哈萨克斯坦的“能源论坛”也是由美国非政府组织资助的。美国“亚洲协会”等机构还对哈萨克斯坦国内的“哈萨克斯坦民主选举党”、“正义的哈萨克斯坦运动”、“哈萨克斯坦民主力量联盟”等非政府组织以组织、道义和资金上的支持。在西方国家、特别是在美国非政府组织的帮助下和鼓励下，俄罗斯也已建立起许多基金会，如争取公民社会基金会、开放社会基金会、开放俄罗斯基金会、社会富足基金会、新前景基金会、创造与建设基金会等。这些在美国支持下建立起的俄罗斯非政府组织不仅和美国非政府组织有着千丝万缕的联系，而且互相之间也频繁交流信息和共同开展活动。

4. 社会影响。建立在上述几个活动形式的基础上，寻求并且扩大在目标国的社会影响，成为美国非政府组织必然表现出来的活动方式。美国的非政府组织会单独行动，或者和目标国本土非政府组织联合行动，通过主动抛出一些议题或在一些热点问题上发表观点来塑造民意，争夺影响。由于有美国舆论配合和美国政府支持，辅之以初步建成的组织网络，美国的非政府组织往往能够通过这种方式建立其在目标国的影响。

美国非政府组织取得社会影响的方式还有发表有关目标国的调查报告和信息。比如美国的“自由之家”。这个非政府组织每年会撰写和出版各种分析报告。其中，其年度《全球自由度报告》尤为引人注目。在该报告中，“自由之家”以选举进程、市民社会、独立媒体和司法独立等西方价值观为标准，按国别对不同国家的自由程度进行打分。可以想见，那些被美国政府认定为非民主的国家，分数自然都很低。问题在于，这样的报告虽然破绽百出，却能够被目标国的某些人士引用，而且也为美国政府所喜欢。事实上，美国国务院每年都发布《各国人权报告》、《促进自由与民主报告》、《国际宗教自由报告》，这些报告的信息提供者除了国务院外交官员之外，也包括目标国的非政府组织。

5. 直接介入。美国非政府组织在目标国活动的最高阶段是直接介入某些政治或社会事件，通过鼓吹、渲染甚至动员等方式，在目标国制造政治混乱或社会动荡，加剧目标国民众对政府的不信任，增加目标国政府的政治困难，趁机混水摸鱼，试图通过这些关键事件来推广和确定美国的民主、人权和价值观等意识形态因素在目标国的实现。在非政府组织直接介入的过程中，美国政府会进行配合，对目标国政府施加压力。

美国非政府组织直接介入这种方式在东欧中亚国家的“颜色革命”中得到了鲜明体现。比如乌克兰的“橙色革命”就得到美国非政府组织的大力支持和资助。美国国务院发言人鲍彻在 2004 年 12 月 3 日说，美国政府没有直接资助乌克兰的政党，大部分是通过各类组织提供资助的。他承认，美国确实通过“民主基金会”直接向乌克兰选举捐献了资金。“民主基金会”则证实，仅 2003 年和 2004 年，美国就花费 6500 万美元资助乌克兰的反对派。当时，乌“橙色”派别的竞选账户源源不断地收到来自美国的大笔资金，其中包括“欧亚基金会”135 万美元，“福特基金会”150 万美元，“自由论坛”95 万美元。“索罗斯基金会”的活动尤其积极。据报道，它在乌克兰大搞“民主渗透”，1990—2004 年间，共投入资金 8200 万美元，除在首都基辅设立国际基金会总部外，还在 24 个地区开设分支机构。

在那些“颜色革命”没有成功或者没有发生“颜色革命”的中

亚国家，美国非政府组织同样兴风作浪。比如作为由美国前国务卿赖斯倡议并受到美国国务院直接资助的非政府组织“公民权利”，其总部设在华盛顿，然而在吉尔吉斯斯坦和乌兹别克斯坦政局发生变化时，该组织却直接从华盛顿派到当地许多观察员，为美国国务院收集了大量有关反对派的情报。

四、非政府组织参与公共外交的影响因素

美国非政府组织参与美国政府公共外交会受到一系列因素影响，这些因素共同制约着非政府组织在国外开展公共外交的效果。大致上，可以从目标国因素、美国非政府组织自身因素以及美国政府因素等三个角度来加以把握。

（一）目标国因素

鉴于非政府组织开展公共外交的最终落脚点是改变目标国，所以目标国因素的重要性排在首位。

1. 目标国的政治现状。美国非政府组织存在于全球各地，在各个国家都有活动。但活动最为活跃的，还是在那些处于转型中或者是初级民主状态的国家。一般情况下，美国非政府组织在这些国家更容易取得外交效果。原因在于：（1）转型和初级民主国家的国情决定了这些国家的政府并不稳定，对于政局的控制能力不强，对于国家发展道路的选择也还没有明确方向；（2）这些国家的政治精英和知识精英大都怀有对美国模式所鼓吹的民主、人权等价值观的向往；（3）在转型期间，这些国家民众的思想较为混乱，容易遭受非政府组织所宣传的那套价值观念的蛊惑。

2. 目标国政府的政策。目标国政府的政策是决定非政府组织外交效果的重要因素。大致上对于非政府组织，目标国政府有放任、

宽松、限制和排斥等政策。不同的对待政策会引致不同的结果。非政府组织取得重要外交进展的国家大都是那些对其采取放任和宽松政策的国家。因为这些国家的政府或者首脑本身对于非政府组织的作用和本质并没有清楚认识，认为它们仅仅是非政府组织，不会对国家政权带来严重影响，或者在美国等国家的压力下不敢管制非政府组织的活动，最终导致非政府组织在目标国大行其道，并引发严重政治后果，甚至失去执政地位。比如在乌克兰和格鲁吉亚。而形成鲜明对比的是，那些对美国非政府组织的实质及危害有着清醒认识的政府，尽管也面临着国内批评和国际压力，仍然采取措施限制甚至是取缔某些非政府组织在本国的活动。面临目标国政府强有力的政策反制措施，美国非政府组织所能发挥的效果将会大受制约。比如在乌兹别克斯坦、哈萨克斯坦以及缅甸等国家。

（二）非政府组织自身因素

由于非政府组织自身情况的差异，即便是在同一个目标国，不同的非政府组织的公共外交成果存在巨大差异。

1. 资金支持。通常情况下，非政府组织在目标国开展活动时所获得的资金越多，那么在其他条件不变的情况下，其活动效果越好。从这个角度出发，那些能够从财力雄厚的基金会以及美国政府部门获取资金的非政府组织相比于那些主要是从普通民众募集资金的非政府组织，其效果也好得多。这一点可以从美国非政府组织在东欧国家的活动效果得到印证。在这些国家中，那些对目标国有着较大影响的往往都是有着充足活动经费的非政府组织，而这些非政府组织的资金通常要么来自大的基金会，要么来自美国的政府部门。

2. 活动时间。在目标国活动时间长的非政府组织要比活动时间短的非政府组织取得更大的成效。这是因为时间长意味着在目标国的公共外交活动积累着更多的教训和经验，也拥有更广的组织网络和影响力，甚至有可能经历了目标国政府的首脑变化而导致的政策变化。另外，扩大在目标国民众当中的影响也需要长时间的积累。

3. 代理人选择。美国非政府组织在目标国开展活动，除了自身的活动之外，在当地选择代理人也是较为常见的做法。这里的代理人可以是某一个人，也可以是某一组织。通过提供经费支持和项目指导等方式，非政府组织借助代理人扩大影响。所以，代理人选择就成为影响非政府组织活动效果的重要因素之一。如果代理人在国内本身就有较大影响，而且有较好的活动网络，那么其效果会相对较好。

4. 目标国社会支持程度。这里的社会包含有多层指标，如目标国媒体、目标国精英以及目标国普通民众等。事实上，目标国社会的支持程度不仅是考察非政府组织活动效果的主要依据之一，也是影响其效果的重要因素。对目标国社会支持程度高低的比较，简单的判断标准是，当非政府组织面临目标国政府的限制性措施时，其国内社会公开或潜在所表现出来的态度。

5. 切入方式。在目标国活动时，美国非政府组织在目标国的活动切入方式是一种策略，策略得当与否当然会影响其效果。如果非政府组织从一开始就高调从事意识形态和价值观方面的活动，必将引起目标国政府的警觉，这会导致非政府组织面临更多的障碍和限制。如果相反，从小事入手，在小范围内活动，由低到高地开展，一方面更容易取得实效，另一方面也不易引起目标国的压制。

（三）美国政府因素

美国非政府组织从事公共外交方面的活动，影响其效果的最后一个重要因素是美国政府因素。

1. 资金支持。正如前面所描述的，非政府组织在国外开展公共外交活动的重要资金来源之一是美国政府。但是，美国政府给予的资金并不是没有限制的。无论是对外援助预算还是政府部门预算，都会有一定的限度。在这种情况下，投入多少资金支持非政府组织的活动，这些资金在不同类型的非政府组织当中如何分配，以及采取什么方式来监管资金使用等等，会影响到非政府组织开展公共外交的效果。

2. 政府组织与非政府组织之间的协调。在非政府组织在目标国开展公共外交时，为了使其活动更加具有隐蔽性和中立性，美国政府要表现出与己无关的态度，但这并不意味着美国政府真的和非政府组织没有任何关系。事实上，绝大多数美国非政府组织在国外的活动都要受到国务院驻外使馆或者美国国际开发署程度不一的指导。那么，这种协调妥当与否、正确与否，以及协调之后给予什么样的政策支持和舆论支持，都会影响非政府组织在目标国的活动成效。

3. 政府部门间协调。为了更好地开展公共外交，美国政府在其内部设立了推进公共外交战略的政府间协调组织，其成员包括白宫联络办公室（White House Communications Office）、国务院、国防部、国际开发署和联邦广播理事会。美国政府部门间的协调一方面涉及的是官方的公共外交战略，另一方面也会与非政府组织在国外的公共外交活动有关。所以，这些政府部门间在非政府组织问题上的信息分享、情报交流和资源整合也会影响到后者活动的效果。

五、政策建议

中国不仅是美国公共外交活动的重点区域，同时也是美国非政府组织活动非常活跃的地方。各种各样的美国非政府组织在中国通过形形色色的方式在各个领域内开展活动，直接或间接地接受美国政府的指导，期望实现美国公共外交方面的战略目标。这已经不是什么秘密。对于美国非政府组织在中国的活动及其作用，如何应对？这是中国政府必须要思考的问题。这个问题的答案可以从国内政策和对外政策两个方面来回答。

(一)国内政策

1. 赢得国内民众思想。美国非政府组织公共外交的关键目标是通过其行为来表现美国的善与好,宣传美国的民主、人权和自由等西方式意识形态的优越性,并且用这些意识形态作为普世价值来吸引其他国家民众和精英的思想,通过目标对象思想方面的改变来寻求目标国政治的改变。要从根本上抵御西方价值观的影响,最为有效的途径是中国国内要树立更具竞争力和吸引力的价值观念,让民众和精英充分了解思想价值观领域的多元化,不再认为西方价值观是终极价值观。这首先是宣传部门的事务,但又不仅仅是宣传部门的事情,因为思想的形成离不开现实的土壤,意识形态的领先必须通过实践来证明,因此在中国,党和政府的执政必须保持先进性,能够给中国民众带来福祉,让国内能够进一步认识到社会主义所带来的实实在在的好处。

2. 严防美国非政府组织的渗透。美国非政府组织不可能"隔空"对中国国内产生影响,它必须以各种方式在国内进行渗透。这种渗透可以分为人员渗透、议题渗透、资金渗透、活动渗透和组织渗透这五种。中国政府有关部门要有针对性地进行反渗透:对于明显从事或者潜在从事在华非政府组织活动的美方人员要有一定的观察;对意识形态和政治领域的非政府组织活动要进行分析;要跟踪和限制美国非政府组织对华的资金使用;对于某些美国非政府组织直接开展或者以国内名义开展的活动,要有所辨别;对于美国非政府组织试图扩大组织网络、建立分支机构的行为,要提高警觉。当然,对于那些意识形态和政府背景较弱的非政府组织,政府在严格甄别的基础上可以采取较为宽松的政策。

3. 积极培育本国非政府组织。与美国的非政府组织相比,中国的非政府组织显然处于弱势。这一方面是中国的传统问题。非政府组织往往根植于强大的市民社会,但中国历史上从来就没有过市民社会这一传统。另一方面，在现代中国非政府组织薄弱的部分原因还在于政府对于非政府组织的不信任和担忧。政府认为不断兴起和发展的非政府组织可能挑战甚至破坏自身的权威。但在美国大力以非政府组织来推动对华外交目标的情况下，中国不能再完全以政府对待非政府组织的方式来应对。比较有针对性地做法是，在可以管理的范围内，中国政府积极培育和壮大非政府组织，依靠这些非政府组织来和美国的非政府组织竞争，让中国内生的非政府组织在国内以及国际上发出自己的声音。

培育本国非政府组织的方式：第一是利用既有的各种组织，包括行业协会、工青妇等群众组织。第二是参照美国基金会的方式，由国有企业出资建立各种形式的基金会，这些基金会不仅仅只处理国内问题，还要面向国际。第三是选取某些民间组织，帮助它们发展壮大。

（二）对外政策

应对美国非政府组织，防御型的国内政策固然重要，但同时也要考虑“走出去”的问题，要制定对外政策。

1. 非政府组织走出去。积极鼓励中国的非政府组织走出国门，扩大它们在国际上的影响，以和当前占据主导地位的美国和西方非政府组织争夺话语权，是无法绕开的必经步骤。在一些关系到中国利益且适合非政府组织出面的重要领域，不能只有美国非政府组织的声音，也不能只有中国政府的声音，作为一种更为容易被接受的方式，中国非政府组织必须走出去，发出自己的声音。需要注意的是，中国非政府组织走出去要遵循国际上非政府组织的通行规则，在透明度等方面要多加注意。

2. 注重对外宣传。美国非政府组织在公共外交中能够发挥作用，或者向世界表现美国的善和好，强化某些国家的恶与坏，或者推行西方价值观，否定竞争对手和敌手的价值观，与它们能够和媒体之间保持紧密关系有着莫大关联。它们希望传达的信息能够被美国媒体所接受并且传递出去，而且能够获得了巨大的国际舆论支持与回应。比如“自由之家”等无政府组织的报告有时都可以通过《纽约时报》等权威媒体发布出去，更不用说美国政府所控制的媒体了。而且，由于在这一过程中，美国政府貌似超然于外，所以更能够获得外界的信任。基于此，中国非政府组织在国际上必须要学会和媒体打交道。而作为必要的支撑，中国政府也要打造能够具有国际影响力和公信力的中国媒体。

犹太非政府组织对美国公共事务的影响

汪舒明

（上海市美国问题研究所特约研究员）

一、犹太人在美国参政的历史进程

就20世纪美国犹太人的参政历程而言，罗斯福“新政”和1967年的中东“六日战争”乃是两个转折性的事件。在罗斯福“新政”以前，犹太人在社会政治中尚处于边缘地位：大批来自东欧的犹太移民还在血汗工厂或纽约等都市的街头打拼，他们远未真正融入美国主流社会，还需要面对主流社会广泛的反犹主义的严峻挑战；他们还缺乏信心、技能和力量去影响美国公共事务。此时犹太组织对美国公共事务的影响并不明显，它们所做的主要就是帮助犹太同胞们尽快融入美国主流社会，变得更像“美国人”；另外就是在国内外承担抵御或反击反犹主义的“防卫”任务，以捍卫犹太人的安全和利益。东欧犹太人从他们母国舶来的激进意识形态和劳工运动、社会主义运动等左翼社会运动，难以在“自然自由主义”根深蒂固的美国主流社会找到适合其成长的土壤。

在“新政”实施过程中，美国犹太人与罗斯福的民主党结成自由派联盟。在罗斯福任内，他将众多犹太精英招入麾下，让他们制定和执行“新政”中的许多关键项目；他充分借鉴了犹太社团行之有效的社会福利和救济经验，也充分利用了犹太社团大批有经验的社会工作者投入“新政”。以至于罗斯福的政敌们将罗斯福‘新政’谑称为“犹太新政”。犹太人“帮助构建了新政联盟，并在此后三代人的时期内为这一联盟提供了许多粘合剂。而罗斯福……则在他们的美国旅程中第一次邀请他们帮助书写公共政策。……（他）在最重要的公共政策问题中引入（犹太人），使美国犹太人实现了一代人的梦想：融入主流。”[①]“新政”教会了犹太人适应和妥协的智慧，使他们形成自由主义的核心信条，使他们前所未有地获得了接近权力的孔道，更是对他们作为美国人已经“成功”的一次正式确认[②]。

“新政”将美国犹太社团带入20年的“黄金时期”。随着战后反犹主义的急剧减退和犹太人在美国社会阶梯中的崛起，积极参政并努力影响公共事务在犹太社团中蔚然成风。二战以来，犹太社团出现了参政能力和组织化程度共同上升、相互促进的潮流。犹太非政府组织在数量上迅猛增长，功能也日益广泛，参政能力和积极性都大为提高。此时，美国犹太组织的使命已经远远超越了“防卫”的局限，开始积极在国内外推动建立一个有利于犹太民族安全和繁荣的整体环境。几乎所有的犹太教派都关切美国公共事务，积极推进自由主义议程。早在50年代，美国犹太教改革派和保守派都相继建立起各自的社会行动委员会，积极参与美国公共事务。改革派尤其以其政治行动主义而著称，前述三大防卫组织、“犹太公共事务理事会”，以及“拉比中央大会”（CCAR）和“宗教行动中心”（RAC）等以改革派为主要背景的组织都在美国公共舞台上极为活跃。

---

① Marc Dollinger, *Quest for Inclusion: Jews and Liberalism in Modern America*, (New Jersey, Princeton University Press, 2000) p. 20.

② Marc Dollinger, *Quest for Inclusion: Jews and Liberalism in Modern America*, p. 40.

1967年的中东“六日战争”对美国犹太人的政治行为带来了更久远、更深刻的影响。以色列取得旋风般胜利使得全球犹太人、尤其美国犹太人的民族自豪感和犹太认同感大大增强。许多自由派犹太人，甚至长期脱离了犹太社团的犹太人都突然间出现了“重生”，非常强烈地感到犹太民族命运与共，热切地关切以色列与全球犹太人的命运。另一方面，以色列一度面临的险境使美国犹太人为以色列生存的担忧大为加强。“‘六日战争’在美国犹太人心中带来另一次大屠杀的恐惧，这一次将是以色列人。[①]”这场战争还将大屠杀历史悲情和创伤重新揭开，使美国犹太人为当年未能全力救助欧洲犹太人而自责，并使他们决心使类似的历史悲剧“不再重演”（Never Again!）。大屠杀成了犹太人孤立无助的象征，纪念大屠杀成了犹太社团活动的中心主题之一。美国基督教主要教派对战争的沉默也加剧了犹太人的自助心理，使得他们认为，犹太人可以依靠的只有自己。战后，以色列对巴勒斯坦的占领使它在美国自由派中受到空前孤立。这些因素使美国犹太人对自由主义的热情消褪，一些犹太人退出了自由主义阵营，转向犹太民族主义，甚至对公共事务变得冷漠。

尽管大多美国犹太人仍然在政治上倾向自由派，但在犹太社团中处于少数派的新保守派、锡安主义者和正统派这三类新犹太人在犹太组织中的影响却大为增强，他们都持民族主义和保守主义倾向。战后以色列在美国战略地位的上升和美国犹太人实力进一步壮大，使美国犹太组织在参与和影响公共事务中显得更加自信、积极，但其努力的方向已经从国内的自由主义议程转向与犹太民族利益和价值观直接相关的事项：以色列安全、大屠杀教育和苏联犹太人成了美国犹太社团的三大中心议题。犹太社团的结构和资金流向也发生

---

① Seymour Martin Lipset and Earl Raab, *Jews and the New American Scene* (Massachusetts: Harvard University Press, 1995) p. 118.

了巨大变化。曾经在犹太劳工中非常强大的工会组织或者左翼组织已经衰落下去，绝大多数犹太组织转向保守[①]。“美国犹太人大会”曾以自由主义立场著称，但到了 20 世纪 80 年代，它因为成员和预算持续减少也不得不转向，重要原因之一就是其在国内问题上的自由派立场以及在巴以关系问题上批评以色列的政策，并积极推动“以土地换和平”引起许多人的反感[②]。与此同时，带有明显保守色彩、尤其致力于维护和加强美以特殊关系和以色列安全的组织却大量成长起来。如“美以公共事务委员会”、“主要美国犹太组织主席大会”，它们都成立于 50 年代中期，在 1967 年前影响力不大，但在 20 世纪七八十年代变成非常强大的犹太组织[③]。前者主要针对国会开展游说，而后者主要负责代表犹太社团与白宫沟通和交涉。一些为以色列筹款的犹太慈善组织，在 1967 年以后也获得了美国犹太人更多的专门支持以色列的捐款。这些新犹太人在公共事务中影响力上升，导致美国犹太社团内部开展协调、建构共识的难度变大，使激进自由派和极端保守派犹太组织之间的对立加深。

二、犹太组织影响美国公共事务的重要策略

犹太非政府组织参与和影响公共事务的成效依赖其渗入和影响决策者的能力以及利用媒体塑造公共舆论的能力。罗斯福“新政”以来，犹太精英在政界的崛起，大量犹太人进入政界高层，为犹太

① Daniel I. Elazar, *The New Jew Politics*（The Jerusalem Center for Public Affairs/Center for Jewish Community Studies，1988）pp5 – 6.

② Jack Wertheimer，“Jewish Organizational Life in the United States Since 1945”，in AJC，*American Jewish Year Book* 1995，Vol. 95，p. 73.

③ Jack Wertheimer，“Jewish Organizational Life in the United States Since 1945”，in AJC，*American Jewish Year Book* 1995，p. 55.

组织的精英游说提供了便捷的孔道；犹太人在新兴传媒领域的开拓者角色及其对美国主流媒体的强大影响，也有利于美国犹太组织迅速利用媒体塑造形象、扩大影响。另外，二战以来以美国为代表的西方基督教世界对犹太民族和以色列的善意和尊重，也为美国犹太组织发挥影响提供良好的氛围。在一个充满冲突和歧见的世界里，以色列、美国犹太社团总体上作为西方世界的重要部分而存在，其与美国主流社会在政治、文化上的交流和互动总体上是良性的。美国在传统上有着亲犹主义的文化土壤，而且也存在强大的基督教锡安主义。总体而言，二战以来犹太组织对美国公共事务的参与卓有成效，其影响也明显增强。纵观历史，犹太组织在参与公共事务过程中呈现出以下特征：

第一，高举“美国信条”，注意维护并展示其“忠于美国”的形象，减轻主流社会对其“双重忠诚”的担忧。忠诚的分裂和主流社会双重认同的指控，是美国少数族裔群体经常面临的问题，忠诚问题上受到怀疑不利于群体和组织参与和影响公共事务。与许多少数族裔群体一样，美国犹太人也因为其对以色列的强烈认同和支持受到诟病。2005 年 3 月反诽谤联盟的一项全国民调显示，有 33% 的美国人认为，美国犹太人更忠于以色列①。美国犹太组织对忠诚问题的敏感性全然明了，一直小心翼翼地塑造和维护其“爱国”形象。与“美国信条”保持一致是犹太组织的行为准则，即使在体现犹太人特殊利益的事务上，他们也往往对之进行重新包装和意义架构，大力强调其要求符合美国人所钟爱的自由、民主人权等价值观。以在巴勒斯坦重建民族家园为己任的锡安主义运动在性质上是犹太民族主义运动，它给美国犹太人带来了如何在两个“应许之地”选择或协调的问题。美国锡安主义从一开始就吸收了美国自由主义信条，

① “American Attitudes Towards Jews in America,” http://www.adl.org/anti_semitism/Anti_semitic_Attitudes_files/frame.htm.

以适应美国爱国主义的要求[①]。以色列的建立对美国犹太人政治忠诚的统一带来了严峻挑战。以色列成立后，美国犹太人委员会代表美国犹太社团就美国犹太人政治忠诚的唯一性问题多次与以色列领导人交涉，要求他们加以澄清。在冷战期间，美国犹太组织还非常明智地将拯救苏联犹太人这样一个关系到犹太民族特殊利益的问题重新阐释和包装成一个国际人权问题。

第二，长期致力于教派和族裔群体间的对话与合作，积极建立跨族裔、跨教派联盟。一个人口占绝对少数的群体欲有效参与并影响公共事务，一项持久的联盟战略实属必要。在整个20世纪，犹太组织一直致力于推进与基督教的对话与合作，美国犹太人委员会等重要犹太组织还建立起推进跨教派对话和交流的专业部门和团队。自20年代以来，犹太教和基督教就一起建立了“全国犹太人和基督徒大会”（the National Conference of Jews and Christians）、“国际基督徒和犹太人理事会”（The International Council of Christians and Jews）等众多组织，与基督徒一起在国内开展增进善意和理解的活动，以消除宗教偏见，增进共有的理想。对话使双方的关系和各自教义方面都发生许多重大的变化，导致了通常所说的“犹太教—基督教传统”（Judeo - Christian Tradition）这样一种概念（或理念）的形成。基督教在反犹主义、以色列和锡安主义、犹太教的地位、耶稣与犹太民族的关系等一系列问题上都做了有利于犹太人的阐释，主张双方应在相互尊重、相互理解、求同存异的基础上进行对话，和平共处，并为建设一个更加美好的世界而合作。

除了与基督教的对话、和解与合作，犹太组织也非常重视与非裔美国人在反歧视、求平等的民权运动中建立联盟。双方联盟的主要载体就是“全国有色人种协进会”（NAACP），该组织一开始就获

① See Jerold S. Auerbach, *Are We One? Jewish Identity in the United States and Israel* (New Jersey: Rutgers University Press, 2001) pp. 65 - 66.

得了犹太组织的大量财政支持，而且其最初的两任主席都是犹太人。即使在后来非裔激进民族主义对犹太人利益产生一定冲击的情况下，美国犹太人委员会、美国犹太人大会等重要犹太组织仍然努力缓和矛盾、弥合分歧，战略性地维护自由派联盟。

第三，利用“反犹主义”和“大屠杀”的历史悲情，占领道义高点。“大屠杀”之后，西方基督教世界因历史上的反犹主义而在道义上陷入困境，反犹主义在美国主流社会变成一种政治和道义上不正确的行为。20世纪末期以来，大屠杀研究和教育受到美国犹太社团和美国主流社会的高度重视而广泛开展，以大屠杀研究、教育为使命的组织成长迅速，大屠杀题材的学术和文艺作品层出不穷。70年代末以来，美国还建立专门的“大屠杀纪念委员会”，并于1993年在华盛顿国家广场建立美国大屠杀纪念博物馆（the U. S. Holocaust Memorial Museum）。美国犹太人委员会、反诽谤联盟等犹太防卫组织也一直对美国反犹主义进行研究、调查和打击。随着调查和打击国内外反犹主义在美国成为立法，打击反犹主义已经获得美国的法律保障[①]，从犹太社团事务升格为美国的公共事务。反犹主义和大屠杀在一定程度上已经被工具化了。自70年代以来，犹太领导人也一直运用大屠杀记忆作为打消对以色列政策批评和在年轻人中维持犹太认同的方式。许多犹太人还强调纳粹屠犹在历史上的特殊性以及犹太民族在其中所受劫难的独特性。[②]借助这一利器，犹太组织可以使犹太人加强内部团结，使许多基督徒愧疚并支持或默认犹太组织推进符合犹太民族利益的公共事务议程。近年来，前总统卡特、著名国际政治学家米尔斯海默和斯蒂芬·沃尔特等都因为他们的著述抨击了以色列政策或以色列游说集团而被犹太组织指称为反犹主义。

① 2004年，《全球反犹主义评估法》（The Global Anti-Semitism Review Act）在美国参众两院通过并经小布什签成为法律，该法要求国务院每年评估并报告全球范围内的反犹主义情况。

② AJC，*AJYB*，2000，p. 217.

当然，过于滥用这一工具可能会对犹太社团的影响力产生负面作用。

第四，注意在不同组织之间开展分工、协调以实现犹太社团内部力量整合和优化配置。美国犹太组织数量众多，各组织难免在关注的重点、行动策略和手段、社会政治倾向和意识形态等一系列问题上存在分歧、矛盾和竞争，即使在同一个领域和问题上，不同组织也会有不同的立场。众多的犹太组织之间往往倾向于按功能领域联合建立伞状组织加以协调：如教务和会堂管理方面曾建立"美国犹太会党理事会"（SCA）（1995年解散），社团关系方面有"犹太公共事务理事会"（JCPA，前身为全国社团关系谘商理事会，NCRAC），锡安主义运动方面有"美国锡安主义运动"，筹款和慈善活动方面有"联合犹太社团"，"美以公共事务委员会"和"美国主要犹太组织主席联合会"代表犹太社团分别注重对国会和总统的游说。尽管不无竞争和冲突，所有这些组织都承担其独特的功能，都对各自领域众多组织的活动有效开展协调、规划。尽管并不存在一个类似于全国性政府这样的职能广泛的机制和组织，但这些协而不同的多元化机制和组织的存在，使美国犹太社团呈现为某种内部分权制衡的政制（Polity），承担着准政府的职能。在具体问题上，犹太组织之间也倾向于建立全国性的伞形组织协调活动，如冷战时期为救助苏联犹太人，全国几十个组织就联合就建立起"全国救助犹太人大会"（NCSJ）。

在70年代，"全国社团关系谘商理事会"和"美国主要犹太组织主席联合会"还倡导了涉及以色列的三条规则：唯有以色列有权决定以色列政策；在公开场合，美国犹太人必须联合支持以色列，分歧只应通过私下交换意见；以色列不能与巴勒斯坦恐怖分子谈判以给予他们合法性[①]。这些规则在犹太社团内部颇受尊重，即使一些

---

① See Jonathan J. Goldberg, *Jewish Power: Inside the American Jewish Establishment* (Addison - Wesley Publishing Company, 1996), p. 208.

重要组织的领导人，若不遵守这些规则也会变得不受欢迎，甚至可能在公共场合被轰走。犹太组织也不会轻易让外部力量破坏其内部的默契。1977 年，在卡特与犹太社团因中东和平进程关系紧张时，卡特派其白宫对犹联络官 Ed Sanders 越过“美国主要犹太组织主席联合会”直接与地方性犹太组织领导人沟通。结果，“全国社团关系谘商理事会”和“犹太联合理事会”等组织很快阻止了这位“钦差大臣”的活动。因为，犹太社团已经将与白宫交涉的任务交与“全国主要犹太组织主席联合会”，不愿受到白宫的渗透。①

第五，非常熟悉美国政治体制，善于在美国多元分权的政治体制中寻找缝隙、游刃有余。积极参政并顺利融入主流社会使犹太人成为美国政治体制中的“圈内人”，他们非常熟悉美国多元分权政治体制，并善于利用其带来的机遇。美国体制存在行政、立法、司法和舆论四种权力之间的制衡，每一种权力机制内部都有各自的运行机制和规则。在不同的时期，美国犹太人往往利用四种权力机制之间的制衡和缝隙，扬长避短，扩大并发挥自身独特的影响。一旦行政部门不遂己愿，犹太组织可以利用其他部门施加压力，甚至制造既成事实。在公众舆论不利的情况下，他们可以利用精英立场实现突破，将宗教彻底逐出“公共广场”实际上违背大多数美国人的意愿，但美国犹太组织还是可以利用最高法院的自由主义倾向，在巩固政教分离中取得一个个胜利。美国犹太社团有大量的政策分析家、资深记者和评论员、行政官员、议员助手、律师、社会工作者等优秀人才，而且许多人会在各种角色间流动转换。那些在各个部门间经历“旋转门”的人才既熟悉美国政治体制的运作流程和规则，也有广泛的精英关系网，是能力出众、精力充沛的实干家。作为政坛的“行家里手”，那些人往往在犹太组织中深得众望，许多人长期担

① See Jonathan J. Goldberg, *Jewish Power*: *Inside the American Jewish Establishment* (Addison – Wesley Publishing Company, 1996), p. 209.

任其骨干和领导者。犹太组织还高度重视培养公共事务方面的人才，美以公共事务委员会就经常为议员物色和推荐助手。几乎每一位国会议员都有一名以上的犹太裔助手，这些人许多能成长为政治精英。“希勒尔”等犹太学生组织也积极培养犹太青年学生参与公共事务的意识和能力，一直致力于以犹太价值观引导他们的参政活动。

三、犹太组织在美国国内公共事务中的自由主义倾向

在倡导新犹太政治的保守派看来，美国犹太人的思想和行为存在一种“乌托邦”气质：他们利他地追求和平和社会公正，无视本民族的利益和权力诉求，甚至将民族利益看作不道德的诉求。“他们的乌托邦主义最经常地通过政治自由主义的旧模式加以表达。”① 无论是犹太人的“扎迪克”②”传统，还是近代犹太启蒙运动导致的先知犹太教和世俗人道主义精神的兴盛，或者世俗人道主义在东欧犹太社团中激发的对世俗社会主义的热情，都将美国犹太人引向进步自由主义潮流。但是，美国犹太人的自由主义并不仅仅出于价值观或乌托邦式的理想。他们倾向于认为，他们唯一可以依赖的防卫就是一种融平等和个人自由为一体总体意识形态。③他们将自身在美安全与美国总体的自由与美国自由主义的成功，密切相连。因此，犹太人对自由主义的支持还是一种实现自身在美国安全和利益的战略

---

① Murray Friedman, *The Utopian Dilemma*: *American Judaism and Public Policy* (Washington: Ethics and Public Policy Center, 1985) p. 80.

② 扎迪克（Zedakeh）在犹太文化中的含义是“社会公正”，它要求犹太人帮助贫弱的同胞，相互关切，相互承担责任。依照这种传统，流散地犹太社团形成一个个事实上的缩微福利国家。

③ Oscar and Mary F. Handlin, “The Acquisition of Political and Social Rights by the Jews in the United States”, in AJC, *AJYB*, 1955, p. 83.

选择。这种自由主义倾向在其对美国国内公共事务的参与中尤其明显，他们既是自由主义实践的倡导和支持者，也是自由主义思想的塑造者。犹太人在社会伦理、福利和财富分配这三个方面都是最自由主义的三个团体之一①。根本而言，美国犹太组织渴望在美国塑造并护持一个健康的、负责的自由社会。

第一，美国犹太组织一直致力于捍卫体现古典自由主义核心原则的美国宪政体制，以保障个人和群体的自由与权利。通过《独立宣言》和《1787 年宪法》及其修正案所确立的宪政体制是“美国信条”的体现，是保障犹太人在美国安全和利益的基石。唯有在美国宪政体制的庇护下，犹太人在美国才不会沦为需要仰仗主流社会“宽容”才得安生的二等公民地位。因此，犹太组织对美国宪政自由遭受破坏的担心远甚于反犹主义本身。另外，相对于其他群体，犹太组织和个人更倾向于支持种种自由派的新政治运动（如新左、反文化、女权等），也更倾向于在涉及个人道德和社会规范的问题（如同性恋、堕胎等）上持宽容和尊重态度。

美国犹太组织曾长期致力于捍卫公民的自由权利。1950 年的《麦卡伦法》（Internal Security Act，即 MaCarran Act）试图对可疑的共产分子及相关组织加以秘密登录和监控。NJCRAC、美国犹太人大会、美国犹太人委员会等重要犹太组织出于维护宪法规定的公民权利和自由，公开反对该法②。在麦卡锡主义肆虐的年代，犹太教改革派和保守派组织在共同反共的同时，较早冒险开展反对麦卡锡主义的斗争。1952 年，改革派的妇女组织就公开抨击麦卡锡主义，并要

① 参见［美］艾伦·D. 赫茨克著，徐以骅等译：《在华盛顿代表上帝：宗教游说在美国政体中的作用》，上海人民出版社，2003 年版，第 147 页。

② See Marc Dollinger, *Quest for Inclusion: Jews and Liberalism in Modern America*, pp. 137 – 139.

求对之加以控制。[1] 1953 年，保守派的“拉比联合会”（Rabbinical Assembly，RA）和改革派的“拉比中央大会”（CCAR）都猛烈抨击麦卡锡主义。1953 年 6 月，“拉比联合会”主席艾森斯坦拉比（Rabbi Ira Eisenstein）就在年度大会上谴责麦卡锡等人的做法是“在寻求真相的人们中间制造恐惧和胁迫”。保守派和改革派的全国组织都加入基督教自由派反击麦卡锡主义的斗争。[2] 1954 年 6 月，“拉比中央大会”主席芬克拉比（Rabbi Joseph Fink）在年会上发言宣布：“我们并不认为，为了拯救我们的国家之船，就有必要丢弃自由的财货。”会议通过决议，公开呼吁撤掉麦卡锡在国会相关委员会的职务。[3]时隔半个世纪，自由派犹太组织仍然高度警惕地守护者美国社会的公民自由权利。“9·11”之后，美国很快就通过了加强反恐和国家安全的“爱国者法”。美国犹太人委员会、“宗教行动中心”等组织都发表宣言，要求美国政府在反恐的同时注意维护公民自由权利。持激进自由派立场的“宗教行动中心”很快就公开批评政府采取的某些政策将损害公民自由权利，并在 2002 年 2 月“犹太公共事务理事会”的年会上提出决议案，反对政府以国家安全的名义侵害公民自由的三项措施。尽管该决议受到“美国犹太人委员会”、“反诽谤联盟”、“圣裔社”（B'nai B'rith）、“哈达萨”等一些强大组织的反对，但还是被与会的大多数犹太组织接受，犹太组织要求重估和修正“爱国者法”的呼声很高[4]。

基于长期以来遭受宗教迫害的集体记忆，自由派犹太组织在政教关系问题上持一种难以妥协的分离主义立场。犹太自由派有一种共识：犹太生存和宗教自由只有在政教分离之墙最强的地方才能确

① See Marc Dollinger, *Quest for Inclusion: Jews and Liberalism in Modern America*, pp. 140－141.

② AJC, *AJYB*, 1954, p. 89.

③ AJC, *AJYB*, 1955, p. 142.

④ AJC, *AJYB*, 2003, p. 81.

保；在政府和宗教相互纠缠的地方，他们的安全最少[①]。在20世纪的不同时期，自由派犹太组织一直不屈不饶地捍卫政教分离之墙。

在20世纪中期，自由派犹太组织与自由派基督教群体在政教关系问题上结盟，主要致力于通过影响法院相关判决来抵制宗教对公立学校的渗透和影响，其最主要的对手是天主教。1948年4月，“美国犹太会堂理事会”（Synagogue Council of America，SCA）和“全国社团关系谘商理事会”发布的“关于教派主义和公立学校的原则宣言”，对公立学校问题较完整地表达了犹太社团的共识。该宣言一方面认可宗教在美国公共生活中重要性，另一方面则反对将公立学校的任何资源用于宗教目的。其基本立场可以概括为“四反对”：反对公立学校搞宗教仪式和活动；反对将公立学校设施用于宗教会议、教育；反对公立学校开展宗教节日庆祝；反对政府赞助任何教派控制和管理的学校。[②]自20世纪40年代以来，在以“美国犹太人大会”为代表的自由派犹太组织积极推动下，美国最高法院审理了大量与宪法第一修正案相关的案例，抵制了一些宗教保守势力试图削弱第一修正案的企图，推动了政教分离逐步深化进程。在许多案例中，犹太组织都积极参与法院听证、提交“法院之友”表达意见、对当事人提供组织和法律支持，甚至直接担任当事人的代理参与司法程序。犹太自由派组织在这一问题上的立场和活动，是其与天主教之间关系时有紧张的主要根源。1962年，在美国天主教中颇有影响的《美利坚》（*America*）杂志的主编为此撰文，警告“美国犹太人大会”、“拉比中央大会”、“希伯来公会联合会”等改革派

---

① David G. Dalin, “How High the Wall? American Jews and the Church - State Debate”, in *Conservative Judaism*, Spring 1997, No. 3, p. 63.

② See AJC, *AJYB*, 1949, pp. 221 - 223. 对于政府资助教派学校，部分正统派犹太组织表示支持。这种立场在20世纪中期只是一种微弱的声音，但到20世纪末期，随着正统派政治影响力的增强和新保守派的崛起，这种立场在犹太社团内部变成强大的少数派。

犹太组织的行为可能引发反犹主义。[①]在 1984 年围绕《平等使用权法》的斗争中，“美国犹太人大会”和“希伯来公会联合会”等自由派犹太组织成了反对法案通过的“反虔信派联盟”中的核心和领导力量[②]。

20 世纪末期，随着基督教福音派借助共和党强势崛起，自由派犹太组织对其推动美国“基督教化”的举动极为担忧。宗教尤其基督教在美国公共事务中的角色以及宗教对美国社会伦理和价值观（如堕胎、同性恋和同性婚姻、家庭等）的影响，成了双方尖锐交锋的领域。犹太防卫组织极力反对宗教保守派在公立学校推动“创世论”（Creationism）教育及举行祷告，也反对在公共场所放置任何宗教的象征物。在宗教对美国公共生活的影响上升情况下，犹太社团主流仍然坚持着严格的政教分离主义立场。基督教右翼中的某些人将美国视为“基督教国家”，这尤其威胁了犹太自由派所钟爱的宗教多元主义。1995 年，“基督教联盟”（Christian Coalition）在国会共和党成员中推出了“与美国家庭的契约”，试图以宗教保守伦理规导美国家庭生活，推进其保守社会议程，这导致了该组织与“反诽谤联盟”、“美国犹太人大会”等自由派犹太组织公开的尖锐交锋。后者甚至发表宣言逐点批判这一议程，认为它“太狭隘，太浅薄，党派性太强，对美国家庭毫无助益”[③]。小布什政府推出的“以信仰为基础的动议”（Faith - based Initiative）主张“仁慈选择”（Charitable Choice），即政府扩大对提供社会服务的宗教性机构的资助，并放松对这些资金使用的限制；而且在雇佣某些政府资助的职位时，可以允许宗教歧视的存在。这一动议受到犹太自由派的强烈批评和不满。另外，犹太自由派组织在这一阶段还积极推动保障宗教自由的立法。

---

① See AJC, *AJYB*, 1963, p. 116.

② 参见［美］艾伦·D. 赫茨克著，徐以骅等译：《在华盛顿代表上帝》，第 188—190 页。

③ See AJC, AJYB, 1997, p. 211.

如在90年代前期，犹太组织就将“宗教自由修复法”（RFRA）作为它们在102届国会中立法优先事项，该法于1993年底通过。另外，“宗教自由保护法”（RLPA）、“工作场所宗教自由法”（WRFA）以及“国际宗教自由法”（IRFA）等一系列相关法律，也大受自由派犹太组织支持。

但是，在宗教的社会角色以及政教分离等问题上，犹太社团内部在20世纪末期出现了强大的反思潮流，甚至连“美国犹太人大会”的法律总顾问马克·斯特恩（Marc Stern）也在《前进》（*Forward*）杂志撰文重思政教分离原则[①]。“越来越多的美国犹太人看来已经拒绝了世俗观点，不再认为美国犹太人和犹太教的利益在排除了宗教信仰和价值观的道德中立的‘赤裸的公共广场’最有保障。”[②] 新保守派和部分正统派构成的保守派阵营明显扩大，他们的立场与基督教右翼接近，有时甚至与犹太自由派组织发生尖锐冲突。

第二，自由色彩浓厚的犹太组织也倾向于积极参与和支持带有进步主义、理想主义色彩的社会政治运动，以促进美国的社会公正。20世纪，美国犹太人先后在社会主义运动、“新政”和“伟大社会”、黑人民权运动中发挥了关键作用，为美国自由主义注入了更多的社群主义内涵和共同体感。对进步理想主义的激情一定程度上正表现为犹太人对美国自由主义改造的一面。

犹太人在20世纪早期的美国社会主义党、共产党、劳联等左翼社会政治运动和组织中都极为活跃，无论在领导层还是成员中，他们都占据了很高的比例。根据一位学者的估计，在1947年，犹太人

---

① Murray Friedman, *The Neoconservative Revolution: Jewish Intellectuals and the Shaping of Public Policy* (New York, Cambridge University Press, 2005) pp. 227 – 233.

② David G. Dalin, “How High the Wall? American Jews and the Church – State Debate”, in *Conservative Judaism*, Spring 1997, No. 3.

约占美国共产党中坚力量的40%[①]。美国犹太人还积极建立自己的劳工组织，如“希伯来工会联合会”（The United Hebrew Trades, 1888）、“国际女缝衣工工会”（1900）、“劳工界”（Workmen's Circle, 1905）等。美国犹太社团像在旧大陆一样，建立和维持着对内相互救助、对外自助独立的社会福利网络，从而在美国的自由资本主义中维持着社群主义和集体主义的向度。但在“自然自由主义”的美国，激进左翼社会运动终究难以进入主流，而民主党也适时地扛起了自由国际主义和福利国家的改革大旗，随着犹太移民逐渐融入美国，他们对国际主义和社会公正的追求逐渐转向民主党这个新平台。大萧条的来临促使美国犹太社团积极投入“新政”，与罗斯福结成互利联盟。

“新政”前，犹太教改革派和犹太社会服务机构一再要求联邦政府和地方政府在社会福利事务中发挥更积极作用。大萧条的来临使犹太慈善机构和社会救助和服务机构更加不堪重负，陷于严重危机，它们纷纷要求地方和联邦政府提供帮助。胡佛政府以自由放任政策应对危机的政策受到犹太社会服务机构及其领导人的反对。1931年，“全国犹太社会服务大会”（NCJSS）在其年会上通过决议，呼吁国会和总统“不仅要减轻当前和近期迫在眉睫的痛苦，还要为有效防止将来类似的社会经济大灾难奠定基础”。犹太社团救助和服务机构的领导人还要求立法和行政部门采取协调行动。[②]而此时担任纽约州州长的罗斯福已经启用一些犹太精英担任其重要顾问或助手，而且将犹太社团内部行之有效的社会救济和福利机制用于应对逐渐加剧的社会经济危机。犹太社会救助组织和其工作者、劳工领袖和律师的专业经验和技能，对于罗斯福显然是一份可资利用的宝贵财

① Nathaniel Weyl, *The Jew in American Politics* (New York: Arlington House, 1968) p. 118.

② See Marc Dollinger, *Quest for Inclusion: Jews and Liberalism in Modern America*, pp. 29 – 30.

富。罗斯福“新政”不仅将犹太人的社会福利议程推到了美国公共政策的前沿，使美国走上了政府全面干预经济、推行福利国家之路；也将许多美国犹太人托举到了拥有巨大影响力的位置，从而实现了他们大规模融入美国主流社会的进程。在各级政府的社会保障措施可以提供基本经济援助的情况下，其社会福利机构借机向公共政策为覆盖的领域和并不必然涉及经济需要的领域扩展，如新移民家庭援助、幼儿和老年护理、医护、青年项目和文化娱乐项目等。

“新政”使美国社会对政府运用人类理性力量积极改造社会的能力和功效信心大增。战后的自由派联盟进一步在“四大自由”和“伟大社会”的号召下，积极开展大规模的社会工程，全力推进民权事业以促进社会公正。通过开展社会调查和研究、参与相关部门（如国会）听证、推动相关立法、积极参与并影响法院的司法审判等一系列工作，“美国犹太人委员会”、“反诽谤联盟”、“美国犹太人大会”等重要犹太防卫组织在推倒就业、居住、教育和休娱场所等方面的歧视中都表现得非常活跃，成为各级政府改善民权的重要支持者和合作者。它们推动建立了“联邦公平就业委员会”（Federal Employment Practice Commission），也积极支持和参与了“民权委员会”的工作。《美国犹太年鉴》就记录了大量犹太组织向相关行政、执法、司法部门申诉的案例：如 1955 年初，“美国犹太人大会”向纽约州反歧视委员会指控纽约市某法官在录用见习法官职位时实行宗教歧视[①]；1957 年 8 月“反诽谤联盟”指控洛杉矶 200 家商业机构在招收秘书人员时存在种族和宗教歧视等[②]。以 1965 年民权法的通过为标志，在 20 年的时间里，强加在犹太人身上的种种歧视、排斥和壁垒就已经大多被削除，犹太人加速融入美国主流社会的进程并顺势崛起为美国社会中的一个强势群体。犹太社团也在战后经历

① AJC, *AJYB*, 1957, pp. 126 – 127.

② AJC, *AJYB*, 1958, p. 80.

了 20 余年的“黄金时期”。

在民权事业高歌猛进的时代，黑人的悲惨境地和不公正待遇受到了美国社会的广泛关注，民权运动最重要的任务就是削除强加于他们的桎梏。在民权运动中，（北方的）犹太自由派积极支持黑人，双方结成了政治联盟。“全国有色人种协进会”（NAACP）就是双方联盟的核心，许多有重要影响的犹太人曾长期积极参与该组织的活动[①]。在黑人民权运动早期，美国的种族主义常常被犹太人类比为德国法西斯主义。三大防卫组织都积极投入反对种族隔离的斗争，它们尤其重视司法和立法手段。以犹太教改革派为主要支持者的“美国犹太人大会”是黑人民权运动的最热情的支持者。1958 年它曾邀请著名民权领袖马丁·路德·金参加其两年一度的大会并发表演说。1963 年，该组织主席乔钦姆·普伦茨拉比（Rabbi Joachim Prinz）率领成员参加了向华盛顿的游行。在一次民权集会的演讲中，他告诫道：“当我苟存于希特勒政权下时，我学到了许多。其中……最无耻的问题就是沉默……美国不可成为一个看客的国度，它不应沉默。”[②]在约翰逊政府的反贫困斗争中，“美国犹太人委员会”等也积极帮助黑人社团脱贫。

随着 60 年代中期黑人民族主义运动兴起、民权运动地域扩展以及“肯定性行动”（Affirmative Action）[③] 的开展，犹太人的安全和利益受到了冲击，黑人和犹太人之间的关系严重恶化，犹太人的不安全感加深。犹太社团内部对民权运动的参与热情大为下降，对一些犹太组织的自由派立场的抨击也加剧了。“肯定性行动”中对某些群

① Michael E. Staub, *Torn at the Roots*: *the Crisis of Jewish Liberalism in Postwar America*（New York：Colunbia University Press，2002）p. 25.

② See Marianne R. Sanua, *Let Us Prove Strong*: *The American Jewish Committee*, 1945 –2006, p. 163.

③ “肯定性行动”要求美国政府采取措施，在教育、就业等方面向黑人倾斜以缩小黑人的不利地位，对黑人在历史上所受的不平等待遇及其后果进行补偿。

体采取优惠性指标的做法，让许多犹太人回忆起历史上以指标体系方式受到的歧视。1976 年，新保守派重要成员纳森·格雷泽（Nathan Glazer）的《肯定性歧视》一书出版，表达了包括犹太人在内的白人主流社会对“反向歧视”的担忧。犹太组织陷入矛盾：出于维护与黑人的自由派联盟的需要，它们往往愿意谅解和支持“肯定性行动”，但它们又常常反对设置指标体系。根本而言，犹太组织要求机遇平等，而反对实现“结果平等”。

20 世纪后期以来，一部分犹太组织仍然积极支持“新政”自由主义所奠定的福利国家制度，一直反对共和党人大幅度削减社会福利的企图，它们也继续支持民权事业，以推进美国社会的自由和平等。但也有一些组织的注意力已经大幅度转向犹太社团内部的事务，对参与和影响美国国内公共事务的积极性和影响力则有所降低。保守政治势力在许多犹太组织中逐渐获得了更多尊重和阵地。自由主义本身的激进化、犹太社团地位和利益的改变都导致一种内向化和保守化的潮流在美国犹太社团出现。他们对自由主义余情未了，但痴迷不再。这种趋势同样也表现在犹太组织对美国国际事务的参与中。

四、犹太非政府组织对美国外交的影响

无论出于犹太人对美国待其最为友善的历史体认，或者出于对美国及美国信条本身的认同和钟爱，还是出于救助世界各地犹太同胞和维护以色列安全的现实需要，一个强大的、积极介入国际事务并愿意承担国际领导责任的美国总体上符合美国犹太人的利益和意愿，孤立主义在犹太教群体中难以找到追随者。现实主义在犹太社团中也难有回响。“在 20 世纪后半期，全球犹太人开始依赖美国的

领导地位及其对犹太民族期望的认同美国犹太团体受益于美国的这一独特角色，而且欢迎它。”[①] 美国犹太组织对于美国信条和制度的优越性，输出民主、捍卫人权等美国价值观的正当性等问题上存在一个基本共识，也对美国外交事务广泛地持一种道德理想主义和意识形态化的立场。出于其对美国信条的推崇和融入美国主流社会的愿望，美国犹太社团往往表现出强烈反共立场。1944年夏，“美国犹太人联合会”推出“关于战后世界秩序的决议”，要求建立“基于‘四大自由’和《大西洋宪章》的世界秩序”[②]。这或许可以作为美国犹太组织传统自由国际主义立场的一次典型表达。

1967年以前，犹太组织并没有大规模地卷入美国的外交事务，而且，它们对美国的外交政策也还不具备强大的影响力。“六日战争”导致以色列对美国的战略价值凸显和美国犹太人的犹太认同急剧上升，美国犹太组织迅速将主要注意力从国内民权事业转向国际舞台，成为美国外交事务中一支重要力量。其对美国政府中东政策和人权外交的影响力为美国、以色列以及许多中小国家的认可。许多国家的决策者认识到，影响美国决策圈的途径往往经由美国犹太人掌控的大门，而美国犹太人的立场深受其关于全球犹太人安全处境认识的影响……他国对犹太人的态度就会对其与美国的关系产生重要影响。[③]

纵观历史，美国犹太组织在美国外交事务中主要关注两个领域：1. 积极影响美国的中东政策，以支持以色列的建立、生存和发展；2. 积极参与和推动（广义的）美国人权外交，以捍卫国外受难同胞的安全和权利，并推动国际人权机制建设。

---

① AJC, *AJYB*, 2006, P. 26.

② AJC, *AJYB*, 1945, p. 158.

③ See Yossi Shain & Barry Bristman, “Diaspora, Kinship and Loyalty: the Renewal of Jewish National Security”, in *International Affairs*, 2002, p. 83.

（一）影响中东政策，支持以色列

美国犹太组织对美国中东政策的关注度以及影响力的上升经历了一个长期发展过程。20 世纪初锡安主义兴起时，在美国犹太人中只得到了很少的支持，犹太教改革派和正统派大多持反对态度，倾向同化主义的“美国犹太人委员会”也对之持反对态度。欧洲犹太社团“大劫难”使锡安主义运动的重心天然地转向美国这一仅存的强大社团，锡安主义在美国获得美国犹太人广泛支持。其组织在美国积极宣传锡安主义思想，以获得美国主流社会的广泛同情和支持。在二战后安置欧洲犹太人问题的变得极其棘手，而且阿以两个民族和平共处的前景日益渺茫的情形下，建立一个犹太国就成了美国犹太社团的共同目标。包括“美国犹太人委员会”[①] 在内的犹太组织积极为难民无限制地进入巴勒斯坦以及犹太国的建立而向总统、国会、国务院开展游说，并赢得美国政府对巴勒斯坦分治决议的支持。以色列建国后，大多数犹太组织一直致力于推动美国提升美以关系，实现美以结盟，使美国承担起援助和保卫以色列的责任。但美国基本上将以色列看作战略负担，中东也并没有成为美国地缘战略的优先方向；美国犹太组织还须面临国内种种不利的舆论和社会氛围。因此，这一时期美国政府尽管受到美国犹太组织的游说和压力，但基本上尚未将犹太组织视为其中东政策制定过程中的重要角色，她对提升美以关系并不太热心，对以援助还维持在较低水平。

1956 年的“西奈战争”明显提升了美国犹太组织对中东政策的影响力。在以色列军队突入西奈后，美国要求以色列撤出所占地区，恢复原状。美国“不愿为袒护以色列而在国际上陷于孤立，并损害自己在阿拉伯各国的利益”[②]。结果，美国犹太组织顶住了美国政府

① 二战前后，美国犹太人委员会持同化主义立场，反对锡安主义。

② 王绳祖主编：《国际关系史：第八卷，1949—1959》，世界知识出版社，1995 年版，第 366 页。

的压力，支持以色列的立场，并使美国政府同意以色列的要求，出台了艾森豪威尔主义。此后10年，亲以组织的阵营和影响进一步壮大。这一时期，“美以公共事务委员会”等组织通过美国国会反击阿拉伯对以抵制，获得许多亲以议员的支持，屡有斩获。许多亲以犹太组织还利用1960年美国大选之机，呼吁将支持以色列的政策纳入两党的政策框架。出于选战需要，两党候选人和两党全国大会都作出了对以色列有利的承诺，以致于埃及抨击两党候选人都是锡安主义和帝国主义的代理人。[①]无论从争取犹太选民还是在中东遏制共产主义的愿望出发，美国的政客们都已经不能不认真对待犹太组织要求美国保障以色列安全的愿望。

1967年的“六日战争”以来，有三个方面的因素都强化了犹太组织在美国中东政策和美以关系中的影响力：

第一，犹太组织在数量、规模、财力上都迅速壮大，其游说活动的积极性、协调性和效率也空前提高。犹太认同和犹太民族主义在美国犹太人中空前上升，“全国社团关系谘商理事会”等组织加强了犹太社团内部游说活动的协调，以及80年代以来致力于为国会选举筹款的“政治行动委员会”（PACs）广泛建立，都增强了美国犹太游说组织本身的政治影响力。

第二，以色列在美国中东地缘战略中的地位也迅速上升。“六日战争”显示了以色列的实力，提升了以色列的战略价值。70年代初尼克松和基辛格将以色列视为美国的战略资产，并大幅度提升对以援助的质量和数量。里根政府则进一步强调支持以色列既符合美国利益，也是美国的道义选择。在里根任期内，两国政府签署了“美以战略合作备忘录”，以色列成为美国的非北约关键盟友。21世纪初，以色列在美国全球反恐和重构中东的地缘政治大扩张中地位进一步上升。以色列也往往借助美国犹太组织影响美国在对外援助、

① AJC, *AJYB*, 1961, pp. 197 - 198.

阿以和谈中的立场，乃至更广泛的中东政策。

第三，右翼强硬势力在以色列上台。以色列左翼势力通常主张“以土地换和平”政策，在扩建定居点等问题上较为节制，在阿以和谈中较为灵活。而以色列利库德集团等右翼势力往往在阿以关系中采取强硬立场，在扩建定居点、“以土地换和平”等问题上都较难妥协。美国欲推动阿以和平进程，就经常需要借助美国犹太组织与以色列开展政策协调。实际上，美国政府、以色列政府和美国犹太组织已经形成相互牵制和支撑的权力三角。70 年代末，当埃以和谈陷入僵局时，三大防卫组织（美国犹太人委员会、美国犹太人大会、反诽谤联盟）和“全国社团关系谘商理事会”的领导人组成“八人委员会”，穿梭于美以之间进行沟通，俨然成了美以之间的调解人①。在这种三角关系中，美国犹太组织成为美以两国政府均想控制和借助的一方。但在涉及以色列安全的问题上，其立场更偏向以色列政府，有时难免成为以色列在华盛顿的传声筒甚至扩音器。

在美国国会和总统这两大外交决策机制中，以“美以公共事务委员会”为代表的美国犹太组织在前者处于一种无可匹敌的强势地位。通过引导各地的“政治行动委员会”支持亲以的议员参选以及对议员的投票行为进行实时监督，“美以公共事务委员会”等组织对国会议员有一种奖惩与夺大权，往往迫使参选者或在任者在中东问题上接受其立场。“美以公共事务委员会”等组织也经常为议员“推荐”助手，向他们提供关于中东问题的情报和分析材料。因此，国会成为美国犹太组织影响美国外交政策的坚实阵地，对于涉及犹太民族安全和利益的议案，国会通常都会接受其主要意图和诉求。整个 90 年代，美国的对外援助总额不断压缩，但在“美以公共事务委员会”等组织的游说下，对以色列每年约 30 亿美元的援助却得以基本维持。

---

① AJC, *AJYB*, 1980, pp. 103 – 104.

以总统为首的行政部门在美国外交中有着更大、更直接的影响，而美国犹太组织既可以通过发动组织成员抗议、游说等方式直接对之施加压力，也可通过国会、媒体等途径加以制衡。在阿以关系问题上，一旦美国行政当局对以色列政府施加强大压力促其让步，就往往会受到美国犹太组织的反对和批判，这种情况在福特以来的几乎任何一届政府都一再出现，使得美国政府事实上很难改变其偏袒以色列的立场，真正成为中立的调解人。

有利于以色列安全的中东政策往往能够得到美国犹太组织的积极支持，如对伊拉克、伊朗、叙利亚等以色列的宿敌采取强硬立场。如果美国的政策有损以色列的利益和安全，美国总统或国务院等行政部门就可能面临美国犹太组织的冲顶。前面已经提到了许多美国犹太组织因反对向以色列施压而抨击美国行政当局的事例。犹太组织的强大影响力使美国国会、总统和国务院等外交决策和执行部门越来越倾向于主动向它们征询意见，将它们有意识地纳入外交决策过程中，以免因违逆其意而至冲突。另外，在某些时候犹太组织可以比总统本人更有效地推销一些外交议程，这在府院之间出现党派差异时尤其如此。因此，犹太组织并不仅仅是府院的制衡者，有时也是同志和伙伴。

美国犹太组织在中东政策上的影响力受制于美国的民意和美国对国家利益的认知。在上述几个案例中，卡特、里根和布什三位总统仍然坚持了自己的立场，犹太组织在未能改变行政部门基于美国的利益认知而确定的政策。一旦出现与总统对抗的情形，双方通常会选择节制，努力不使冲突升级。犹太社团担心主流社会的广泛批判导致反以、反犹情绪，而总统及其所属的党派担心在下次选举中被犹太选民抛弃。在卡特和布什争取连任的大选中，美国犹太人都因为两位总统在对以政策中的“不良记录”而大规模地转向他们的政治敌手。

（二）人权外交

早在纳粹上台之前，美国犹太组织就一直为欧洲各地陆续发生的反犹事件向美国公众和政府请愿，要求美国政府进行外交干预和放松移民限制，以维护欧洲犹太同胞的安全。尽管美国政府首脑或行政部门不时应犹太人的要求进行外交交涉或发表声明，但美国犹太人的努力往往并不成功，也不持久。1912 年，美国总统塔夫托在国内舆论的强大压力下，中止了从 1832 年起实施的美俄商约，这可算一次重要的斩获。但从 1923 年开始，美国开始依据新的移民法严格限制移民，使得延续 40 年之久的东欧移民潮戛然而止，这明显是美国犹太社团在美国外交事务中的一次惨败，显示出它们的虚弱无力。[①]随着纳粹上台，犹太组织积极救助欧洲同胞的行动在美国孤立主义盛行的情况下无果而终。随着大战的结束和欧洲犹太人大劫难公之于众，战后犹太人问题受到犹太组织乃至国际社会的广泛关切。在美国社会的广泛同情下，美国政府积极回应犹太组织的要求，帮助解决难民问题。

欧洲犹太人的劫难和战后欧洲犹太人的权利问题还使美国犹太组织认识到加强全球人权保护机制建设的重要性，一些美国犹太组织通过联合国等多边机制积极参与国际人权外交。在联合国初创时期，美国犹太人委员会、美国犹太人联合会、世界犹太人大会等组织都为人权问题积极游说罗斯福和国务院官员。美国犹太人委员会是其中最为活跃的组织。早在 1944 年 12 月该组织就以美国权利法案为蓝本，公布了有 1326 名各教派的美国名人签名、包含 6 点内容的“国际权利法案”。次年 3 月，美国犹太人委员会主席约瑟夫 M. 普劳斯库将该提案（连同其他提案）递交给罗斯福，获得他的首

① Steven L. Spiegel, “Israel and Beyond: American Jews and U. S. Foreign Policy”, in L. Sandy Maisel, eds. *Jews in American Politics*, p. 254.

肯[1]。美国犹太人委员会还努力使关于国际人权法案的提案纳入旧金山会议议程，并将其主要内容纳入《联合国宪章》。该组织领导人还与联合国人权委员会核心委员会保持密切联系，积极参加其听证会，与其他犹太和非犹太组织一起提交一系列提案，提出了国际人权机制的框架，许多内容构成了后来《世界人权宣言》（1948 年 12 月 10 日）的重要条款。另外，犹太组织和个人还努力使“种族灭绝”（Genocide）成为国际犯罪，并推动联合国通过了第一个人权公约，即《防止和惩办种族灭绝罪公约》（1948 年 12 月 9 日）[2]。随着以色列国际形象和地位的恶化，美国犹太组织还积极推动美国政府在国际人权外交中捍卫以色列。

20 世纪 60 年代中期以后，苏联在其国内推行反犹政策，引起美国犹太组织的广泛关注和强烈不满，后者要求苏联改善国内人权状况，放松对犹太人的移民限制。重要的犹太组织都积极投入并掀起一场由犹太组织主导、跨教派的“拯救苏联犹太人运动”。这些组织利用各种形式开展宣传，举行大规模集会、游行，并通过美国国会、驻苏大使、美苏首脑会晤、联合国等途径向苏联频频施压。在 1968 年 12 月 10 日联合国人权日，“救助苏联犹太人大会”征集了有 25 万人签名的请愿书提交给联合国，抗议苏联侵犯苏联犹太人的人权，违犯了《世界人权宣言》的要求[3]。到 70 年代初，美国犹太组织将运动从公关和社会运动进一步转向立法。其最重要的举措就是支持国会通过《瓦尼克－杰克逊修正案》，以苏联放松移民限制为美国给予苏联贸易最惠国待遇的先决条件。该修正案有损当时的美苏缓和，因此受到美国（尼克松）政府和苏联政府的共同反对。犹太组织、美国政府和苏联政府三方围绕苏联犹太人问题展开博弈，但最终犹

① AJC, *AJYB*, 1946, pp. 298－299.

② 许多犹太组织都积极推动联合国通过该公约，来自波兰的耶鲁大学犹太裔法学家 Raphael Lemkin 在其中起了关键作用。

③ AJC, *AJYB*, 1970, p. 151.

太组织顶住尼克松政府压力，推动修正案通过。该法案为双边正常贸易设置了障碍，使美苏缓和进程逆转。[①] 1987 年 12 月 7 日，50 多个全国性犹太组织和 300 多个地方性组织利用苏联总统戈尔巴乔夫访问美国之际，联合动员 20 万人到华盛顿游行，向苏联施压[②]。通过“拯救苏联犹太人运动”，美国犹太组织展示了高超的游说技巧和强大的动员能力，培养了人权活动骨干，建立强大的人权联盟网络，也树立了信心，成为美国人权外交中一支关键力量。

20 世纪末期，美国犹太组织积极在犹太社团开展大屠杀教育。随着“美国大屠杀纪念理事会”的成立（1978 年）和“美国大屠杀纪念博物馆”的建成（1993 年），大屠杀历史及其悲情成为美国大众文化的一部分，对美国社会伦理产生不可低估的影响。这进一步加强了美国犹太人卷入国内外人权事务的道义合法性和特殊使命感。后冷战时期，宗教行动中心、美国犹太人委员会、拉比中央大会等自由派美国犹太组织继续积极参与美国的人权外交。美国犹太人委员会下属的“雅各布·布劳斯坦人权促进会”（Jacob Blaustein Institute for the Advancement of Human Rights）就很有影响，其所长菲丽斯·盖尔（Felice D. Gaer）曾担任美国“国际宗教自由委员会”主席和联合国人权理事会美国代表。1989 年以来，“拉比中央大会”关于国际问题的决议中就人权问题频频谴责中国、苏丹、阿富汗等国。“种族清洗”这个词总是一次次地牵动犹太人敏感的神经，激发他们行动主义的激情。20 世纪 90 年代以来，美国犹太组织鼓吹并支持美国干预波斯湾、巴尔干、索马里、苏丹等国家和地区事务，成为美国推行“新干涉主义”的重要内部动力。尽管主角有异，但美国犹太组织在 20 世纪 90 年代的波斯尼亚危机和 2004 年以来的达尔富尔危机中的表现存在一些共性：这两场危机都被它们视为“种族

① See Jonathan J. Goldberg, *Jewish Power: Inside the American Jewish Establishment* (Addison - Wesley Publishing Company, 1996) pp174 - 175.

② AJC, AJYB, 1989, pp. 227 - 228.

灭绝”而大肆渲染，都将美国大屠杀纪念博物馆作为动员和宣传的象征性地点，大屠杀幸存者埃里·威瑟尔作为象征性人物都发挥了强大的道德感召力，它们在宣传、动员、游说和组织网络建构中的作用都使之成为运动中当之无愧的领导者，都对美国政府产生了强大的舆论压力并走上干预之途。

五、美国犹太人与中美关系

美国犹太人关于中国的认知，一方面体现了美国社会对中国认知的多元复杂性及其认知方式的局限性；另一方面，也受到世界其他国家和地区（尤其以色列）犹太人对华认知的影响。不同的群体对中国往往有不同的认知范式：企业界倾向于将一个开放繁荣的中国视为机遇，以高盛为代表的华尔街金融界、好莱坞电影界等与中国的利益关联尤其明显，而在这些领域犹太人都有着举足轻重的地位。意识形态色彩浓厚的人权阵营则往往视中国为美国价值观的“他者”和挑战者。持鲜明冷战思维的保守右翼阵营（如新保守派）则视中国为战略上的竞争者。全面分析和评估美国犹太人对中国的认知是比较困难的，因为美国犹太社团本身就是一个十分复杂的群体。

美国犹太人对华认知中有着许多正面的印象和看法，大致可以归纳为以下四个方面：1. 中国是一个有着悠久历史和深厚文化底蕴的国家，中犹文化有着相通和相似性。由于历史上中犹两个古老民族一直保持着传统的友好关系，许多美国犹太人对中国文化和中华民族怀有亲近感。2. 中国的发展将会改变世界地缘政治格局，并与犹太人的未来密切相关，应当致力于推动中犹关系的发展。这种看法代表了一部分美国犹太精英阶层的共识。3. 中国的发展带来了一系列的机遇和挑战，要加强与中国的接触、交流与合作。这种观点可以归纳为“与中国接触论”，这在美国政界比较务实的犹太政治精英中较有市场。犹太裔民主党资深参议员、2000年总统选举中的民主党副总统候选人约瑟夫·利伯曼就是这种观点的代表人物之一。他曾大力推动国会通过法案，支持和鼓励美国人学习汉语和中国文化。“美国犹太人委员会”曾经长期进行游说，敦促国会给予中国永久性最惠国待遇。4. 中国没有土生土长的反犹主义，因而成为犹太人的移居地，而且成了欧洲犹太难民的避难地。

但在另一方面，美国犹太人的对华认识中也存在很多负面因素，主要有以下几个方面：1. 人权问题。美国犹太人是美国自由派阵营的重要组成部分，对推进美国国内的自由主义议程和美国的人权外交均有重要影响。在美国犹太教各教派中，改革派是美国犹太人中自由主义倾向最为强烈的群体。该派积极参与美国人权外交，对中美关系也产生了一定影响。2. 台湾、西藏问题。“台独”分子和“藏独”势力在美国的影响历久难消，与一些美国犹太组织和人士的支持不无关系。一些犹太组织居然将二者与犹太人的历史或以色列争取独立的情形相提并论。3. 中东问题。近年来，随着中国在中东地区影响力的上升，中国与中东国家关系的发展也引起了美国犹太人的关注。在中以关系上，美国犹太人总体上持积极支持的态度；同时，部分犹太人士对以色列向中国出售尖端武器（如“费尔康”预警机和“哈比”无人驾驶机）持反对立场，认为这会损害美以战略关系的基础。在中国同其他中东国家发展关系问题上，一些美国犹太组织一直认为中国向伊朗、伊拉克、沙特、埃及、叙利亚等国出售武器不利于中东地区的军事平衡，也不利于以色列的军事安全。

美国犹太人内在的多元性，决定了其影响中美关系的层次、路径、方式和倾向也同样是多元复杂的。新世纪中国的崛起也正在引发美国犹太人多种多样的反应。许多美国犹太精英主张在对华政策上采取务实立场。他们认识到美国必须正视中国的发展，否则将丧失大好的机会，而且中美之间通过合作正在衍生出庞大的共同利益，这是任何一位美国政治家都无法回避的客观事实；同时，由于中国国际地位和影响力的增长，美国在朝鲜核问题、伊朗核问题、反恐、防扩散等热点问题上都需要得到中国的合作。

务实交流的立场尤其体现在经济和文化层面。首先，经济层面的务实立场。犹太人大量聚居于纽约和加州，而这两个州在经济上都与中国存在紧密联系，这两个州的重点产业（金融、IT 和电影等）都非常重视中国市场，而且犹太人在这些产业界都拥有举足轻重的地位。因此，从经济层面来讲，这些地区将中国的发展视为经济机遇，并以务实态度推动中美关系良性发展的力量一直存在。如犹太裔主导的投资公司高盛集团就对中美关系的发展有着重要影响。中美之间互为“利益攸关者”的提法正是出自佐利克之口，而佐利克曾任高盛总裁。尽管他本人并非犹裔，但他的立场也在华尔街的犹太裔金融界很有代表性。中国市场对好莱坞电影业发展的影响，也一直在影响美国电影业关于中国形象的塑造。中国的形象正在发生重要变化，这将长期影响美国社会对于中国的认知。

其次，推动文化层面的交流与理解。2005 年 5 月，参议员约瑟夫·利伯曼和参议员拉马·亚历山大（Lamar Alexander）一起提出了第 1117 号议案，即《2005 年美中文化交流法案》[①]。法案要求 5 年内从联邦资金中拨款 13 亿美元，用于在美国学校开展中文教学，增加美国领事活动经费，支持美国在华商务活动，并推进两国各方面人员进行交流等。这项法案还要求给予国务院更大的灵活性，向前来美国学术机构学习研究的中国学者发放签证。利伯曼认为：“中国的崛起带来了全面的挑战。但是，实现相互交流与理解不应该是很困难的问题”，“给我们的孩子提供学习中国语言与文化的机会将

① 美国国务院国际信息局（IIP），《美国两党参议员提出美中文化交流法案》，http：//usinfo. state. gov/mgck/Archive/2005/May/27 - 32787. html。

有助于确保他们在全球经济发展中获得更多的机会。”①

另外，犹太人的自由主义倾向，在美华人华侨反对种族歧视、争取平等公民权利的斗争中成为可资借助的同盟军。如近年来赵美心等领导的要求美国国会就排华历史向华人道歉的提案就获得了参众两院一些重量级犹太裔议员的积极支持。

在人权、防扩散等许多议题上，美国犹太人与中国之间则存在着严重的分歧。一些美国犹太精英和非政府组织也经常加入对华人权喧闹，成为中美关系中的不和谐音。“雅各布·布劳斯坦人权促进会”主席菲丽丝·盖尔（Felice Gaer）就曾在“联合国反刑讯委员会”拷问中国代表团。而且，该组织也是某些涉华人权组织的重要支持者②。

以犹太教改革派为主要成员的组织在美国对华人权外交中尤其活跃。1989 年以来“拉比中央大会”的年度大会中，改革派通过了多份以中国人权问题为主题的决议，内容涉及 1989 年春夏之交发生的“政治风波”、法轮功、西藏、苏丹达尔富尔等，具体的要求包括要求美国政府重估对华政策、要求将人权问题与经贸（如加入世贸组织）问题挂钩、要求中国“必须”执行“美国国际宗教自由委员会”制定的行动步骤等等。

90 年代以来，犹太教改革派因为西藏问题屡屡抨击中国，与达赖集团建立起了密切联系。早在 1990 年，犹太教改革派就派出代表团到达兰萨拉与达赖集团开展犹太人—西藏人对话。在 1990 年（101 届）年会决议中，改革派的“拉比中央大会”谴责了中国“入侵”西藏，污蔑中国在西藏实行宗教迫害、种族清洗、破坏环境、屠杀藏人、大肆毁坏宗教场所等一系列“罪行”，提出美国应加强对达赖集团支持并向中国施压，应邀请达赖访问白宫、在国会演讲，

① “Alexander, Lieberman Introduce Bill To Improve U. S. – China Relations”, May 26th, 2005 News Release in Washington.

② See Gary Spruch, “JBI 40th Anniversary Report”, JBI, 2011.

还要求诺贝尔委员会向达赖授予诺贝尔和平奖，还邀请达赖在CCAR年会上讲演。1998年决议的主题为西藏特设“逾越节家宴”(Seders for Tibet)问题。该决议决定设立专门的“西藏家宴委员会”。犹太民族历史极具悲情色彩的“出埃及”和“逾越节”被改革派拉比们用做支持西藏分离势力的文化象征。该委员会与“宗教行动中心”(RAC)、“国际西藏运动”等组织紧密合作。通过“逾越节家宴”的形式，改革派发起了持久的在犹太社团宣传中国“入侵”和残酷“压迫”带给西藏人“苦难”的运动。2008年3月，在西藏发生暴乱后，“西藏家宴委员会”领导人罗杰·卡门尼茨在美国犹太人中发行量最大的犹太报纸《前进》(*Forward*)上撰文，为西藏暴力活动张目辩护，罔顾事实地指称藏人走向暴力的主要原因是中国政府灭绝藏族文化、向西藏大举迁入汉人，导致藏民生活恶化等。另外，他还为达赖辩护，说达赖谴责暴力，在50年中始终走“耐心的非暴力路线”。即使立场比较温和的“美国犹太人委员会”(AJC)在2007年曾祝贺达赖获得美国国会奖章，在2008年3月暴乱发生后则支持美国国会要求中国与达赖开展对话的决议。

在苏丹达尔富尔问题上，犹太教改革派再次大出风头。2004—2007年间在达尔富尔问题上最活跃的非政府组织“拯救达尔富尔联盟”，就是由有改革派背景的“美国犹太人世界服务组织”(AJWS)与其他犹太组织联合发起建立的。萨普斯坦在“拯救达尔富尔运动”中也非常活跃，2007年12月10日，他在华盛顿的中国大使馆前举办关于达尔富尔问题的“哈奴卡火炬集会”，对中国施加道义上的压力。“美国犹太人公共事务委员会”(JCPA)领导人顾涛(Steve Gutow)拉比以及“宗教行动中心”的萨普斯坦拉比都加入公开对华施压的阵营。但与此同时，美国大多数全国性犹太组织(如AJC、AJ-Congress、ADL等)的宣传、决议文件、发言等在公开场合中小心翼翼地很少提及中国。它们期望与中国维持和发展建设性关系，仍然珍惜中犹传统友谊，仍然记取二战期间中国人民与犹太难民患难与共、相互救助的历史佳话。许多美国犹太组织的立场仍然是在推进达尔富尔问题解决的同时，维护来之不易的中犹友谊。

2008年夏，“美国犹太人世界服务组织”、“美国犹太公共事务理事会”（JCPA）、“宗教行动中心”等因包括达尔富尔、西藏在内的人权问题向美国国会和行政部门游说，要求美国抵制北京奥运会开幕式。但在激进自由派犹太组织将人权问题与奥运会相关联时，另一些犹太组织则担心着另一种关联：犹太人因人权问题而公开抵制北京奥运会，可能在从未产生本土性反犹主义的中国人中间制造反犹主义！这些主要以犹太教正统派为背景的组织反对将两者挂钩。由此，抵制奥运会的统一战线并未在美国犹太社团形成。

近年来伊朗核危机的升温也成了中国与美国犹太社团产生分歧重要因素。伊朗领导人公开否定大屠杀历史、宣称要将以色列从地图上抹去，这些极端言论使以色列对伊朗推进核项目的动机深感焦虑。犹太世界将这一问题视为一个生死存亡的问题，是类似于纳粹大屠杀的威胁。在这个问题上，美国犹太社团内部也存在高度的共识。那些强大的亲以游说集团，如“美以公共事务委员会”等，一直在推动美国对伊朗实施强硬政策，包括对伊朗实施严厉的经济制裁，划定不允许伊朗逾越的“红线”，以及终极的实施军事打击。尽管中国也反对伊朗发展和研制核武器，但中国主张以和平谈判处理伊朗核问题，也反对西方动辄制裁甚至军事打击的立场。因此，在这一问题，这一问题的分歧已经上升为中美关系中的一大分歧。

至于以犹太精英为主的新保守派，则将中国视为对美国国家利益构成“严重威胁”的“最大战略竞争对手”，曾敦促克林顿政府在人权、贸易、台湾、西藏、武器扩散等一系列问题上对中国施加高压。2001年，共和党总统候选人小布什入主白宫，新保守派因此在美国政界掌握了实权，其主要代表人物中的犹太裔官员包括国防部副部长保罗·D·沃尔福威茨、国防部负责政策的副部长道格拉斯·费思、五角大楼国防政策委员会成员理查德·珀尔等，成为布什政府外交决策层中举足轻重的人物。这样一来，以一批美国犹太人为核心力量的新保守派对中国的认识，就成了布什政府制订对华政策的重要依据，几度导致中美关系面临恶化的危险。

当然，犹太人虽然在美国政治中占据重要地位，但只是影响美国政策的因素之一。美国犹太人的主张必然要受到其他许多因素的制约，不可能完全主导美国的外交。从这个意义上看，美国犹太人在对华政策上的影响又是“有限”的。因此，决不能孤立、静止地看待美国犹太人的“中国观”对中美关系的影响。客观而言，无论其是否犹太裔，无论这些议员归属哪个党派，美国政治精英的政策立场都是由其自身利益或所代表的利益集团决定的，对华认识是政策选择过程中影响其决策的一个因素。只要中美两国关系的大格局不发生根本变化，美国犹太人的作用还不足以从根本上改变中美关系的走向。

中美合作与博弈

总结与思考：中美关系30周年回顾及展望

吴心伯

（复旦大学美国问题研究中心主任、教授）

岁月如梭。自1979年1月1日中美两国建立外交关系以来，中美关系已走过了30年的风雨历程。在这30年里，国际形势天翻地覆，中美两国各自也发生了巨大的变化，中美双边关系更如同一条奔腾的河流，越过深谷险滩，浩浩荡荡，蔚为大观。回顾过去，该如何总结这30年来中美关系的发展？正视当下，两国关系出现了哪些新的特点？展望未来，中美关系的发展趋势又将如何？

一、中美关系发展的三个阶段

自1979年以来，中美关系大致经历了3个发展阶段，在每个阶段，双边关系发展的大环境、两国的相互定位、双边关系议程、互动的基本方式等呈现各自的特点。

1979—1989年是中美关系发展的第一阶段。这是中美关系迅速发展的时期。这个阶段中美关系发展的大背景是冷战持续并逐渐走向缓和以及中国积极推进改革开放。在此背景下，中美两国彼此有比较正面的定位：美国视中国为友好的非盟国，中国则视美国为实现现代化的重要伙伴。两国在战略上的共同利益和经济合作是双边关系发展的主要动力。双边关系的议程基本上是积极的，即通过密切的政治交往以及在军事、经济、文化、科技等各个领域的合作促进各自的国家利益。就互动态势而言，虽然中美两国在国力上有很大差距，但由于中国自1980年代初即开始与苏联改善关系，中苏关系的改善比美苏关系的改善起步早，中国在中、美、苏三角关系中处于比较有利的位置，也因此在和美国的互动中占据主动，对两国关系议程的确定有较大的发言权。在这个阶段，中美关系的基本特点是：保持战略合作，加强经济合作，淡化政治分歧。

从1989年北京政治风波到1996年前后是中美关系发展的第二个阶段。这是中美关系的转折期。这个阶段中美关系的基本背景是，1989年春夏之交发生的“政治风波”使中美关系的政治支柱遭到严重削弱，冷战的终结又给两国的战略合作划上了句号。在此背景下，中美相互定位复杂化：政治上的对手，经济上的伙伴，战略上的非敌非友。中美关系的议程基本上呈现负面特征，一系列的分歧——人权问题、贸易不平衡问题、不扩散问题——使双边关系处于紧张状态。中美两国的互动态势也发生了重大变化，美国在确定双边关系的议程上获得了主动，不断向中方提出要求，中国则处于被动状态，作出了一系列重要努力以稳定和改善双边关系。这个阶段中美关系的特点是：由于1989年春夏之交发生的“政治风波”冲击，中美关系处于冷淡和紧张状态，定位不明确，走向不确定，互动的不对称性上升。

自1997年迄今为第三阶段。这是中美关系得到重新定位和获得新的发展的时期。这个阶段中美关系发展的主要背景是：中国发展势头迅猛，综合国力节节攀升，而美国则试图建立单极世界和巩固其优势地位，同时又要应付新出现的各种挑战。克林顿政府在第一任期内经历了在人权和台湾问题与中国的两场较量后，重新思考了美国的对华政策并对之进行了大的调整。新的对华政策试图跳出后

1989年春夏之交发生的“政治风波”的视角，抓住中国正在崛起为21世纪大国这一主题，谋求通过接触政策影响中国的内外政策，使中国融入现存美国主导的国际体系，接受其游戏规则，确保一个日益强大的中国成为美国的合作者而不是挑战者。1997年和1998年中美元首实现了互访，其间两国元首发表的联合声明确认双方“致力于发展建设性的战略伙伴关系”，这意味着中美关系走出了1989年春夏之交发生的“政治风波”的阴影，实现了重新正常化，并在新的时空环境下得到了重新定位。克林顿第二任期内中美关系发展的特点是：双边交往增加，合作面扩大，两国关系的基调趋向积极，但中国在双边互动中仍处于弱势。

正如我们所看到的那样，世纪之交美国国内政治生态的变化冲击着中美关系的发展。小布什政府执政之初在新保守主义和进攻现实主义思潮影响下，视中国为美国的战略竞争对手，试图以战略上的遏制和经济上的交往来应对“中国威胁”。“9·11”事件和朝鲜核问题的再度浮现，迫使布什政府在对华政策上实行策略性的调整，布什政府对中美关系的重新定位——“坦诚的、建设性的合作关系”——主要反映了美方在反恐和朝核问题上谋求中方合作的迫切需要，而应对中国崛起的新战略思维在布什第一任期内仍付阙如。2005年9月，美国常务副国务卿佐利克的演讲“中国向何处去？—从正式成员到承担责任”，提出要使中国成为国际体系中“负责任的利益相关者”，标志着布什政府对华政策上具有战略价值的新思路的出现，即接受中国崛起的现实，谋求使中国成为国际社会一支建设性的力量，共同应对全球化时代的挑战。在一定意义上，这是向克林顿政府对华思维的回归。在布什政府时期，中美关系在总体上呈上升态势，两国交往越来越频繁，合作面不断拓展，而中国在双边互动中的地位不断改善，两国关系的对称性增强。

观察这30年中美关系的发展历程，可以得出如下结论。首先，国际环境仍是影响两国关系发展的主要因素。如果说中国主要是从国内视角看待中美关系的话，美国则更多地是从国际视角看待对华关系，因此国际环境的变化直接影响到美国外交议程的设定和中国在美国外交中的地位。其次，国内政治也对双边关系的发展产生了重要影响。它影响了彼此对对方的看法，以及对对方政策的制定过程。在冷战结束以后，美国国内政治对中美关系的影响还呈现出周期性的特征。第三，台湾问题仍是中美关系中挥之不去的问题。1980年代初的美国对台军售问题、1990年代中期的李登辉访美事件和台海危机，以及21世纪初中国的反“台独”斗争，都给中美关系的发展留下了重要的印记。第四，中美交往的深化和合作领域的扩大是两国关系发展的基本动力。在1990年代初，由于1989年春夏之交发生的“政治风波”和国际格局的变化，支撑双边关系的主要是两国比较有限的经济合作和国际合作，中美关系发展的动力明显不足。然而，随着中国经济的迅猛发展，中美经济纽带大大加强，相互依存程度显著上升。同时，随着中国国际影响的扩大，两国在国际问题上的合作也成为双边关系发展的亮点。中美关系发展的动力越来越强劲，也越来越多元。

二、中美关系的新特点

当中美关系步入而立之年之际，它所呈现的一系列新的特点值得我们审视和思考。

首先是中美经济相互依存的深化和对称性的增强。中美经济相互依存是随着中国的改革、开放、发展而不断深化的。美国始终是中国经济现代化的重要伙伴，中国在出口市场、外来投资和技术引进方面对美国多有借重。但在相当一段时间内，中国对美国的经济意义并不突出。美国发展对华经济关系的考虑既有政治上的，也有着眼于中国未来经济潜力的成分。中美经贸关系的不对称性突出。

但是经过过去10年的发展，中美经济相互依存已达到令人叹为观止的程度，美国在经济上对中国的借重也大大上升。如今中国已是美国第二大贸易伙伴、第二大出口市场，同时也是美国增长最快的海外市场，美国则是中国第二大贸易伙伴、第二大出口市场，以及第四大外资来源。此外，中国还是继日本之后美国第二大债权国。中国在帮助美国政府为其巨额财政赤字和收支平衡赤字筹措资金上发挥着关键性作用，是美国巨额财政赤字的“重大平衡者”。不仅如此，中国持有大量美元资产使得美国得以维持较低的利率水平，从而为美国的经济增长作出了贡献。当前中美经贸关系所展现的图景是：世界上最大的发达国家和世界上最大的发展中国家形成了前所未有的经济相互依存，它在结构上呈现出多元性和不断增强的对成性。①

其次是中美关系的国际化。中美关系的第一次国际化发生在1972年，当时尼克松的中国之行不仅结束了中美两国20余年的敌对，也开启了国际战略格局的中美苏大三角时代，中美关系因此而具有全球战略意义。然而，随着冷战的结束和苏联的解体，中美苏战略大三角不复存在，中美互动主要在双边和有限的地区层面上进行。但是全球化的发展催生了越来越多的跨国问题，解决之道端赖国际社会的通力合作。另一方面，为反恐和伊拉克战争所困的美国也愈来愈认识到其力量的有限性。到了布什第二任期，美国决策者意识到，美国虽然是强大的，但却不是万能的，它无力独家应付所面临的挑战，也无法完全按照自己的意愿解决这些问题。美国不得不谋求国际社会尤其是主要力量中心的协调与合作。中国国际影响力的扩大及其在处理一系列重大国际问题上所表现出的负责任态度，使美国的决策者希望借助中国的力量来解决它单独或共同所面临的

① 关于这个问题的论述，参见吴心伯：“中美经贸关系的新格局及其对双边关系的影响”，《复旦学报》，2007年第1期，第1－10页。

挑战。正是在这一背景下，中美两国关系的外延向国际层面拓展和延伸。今天，中美之间频繁的外交互动越来越多地是应对双边关系之外的国际和地区问题——从朝核问题到缅甸问题，从伊朗问题到苏丹达富尔问题。正如胡锦涛主席所指出的那样，“中美关系已远远超出双边范畴，越来越具有全球意义”。[①] 这标志着中美关系的重新国际化。

第三是中美安全关系的复杂化。冷战结束后，中美安全关系一度处于不确定的状态。1996 年发生台海危机后，美国军方开始认真考虑在台海与中国发生军事冲突的可能性，对中国的军事关注上升。[②] 1990 年代后期，为了遏制日益猖獗的“台独”势力，中国加快了军事现代化的步伐，中国军事力量的增长进一步引起了美国的警觉。自 2000 年开始，美国国防部长办公室每年（2001 年除外）都要发表一份《中国军力报告》，《报告》的主要关注点是中国军事力量的发展状况及其所产生的影响。这是后冷战时代美国唯一针对单个国家定期发表的军力报告，在此之前，美国只是在冷战时期针对苏联发表过类似的报告。美国对中国军事力量发展的警觉可见一斑。随着中国军事能力的提升，美国对华军事判断也日趋严峻。2006 年的《中国军力报告》断言：“中国的军事扩张已经改变了地区军事平衡。中国战略核力量的现代化、地基和海基战区阻断能力以及精确打击武器的长期发展趋势，已经给该地区的现代军事作战行动带来了巨大的潜在威胁。”[③] 美国军方同年发表的《四年防务评估报告》更直言，“在主要的新兴大国中，中国是最可能与美国发生

---

① 中华人民共和国外交部政策研究司编：《中国外交》，世界知识出版社，2006 年版，第 254 页。

② 参见吴心伯：《太平洋上不太平－后冷战时代的美国亚太安全战略》，复旦大学出版社，2006 年版，第 108－109 页。

③ U. S. Department of Defense, *The Military Power of the People's Republic of China – 2006*, "Executive Summary", p. I.

军事竞争的国家”。[1]

显而易见，中国军事力量的上升引起了美国的战略不安定感。美国首先担心的是中国增长的军事实力，尤其是其战略力量会削弱美国的军事优势，而保持这种优势乃是冷战结束后美国国家安全战略的重要目标。其次，美国担心它主导东亚地区安全事务的能力——包括干预台海事务的能力——受到挑战，而美国对本地区安全事务的主导是二次世界大战以后亚太地区战略格局的一个显著特征。此外，美国还担心中国军事能力尤其是针对台湾的军事实力的增长，使大陆在两岸军事力量对比中处于优势地位。这有可能造成中国领导人的误判，从而倾向于以武力解决台湾问题。由此，如何应对一个军事上越来越强大的中国，成为21世纪初美国安全战略、军事战略的新的重大课题。中国随着经济实力的发展以及出于国家安全的需要，将会继续稳步推进国防现代化，而美国对中国军事力量提升的负面反应——不论是吓阻还是防范——反过来又会影响中国对其安全环境和国防需要的判断，这些复杂的相互认知和安全互动正是中美安全关系复杂性的体现。

第四是中美互动的强化和机制化。随着中美关系的发展，两国之间需要解决的问题越来越多，合作的领域越来越广，这就需要两国之间开展越来越频繁的互动，并将这种互动机制化。这首先反映在中美两国最高领导人互动频率的增加上。据不完全统计，从2001—2008年12月，中美元首会晤达18次之多，平均每年2次以上，而在1991—2000年间，两国元首会晤只有11次，平均每年1次左右。此外，从2001—2008年12月，中美元首共通话30余次，平均每年3次以上，而在1991—2000年间，中美元首通话不到10次，平均每年不到1次。[2] 两国最高领导人之间的频繁互动，首先有助于

---

① U. S. Department of Defense, *Quadrennial Defense Review Report*, February 6, 2006, p. 29.

② 上述数字根据1991—2008年12月《人民日报》的报道统计得出。

增进相互理解和建立互信，培育两国关系发展的政治意愿。布什总统就多次公开表示对他和胡锦涛主席之间形成的良好的工作关系感到满意。此外，两国领导人的接触还能推动在一些棘手问题上取得突破，直接提供双边关系发展的动力，这是一般工作层面的接触所不能比的。其次是两国对话与交流机制的数量大幅上升。这些以对话、论坛和工作组会议等形式进行的交流机制——中方统计是 60 多个，美方统计是 50 多个——涵盖政治、经贸、军事、司法、科技、文教等诸多领域，涉及从航空到反恐、从食品安全到不扩散的广泛议题，参与交流的既有部长级高层官员，也有工作级别的专业人员。中美战略经济对话、中美战略对话、中美商贸联委会、中美国防部防务磋商、中美海上军事安全磋商机制、中美执法合作联合联络小组等，是众多中美互动机制中的亮点，在沟通彼此关切、推动解决两国间的分歧、扩大和深化两国合作方面发挥着重要作用。温家宝总理在评价中美日益增加的互动机制时说："中美之间各种对话和磋商机制已超过 60 个，特别是中美战略经济对话和战略对话机制，为增进双方战略互信发挥了重要作用。"①

中美关系上述新特点的出现，从根本上说是中国综合国力上升和全球化发展的结果。中国经济能量的增大提升了中美经济相互依存度，并减少了依存的不对称性。中国综合国力的上升使中国的国际联系更加广泛，影响不断扩大，从而导致美国在解决一系列国际和地区问题上谋求中国的合作。中国国防现代化的推进和军事能力的增强使其成为美国战略规划中越来越重要的因素，美国决策者固然会加强对中国的关注和防范，但也会在处理对华关系特别是涉及中国的核心国家利益方面更加谨慎从事。最后，中美互动的强化和机制化表明中国在美国外交议程上地位上升，中国对美国实现其国

---

① 温家宝："继往开来，共创中美关系更加美好的明天－在美国友好团体欢迎午宴上的演讲"，2008 年 9 月 23 日，纽约，外交部网站，http：//www/fmprc. gov. cn/chn/wjdt/zyjh/t471276. htm.

家利益目标越来越重要。另一方面，全球化的发展也给中美关系打下了鲜明的烙印：中美经济联系的加深本身就是全球化推动的结果；全球化所催生的众多国际和跨国问题导致了中美关系向国际层面的延伸；中美互动的强化和机制化则反映了全球化时代外交的新特点，即相互依存的加深需要国家间通过更多的接触和沟通来协调彼此的利益，妥善处理交往中所出现的问题。

三、展望中美关系的走向

思考中美关系的走向，首先涉及到对未来国际环境和中美力量对比变化的判断。当前国际形势变化的基本趋势是：国际力量结构的多元化趋势越来越明显，这导致了美国优势地位的弱化和主导世界事务能力的下降；国际和跨国问题增多，需要包括中美两国在内的各主要力量中心的合作；着眼于合作与协调的国际规范和机制进一步发展，对各国政策的制约和导向功能增强，强国凭借实力优势推行单边主义的空间在缩小。因此，国际形势总体上需要中美两国加强合作与协调，这有利于双边关系的发展。从力量对比看，虽然美国仍将在综合国力上遥遥领先中国，但在中国预期能够继续保持较快的发展态势的情况下，两国的力量差距会不断缩小，[①] 中国在处理对美关系上拥有越来越多的可资利用的资源，两国关系的不对称性下降。这对中美关系的稳定和发展是有积极作用的。

展望下一个10年甚或更长的时间，随着国际形势以及中美各自内外政策的变化，以下议题有可能在双边关系的议程上凸显。

---

① 例如，美国卡内基国际和平基金会最近发表的一份研究报告指出，中国的经济规模将在2035年赶上美国，并在本世纪中叶达到美国的2倍。Albert Keidel, "China's Economic Rise - Fact and Fiction," Carnegie Endowment for International Peace, *Policy Brief* 61, July 2008.

首先，随着中国特色的现代化之路取得越来越大的成功并越来越为世人所肯定和借鉴，中美之间的发展模式之争可能会变得突出。这种模式之争，不管是称之为“北京共识”对“华盛顿共识”，抑或“专制资本主义”对“自由资本主义”，反映了美国对后冷战时代推广其制度和价值观受挫的焦虑和不安。为了推广其情有独钟的发展模式，美国的一些舆论和政策精英有可能打着“捍卫民主”的旗号，在美国和西方唤起某种意识形态的狂热。[1] 这种发展模式之争将有可能取代后冷战时代中美在比较狭隘的人权和民主问题上的纠葛，上升为冷战式的制度之争和意识形态之争。

其次，中美在亚洲尤其是东亚的格局之争可能会显山露水。随着中国在本地区影响力的扩大和积极推进各种形式的地区合作，中国在地区格局的塑造过程中不可避免地将发挥越来越大的作用。美国长期以来把对亚太地区事务的主导能力视为其在本地区利益的一部分，因此极力提防其他国家尤其是中国地区影响力的上升。近年来，美国已直言不讳地对中国在地区事务中扩大的影响力表示担忧，并谋求通过其在本地区的盟友来牵制中国在地区事务中的作用。奥巴马上台后高调宣布“重返”东南亚，并谋求参与东亚地区合作进程。可以预期的是，随着中国在地区格局塑造中作用的上升，美国对中国的防范和牵制力度会相应的增大，手段上也会有新的变化，中美在本地区的竞争态势有可能会进一步凸显。

第三，中国在世界其他地区影响力的扩大也会成为中美之间新的纷争之源。随着中国经济的发展，中国与中东、非洲和拉丁美洲

① 关于近年来对这个问题的论述，参见 Azar Gat，“The Return of Authoritarian Great Powers，” *Foreign Affairs*，Vol. 86，No. 4（July/August 2007），pp. 59 – 69；Robert Kagan，“The world divides… and democracy is at bay，” *The Sunday Times*，September 2，2007；Harry Harding，“Blazing a New Trail，” *China Security*，Vol. 4，No. 2，Spring，pp. 7 – 8；Condoleezza Rice，“Rethinking the National Interest，” *ForeignAffairs*，Vol. 87，No. 4（July/August 2008），pp. 2 – 26.

的经贸联系日益密切，政治交往不断加深。客观地看，中国与这些地区的政治经济联系有助于该地区的繁荣与稳定。但是一些保守的美国观察家却抱怨中国进入这些地区与美国竞争经济和政治利益，指责中国为一些所谓“无赖国家”、“独裁政权”撑腰，使它们更有恃无恐地挑战西方的价值规范，更有甚者，要中国对一些国家内部的政治和社会冲突负责。凡此种种，预示着伴随中国在世界范围内利益联系的拓展和影响力的扩大，中美在某些地区的经济、政治、战略利益上的分歧会有所加剧。

第四，随着世界范围内对能源问题、气候变化问题、环境保护问题关注力度的增大，这些问题在美国外交日程上将占据更为优先的位置。当美国对环境保护、能源安全和气候变化等全球性问题采取更加积极的态度时，它会向中国施加更大的压力，2012 年中美围绕哥本哈根气候变化大会的交手就是一例。作为一个发展中国家，发展经济、改善民生是中国的当务之急，但另一方面，能源和环境的制约会越来越强烈，而来自美国和国际社会的压力只会加剧这种制约。在某些情况下，中美之间在这些问题上的分歧和斗争可能会变得尖锐化。

此外，随着中国国际影响的扩大和更加积极地参与国际游戏规则的制定，中美关系将不可避免出现多边问题双边化的现象，中美在多边问题上的分歧会反馈到双边互动中。这些有可能困扰中美关系的问题包括：应如何推进联合国安理会的改革、联合国该如何重新确定对主权国家内部问题的干预形式和力度、如何确定新的世界贸易规则、如何推进国际军控和裁军、如何防止外空的武器化等等。随着这些问题在国际政治、经济和安全议程上的突出，中美双边议程也会产生“共振”现象。

从美国对华政策的角度看，美国政策精英对中国和中美关系的态度变得更加务实。华府的决策者认识到，美国不能阻止中国的崛起，而只能加以“引导”；美国不能改变中国的政治体制或将自己的价值观强加于中国，美国对中国的政治压力所产生的效果是有限的；在敏感的台湾问题上，有一条不能逾越的红线，那就是美国不能支持台湾独立。[①] 美国大多数政策精英相信，中国现在并不是美国的敌人，也无意寻求与美国对抗，而明智的对华政策就是要确保两国今后也不会走向对抗。他们也认识到，美国国家利益的实现越来越取决于中国的合作，因此最符合美国国家利益的对华政策就是扩大中美合作。在这个意义上，美国在对华政策上的两党分歧正在缩小。这一点在 2008 年的美国总统大选中表现得很明显。不管是奥巴马还是麦凯恩，都认知到中美关系的基础是两国间的共同利益，都强调需要谋求中国的合作来解决一系列重大问题。[②]

另一方面，美国仍对中国的发展感到不确定。[③] 中国的发展目标是什么？将如何实现其目标？中国国内政治变化的前景如何？中国将怎样面对复杂的国内问题的挑战？中国的对外意图和行为将如何变化？中国将如何发展其军事能力，又将如何使用它？怎样看待中国对美国国家利益的复杂影响等等。美国对华政策的辩论主要就是

---

① 例如，布什总统在 2008 年夏来华参加北京奥运会前接受记者采访时表示，两岸关系“对中国政府而言非常敏感”，“美国在这个问题上有红线，那就是（台湾）不能单方面宣布独立”。“Roundtable Interview of the President by Foreign Print Media,” July 30, 2008，白宫网站，http://www.whitehouse.gov/news/releases/2008/07/print/20080731-7.html.

② 奥巴马和麦凯恩都曾在美国《外交》季刊撰文阐述各自的外交理念。奥巴马在谈到对华政策时表示，“我也会鼓励中国作为一个上升的大国扮演负责任的角色 - 在应对 21 世纪的共同问题方面起带头作用。我们在一些领域与中国竞争，而在另外一些领域与中国合作。我们面临的主要挑战是建立既能扩大合作又能提升我们的竞争力的关系。”麦凯恩在谈到中美关系时表示，“中国和美国并不注定成为敌手。我们有众多一致的利益。美中关系能惠及两国、亚太地区和世界。” - Barack Obama, “Renewing American Leadership,” *Foreign Affairs*, Vol. 86, No. 4 (July/August 2007), p. 12; John McCain, “An Enduring Peace Built on Freedom - Securing America's Future,” *Foreign Affairs*, Vol. 86, No. 6 (November/December 2007), p. 29.

③ 参见美国世界安全研究所《中国安全》季刊于 2008 年初推出的一组文章：“Debating China's Future,” *China Security*, Vol. 4, No. 2, Spring, pp. 3 - 26.

围绕着如何认识这种不确定性以及怎样在政策层面做出反应所展开。美国民主、共和两党之间、府会之间、温和派与强硬派之间在对华政策上的分歧，一定程度上也是基于对中国发展的不确定性的不同解读。

总体而言，今后10—15年的中美关系的基本态势将是：继续保持发展的良好势头，合作面扩大；基本稳定，不会大起大落；双边关系进一步转型，重新制定游戏规则，建立新的合作与管理机制；中方所处地位越来越有利，在双边互动中采取更多主动。中美关系将更好地服务于我国家利益。

世博会中的美国因素

薛　华

（复旦大学国际问题研究院学术研究中心主任）

美国对于世博会的参与，在不同的历史阶段体现出不同的特征，也展现出不同的影响力。鉴于参与世博会是一项综合、系统的国家层面的工程，因此，从美国参与世博会的历史入手，进而分析美国在当前历史阶段参与世博会的目标和模式，对于了解美国在参与世博会的背后所隐藏的公共外交战略、手段的演变，具有极强的参考价值。同时，考虑到美国在当今世界上具有全方位的深刻的影响力，它参与世博会的态度对于这项国际展会的成功举办、美国自身的国际形象以及它与相关国家之间的关系有什么样的影响，也值得我们加以系统讨论。

本研究分为四个部分：第一部分简要梳理美国参与世博会的历史；第二部分重点对美国在当前历史阶段参与世博会的特点进行分析，探讨其所折射出的国内政治现实和战略目标、具体模式及影响力；第三部分以前面的历史和逻辑分析为基础，具体分析美国参与中国2010年上海世博会的实例，验证美国当前参与世博会的战略思考、实施模式以及相关影响，并由此探讨它此次参展的新特点和新启示；第四部分在总结全文的基础上，对未来美国参与世博会的状况进行分析和预测。

由于早年的世博会欠缺国际公约和管理机构的约束，举办的自发性和随意性较大，本研究将主要以经过注册或得到认可的世博会作为研究对象。

一、美国参与世博会的历史

要对美国主办或参展世博会的历史进行科学的分析，不仅要考虑 19 世纪中期以来世界历史不同发展阶段的特点，也要结合美国在国际社会中的实力和地位的消长变化来进行研究。大致来看，美国参与世博会的历史可以分为以下几个阶段：

（一）欧主美从时期（1851—1875）

自 1851 年第一届世博会开始，直到 1876 年美国费城举办其首个获得认可的世博会之前，世博会的主角一直是英、法等欧洲强国。英、法各主办了 2 次世博会，法国更宣布要连续主办 5 次世博会。但是，美国人从一开始就积极参与此项盛会，把方兴未艾的世博会当作展示国际形象、提升国际地位的重要途径。①

（二）欧美共同主导时期（1876—1939）

这个阶段有两个特点值得关注：一是美国国力的大幅跃升；二是世博会日渐抢手，各国竞相主办。美国 1893 年在芝加哥主办其第一个得到认可的世博会，这时它的经济实力在世界上已经排名第四了。到了 1894 年，它的 GDP 已经跃居世界第一。另一方面，由于世

① 关于美国参加 1851 年伦敦世博会、1853 年纽约世博会和 1873 年维也纳世博会的情况，分别参见 http：//2010. qq. com/a/20090330/000041. htm，http：//www. hudong. com/wiki/1873% E5% B9% B4% E7% BB% B4% E4% B9% 9F% E7% BA% B3% E4% B8% 96% E5% 8D% 9A% E4% BC% 9A，和 http：//www. hudong. com/wiki/1873% E5% B9% B4% E7% BB% B4% E4% B9% 9F% E7% BA% B3% E4% B8% 96% E5% 8D% 9A% E4% BC% 9A。

博会承袭了英国自行决定主办的范例，并且很多国家认为世博会名利双收，所以竞相争办。20 世纪的头 8 年里各国就举办了 10 次世博会。[①] 与此同时，世博会也吸引了越来越多的观众。[②]

世博会风气盛行，实力日益壮大的美国自然要好好利用。在此期间，美国总共主办过 7 次得到认可的世博会，而法国在巴黎总共主办过 5 次，老牌世博会主办国英国只主办了 1 次，在主办世博会的次数上，美国也可以和欧洲大陆平分秋色。在参观人数上也是如此，虽然 1900 年巴黎世博会的参观人数达到创纪录的 5000 万，但是 1926 年费城世博会和 1939 年纽约世博会也分别吸引了 3600 万和 4500 万名参观者。[③] 因此，可以说美国和欧洲大陆共同主导了这个阶段的世博会展览事务。

（三）沉寂期（1940—1961）

这个时期，由于国际政局动荡和二战的影响，只有比利时的布鲁塞尔在 1958 年主办过一次世博会，美国参与了本次世博会。但是，总体来说，美国在这个阶段对主办或参与世博会并没有多大兴趣，这一方面是因为它不得不疲于应付二战和朝鲜战争，另一方面，世界各国对世博会意兴阑珊也影响了美国对于主办或参与世博会的热情。

（四）主动出击时期（1962—1990）

如果不是冷战需要，美国或许不会重燃对于主办和参与世博会的激情。1957 年苏联发射了人类历史上第一颗人造卫星，这在很大

---

① 参见网站 http：//news. sina. com. cn/c/sd/2010 – 04 – 20/092220112177 _2. shtml.

② 参见 2000 年德国汉诺威世博会官方网站 http：//www. expo2000. de/expo2000/geschichte/detail. php? wa_ id = 8&lang = 1&s_ typ = 5.

③ 参见 2000 年德国汉诺威世博会官方网站 http：//www. expo2000. de/expo2000/geschichte/detail. php? wa_ id = 14&lang = 1&s_ typ = 5.

程度上刺激了美国，使后者决定与苏联展开全方位的竞争。为此，美国在 1953 年专门成立美国新闻署（United States Information Agency），积极开展参与世博会等公共外交事务。[①]

1962 年到 1984 年之间的 22 年里，世界上总共举办了 11 次综合或专业世博会，其间美国就主办了 5 次，同时积极参与别国主办的世博会，在积极参与世博会事务方面可谓独领风骚。[②]

给美国积极参与世博会的雄心壮志当头一棒的，是其 1984 年举办的新奥尔良世博会——这届世博会由于经营不善，中途便因为巨亏 9000 万美元而宣布破产[③]，直到政府出手才渡过难关。这次世博会成为唯一中途破产的世博会，此后美国便再也没有主办过世博会。

（五）后冷战阶段（1991—）

随着柏林墙的倒塌和苏联的解体，美国失去了冷战的对手，负责展会外交的美国新闻署更是向国会提交报告，认为频繁的、昂贵的展会丧失了政治和经济意义。因此，美国国会在 1991 年通过法案，禁止美国政府动用公共资金参加世博会等国际展会。[④] 1999 年，

① 参见原美国信息局官方网站 http：//dosfan. lib. uic. edu/usia/.

② 关于美国积极参与 1962 年西雅图世博会和 1967 年蒙特利尔世博会的情况，参见 2000 年德国汉诺威世博会官方网站 http：//www. expo2000. de/expo2000/geschichte/detail. php？wa_ id = 16&lang = 1&s_ typ = 37，和中国网 http：//www. china. com. cn/expo/2009 – 02/22/content_ 17316796. htm.

③ 参见人民网 http：//www. people. com. cn/GB/paper66/8815/822920. html.

④ 参见 *The Mutual educational and cultural exchange act* 或其他法律有规定外，美国在国际展览局注册的国际博览会或世界展览会世博会上建造美国馆或者参展其他主要展出时，美国国家部门不承担义务或者拨款不会超过明确授权及拨款用作此用途。”（Except as provided in subsection（b）of this section and notwithstanding any other provision of law，the Department of State may not obligate or expend any funds appropriated to the Department of State for a United States pavilion or other major exhibit at any international exposition or world's fair registered by the Bureau of International Expositions in excess of amounts expressly authorized and appropriated for such purpose.）参见 http：//www2. ed. gov/about/offices/list/ope/iegps/fulbrighthaysact. pdf.

美国新闻署（除国际广播局外）正式并入国务院。

自此以后，美国参与世博会举步维艰。2000 年德国汉诺威世博会和 2008 年西班牙萨拉戈萨世博会上，美国都由于无法筹集到参展资金而只好做壁上观；[①] 2005 年爱知世博会上，美国勉强参展，但是展馆中不得不为最大赞助商丰田公司建造了豪华的观礼室，而后者喧宾夺主，盖过了主展区的风头。[②]

二、美国当前阶段参与世博会的主要特点

长期以来，国际上都有相当一部分人对于世博会本身的价值表示怀疑。正如曾经担任法国驻国际展览局的代表加洛潘（Marcel Galopin）在其著作《20 世纪世界博览会与国际展览局》（*International Exhibitions in the 20th century and the International Exposition Bureau*）中所说：“自国际展览局成立和 1935 年布鲁塞尔博览会以来，观察家或者颇有影响的评论家们不止一次地预言，即使不说博览会漫长的传奇行将结束，至少也要宣称上一届博览会是该类博览会的绝唱。”[③]

（一）世博会“过时论”的背景及影响

上述“过时论”在美国表现得尤其强烈，其中的原因大概可以归结为四个方面：1. 美国在国际上领先地位的确立。冷战之后，美国的政治、经济和军事实力在世界上都首屈一指，因而借助世博会

① 参见网站 http://www.istis.sh.cn/list/list.aspx? id=5103.

② 参见 http://www.planetizen.com/node/38383.

③ 加洛潘：《20 世纪世界博览会与国际展览局》，钱培鑫译，上海：上海科学技术文献出版社，2005 年版，见《中国周刊》网站 http://www.dooland.com/magazine/article_49264.html.

来展示自身形象的要求也就不再像以前那样迫切；2. 冷战对手的消失。由于“华约”解散和苏联解体，世博会作为冷战手段的功能几乎丧失殆尽；3. 信息网络技术的突飞猛进。日新月异的信息技术为人们了解外在世界提供了便利快捷的途径，相比之下，实物展览耗费巨大，而且参观会受到门票、人流、交通以及天气等各种因素的制约，其价值难免受到怀疑；4. 世博会短期的、直接的经济亏损。有人对从1851年伦敦世博会到1985年爱知世博会之间举办的88次世博会（包括得到认可的和自行举办的）的财务状况进行粗略的统计，8届收支平衡，33届盈利，47届亏本。[①] 美国1984年新奥尔良世博会更是中途破产。虽然很多人认为，世博会短期的、直接的亏损并不能反映世博会长期的、综合的经济价值，但是，视选票为生命的国会议员们不得不重视民众的反对，从而投票限制政府出资参与世博会的行为。

在世博会“过时论”的影响下，美国不仅立法限制政府资助参加世博会，将美国新闻署并入国务院，它在2001年更是退出了国际展览局，并宣布不再在美国国内举办世博会。[②]

另一方面，我们也要看到，美国政坛和社会各界很多人仍然重视世博会在政治、经济和文化等领域的重要影响。积极参与世博的态度和世博会“过时论”构成了美国现阶段参与世博会的一对主要矛盾。可以说，美国在1991年之后对于每届世博会的参与状况无不是美国各界在这对矛盾下博弈的结果。

（二）美国当前阶段参与世博会的战略目标

在当前阶段，尽管动用政府预算参与世博会困难重重，但是美国政界和民间许多有识之士仍积极推动参与世博会，这主要出于以

① 参见中国交通技术网 http：//www.tranbbs.com/Techarticle/TEconomy/Techarticle_72583.shtml.

② 参见新浪网 http：//finance.sina.com.cn/roll/20100419/01027774592.shtml.

下思考：

首先，维护与世博会主办国之间的友好关系。毋庸置疑，鉴于美国在当今世界事务中的重要影响力，世博会主办国总会把美国参与世博会当作一项重要的指标，从而积极争取美国的参与。在这样的情形下，尽管有国内法律的制约，美国政府也不得不充分考虑其与世博会主办国之间的关系，考虑主办国政府和民众的期待，往往会旗帜鲜明地表明积极参与的态度。以 2000 年汉诺威世博会为例，为彰显美国对其重要欧洲盟友德国主办千年世博会的强力支持，美国前总统克林顿早在 1997 年就宣布参展，[①] 随后美国宣布要建一座最大的场馆。后来在这一目标达不到时，美国提出要在世博园区举行庆祝国庆仪式和其它文化活动。再后来，美国驻德国大使馆和总部设在波茨坦的 Artemedia 公司宣布要建一个缩小版的美国馆。[②] 虽然这个方案也因为筹集不到 700 万美元的经费而被放弃，美国国务院发言人鲁宾又表示美国将以多种形式参与那届世博会。[③]可见美国政府在不利形势下为维护两国关系所作的努力。

其次，推动公共外交，展示国家正面形象。在当今全球化和信息化不断深化的时代，普通民众和社会团体等各种政府外主体的影响不断扩大，因此，如何通过文化交流来展示本国软实力，影响外国民众，弱化或转化他们对本国的负面情绪，提高他们对本国的好感度，扩大对本国友好的人群，是现阶段各国政府面临的重要课题。冷战以后，美国国务院成为美国主管公共外交的主要机构，历届国务卿都非常重视公共外交的功能。奥尔布赖特声称“文化项目在增

① 参见 http：//americasbesthistory. com/abhtimeline2000. html。汤丽蓉曾经撰文称克林顿总统 1993 年就确认参展（《美国缺席 2000 年汉诺威世博会》，见上海情报服务平台 http：//www. istis. sh. cn/list/list. aspx？ id =5103），显然有误。

② 参见 http：//findarticles. com/p/articles/mi_ pwwi/is_ 20050229/ai_ mark06008503/.

③ 参见新浪网 http：//news. sina. com. cn/world/2000 -4 -13/81525. html.

强其他国家对美国的认同方面具有不可替代的价值”[①]，鲍威尔则说“没有它（公共外交）促进的相互了解和信任，美国外交就不可能成功地追求自己的战略目标”。[②]

最后，展示经济科技成就。由于信息技术的快速发展，世博会通过实物展品来展示经济科技成就这一传统功能已经大为弱化，因此，国政府参与世博会的目标主要集中在前两点，而展示新产品、新技术并提高公司知名度则主要是美国参展赞助商的要求。从2005年爱知世博会和2010年上海世博会美国馆场馆的布局情况看，美国政府主导的部分以宣扬美国社会文化价值观为主，而赞助商主导的部分则着眼于商业宣传。

（三）美国当前阶段参与世博会的模式

冷战结束之前，美国主办或参与世博会得到美国联邦政府或地方政府的财政支持，因此其参与模式一直是由政府主导。冷战结束以后，由于参展日益依赖于企业界的支持，美国参与世博会的模式发生了根本性的变化，开始采用“政府－民间合作模式”（public－private partnership）来参与世博会。这种新的模式具有以下特点：

1. 在是否参展问题上，参展世博会的决策由政府作出，但是最终能否参展则要看民间筹款的结果。1997年时任总统美国克林顿和德国总统施罗德确认美国参加2000年汉诺威世博会，2003年时任总统小布什和小泉确认参展2005年爱知世博会，但是克林顿就因为民间筹款失败而不得不收回承诺。

2. 在参展组织结构上，作为国家参与世博会政治代表的展区总代表由政府任命，但是筹款和场馆运营由独立的非官方机构（通常

① Madeleine K. Albright, “Remarks at Dinner for White House Conference on Diplomacy and Culture”, U. S. Department of State, November 27, 2000.

② Colin Powell, “Cultural Action and National Interests”, in U. S. State Department, Bureau of Educational and Cultural Affairs, p. 8.

是成立一个专门的公司）负责。2004 年 7 月，美国国务院授权“爱知 - 美国 2005 世博会公司”（Aichi - USA 2005 World Exposition In.）负责参展 2005 年世博会的筹款和运营事宜。[①] 2008 年 3 月，美国国务院再次授权“上海世博 2010 公司”（Shanghai Expo 2010 In.）独家负责上海世博会美国馆筹款和运营事宜。[②]

3. 场馆展出空间安排和运营必须平衡政府和赞助商的要求。一般来说，美国馆展出的主体部分服务于国家参展的目标，而赞助商则根据出资份额不同，在馆内得到一定的展示空间，或举行一些商业活动。比如 2005 年爱知世博会美国馆主展厅播映关于富兰克林的影片，鼓吹美国精神，最大赞助商丰田公司则精心装饰了一个豪华的商务厅。

（四）美国当前阶段参与世博会的影响

作为当今世界上唯一的超级大国，美国是否积极参与某届世博会，在不同程度上影响到美国的国际形象、它和展会主办国各自的国民舆论和双边关系、这届展会整体的效应以及世博会未来发展的前景。

1. 美国参展态度对其国际形象具有直接的影响。作为一个众所瞩目的国家，美国参与世博会的态度必然受到人们的审视，人们会借以判断美国参与国际事务的意愿、诚意和着力点。美国缺席 2000 年世博会时，有人就批评美国在世博会只有公司的商业化展示，从而在重要国际舞台上自动缺位。[③] 也有人认为美国对于参与世博会的

---

① 参见“U. S. Pavilion Background：Public/Private Partnership Briefing，Sept. 2004”，见美国 2005 年爱知世博会官方网站 http：//www. uspavilion. com/pavilion/index. htm.

② 戴闻名：“世博美国馆：迟到后的高调报到”，见《东方瞭望周刊》，2009 年第 30 期，上海：瞭望东方传媒有限公司，第 64 页。

③ Jack Severson：“Lack of U. S. pavilion doesn't detract from Expo 2000 world's fair”，见美国第二大报业集团 Knight Ridder/Tribune News Service2000 年 7 月 17 日网络文章：http：//www. highbeam. com/doc/1G1 - 63518258. html.

冷漠在某些专家当中引起反美情绪，并减低了美国在外交领域的影响。[①]

2. 美国参展态度对其与主办国的双边关系具有重要影响。以2000年汉诺威世博会为例，是时任德国总理施罗德为争取美国参展，就曾亲自写信给克林顿总统寻求支持。[②]对于美国的最终缺席，德国基民盟联邦议员普夫吕格尔在华盛顿愤怒地表示：美国拒绝参加世博会是对于德国是“一个耻辱”，是对德国的“不尊重”。另一位联邦议员则发表谈话说，美国特派员解释不参展是由于“费用太高”，不过是一个托辞，因为参展是尼泊尔这样的小国都能做到的事，美国缺席最主要的原因是没有“诚意”。虽然主办方最后发表声明，称美国缺席并不妨碍美国民众参观世博会，但是美国不兑现承诺还是给两国关系和德国各界的情感造成很大的伤害。

3. 美国的态度对这届世博会的效果以及其他国家参展该届展会的态度影响有限。

应该说，美国作为一个重要大国，其参展某届世博会的态度对其精彩程度无疑会有一定的影响，但是，我们也应该看到，各国政府主要会从自我宣传、巩固与主办国的关系角度来考虑是否参与、以及以多大的规模参与某届世博会。从这个角度来说，美国是否参与，对于他们决策的影响微乎其微。举例来说，虽然美国缺席，汉诺威世博会还是吸引了超过190个国家和国际组织参展，同样来自北美的加拿大甚至修建了仅次于德国馆的第二大场馆。[③]2009年7月10日，当美国签署上海世博会的参展合同时，已经有239个国家和

---

① 参见 http://americasbesthistory.com/abhtimeline2000.html.

② 李昌芳：“美国缘何不参加汉诺威世博会”，参见光明网 http://www.gmw.cn/01shsb/2000-06/07/GB/06%5E1367%5E0%5ESH2-738.htm.

③ 参见 http://findarticles.com/p/articles/mi_pwwi/is_20050229/ai_mark06008503/?tag=content;col1.

国际组织确定参展了，它也是最后一个确定参展的国家。[①]

4. 美国的参与态度对世博会未来的发展方向具有较为复杂的影响。当代世博会展示和盈利功能弱化已经掀起了“过时论”的热议，如果美国经常性地缺席世博会，很可能会加剧“过时论”的泛滥，给世博会未来发展带来非常消极的影响。另一方面，美国的态度对世博会未来发展方向的影响还不确定，就如同英、法等国停止主办世博会并没有妨碍当代世博会规模不断增大一样。究其原因，主要是因为广大第三世界国家和新兴国家对世博会的兴趣在不断增强。同时，由于美国缺席世博会的案例还不够多，美国的参与态度对世博会这项国际活动未来发展的影响还有待进一步观察。

三、案例分析：美国参与中国 2010 年上海世博会的特点和启示

美国成功参与上海世博会的整个过程，基本反映了本文第二部分所提到的种种特点，与此同时，由于时空环境的不同，美国参与本届世博会比冷战以后其所参与的任何一届都要成功，体现出许多与以往不同的显著特点，也给美国未来参与世博会提供了一些重要的启示。

（一）美国积极参与本届世博会的目标

美国参与本届世博会的目标同样是出于经营国家形象（主要通过宣扬美国的价值观）、巩固中美关系和展示经济科技发展成果三个方面的考虑。不同的是，美国各界此次追求参展目标比以前更为迫

① 参见 2010 年上海世博会官方网站 http：//www.expo2010.cn/a/20090711/000009.htm.

切，这主要是因为本届世博会具有无与伦比的客观价值。

首先，中国作为世界上人口最多、综合实力快速上升的国家，其初次举办综合类世博会，是继2008年奥运会之后又一个具有里程碑意义的盛事，它承载着这个重要文明古国的百年期盼，因此美国的参展态度对两国关系和中国民众舆论影响尤其巨大；其次，本届世博会原本预计有200个官方参展者参展，会吸引7000万名观众，[①]必将成为历史上规模最大、最精彩的一届世博会，任何一个稍有国际观的国家都很难无视它将带来的政治和经济效益。

上述背景使得美国政府和民间有识之士在考虑参展问题时，无法不正视参展在促进两国关系、提升美国国际形象和争取中国庞大的市场等方面的巨大价值。国务卿克林顿在2009年7月1日任命费乐友（José H. Villarreal）担任美国展区总代表的时候表示，美国将在上海世博会上向世界展示美国的企业和技术，以及文化和价值观。她希望通过世博会增进美中两国人民友谊，以及显示美国有诚意与中国发展积极的关系。[②]她的话精辟概括了美国参展的战略思考和目标。“上海世博2010公司”总裁、前美国华纳公司高管尼克·温斯洛（NickWinslow）声称：“如果美国不能出现在上海世博会上，这将是个‘灾难’。”《华尔街日报》曾引述一位前美国商务部官员谈话称，美国如缺席上海世博会将引发“敌意”，在中国，人们普遍认为这是“一种侮辱”。结果将导致美国在中国的利益受到损害。[③]这些看法代表了美国各界对于缺席世博会的重重顾虑。相比之下，“过时论”的影响就微不足道了。

① 参见《中国2010年上海世界博览会参展指南（适用于官方参展者）》第2版，第A—13页。

② 参见中国评论新闻网 http：//gb.chinareviewnews.com/doc/1010/1/1/0/101011012.html?coluid=7&kindid=0&docid=101011012.

③ 佚名：“上海世博会美国馆：边骑车边造车”，参见凤凰网，http：//finance.ifeng.com/roll/20100410/2033300.shtml.

（二）美国参与本届世博会的成功模式

在接受笔者采访时，2010 年上海世博会美国馆运营官马克·杰明（Mark Germyn）先生声称，美国参与世博会采用的依旧是一种“政府－民间合作模式”（public－private partnership），场馆运营必须在政府部门的要求和赞助商的利益之间进行平衡，要做到这一点是非常有挑战性的。[①]虽然参展基本模式变化不大，但是美国本次参展在决策、筹款、布展乃至运营上都颇费匠心，取得了很大成功。

1. 政府吸取教训，低调务实做参展决策

2000 年和 2005 年世博会时，美国政府在所需款项毫无着落时，早早高调表态参展，最终 2000 年的世博会铩羽而归颜面尽失，2005 年世博会步履维艰勉为其难。究其原因，无外乎是因为政界人士只管表态，对于筹款的艰巨性没有充分的准备。而此届世博会则大不相同，美国政府先不急于高调表态，直到目标筹资额 6100 万美元已经募集过半时，克林顿女士才于 2009 年 7 月 1 日在人们的不安和猜疑中正式宣布参展。[②] 这样无疑吸取了前面的教训，维护了美国政府表态的严肃性，从中我们也可以看到奥巴马内阁处理公共外交事务精微务实的手法。

2. 政界领袖为筹款做出积极安排，而非一味坐等民间筹款

美国参展所采取的“政府—民间合作模式”在此前屡屡碰壁，而本届世博会筹款却非常成功，这主要是因为美国政界为筹款做出了精心安排。第一，改“先宣布，再募款”为“先募款，再宣布”，为筹款赢得充分的时间。2005 年爱知世博会前，布什总统早在 2003 年就宣布参展，直到 2004 年 7 月 29 日才成立运营公司募款，筹款

---

① 2010 年 9 月 28 日，Mark Germyn 先生在美国馆的运营官办公室接受了笔者关于场馆运营和世博后场馆安排的访谈。

② 参见参见中国评论新闻网 http：//gb. chinareviewnews. com/doc/1010/1/1/0/101011012. html？ coluid = 7&kindid = 0&docid = 101011012.

期只有8个月，可见风险之大。[①] 而在上海世博会前期，美国政府早在2008年3月就成立了兵强马壮的“上海世博2010公司”，并任命了两位有深厚的华府及中国事务背景的人士担任负责人，[②]这样筹款期足足有两年零两个月，保证了筹款的时间。第二，美国政坛领袖，特别是克林顿女士，动用自己的私人渠道亲自介入筹资。事实证明，克林顿国务卿和骆家辉商务部长这样的政坛大腕亲自出马，极大地激发了美国企业的政治参与意识和爱国主义激情，为美国参展募集到了大笔的资助。[③]

当然，美国募款的成功也离不开中国政府和企业界的努力，但是它本身的募款安排的确有了很大的进步。

3. 政府和赞助商的利益得到了较好的平衡

前几次世博会，美国的参展行为受到赞助商的制约过大，后者不仅能直接决定美国能否参展，而且在场馆功能分配上也施加很大的影响。上海世博会中，这种状况大为改善：展馆前三部分环环相扣、彼此呼应，为美国国家利益服务，其规模和影响都是第四部分的商业宣传所不能比拟的。因此，本届美国馆虽然同样不可避免带

---

① 参见“U. S. Pavilion Background：Public/Private Partnership Briefing，Sept. 2004”，见美国2005年爱知世博会官方网站 http：//www. uspavilion. com/pavilion/index. htm.

② 戴闻名：“世博美国馆：迟到后的高调报到”，见《东方瞭望周刊》，2009年第30期，上海：瞭望东方传媒有限公司，第64页。

③ 克林顿国务卿对于美国此次成功参展起了非常关键的作用，她不仅代表政府从政治上支持参展，在关键性的筹资事宜上，更是积极推动各大美国公司捐助美国建馆。关于她的努力，参见新华网 http：//news. xinhuanet. com/world/2009 - 11/16/content_ 12467194. htm. 另外，在美国上海商会所做的赞助报告中，也提到克林顿女士与2009年3月30日就给其总裁 Brenda Foster 写信寻求支持，参见“The US Pavilion at Expo Shanghai 2010：A Business Case for Sponsorship”，见 http：//www. amcham - shanghai. org/NR/rdonlyres/16FA2C96 - 504A - 4E0C - B426 - 35FDC840AC03/10404/expo_en. pdf. 人称“华裔之光”的美国商务部长骆家辉更在参加美国馆奠基仪式的时候向出席的企业界人士呼吁“我希望在座的美国企业能踊跃捐款。”见 http：//blog. sina. com. cn/s/blog_ 49e7f75b0100grmc. html.

有明显的商业化色彩，但是商业化功能得到了有效的抑制。

（三）美国参与上海世博会的影响力

为具体讨论美国此次参展的影响，我们先扼要回顾一下美国馆展示区域的安排。

美国馆的展示区域主要分为四个部分，包括三个均可以容纳500人的放映厅和一个体验厅。在第一个展厅中，美国政府总代表费乐友在屏幕上对参观者表示欢迎，然后带领大家走到美国各地的大街小巷，目睹美国各界民众（包括 NBA 球星科比）热情高涨，练习用中文欢迎参观者的有趣情景；在第二个展厅的影片中，来自美国各界的男女老少（其中不乏一些赞助商的代表）用简易的语言分享他们对生活的种种看法，影片以克林顿国务卿的亲切讲话开头，以奥巴马富有感召力的致辞结尾。整个影片以委婉随和的方式表达了开放热情、努力工作、关注弱势群体、乐于公益等美国社会文化生活价值观，也展示美国政界领袖对华友好、重视两国交流合作的愿望；第三个展厅中的题为《花园》的 4D 影片以一个小女孩克服困难，努力说服、带动居民美化社区的故事，以高度的艺术感染力宣扬了坚韧不拔、追求理想、关爱社区的价值观；第四个展区是美国馆赞助商设置的一些互动游戏，既愉悦观众，又可以进行商业宣传，同时还从可持续发展、健康等侧面呼应“城市，让生活更美好”这一主题。①

美国参展上海世博会虽然绝非完美，但是总的来说，的确取得了冷战结束以来美国参展最好的效果，也产生了多方面的影响：

1. 从多个方面推动了中美两国政府和人民间的互信，促进了两国关系的健康发展

---

① 本文关于美国馆展示区域的描述主要是根据笔者现场多次参观，同时也参考美国 2010 年上海世博会官方网站 http：//www. usapavilion2010. com/pavilionexperience. html.

首先，美国政府参展态度务实而积极，表明它理解并尊重中国政府和人民的重大利益和关切，体现出它对维护中美友好关系的重视。为表示对美国各界所做努力的赞赏，中国国家主席胡锦涛在出席世博会开幕式前夕，专程抽出20分钟时间参观美国馆，对美方克服种种困难如期竣工表示祝贺；[①]

其次，国务卿克林顿等政界要人亲自出马帮助筹款，使中国政府和人民看到了美国实实在在的努力，而不只是高姿态的政治表态，因此在中国人民之中赢得了相当的尊重，对中美关系产生了积极的影响。关于这一点，《纽约时报》也曾经有过评论；[②] 最后，美国馆在场馆运营和展示内容上以中国观众为主要对象，用心细腻，相关安排深获好评。美国馆安排的学生大使会用娴熟的中文问题或幽默来愉悦排队区域的观众——比如他们会问“美国国旗上有多少颗星?”,[③] 或者出个脑筋急转弯“什么马不能骑?”（答案：奥巴马），[④] 等等——并在馆内用中文和英文一道讲解；美国馆第一个展厅中学习中文的影片整个就是为中国观众准备的，没有中文背景的参观者大概很难领会其精微之处；第二个展厅中奥巴马的讲话的对象主要也是中国观众。[⑤] 这些安排有效地拉近了中国参观者与美国政府和人民之间的心理距离。

---

① 关于胡锦涛主席2010年4月29日参观美国馆的具体情况，参见凤凰网“上海世博会美国馆总代表谈胡锦涛参观”，http：//expo2010. ifeng. com/shipin/detail_ 2010_ 05/02/1479175_ 0. shtml.

② 参见 http：//www. nytimes. com/2010/05/23/world/asia/23diplo. html? _ r = 1&ref = expo2010shanghaichina.

③ 褚福金：“在世博美国馆”，参见人民网 http：//unn. people. com. cn/GB/14748/13239790. html.

④ 魏汉章：“我在本届世博美国馆看到了什么?”，参见中国网络电视台博客 http：//blog. cntv. cn/html/67/2100967 - 1431500. html.

⑤ 参见 http：//www. tudou. com/programs/view/hZKTp52Rsp8/.

2. 在一定程度上提升了美国的国际形象

首先，在参展态度上，美国政府为参展所做出的种种努力展现出它参与国际公共事务的诚意。本届博览会上，美国一改前几届博览会的狼狈，做了一次有意义、有尊严的展示，改善了自己在国际公共事务领域漫不经心的形象。

其次，在展馆形象和展示内容上，人们的看法虽然有一定分歧，但是应该说美国馆在宣扬价值观、塑造国家形象方面取得了相当的成功。在西方，CNN 批评美国馆造型糟糕，《洛杉矶时报》说它远不及英国馆或瑞士馆，《纽约时报》和 BBC 抨击它商业味太重，NPR 和英国《财经时报》讽刺它只有电影，《纽约时报》和 NPR 则指出它没有突出西方的政治宣传，[①] 还有人说简略的展示体现出美国总喜欢花钱打仗，而不是赢得世界舆论。[②] ……当然，包括国务卿克林顿和美国驻华大使洪博培在内的很多美国政界人物和一些媒体则

① 关于西方主要媒体对美国馆的批评，参见：Mathias Guillin："Shanghai 2010 Expo Pavilions：The good，the bad and the downright ugly"，参见 CNN 网站 http：//www. cnngo. com/shanghai/none/shanghai - expo - 267939#ixzz1AtcCMZZm；Fred A. Bernstein："A World Expo flop by the U. S. "，参见《洛杉矶时报》网站 http：//articles. latimes. com/2010/jul/16/opinion/la - oe - bernstein - expo - 20100716；Andrew Higgins："At Expo 2010 Shanghai，China thinks big"，参见《华盛顿邮报》网站 http：//www. washingtonpost. com/wp - dyn/content/article/2010/04/29/AR2010042904328. html；Kim Ghattas："Hillary Clinton visits 'her' Shanghai Expo pavilion"，参见英国 BBC 网站 http：//www. bbc. co. uk/news/10142881；Louisa Lim："U. S. Exhibit At World Expo Opens To Mixed Reviews"，参见 NPR 网站 http：//www. npr. org/templates/story/story. php? storyId = 126479249；Patti Waldmeir："Shanghai Expo：twin pillars of disappointment at US and China pavilions"，参见英国《财经时报》网站 http：//blogs. ft. com/beyond - brics/2010/04/29/shanghai - expo - twin - pillars - of - disappointment - at - us - and - china - pavilions/；MARK LANDLER："Clinton Sees U. S. Pavilion at China Expo"，参见美国《纽约时报》网站 http：//www. nytimes. com/2010/05/23/world/asia/23diplo. html? _ r = 1&ref = expo2010shanghaichina.

② Knute Berger："How the U. S. underperforms at Shanghai's Expo"，见 http：//crosscut. com/2010/07/08/mossback/19958/How - the - U. S. - underperforms - at - Shanghai - s - Expo/? pagejump = 2.

赞扬美国馆宣扬了文化生活价值观，也促进了中美友谊，是一次成功的展示；在中国国内，媒体和论坛上批评相对较少，比较多的是认同美国馆的宣传效果。笔者曾经先后随机简短访问过40名不同的参观者，少数参观者（尤其是年龄偏大和知识层次较低者）认为美国馆展示以电影为主，投机取巧；也有少数参观者认为以现代先进的信息手段，没有必要建一个馆来播放视频音像；超过一半的参观者认为美国馆展示内容有亲和力和感染力，表达了美国政府和民众与中国和世界加强交流的诚意，也展示了美国生活和文化氛围；更有一部分观众觉得美国馆第二、三部分的视频展示出富有生命力的价值观，从侧面解释了美国之所以能够在世界上占据领先地位的原因。

值得一提的是，美国馆的展示没有露骨地宣扬其所一贯标榜的民主、自由和人权理念，这颇受一些人士的批评。[①]这里面有两点值得我们注意：（1）美国政府宣扬其价值观的手段更为隐蔽。事实上，馆内影片的内容博得很大一部分参观者的认同，这本身就显示和风细雨的感染比直截了当的说教更能让人接受，从中我们也要注意美国推行公共外交更为灵活有效的手腕；（2）美国政府进行公共外交的视野更为开阔，不再一味进行意识形态输出，同时也兼顾经济、文化等多方面的诉求。

比较而言，美国国家馆的外部造型和内部展示内容在其国内乃至西方国家得到的批评多于赞扬，而在中国得到的赞扬则要多于批评。这一特点大概和中美两国媒体特性和民众思维习惯的差异不无关系。但是分析一下西方的批评，我们会发现，实际上舆论很少否定美国馆在宣扬价值观方面所取得的效果。

再次，在场馆运营上，馆方作出多项周到的安排，提高参展者

① 参见 http：//crosscut. com/2010/07/08/mossback/19958/How – the – U. S. – underperforms – at – Shanghai – s – Expo/？pagejump = 2.

服务的质量，有效地增强了他们对美国的好感。作为对馆内展示内容的补充，美国馆努力争取到组织方的批准，在馆外排队区域搭建了临时简易舞台，精心准备了文娱节目，愉悦排队区的观众；前文提到的学生大使更是乐于为各国参观者解决问题，对于参观者提出的合影要求从不拒绝——有的学生大使平均每天和参观者合影达到几百次[①]——因而受到普遍的好评。

此外，在人们关心的世界性议题上，美国馆体现出相当的责任感。参展期间，馆方和镁铝基金会合作，选择 3 个中国国内符合黄金标准的减排项目，通过购买 8250 吨碳中和额度，用以中和其世博 6 个月期间的碳排放，同时尽量减少温室气体排放。这类安排对提高美国形象也有正面帮助。[②]

最后，从统计数据来看，美国馆自始至终受到观众的热捧。早在 2010 年 1 月 27 日，上海进行的一次网上调查中，美国馆便是民众最热捧的场馆。[③] 复旦大学在世博接近尾声的一项调查显示，79% 的受访游客表示参观美国馆改变了他们对美国的印象，77.1% 的游客表示“一定会/很可能会/可能会”再来参观美国馆，89.5% 的人表示会向其他世博游客推荐美国馆，88% 的人表示会向亲朋好友推荐美国馆。[④] 美国馆最终总计参观人数达到 700 多万，[⑤] 显示出超高

---

① Jeff Titelius：“Shanghai World Expo 2010 – Interview with USA Student Ambassador at the USA Pavilion”，参见 http：//www. examiner. com/international – travel – in – orlando/shanghai – world – expo – 2010 – interview – with – usa – student – ambassador – at – the – usa – pavilion – part – 3.

② 参见 http：//www. businesswire. com/news/home/20100926005057/en/USA – Pavilion – Shanghai – Expo – Fulfills – Pledge – Carbon.

③ “上海世博会‘最受热捧国家馆’出炉，美法英居前”，参见中新网 http：//www. chinanews. com. cn/expo/news/2010/01 – 28/2095616. shtml.

④ 邓敏：“美国馆总代表：这是一场绝佳的中美公共外交”，参见中新网 http：//www. chinanews. com/expo/2010/10 – 13/2584599. shtml.

⑤ 美国在 10 月 25 日迎来了第 700 万名参观者。参见 http：//news. 163. com/10/1024/00/6JNKC4AG00014JB5. html.

的人气，可见美国馆在塑造美国形象方面的成功率。

3. 为本届世博会的完美举办做出了应有的贡献

正如上海市副市长杨雄所说，上海世博会共有190个国家、56个国际组织的官方参展者，80个城市案例、18个企业馆参展，7308万人次游客参观，最高日参观人次103万，以最广泛的参与度，真正实现了世界各国与人民的交流与欢聚，[①]堪称世博历史上一座难以逾越的里程碑。美国作为最后一个签署参展合同的国家，它的参展意愿虽然对其他国家参展没有太大的影响，但是，它在此次世博会上克服了种种困难，建造了最大级别的自建馆之一，作了一次与其超级大国地位相称的展示，从而保证了世界重要国家悉数参展，使本次世博会没有留下明显的遗憾。

4. 为美国未来参展积累了宝贵的经验，有利于世博会未来的发展

如前文所述，美国为参与上海世博会作了充分而细腻的准备，在表态参展、筹措资金和展馆运作上作了大量的、行之有效的调整，完善了美国在没有政府资金支持下参展世博会的模式和机制。可以预见，美国此次成功参展所形成的模式极可能会被推广到其将来的参展活动中，从而增大其未来持续成功参展世博会的可能性。这在很大程度上有利于世博会未来的健康发展。

四、总结及展望

总的来看，在过去150多年的时间里，美国主办或参与世博会的状况发生了很大的变化。从最初追随欧洲，然后与之分庭抗礼，

① 参考杨雄副市长2010年11月23日在国际展览局第148次会议（巴黎）上的讲话。见http：//www.expo2010.cn/a/20101124/000001.htm.

美国展现出一个实力不断上升的新生国家蓬勃的朝气；二战前后美国和整个世界一道陷入沉寂，凸显了战争对整个人类文明的残酷摧残；二战后出于与苏联争霸的需求，美国成为世博会上积极闪亮的主角；冷战结束之后，由于世博会“过时论”的盛行和其国内法律的限制，美国参展勉为其难，但是，它参展 2010 年上海世博会的成功，为它未来参展积累了宝贵的经验。

在可见的未来，如果其国内立法没有发生重大变化，美国参与世博会的目标、模式和影响力就不会有很大的改变，但是它可能会像参与上海世博会一样不断做出细部的调整，以适应新的变化。将来，美国政府能否积极参加某届世博会，要看它参展的决心是否足够坚定，从而能够战胜“过时论”的干扰并协助筹款。要坚定美国政府的参展意愿，有两点非常重要，就是主办国要具备强大的政治和经济实力，并且这届世博会本身具有重大的历史意义，因为这两点和美国参展的企图心直接相关。正如国务卿克林顿对 BBC 记者所说，美国不可能参加所有世博会，但是有些世博会比其它的重要。[①]美国要参加的，当然是更重要的世博会。

在上海世博会之后，2011 年中国西安世界园艺博览会和 2012 年韩国丽水世博会鲜明地展示了美国近年来参展世博会的特点。2011 年的世界园艺博览会仍然在中国举行，它笼罩在 2010 年上海世博会取得极大成功的光环之中，作为专业世博会，它对于中国和国际社会所具有的意义比起上海世博会来无疑要逊色很多。因为这种重要性上的递减效应，美国就没有连续两年在中国参展。[②]在韩国丽水举行的 2012 年世博会则有所不同：虽然这次世博会也是专业世博会，但是由于举办国韩国与美国之间存在密切的同盟关系，因此，它在

---

① Kim Ghattas：“Hillary Clinton visits ‘her’ Shanghai Expo pavilion”，参见 BBC 网站 http：//www. bbc. co. uk/news/10142881.

② 参见 2011 年西安世界园艺博览会官方网站，http：//www. expo2011. cn/zhanyuan/

美国的公共外交谱系上也获得了相对特别的意义；而且，美国刚刚在上海世博会上隆重展示了一回，到了中国的邻国韩国，美国当然也要表现一下，才能给韩国民众留下它重视美韩紧密关系的印象。由此我们可以看到，美国在一次缺席一次出席之间，透露着它对不同展会重要性的判断。

另一方面，美国参与2012年丽水世博会的情形也突出地体现出它近年形成的在上海世博会上定型的参展模式的特点。首先，美国低调务实做好准备工作，有把握后再宣布参展。前文提到，美国2009年7月才宣布参展2010年世博会，参展丽水世博会的消息美国宣布得更晚，迟至世博会开幕7个月前，直到2011年10月13日韩国总统李明博访问白宫时，希拉里才正式宣布美国参展；同样是在美国国务院发出的关于美国参展的通告里，美国政府向波音、现代汽车、通用电气、三星电子等美国、韩国和其它国家的赞助企业表示感谢，同时表示2012年美国馆也是循"政府—民间合作模式"建设和运营的；[①] 最后，美国馆在运营上也复制了上海世博采用的学生大使等形式，有效地拉近了与韩国民众的距离。[②]

总的来看，在世博"过时论"和美国国内相关立法的不利条件下，美国参展世博会的行为渐渐形成了相对比较成熟、固定的模式，它会根据对不同世博会重要性的判断，决定是否采用这样的模式来积极参展。到目前为止，本文这种判断的有效性得到了美国最新参展案例的支持，至于这种参展决策和运营模式会不会坚持下去，会坚持多久，还有待对未来美国参展案例的进一步分析验证。

① 参见美国国务院声明"Secretary Clinton Announces U. S. Participation at the Expo 2010 Yeosu Korea"：http：//www. state. gov/r/pa/prs/ps/2011/10/175447. htm.

② 参见博客"韩国丽水世博会美国'学生大使'是如何挑选出来的"：http：//blog. huanqiu. com/316055/2012 - 05 - 07/2504387/.

中美能源关系的形态与影响

王联合

（上海外国语大学国际关系与外交事务研究院副研究员）

能源以其独特的战略性特质，关系到国家发展和安全的方方面面——不仅影响到国家的经济发展和社会稳定，而且牵涉到国家主权的维护和国防安全的保障。随着 30 多年来中国经济的持续、快速增长，中国的能源需求和进口量也在急剧上升，中国因而日益转向海外来满足自己不断增长的能源需求。鉴于能源兼有经济与安全的双重内涵，中国的能源进口与海外能源投资频频引发国际上的强烈反应，而美国往往处于反应漩涡的中心。

尽管中美两国并不互为能源供给方，但能源问题却成了影响中美关系的一个重要因素。作为世界上最大的两个石油消费国，中美彼此之间对对方寻求能源保障的努力相当敏感。在能源需求上的同源性，无疑会导致中美两国竞争意识的加强；但能源问题的非传统安全性以及其与环境保护等全球性问题的相关性，则必定要求中美之间相互依赖、合作应对。

一、中美关系中的一个“新”议题

如今能源问题已经成为全球政治的中心议题之一，它同时影响着国际经济的活力、世界地缘政治的稳定以及全球环境的未来。如果说2002年秋伊拉克危机的发生使能源问题成为新世纪世界关注的焦点，那么从2006年夏开始，能源警报再次响起：石油价格屡创历史最高纪录，2007年创下每桶100美元，2008年8月达到每桶147美元。与之前几次能源危机不同的是，此次石油价格上涨的原因更多的是需求的增长而不是石油市场供应量的大规模减少。新兴大型经济体特别是中国，加入到全球化进程中，塑造着世界能源的新格局。1993年，中国从石油净出口国变成了石油净进口国，进口量以每年15%的速度递增；2003年中国的石油消费超过日本，成为仅次于美国的世界第二大石油消费国。至2009年，据国际能源机构（International Energy Agency，IEA）估计，中国已超过美国成为世界第一大能源消费国。世界经济似乎突然间拥有了十多亿新的现代能源（主要是石油、煤炭和天然气）消费者。由于进口规模以及增长幅度相当可观，国际上对中国寻求能源供给保障的各种举措的关注与日俱增。虽然中国是在低人均能源消费水平的情况下实现经济增长，但这种迅猛发展的势头和随之产生的能源需求剧增对世界能源体系的冲击仍然是巨大的。

在外界看来，中国急剧增长的能源需求对世界能源大势和地缘政治格局产生了重要影响：1. 中国石油进口的不断增长将继续对国际市场的石油价格产生压力，加深了未来为保障石油资源供应而产生的竞争，特别是在中东、中亚、非洲和拉美地区；2. 中国越来越多地使用煤炭已经使中国二氧化碳排放量超过美国居世界第一，全球气候变化问题将十分严峻；3. 中国日益增长的天然气需求将有助于加强邻国俄罗斯的地缘政治实力，天然气蕴藏量和产量都居世界首位的俄罗斯是欧洲和中国的重要供应方，也是日本和韩国的潜在供应方。按照既定规划，中国将修建多条管道，从俄罗斯、哈萨克斯坦、乌兹别克斯坦和土库曼斯坦等国进口石油和天然气。而美国一向希望将里海能源通过非俄罗斯管道运往西方国家，对中俄能源合作趋势表示强烈担忧。随着中俄能源合作的发展，中美围绕里海油气资源的角逐和争夺将会进一步加剧；4. 中国可能大规模发展核能，这将使核不扩散机制及全球防核扩散努力变得复杂，为关于核废料及其可能在黑市交易等问题的讨论增加了新的不确定因素。

作为世界上首屈一指的石油消费国和进口国，美国对中国加入世界能源博弈的作用力当然不会熟视无睹。能源对美国维持其世界霸主地位的重要性不言而喻。美国只拥有全球石油产量的大约9%和全球石油储备的2%，却占全球石油消费的25%。美国经济完全依赖这种物质，其交通运输系统的燃料97%是石油，“美国对进口石油的依赖今后几十年中不会有太大改变”，[①]它可谓十足的石油“上瘾者”。伊拉克战争丝毫未能缓解这个问题。在美国入侵前夕，石油价格大约是每桶30美元，而今油价屡创新高。美国因此一向不会忽视国际能源领域的任何细微变化。面对目前中国石油消费每年超过7%的增长速度，一种关于中国能源威胁的论调在美国已然兴起，并占据了相当的市场。“中国能源威胁论”认为，作为能源消费大国，一方面，中国能源需求上升促发的能源外交对全球地缘政治产生了巨大冲击；另一方面，中国能源重商主义对世界能源格局产生了不利影响，是世界能源市场的不稳定因素。[②]

一个国家的能源只要不是完全自给自足，能源外交（Energy Diplomacy）[③] 在该国的对外关系中就必然具有特别重要的地位。进口

---

① Council on Foreign Relations, “National Security Consequences of U. S. Oil Dependency”, *Independent Task Force Report*, No. 58, 2006, p. 14.

② 西方学者所谓的能源重商主义，一般是指中国的能源外交政策受短期商业利益驱使，为此忽视甚至无视人权、良治、民主或环境的可持续性等其他因素。See Antonie Halff, “Africa on My Mind: The Panda Menace”, *The National Interest*, July/August 2007, p. 35.

③ “能源外交”是“资源外交”（Resource Diplomacy）的一部分。所谓“能源外交”，是指一国政府、企业及个人围绕能源战略目标而进行的一系列对外活动。其中，政府是能源外交的主体，外交部门是先锋，企业、个人都可以成为能源外交的重要参与者。能源外交的核心内容包括三方面：一是充足的数量，二是稳定的供应渠道，三是合理的价格。

国能源外交的目标是，确保本国从外部获得安全稳定的能源供应，保证能源价格的合理与平稳，以促进本国能源安全、经济安全和国家安全。简言之，作为进口国不但要保证买得到（能源），而且价格越低越好。近年来，中国国内石油短缺的现状促使它为确保石油供应而仿效其他石油进口大国的做法，通过外交途径使石油供应多元化，鼓励国内企业积极去海外开采石油，并与石油出口国发展友好关系。在相当一部分美国人看来，中国对能源利益的追求破坏了美国所奉行的规则和战略。中国正在进入美国认定的政治敏感区域，如伊朗、叙利亚等中东地区，苏丹、安哥拉等非洲地区，乌兹别克斯坦、哈萨克斯坦等中亚地区，委内瑞拉等拉美地区。美国认为，中国对这些国家的经济投资与支持会削弱美国贸易制裁或其他处罚措施的效果，将助长它们“违反国际准则”的行为，危害美国乃至世界的利益。

例如，随着华盛顿与德黑兰的关系因伊朗核问题而日趋紧张，美国对中伊开展能源合作的举措异常敏感。2004 年 3 月，中国与伊朗签署了价值 1 亿美元的从伊朗进口液化天然气的协议，以中国投资伊朗的石油和天然气开发以及管道建设作为交换。2006 年底，中海油公司与伊朗签订了 160 亿美元天然气开采大单。2012 年 2 月，中国国际石油化工联合有限责任公司与伊朗国家石油公司就续签 2011 年底期满的年度石油供应合同以及油气、石化等方面的其他合作项目达成一致，商定 2012 年伊朗向中国出口的原油数量上升至每天 50 万桶。[①]对于中伊能源合作的进展，美国政府频加指责，称当伊朗无视联合国有关决议时，与之进行此种合作是不合适的，扬言“这样的协定会破坏美国领导的因（伊朗）拒绝放弃核计划而旨在

① 陈一鸣：“美方聚焦中伊石油新协议 认为中国无意对伊制裁”，《环球时报》2012 年 2 月 21 日；马战军编译：“外媒报道称：中伊达成石油新协议无视美国对伊制裁”，http://www.mofcom.gov.cn/aarticle/i/jyjl/j/201202/20120207977324.html.

孤立伊朗的努力”。[1]美国驻北京大使馆的发言人说：“我们认为，与伊朗开始新的重大商业协议，现在尤其是一个糟糕的时刻。”[2]

中国与非洲的能源合作同样触动了美国敏感的神经。早在 2001 年 5 月，以时任副总统切尼为主席的美国国家能源政策发展小组（National Energy Policy Development Group）就将西非列为“供应美国市场的增长最快的石油和天然气来源”。[3]美国进口石油的 15% 来自次撒哈拉非洲地区，其中大部分来自尼日利亚，预计到 2015 年这一比例将升至 25%。非洲目前也是中国能源进口的一个越来越重要的来源。撒哈拉以南非洲地区为中国提供了大约 30% 的石油。安哥拉、苏丹和尼日利亚在中国能源进口多元化战略中占有重要地位。安哥拉一度取代沙特成为中国最大的石油出口国，苏丹生产的石油有一半出口到中国，占中国石油总进口量的大约 5%。中国参与了非洲石油和天然气的加工和运输，并在苏丹最大的石油生产公司中持有 40% 的股份。[4]对于中国与苏丹的石油合作，美国一直持严厉批评和阻挠态度，认为中国在获取能源的同时还向苏丹输送武器，对抗美国利益。《华盛顿时报》称：“即使面临达尔富尔地区已被证实的人权侵犯行为，北京依然坚定地支持残暴的苏丹政府”，“中国供应的飞机被用来攻击难民。”[5]指责中国与苏丹的双边协定意在“锁定”石油资源，全然不顾该地区的人权、法治以及其他可能危害到别国

① Alexa Olesen, “China Tells US not to Meddle in Its Business Relations with Iran”, *The Associated Press*, January 11, 2007.

② Shai Oster, “Moves to Stymie Iran Strain US - China Ties”, *The Wall Street Journal*, January 12, 2007; Steven R. Weisman, “US Cautions Foreign Companies on Iran Deals”, *The New York Times*, March 21, 2007.

③ National Energy Policy Development Group, “National Energy Policy: Report of the National Energy Policy Development Group”, May 2001, pp. 8 - 11.

④ The Stanley Foundation, “Africa at Risk or Rising? The Role of Europe, North America, and China on the Continent”, *Policy Dialogue Brief*, May 2007, pp. 4 - 5.

⑤ Fred Stakelbeck, “An ‘African Marshall Plan’: US Must Counter China’s Courtship”, *The Washington Times*, May 29, 2007.

的复杂问题。事实上，虽然中国石油天然气集团在苏丹石油工业中起着举足轻重的作用，但它在拥有最大石油储备的一些非洲国家——如利比亚、尼日利亚、阿尔及利亚、安哥拉等——的投资仍然只占很小的份额。而且，中国石油公司在石油开采技术上远远落后于西方石油公司。因此，所谓“中国石油公司正在试图把西方石油公司排挤出非洲”的说法实属不实之辞。①

中国与中亚和里海地区的能源合作卓有成效。哈萨克斯坦是中国能源“西进”战略中的重要伙伴国。2004 年 5 月，中哈两国政府签署《关于在油气领域开展全面合作的框架协议》，启动了中哈石油管道建设项目。里海和中亚地区虽然并非全球石油市场的主要供应地，但出于应对中国能源外交以及地缘政治考虑，美国仍将其中亚政策从主推民主调整为增加油气供应和加强反恐合作。② 2006 年 5 月切尼访问哈萨克斯坦，着力渲染美哈两国的友好关系以及他本人与哈萨克斯坦总统的亲密私交，意在加强美在哈国的存在，试图干扰中哈石油管道建设。③委内瑞拉是美国第四大石油输出国，但随着美国与查韦斯政权关系的恶化，委内瑞拉国家石油公司开始在亚洲寻求新市场。2004 年以来，查韦斯与中国领导人多次互访。2009 年 9 月，中委签署了中方 3 年内向委方投资 160 亿美元石油开采资金的协议。委当局承诺，在 2012 年前将把对中国的石油供应量由日均 30 万桶增加到 100 万桶，并宣布准备为中国供油 200 年。随着中委关系的发展，委对美石油出口已由日均 150 万桶减至 100 万桶。用查韦斯的话说，中委能源合作将委国资源“用于伟大的中国人民”，他

① Erica S. Downs, “The Fact and Fiction of Sino - African Energy Relations”, *China Security*, Vol. 3, No. 3, Summer 2007, pp. 43 - 47.

② C. J. Chivers, “U. S. policy shifts in Central Asia”, *International Herald Tribune*, February 3, 2008.

③ Office of the Vice President, “Vice President's Remarks in a Press Availability With President Nursultan Nazarbayev of the Republic of Kazakhstan in the Presidential Palace”, May 5, 2006, http: //www. whitehouse. gov/news/releases/2006/05/20060505 - 4. html.

寻求将他的国家“从 100 年的美国统治之下解放出来”。[①]

据此，美国认为，中国对能源安全的关注“正在越来越影响到中国的外交和战略方程式”。[②]美国国会美中经济与安全评估委员会声称，中国为了保证从那些“可疑”国家获得能源，向它们提供武器和军事技术，从而将损害美国防止大规模杀伤性武器扩散的全球战略。该委员会 2005 年提交给国会的报告指出，中国日益增长的能源需求，尤其是对进口石油的依赖，将对美国构成经济、政治与地缘战略等方面的挑战。这种挑战主要表现为：1. 中国在西半球寻求石油的举动将会迫使美国更多地依赖中东的石油；2. 为了获取石油资源，中国加强了与伊朗、苏丹等国的关系，此举将扰乱华盛顿旨在孤立上述国家的外交努力；3. 敦促美军撤离中亚地区；4. 中国将以削弱美印关系为代价发展中印两国关系。[③]美国布鲁金斯学会中国能源问题专家则断言：“中美两国之间的真正冲突不是因为双方要为争夺石油而展开直接竞争，而是因为石油不可避免地与其他外交政策问题联系在一起，而北京和华盛顿对这些问题的看法并不完全一致。”“美国面临的挑战是，说服北京不要通过支持那些言行违反国际准则的国家来满足其能源需求。”[④]

在美国政界和媒体热炒中国能源安全战略对世界地缘政治大势产生消极影响之类舆论的同时，美国经济界人士则给中国扣上“能源重商主义”的帽子。这些人认为，中国几大石油公司作为国有企业得到了中国政府的巨额财政支持，由此获得了对西方公司的不公

---

① Juan forero, “China's Oil diplomacy Lures Latin America”, *The New York Times*, March 2, 2005.

② A. M. Jaffe and S. W. Lewis, “Beijing's Oil Diplomacy”, *Survival*, Vol. 44, No. 1, Spring 2002, p. 115.

③ U. S. – China Economic and Security Review Commission, 2005 *Report to Congress*, Washington, D. C.: U. S. Government Printing Office, 2005, p. 173.

④ Erica S. Downs, “How Oil Fuels Sino – U. S. Fires”, *The Business Week*, September 4, 2006.

平竞争优势。在他们看来，基于国有企业的性质，中国石油公司追求安全战略甚于经济核算，往往在竞标中比外国同行报出更高的价码，借此才得以屡屡签下从哈萨克斯坦到加拿大的石油上游开发的大单并且收获“份额油”。他们声称中国政府一心要“锁定世界能源供应”，忽视国际规范，违反市场经济规则，鼓励国有公司开展不公平竞争，不但驱动国际能源市场的供求波动和国际油价连攀新高，而且加剧了对原本有限的世界能源资源的争夺。[①]这种对中国奉行所谓能源重商主义的偏见集中体现在中海油竞购尤尼科事件和三一集团投资美国风电项目上。

2005年初，中国第三大石油公司中国海洋石油有限公司提出以185亿美元的报价收购美国尤尼科石油公司。这本是一次正常的商业并购，而且尤尼科公司仅控制美国0.8%的石油产量和0.3%的消费，对美国的能源供给不具备任何战略意义，但却招致美国国会的强烈反应。国会众议院在6月30日以“威胁国家安全”为由通过一项决议，迫使中海油放弃竞购计划。从能源重商主义的逻辑出发，有的议员甚至怀疑中海油购买尤尼科是中国军事占领中东重要油田的第一步，然后借此操控国际油价。[②]美国前中央情报局局长詹姆斯·伍尔西（James Woolsey）宣称，收购尤尼科是北京“主宰能源市场和控制西太平洋”战略的一部分。一些学者也认为，中国海外石油需求扩大以及争取原油进口渠道多样化威胁到美国的能源安全，是导致世界石油价格攀升的主要原因之一，正在使美国和中国的利益以前所未有的方式发生冲突，促使中国更深地卷入非洲、中东和拉丁美洲等动荡地区，而美国自冷战后一直对这些地区拥有近乎垄

① Chris Baltimore, “US and China Take Different Views of Energy Security”, *Reuter News*, November 27, 2006.

② Albert Keidel, “China's Growing Pains Shouldn't Hurt Us”, *The Washington Post*, July 24, 2005, p. B05.

断的国际影响。[1]

无独有偶，中国三一集团在美投资的能源项目也遭到美国政府的无端指责和打压。2012 年 3 月，三一集团关联公司美国罗尔斯公司收购了美国俄勒冈州巴特尔 · 克里克（Butter Creek）风场项目，准备从事风电业务开发。但是，此项业务未及全面展开，美国外商投资审查委员会（Committee on Foreign Investment in the United States，CFIUS）即在 7—9 月间以涉嫌威胁美国国家安全为由，接连对该项目发出多道禁令。9 月下旬，美国总统奥巴马以同样的理由签发了针对该项目的禁令，禁止三一集团关联公司罗尔斯在美国俄勒冈州某一军事基地附近兴建 4 座风力发电站，并要求三一集团和罗尔斯在两周之内从这些地方撤走全部财产和装置，90 天之内从风力发电项目中撤出全部投资。此外，奥巴马总统还对三一集团的风力发电机在美的进一步使用和销售提出了限制。美国政府的禁令不仅叫停了罗尔斯公司风电项目，导致公司直接经济损失 2000 多万美元，而且涉嫌未经合法程序剥夺罗尔斯公司的私有财产权，超越了美国宪法和相关法规赋予的权限。为了维护自身的正当权益，罗尔斯公司于 9—10 月间先后在美国哥伦比亚特区联邦地方分区法院，对美国外商投资审查委员会和奥巴马总统提起诉讼。

美国国会与行政当局阻止中国企业在美投资的做法，实际上集中诠释了“中国能源威胁论”的实质，凸显在中国崛起的背景下能源在中美关系中日渐重要的地位。以经济发展为杠杆的中国综合国力的迅速增强，伴以能源需求的急剧上升，正深刻地改变着世界政治结构和大国关系格局，并日益拓展中美关系的内涵，不断在两国之间楔入新的议题和问题领域。自新世纪开始以来，从华盛顿政要的对华政策宣言到美国各种战略文件，再到中美能源政策对话和中

① Ian Bremmer, “The Dragon Awakes”, *The National Interest*, Summer 2005, pp. 128 – 134.

美战略与经济对话，能源议题无所不在，已然成为影响和塑造中美关系格局的一个分量十足的变量。

二、中美能源博弈的形态及影响

作为一种现代工业高度依赖的战略性资源，能源兼有非传统安全与传统安全的属性。在开采、运输和使用过程中，能源安全与经济安全、政治安全甚至军事安全可以互相转化。一个国家对能源的短缺或不安全感不仅能通过经济、政治、军事和社会领域反映出来，而且这种问题发展到一定程度，就会导致经济萧条、政治失序、社会动荡，甚至诱发国家间的战争。现实主义能源安全观与自由主义能源安全观分别从不同的理论视角将能源与国家间关系联系在一起。前者强调石油是权力的源泉，把能源安全视为国家传统安全的延续，相信国家之间的能源安全关系表现为彼此竞争的“零和游戏”，主张用军事力量、结盟甚至战争手段来应对能源安全威胁；后者认为能源安全是地区乃至整个世界共同面临的问题，强调国家间能源安全的相互依赖性以及互动和合作在解决能源安全威胁方面的重要性。相应地，“对于能源安全有两种研究方法，一种是以多边合作为形式的理想主义方法；一种是以扩大竞争为形式的现实主义方法。前者是在市场体系中合作与参与，为每一个能源消费国制造出双赢的结果；而后一种则是一种零和方法，在政治紧张关系中加剧了各个国家的不安与焦虑。”①

不同的思维范式产生出两种不同的能源外交手段。第一种是冲突与斗争型。它包括直接使用武力占领油气资源或资源所属国，实

① Emma Chanlett - Avery，“The Growing Competition for Natural Resources：Economic Security and the Rise of the ‘BRIC’ Economies”，Congressional Research Service，http：//www. erina. or. jp/en/Research/dlp/2006/pdf/0623e. pdf.

现对生产国的政治、军事和经济控制，建立生产或销售的垄断性同盟以控制市场，占有或控制战略通道等。从历史与现实来看，因争夺石油而发生的冲突与战争不胜枚举，如两次海湾战争、伊拉克入侵科威特、两伊战争等。[①]第二种是合作与参与型。常见的形式包括与进出口国家建立良好的双边关系，签署双边或多边能源合作协定，联合勘探与开发，建立生产或进口联盟以维护市场稳定，联合建立石油战略储备，确保交通运输安全等。

数量充裕、种类多样的能源供应对于美国的自由与繁荣至关重要。作为遏制战略的发明者和冷战理论的设计者之一，乔治·凯南在半个多世纪前就已将阿拉伯半岛的油田称为“我们的资源”，主张美国应通过政治、外交和军事手段优先控制这些资源。自 20 世纪 70 年代世界能源警报第一次拉响时起（石油价格从 1973 年的每桶 3 美元上涨到 70 年代末的 35 美元左右），美国历届政府都特别重视石油等矿产资源的可获得性，并将其看作是最主要的国家利益。2000 年，美国国家利益委员会发布的《美国国家利益》报告中，将稳定可靠的能源供给视为至关重要的国家利益。2001 年美国《国家能源政策》报告重申确保国内能源供应、加强全球能源政策联盟、遏制竞争对手的战略资源需求的目标。2002 年《美国国家安全战略》更是强调：“我们将加强我们自己的石油安全，扩展全球石油供应的来源与种类，尤其是在西半球、非洲、中亚和里海地区。”[②]

无论是美国还是其他文明世界，虽然在很大程度上依赖充足的石油供应，但世界石油产量实际上在 2005 年 5 月已经达到峰值，[③]为

① ［美］小约瑟夫·奈著，张小明译：《理解国际冲突——理论与历史》，上海：上海人民出版社，2002 年版，第 296 页。

② The Whitehouse, “The National Security Strategy of the United States of America”, September 2002, pp. 19 – 20, http: //www. whitehouse. gov/nsc/nss/2002/index. html.

③ 石油峰值是指世界（也可以是一个国家或一块油田）的原油产量达到顶峰并开始下降，此时石油供应不再增加，故不能满足日益增长的需求。这种变化可能会通过更高的油价反映出来。

每天7420万桶，自那以后，世界日产石油下降了约100万桶。如果这种趋势发展下去，将会对世界经济产生“极其真实而又具有破坏性”的影响。[①]石油短缺可能引发战争，对世界能源供应的担心因而与日俱增。2006年7月，国际能源机构发布的一份报告警告说，世界石油需求的增长速度会超过先前的预计，需求量每年会猛增2.2%，2012年将达到每天9580万桶。同月，代表石油行业的美国联邦顾问机构全国石油委员会发布的一份长达476页的研究报告《直面能源的残酷现实》指出，世界上的能源资源尽管尚未耗尽，但是靠传统上依赖的常规途径扩大石油和天然气的生产将使风险越来越大。

面对能源需求的增长速度超过有保障供应的增幅，且世界主要石油供应来自于由不稳定或敌对国家控制的限制性市场的现实，美国更加关注中国在全球范围内寻求能源的种种举措，双方往往以对方的行为作为自己下一步行动的依据。中美能源或合作或竞争的博弈态势表现在各个不同的层面上。[②]

在能源的勘探和开发领域（上游领域），能源现实主义和地缘政治竞争的战略思维有着较大的影响。在近代世界地缘政治史上，“为石油而战”描述的不仅仅是西方列强在中东地区的军事行动，也是分析美国中东政策的常用视角，[③]更是对美国在世界其他能源要地政策行为的真切概括。《石油战争》一书的作者玛丽·卡尔多（Mary Kaldor）指出，争相寻找新的石油是一种常见的冲突，就像19世纪

---

① David R. Francis, “Why ‘Peak Oil’ May Soon Pique Your Interest”, *The Christian Science Monitor*, August 6, 2007, http://www.csmonitor.com/2007/0806/p15s01-wmgn.html.

② 中国学者关于中国能源上游、中游、下游三个领域的分类及研究的一项概览，可参见查道炯：《中国石油安全的国际政治经济学分析》，北京：当代世界出版社，2005年版。

③ 韩德强：“石油与美国中东战略”，《读书》2002年第4期，第143—150页。

的“大博弈”[1] 或早期的帝国冲突。[2]美国一些外交政策分析人士对不断减少的全球石油储量越来越集中于政治动荡地区感到忧虑，他们呼吁美国加大力度，稳定政治混乱的产油地区，或使这些地区实现民主。另有分析人士指出，即使产油地区偶尔出现“正常的”政治混乱（如偶发的战乱和革命），也会中断对美国的石油供应，造成油价冲高，从而使美国遭殃。因此，须由美国军事力量来促进重要产油地区、特别是波斯湾的和平和稳定。[3]还有一些人称，中国通过签订长期的石油采购协议以及开展积极外交，在能源安全上对美国提出了挑战。作为回应，华盛顿应采取行动在“石油地缘政治”方面战胜北京。

中国为确保能源安全而发动的外交攻势，尤其是与美国对之抱有敌意的国家建立合作关系等做法日益引起美国的担忧和不满。美国指责中国近年来频频抢购海外能源，甚至不遵循市场原则而一心要“锁定”有限的世界剩余石油资源，“进一步加重了国际石油供给的负担，导致石油价格上涨”，[4]并把美国消费者排挤出能源市场。美国认为中国为了获取石油忽视甚至无视人权保护、核不扩散和提高治理水平等问题；而中国则指出本国企业实施“走出去”战略时适逢那些法治秩序可靠国家的资源早已“花落人家”，中国企业只能走进那些“高风险”国家，战争、内乱、国际制裁等政治风险因此

---

① 大博弈（The Great Game）一词出自 19 世纪沙皇俄国和英帝国之间为争夺亚洲腹地控制权的殊死较量。

② Mary Kaldor, Terry Lynn Karl and Yahia Said, eds., *Oil Wars*, London: Pluto Press, March 2007.

③ Eugene Gholz and Daryl G. Press, "Energy Alarmism: The Myths That Make Americans Worry about Oil", *Policy Analysis*, No. 589, April 5, 2007, p. 15.

④ Erica S. Downs, "The Fact and Fiction of Sino – Africa Energy Relations", pp. 10 – 12, 15 – 16.

变得无法回避。[1]而且，中国石油公司是国际石油市场的后来者，在世界石油市场竞争中先天不足，它们进入的多是西方公司出于种种原因不愿或不能开发的产油地区。中国公司相对先进的开采技术与项目管理经验，加之中国政府的支持，使其对这些地区尤其是非洲产油国家具有特别的吸引力。与美国从人权的视角衡量中国在非洲的作用形成对比的是，中国对非洲的介入可能在全球舞台上产生某些积极影响。中国石油公司在非洲的运营，改善了非洲石油输出国的基础设施建设，增加了其经济发展机会，扩大了世界油气储备和供应，并有助于推动国际社会承担起帮助非洲应对挑战的责任。[2] 中国与哈萨克斯坦的能源合作确保了中哈石油管道一期工程如期竣工投产，为中国提供了一条相对安全的陆上石油通道。美国对此却难以释怀，不仅推动建成了通往西方的巴库－第比利斯－杰伊汉输油管道以分流里海和中亚的石油，而且以反恐之名加强对中亚的军事渗透，其借力打力、对冲中国的意图不言而喻。对于全球能源市场，美国希望有一个公平竞争的环境；中国担心，对实力不对等的竞争者施行同等的规则，将使自己处于不利的地位。中美之间在能源上游领域的竞争大有愈演愈烈之势，许多敏感问题可能会加剧双方关系的紧张，譬如中国同伊朗签署巨额油气开采协议、从苏丹购买石油、试图在美进行能源投资等。美国决策层习惯性地将上述问题作为彼此独立的个案来处理；而中国则认为它们是一盘复杂棋局的一部分，在这盘棋局中，华盛顿一直占据着有利地位。

由于中美均是石油消费和进口大国，对能源安全的关注必然在两国间引发外交政策问题。从中国方面来看，中国能源供应的外部环境无法摆脱美国因素的考虑。美国一直控制着世界范围内石油的

---

① 王猛："达尔富尔危机：中国外交转型的挑战与契机"，《世界经济与政治》，2005年第6期，第37页。

② The Stanley Foundation, "Africa at Risk or Rising? The Role of Europe, North America, and China on the Continent", pp. 4 – 5.

开发和生产，倾向于将中国寻求能源供给和经济发展的过程视为对美国在世界事务中至上地位的主要挑战，美国必要时可将它对全球石油生产的控制权用来至少是间接地制衡中国的发展。对美国而言，中国之所以有别于其他大型经济体，是因为中国拥有巨大的规模和潜在的重大影响，同时中国还是国际体系中的一大不确定因素。中国增长速度或能源政策的细微调整都可能使中长期内的世界格局发生某种变化。随着中国能源对外依存度的提高，美国越来越重视能源需求对中国外交政策以及对国际能源市场产生的影响。以中东为例，中国在中东的石油开发和贸易打破了美国一统天下的固有局面，导致该地区石油输出国、尤其是那些与美国利益相左的国家，在商业和安全方面的选择多元化。在美国政界和学界，一种关于中国寻求外部能源供给行为的最流行的分析是将此看作中国建设国家力量的大战略的一部分，即中国“扩张其财富和影响力以便取得在东亚的地区领导地位，削弱现存的美国领导地位”，[①]断言能源“将成为中美之间越来越激烈地争夺亚洲以及更广泛的世界性主导权的一个方面”。[②]2003 年美国中央情报局秘密报告宣称：“前苏联、中国和朝鲜与伊朗有关弹道导弹的合作几年来帮助伊朗走上了在生产弹道导弹方面可以自足的道路。”[③]甚至有石油政治学家将中国、俄罗斯和伊朗并称为“石油轴心”，称三国“意在抗衡美国的霸主地位”，将会切断美国的石油供应，损害美国的外交和战略利益。[④]伊朗俨然成为美国敲打中国中东能源外交的一张现成的牌。在美国的压力下，中

① Warren I. Cohen, “China's Power Paradox”, *The National Interest*, Spring 2006, p. 129.

② Aaron L. Friedberg, “Going Out: China's Pursuit of Natural Resources and Implications for the PRC's Grand Strategy”, *NBR Analysis*, September 2006, p. 34.

③ Josef Braml, “Can the United States Shed Its Oil Addiction?”, *The Washington Quarterly*, Vol. 30, No. 4, Autumn 2007, p. 120.

④ Flynt Leverett and Pierre Noel, “The New Axis of Oil”, *The National Interest*, Summer 2006, pp. 62 – 70.

国业已放缓在伊朗的能源投资。

中美之间的分歧与竞争并不能完全掩盖双方在能源上游领域进行合作的可能性。两国所依赖的石油供应地多是政治局面不稳定、宗教问题比较复杂、经济发展相对滞后、恐怖威胁不时出现的地区，在很多情况下，重大石油利益的存在又会诱发矛盾。因此，在确保有关产油和输油地区的安全与稳定、维护国际石油市场的有序运作方面，中美既存在共同的利益，又负有共同的责任。例如，中亚—高加索地区局势的稳定是建立平稳有序的中亚能源市场的前提条件，中美双方都鼓励中亚各国开发经济和能源，限制恐怖活动，打击贩毒、贩卖人口和走私大规模杀伤性武器。可见，确保进口能源来源的多元化，防止能源进口渠道单一带来的巨大风险，实行开放的能源政策，无疑有助于促进中美两国的能源安全。

在确保能源运输通道畅通方面（中游领域），中美竞争与合作机会并存。中亚、中东、南亚和东南亚是中国的周边及其延伸。这个广阔地带构成了中国生存和发展的基本外部空间，它既是中国应对来自东面海洋方面重要挑战的战略依托，也是中国能源进口主要供应地以及中国能源进口和远洋运输最重要的国际通道。[①]中国进口石油的战略通道主要分陆路与海路两种，输往中国的石油除小部分从俄罗斯、中亚采用铁路和管道运输之外，绝大部分（约占全部石油进口的93%）是通过海上运输实现的。[②]中国八成以上的进口石油需要通过马六甲海峡，目前经过该海峡的一半以上的船只是驶入中国的。[③]中国现有的海上石油通道过于依赖单一的路线——印度洋至太

① 高祖贵："中美在'西线'的战略关系分析"，《现代国际关系》，2004年第12期，第3页。

② 许勤华："中国高校学生能源安全观分析与思考"，《世界经济与政治》，2008年第4期，第68页。

③ Zhang Xuegang, "Southeast Asia and Energy: Gateway to Stability", *China Security*, Vol. 3, No. 2, Spring 2007, p. 19.

平洋沿岸航道。马六甲海峡作为沟通太平洋与印度洋的咽喉要道，其重要性毋庸置疑。可以说，谁控制了马六甲海峡，谁就能随时威胁中国的战略石油通道和能源安全。美国在上述地区强大的军事存在远非中国可及。作为世界头号石油输入国，美国凭借其超强的军事实力，成为全球能源通道——特别是波斯湾、印度洋、东南亚等地区关键的海上通道——最具支配力的国家，有能力将从中东和非洲运往中国港口的石油置于它的掌控之下。[①]

在里海地区，美国以保护油气管道和反恐为由加强军事存在。1997年9月，美国举行军事演习，将第82空降师从格鲁吉亚空投到哈萨克斯坦。同年12月，美国国家安全高级专家小组专门负责组建了旨在"保护里海石油"的中央军事指挥部。此后的"9·11"事件为美国提供了进入欧亚大陆的最好也是最直接的机会，美国进一步强化在中亚、中东、南亚和东南亚的军事部署，客观上对中国形成了地缘包围态势。一旦两国关系有风吹草动，美国的包围态势可迅速转变为针对中国的遏制与围堵。在这个地带上，美国传统的地缘战略、霸权战略、反恐战略和能源战略重叠在一起。特别值得一提的是马六甲周边海域，从日本、韩国开始，以关岛为链接，一直延伸到菲律宾群岛、印度尼西亚，最后直到印度洋的迪戈加西亚岛，这条巨大的"太平洋岛链"上密布着美国的海空军基地，占据了美国海外军事基地总数的一半，形成西太平洋至印度洋的"弧形地带"，与夹在地中海和波斯湾中间的中东石油供应带相连接。出于反恐和防扩散的现实需要，美国鼓励中国参与上述地区的事务是以不挑战其主导地位为限度的。面对中国在这一地区日益扩大的现实或潜在影响，美国保持着高度警惕。2005年1月，五角大楼的内部秘密报告《亚洲能源未来》称，中国正在加强军备建设，并沿着以中

① Zha Daojiong and Hu Weixing, "Promoting Energy Partnership in Beijing and Washington", *The Washington Quarterly*, Vol. 30, No. 4, Autumn 2007, p. 107.

东为起点的海上航道建立基地，以便向海上投放力量，保护自己的石油运输。中国希望建立一支深海舰队来控制海上航道，以避免能源供应因为美国海军等潜在威胁而可能出现中断的状况，特别是在它与台湾发生冲突的情况下。[①] 2008 年 3 月，美国国防部发表的中国军事力量年度报告认为，中国军队要求捍卫能源权益和保卫海上交通线的愿望，与现实之间还有一定的差距。不过，中国也许希望通过航空母舰的开发和潜艇实力的增强以及向海外派兵等方式，来消除这个差距。而中国出于确保能源以及国家安全的强化海军之举，将会打破地区军事力量平衡，造成亚太地区局势的紧张。显然，美国对中国的防范心态反映了其东亚战略的本质，即维护其地区主导地位，尽可能延缓或驯服中国实力的上升。在当前亚太力量格局下，随着中国对海外能源依赖度的不断提高，中国的能源生命线也越来越依赖于美国海军。对中国来说，这不仅意味着本国能源安全受制于人，而且也连带束缚了在台湾问题和周边事务中的行动自由。

另一方面，马六甲海峡的航道安全还包括航运安全和生态安全。根据国际海事组织发表的公告，马六甲海峡是世界上海盗活动最猖獗的海域之一，20 世纪 90 年代以来，全球 40%—60% 的海盗袭击都发生在这里，该海峡被认为是国际上最恐怖的海域。仅在 2001 年，马六甲海峡海盗横行造成的直接经济损失就高达 160 亿美元。[②] 冷战结束后，特别是“9 · 11”事件后，东南亚恐怖组织、分离组织和极端宗教组织交错兴起，并同当地海盗相互勾结，伺机作案。恐怖主义与海盗活动相结合，将对马六甲海峡安全构成重大威胁。马六甲海峡内有不少浅滩，其中水深不足 23 米的就多达 37 处，加上沉船、流沙、淤泥等，使航道情况经常发生改变，严重威胁航行安

① Bill Gertz, “China Builds up Strategic Sea Lanes”, *The Washington Times*, January 18, 2005.

② 中国现代国际关系研究院海上通道安全课题组：《海上通道安全与国际合作》，北京：时事出版社，2005 年版，第 405 页。

全。此外，随着国际贸易的迅速发展，油轮及其他运输船舶大量增加，加上船舶的大型化，造成马六甲海峡航道拥挤，交通秩序混乱，增加了航行中的不安全因素。马六甲海峡的事故率是苏伊士运河的3倍多、巴拿马运河的5倍多。船舶的相撞、触礁和搁浅导致燃油泄漏事故时有发生，对海峡的生态安全提出空前挑战。上述种种因素彼此联系、相互影响，造成了马六甲海峡安全保障的复杂性和艰巨性。

从相互依赖的视角来看，海上运输通道的安全和公海航行自由都是国际公共产品。参与对这些公共产品的维护、其使用规则和惯例的构建，既是维护中国石油安全的组成部分，也是中美两国的共同利益所在。1998年11月，美国《东亚地区安全战略》报告指出："确保航行自由，保护海上通道，尤其是马六甲海峡的安全已日益成为各国关注的共同利益。"[①]威胁马六甲海峡航行安全的非传统因素皆属全球公共问题，使用军事手段维护能源运输通道安全固然十分重要，但单凭一国之力无法解决。近年来，中国参与创建上海合作组织及推动其发展，是中国为寻求中亚安全稳定所做出的努力；在与东盟国家间的多重磋商机制下，中国在打击海盗、反恐等直接涉及海上通道安全问题上采取的区域性措施，既维护了中国自身的利益，又对维持东南亚海上运输通道这一国际公共产品做出了贡献。在这些问题上，中美携手合作才能大有改善。可以说，能源安全通道领域涉及的问题比较复杂，中美在该领域的博弈既包含能源现实主义的影响和作用，也涉及能源自由主义的策略和举措。因此，现实主义竞争观与自由主义合作观孰占上风尚无定论。

在能源加工和消费、环境保护和替代能源开发方面（下游领域），中美合作有望盛行。这种合作包括两个层面。一是在节能降耗

① The U. S. Secretary of Defense, *The United States Security Strategy for the East Asia – Pacific Region*, Washington D. C., November 1998, p. 56.

方面的合作。长期以来国际市场原油供应形势比较严峻，油价高位波动的局面难以根本扭转。这无论是对于经济快速增长、能源消耗持续上升的中国，还是对于历来高度依赖能源进口、生活方式和增长方式趋于固化的美国而言，均构成严重挑战。提高能源利用效率、积极开发和利用替代能源是两国确保能源安全和实现经济可持续发展的首要和必然选择。

美国自小布什政府时期起开始意识到在能源及环境领域加强与中国合作的必要性。小布什在 2005 年访华前夕接受记者采访时表示："中国是一个庞大、重要且不断增长的经济体，而且使用的能源越来越多。这也是我们大家可以合作的一个领域——就是在如何分离和利用技术方面进行合作，以便于我们减少对碳氢化合物的依赖……如果我们开发出一种能够减少使用碳氢化合物的技术，那符合我们的利益，也符合中国的利益。因此，在能源领域进行合作、讨论如何更好地向前发展的主张以及共同分离技术对美国和中国来说都具有重大意义，对全世界来说也是如此。"同年 9 月 21 日，美国副国务卿罗伯特·佐利克（Robert B. Zoellick）在美中关系全国委员会发表对华政策演说时指出："中国应与美国和其他国家共同发展能源多样化……我们新建立的'亚太清洁发展和气候伙伴关系'，以及美国能源部与中国发改委进行的双边对话，为这方面的合作提供了切实可行的机制……我们可努力保护和节省能源，其中包括为中国制造的用具制定标准，通过国际能源机构，我们能够加强战略储备的建立和管理。"[①]美国能源部长塞缪尔·博德曼（Samuel Bodman）2006 年底访华时也表示："美国人面临着中国人所面临的类似的挑战，我希望中美能够发展一种合作而非竞争的关系。"[②]小布什政府的

---

① Robert B. Zoellick, "Whither China: From Membership to Responsibility?", September 21, 2005, http://www.ncuscr.org/articlesand speeches/Zoellick.htm.

② Chris Baltimore, "US Energy Secretary Chides China on Equity Oil Deals", *Reuters News*, December 8, 2006.

这种认知也体现在现任奥巴马政府的能源政策思维之中。奥巴马认为，美国的石油依赖症是对国家安全和经济的威胁，主张通过大规模投资开发清洁、安全、可再生、高能效的替代能源，彻底改造美国的经济结构，以打破美国对海外石油的依赖，并处理全球气候变化带来的“道义、经济和环境挑战”。[①]关于中美能源合作，奥巴马2008 年 10 月在致中国美国商会的意见书中指出，如果中国希望继续保持持久、稳定的经济发展，就必须保护环境并减少能源密集型生产，鼓励技术自主创新。奥巴马强调，美国的清洁能源新技术能够帮助中国等国家应对全球气候变化，而在应对气候变化的挑战上，美中两国都肩负着重大责任。这一挑战“要求美中两国将双方合作提升到更高的水平……双方在消除气候变化所带来的威胁方面的合作能够树立典范，由此产生的实践和技术将为全球努力提供动力，包括就建立后京都气候体制达成协议的努力”。同时，这种合作也有助于推动美国经济的转型，从而造福所有美国人民和巩固美中关系。[②]凡此种种表明，美国决策层已日益认识到，中美在能源领域有着大量可望实现互利双赢的合作机会。[③]

考虑到中国和美国是世界上最大的两个石油消费国，且全世界的日均石油供应量数年后可能达到 1 亿桶左右的峰值，两国合作开发石油替代品和节能技术的意义不言而喻。此类合作应以成立合资企业、开发先进的生物燃料和从煤中提炼运输燃料的方式进行，还可以包括研发超轻型交通工具、先进的混合动力发动机和其他节能技术。两国官员已就此进行了初步的讨论，并为推动能源和环境合

① Barack Obama and Joe Biden, “New Energy for America”, http://www.barackobama.com/pdf/factsheet-energy-speech-080308.pdf.

② Barack Obama, “US-China Policy Under an Obama Administration”, *China Brief*, October 2008, pp. 13, 14.

③ Sebastian Mallaby, “Energy Bedfellows: Countering OPEC Through China-U.S. Cooperation”, *The Washington Post*, September 17, 2007, p. A19.

作取得新的进展。2009 年 7 月，在美国能源部长朱棣文访华期间，中美达成一致，决定成立清洁能源联合研究中心，两国共同投入 1500 万美元作为启动资金，首批优先领域包括节能建筑、清洁能源汽车和清洁煤等。此外，在第一次中美战略与经济对话中，双方拟定了加强能源和环境合作的谅解备忘录，重申实施《中美能源环境十年合作框架》下现有的 5 个行动计划，包括清洁高效电力、清洁高效交通、清洁水、清洁大气、森林和湿地保护，承诺采取积极的国内行动来应对挑战，并通过制定包括节能和能效在内的新行动计划扩展十年合作框架。[①]

二是在生态环境保护方面的合作。中国由于现代化进程起步晚，始终面临环境保护和经济发展的两难选择，以往更多关注经济发展而忽视环境保护，导致温室气体排放快速增加，环境污染严重。据统计，全球污染最为严重的 20 个大城市中，中国占据 16 个；中国 1/4 的国土面积以及 1/3 的农业用地遭受酸雨的侵害，导致农业产量下降和建筑物被侵蚀；煤炭的大量使用造成空气质量日益恶化。温室气体排放是导致全球气候变暖的重要原因。1990—2001 年，中国二氧化碳排放量净增 8.23 亿吨，占全球总排放量的 16.5%、世界同期增加量的 27%，位居世界第二。2007 年中国超过美国成为世界第一排放大国。另据国家环保总局透露，目前中国二氧化硫排放总量居世界第一，2005 年的排放量为 2549 万吨，比政府 2000 年确定的目标高出 42%。由于巨大的人口基数、长期保持较高的经济增长速度、能源消耗总量大幅度上升、高碳燃料比例高、不清洁以及低效能的能源利用模式等基本因素的影响，在可见的将来，中国温室气

① Bureau of Public Affairs, Office of the Spokesman, "Joint Press Release on the First Round of the U. S. – China Strategic and Economic Dialogue", July 28, 2009, http: //www. state. gov/r/pa/prs/ps/2009/july/126596. htm.

体排放总量的增加将不可避免。[①]就此而言，未来中国最大的风险并非源于经济领域，而是来自生态领域，尤其是环境问题及其引发的传染病。[②]而与中国相比，美国的温室气体排放更为惊人，其所造成的气候污染远远大于中国。自工业革命开始后，美国消费的化石燃料已制造了1.15万亿吨二氧化碳，远多于中国的3100亿吨排放量，其历史排放总量居世界第一。美国人均二氧化碳排放量是中国的5倍。中美巨量的能源消耗，不仅对保障能源安全而且对全球应对气候变化提出了挑战，两国无法逃避国际上与日俱增的要求双方参与减排承诺的压力和责任。

美国与中国在能源和环境领域的合作源于双方利益的互补性以及该领域的非敏感性。美国在能效技术的开发和推广中占据优势地位，许多技术能够并已经被中国市场采用。美国政府的积极参与为本国公司在中国市场赢得了可观的贸易投资机会和巨额的收益，而中国也可以从美国获取技术、经验和资本，以一种效率较高、污染较少的方式满足自己的能源需求，同时应对一系列已经产生的环境污染问题。如果中国采用与美国相同的能源比例结构，消费与当前数量相等的能源，那么它的碳排放量将减少20%。[③]综上可见，中美在能源下游领域的合作前景十分广阔，两国建立一种更具建设性的能源合作关系并非不切实际。[④]

实际上，早在中美建交之初，中国国务院副总理邓小平在访美期间与美国总统卡特就签署了《中美政府间科学技术合作协定》，两

① Elizabeth C. Economy, "The Great Leap Backward?", *Foreign Affairs*, Vol. 86, No. 5, September/October 2007, p. 39.

② Harry Harding, "China: Think Again", *Foreign Policy*, March/April 2007, p. 26.

③ 此处及以上未标明出处的数据，see "World Energy Outlook 2007 – China and India Insights", http://www.worldenergyoutlook.org/index_chinese.asp.

④ Michael T. Klare, "The U.S. and China are Over a Barrel", *Los Angeles Times*, April 28, 2008.

国政府部门先后在高能物理、空间、环境保护、核安全、能源效率等32个领域签署了数十个合作议定书和谅解备忘录，两国科学家在上述领域内开展了数千个科技合作项目的研究，人员交流达数万次。1985年，双方签署了《中美化石能源研究与发展合作议定书》。1993年两国政府建立能源利用效率问题的正式对话，以促进信息交流和国际合作。1995年，双方达成正式协议，通过成立中美能源效率工作组来实现能源效率方面的共同目标。进入21世纪后，中美合作态势进一步加强，两国建立了一系列政府间的能源事务磋商机制，主要包括中美能源政策对话、中美能源－环境可持续发展论坛、中美战略经济对话等，双方围绕国际能源形势、全球能源安全、能源政策和能源战略目标、能源和气候变化、清洁能源和能效技术合作等议题进行了深入探讨。特别是2008年6月，第四次中美战略经济对话就扩大双方在能源和环境领域的合作取得突出成果，两国签署的《中美能源环境十年合作框架》文件对中美未来经济合作具有重大影响，也将为全球可持续发展作出贡献。此外，2005年6月，美国能源部为了“实时讨论”的方便，决定在美国驻华使馆设立一个能源办公室，致力于推动两国在能源和核安全领域的合作。2006年3月，美国商务部在北京设立了海外首个“美国环境与能源技术办公室”。所有这些安排加深了中美双边能源协调，成为两国能源合作的制度保障。①

尽管中美能源安全对话已经机制化，但双方在能源下游领域的合作并非波澜不惊，而是时有龃龉。美国指责中国的温室气体排放量不断增加，要求中方为气候变化承担更大责任。中国并不否认其快速的经济增长对环境造成的威胁，但强调中国人均温室气体排放量只是美国1/5的事实，坚称采取应对气候变化的行动应建立在

① 梅俊杰：“中美能源合作的焦点与方向”，上海社会科学院世界经济与政治研究院：《中国与世界共同利益的互动》，北京：时事出版社，2008年版，第110页。

“共同但有区别的责任”原则之上，要求消耗了大量化石燃料的富裕国家首先应当采取更有力的行动，同时快速发展中的国家也承担相应的责任。[①]中国希望美国取消所有对华技术输出的限制，而美国提出中国对知识产权保护不力的问题，抱怨中国“缺乏对于专利问题的严格规范制度”，宣称“有些美国清洁能源公司不愿意将其最尖端的技术投放到亚洲，从太阳能板到洗煤机都是如此，因为它们担心自己的技术会被复制。”[②]

中美两国人口占世界总人口的1/4，两国国内生产总值和能源消耗量超过世界总量的1/3，因能源消耗造成的碳排放量接近世界总量的2/5。从能源安全和环境保护角度来看，中美对能源消费控制或扩张的行动将决定全球应对气候变化努力的成败。如果两国采取行动控制温室气体排放，那么其他国家就可以更容易地在全球层面上开展合作；如果双方都无动于衷，那么，即使其他国家采取减灾对策也无法有效防止地球大部分地区的气候灾难。所幸目前情况已有所改变：美国正着手在州范围内解决气候变化问题，50个州中几乎一半作出了削减碳排放量的承诺。中国已采取“边发展边治理”的可持续发展模式，并制定了明确的目标，承诺每单位GDP的耗能量要下降20%，在2020年前将现在的排放增长率减半，在2050年前将绝对排放量削减1/3。大量低能效、过时的国有水泥厂及其他重型工业设备制造厂正在被关闭，其生产线被逐步转移至更新的、能效更高的工厂。

中美相互协调能源政策是达成全球气候变化协议的先决条件。对美国而言，两国开展战略经济合作已经具备许多激励性因素（例

---

① William Chandler, “Breaking the Suicide Pact: U. S. - China Cooperation on Climate Change”, *Policy Brief*, No. 57, March 2008, http://www.carnegieendowment.org/programs/china/.

② Jane Spencer, “Trying to Sell Clean Energy in Asia - US Companies Hope to Drum up Business during Trade Mission”, *The Wall Street Journal Asia*, April 18, 2007.

如国际金融系统失衡、北京为华盛顿的财政赤字买单、利率和汇率政策等)，而双方为建立21世纪国际能源秩序进行合作也是顺理成章；对中国而言，无论是寻求成为国际能源体系的建设性参与者，还是继续依靠远洋运输从波斯湾地区进口石油的现实，或是应对巨大的能耗压力和严重的环境问题，与美国的沟通和协调都是必不可少的。

三、中国对策分析

中国能源需求的增长速度居世界首位。经济的持续快速增长导致国内能源供不应求，因此，中国政府不得不把目光放到国外以确保国内经济发展和稳定。出于对现有国际石油市场的顾虑，中国实施“走出去”战略，中国国有石油企业在全球范围内、特别是在西方公司避之惟恐不及的国家或地区购买能源资产。海外能源投资和开发是当今中国外交政策议程中的一项重要内容，却引发了国际社会的种种担忧和指责，导致中国与其他主要石油进口国、特别是与美国之间的关系时而紧张，也引起或加剧了相关发展中国家之间的冲突。鉴于此，中国在实施能源安全战略、确保国内能源稳定供给的过程中，必须考虑到外部特别是美国因素的现实影响，并应采取切实措施加以应对。

受政治因素的制约，中美在能源上游领域的博弈形态以竞争为主，两国在该领域的良性互动较少，而彼此对抗较多。这一领域不仅仅涉及能源问题本身，还影响到世界地缘政治格局的演变和走向。美国作为国际体系的主导大国，其对地缘政治稳定和国际战略利益的追求是真切的。因此，在全球战略层面上，中国仍应坚持“韬光养晦”的外交战略理念，不带头挑战现存国际秩序——毕竟中国在这一秩序框架内获得了30多年的持续发展，意识到美国成为中国能源战略中变量因素的现实，给予美国的“全球大国地位”及全球和地区利益必要的尊重，包括能源安全利益和其他方面的战略利益。中国必须认识到，能源安全是一个全球性问题，需要寻求全球和地区合作的解决方案。因为在出现石油危机的情况下，单个国家的能源政策和措施是无法应对的，能源进口国的能源安全利益将不可避免地遭到冲击。作为世界数一数二的能源消费大国，中美两国在增加全球能源供应和稳定国际能源市场等广泛问题上具有共同利益。从这个意义上说，中国应该主动、积极发展和深化与美国的能源合作关系，努力推进双方的战略性能源合作和外交协调。[①]这意味着，中国石油公司在开拓海外市场时，应注意创造双边外交和多边外交环境，使之既有利于中国企业开发，也有利于美国公司开发，同时还有利于中国油气公司与跨国石油公司的合作开发，[②]真正实现互利共赢。

另一方面，在特殊情况下，中国也可“特事特办”，适当调整并创造性地界定“不干涉内政”原则，至少在具体做法上做到张弛有度，避免自缚手脚。“随着中国为其大国崛起寻求正当理由，中国也不希望被看成是全球独裁政权阵营的领头羊。”“中国政府发现，他们长期倡导的‘不干涉主权国家内政’的理念并非放之四海而皆准，也并非一直符合中国的国家利益。”[③]通过灵活运用传统外交原则，中国可以展示负责任大国的角色，鼓励投资目标国推动国内良治。在不损害自身能源安全和经济利益的前提下，中国应尽可能与美国、欧洲协调政策和立场，以合作解决伊朗核问题和苏丹达尔富尔问题，

---

① 吴磊：《能源安全与中美关系：竞争·冲突·合作》，北京：中国社会科学出版社，2009 年版，第 240—241 页。

② 肖炼：《中美能源合作前景及对策——改善能源安全和保护环境》，北京：世界知识出版社，2008 年版，第 219 页。

③ 国际危机组织（International Crisis Group）：《中国的石油政策》，2008 年 6 月 9 日，第 i 页。

共同维护世界主要产油地区和国家的政治与社会稳定。

在能源中游领域，中美博弈形态表现为合作与竞争并存，这决定了中国应采取协调平衡、多层次的应对策略。鉴于目前中国进口石油绝大部分经由海路运输，中国要在加强中亚、南亚陆地能源通道建设的同时，致力于确保海上运输线路、特别是马六甲海峡的畅通和安全。这要求中国必须认真考虑和慎重对待两个影响因素，即美国海军在东亚的存在以及中国与东南亚有关国家的关系。对于美国海军的作用，应该给予客观恰当的评价。美国超强的海军实力固然是其维护全球霸权的工具，但同时美国海军对世界海路安全的保护也使世界绝大多数国家受益，包括使中国受益。自 20 世纪 90 年代以来，虽然东亚经济发展取得了举世瞩目的成就，地区内贸易大幅度增加，但东亚经济在很大程度上仍然依赖于美国市场。东亚的一些关键原料的进口一如既往需要美国海军保护海洋通道。现阶段，军事上和经济上对美国的依赖使得东亚国家不可能排除美国海军的存在。①

美国海军之所以能长期维持在东亚海上战略通道的存在，一定意义上是同华盛顿与东南亚国家总体良好稳定的双边关系分不开的，而后者也正是中国为维护海上能源命脉必须加以经营的战略重地。东南亚既是中国自身安全环境不可分割的一部分，更是中国“睦邻、富邻、安邻”周边外交战略的出发点。稳定的周边为中国经济建设所需的和平国际环境奠定了基础和前提。自 20 世纪 90 年代中期起，中国本着合作互惠的精神，积极寻求发展与东南亚的关系。1997—1998 年亚洲金融危机的关键时刻，中国避免人民币升值的决定成功地塑造了其在东南亚国家眼中的积极、正面形象。20 多年来，中国务实的做法获得了东南亚国家越来越多的

① ［美］彼得·卡赞斯坦著，秦亚青、魏玲译：《地区构成的世界：美国帝权中的亚洲和欧洲》，北京：北京大学出版社，2007 年版，第 28 页。

认可，在相当程度上打消了东南亚国家对中国崛起的担忧，促进了双方贸易关系和互信机制的建立以及中国地区影响力的提升。实际上，中国在东南亚实施的“魅力攻势”业已取得很大成效，应坚持通过经济杠杆、外交努力等一揽子政策予以进一步推进，以便为能源安全和经济增长构建稳定的政治和安全环境，并挫败潜在的战略包围或遏制行动。

当然，接受美国海军在东亚的存在以及发展与东南亚国家的友好关系，并不能完全保证海上通道安全无虞。因此，为捍卫海上能源生命线，中国还要致力于建设自己的深海舰队和远洋运输船队。拥有一支现代化的远洋海军，不仅是中国真正崛起为大国的象征和标志，更是中国保卫国防安全和经济安全的现实需要。海军是唯一能在和平时期走出国门、走到其他国家、走上国际舞台的国际性军种，其功能在平时主要表现为武力威慑、危机处理、人道主义救援、打击海盗、预防等，战时则表现为争夺制海权、远洋护航、保护海上交通线等。强大的海军可以有效地利用占地球表面70%的海洋这一公共物品。保证海上能源运输通道的畅通无阻，是时代赋予中国海军的一项新的历史使命。相对于中国海外能源需求的急剧上升，中国维护能源安全的军事自卫手段却严重滞后。从某种意义上说，2003年中国海军首次环球航行的战略意义，显示出中国希望在世界大洋上寻求确立自己的地位，特别是要确保自己的海上能源通道。2012年10月，中国航母平台舰载机起降试验的成功，标志着中国海军实力取得了新的重大突破。随着综合国力的稳步增强，中国应该在条件允许的情况下，加快蓝色海军力量建设，使其具备保卫中国海上资源和能源补给线的能力；积极发展远程作战能力，以打破对中国可能实施的经济和能源补给线的海上封锁，至少要做到保持在重点海域和海峡通道影响力的存在；大力发展大型远洋运输船队，保证海运的安全停靠和后勤供给。中国不称霸，并不意味着中国不保护自己的海外权益。中国建设强大海军既有利于中国和世界经济的繁荣，也有利于维护世界和平。[①]这一点在中美军事关系的协调方面得到最大体现。中国海军力量的增强使中国有能力参与维护世界石油供给生命线，中美可协商划定保护海上国际石油运输通道的职责和义务，携手维护能源运输通道的安全，共同提高运输效率。这将分摊美国的经济负担，从而使两国都分享到能源安全的利益。[②]

在能源下游领域，中美合作取得了有目共睹的成就。中美在清洁能源的开发和推广、节能减排技术的共享和应用方面具有广阔的合作空间，目前一些切实可行的做法和有效的合作机制应予以加强和深化。中国可采取措施，深入推动中美间业已存在的能源协商和合作机制，如中美能源政策对话、中美油气工业论坛、中美战略与经济对话等，使之至少在能源下游领域具有实质性建树，超越对话和讨论而进入实际实施进程。[③]中国应考虑更多地向美国公司开放中国极具发展潜力的、巨大的能源下游市场，作为回报，要求美国修改其出口控制及相关政策，以促进新能源技术向中国的转移，帮助中国发展替代能源和提高能源效率，减缓环境污染，降低中国对“问题国家”能源的关注，从而使中美能源关系建立在真正相互依赖的基础之上。作为世界上最大的两个碳排放国，中美在能源下游领域的合作将对全球应对气候变化的努力乃至全球可持续发展做出重要贡献。

此外，为了统筹协调能源上中下三个领域的政策，着眼于从组织机构建设的角度保障能源安全，中国政府不妨在能源政策机制的调整和重塑方面做出努力，如重组、强化分散的政策制定与管理机构，设立中央部委级单位如能源部（现今条件下将国家能源局升格为能源部），赋予其权力和资源独立管理能源安全，致力于调解公/

① 刘新华：“论中国的海外利益”，《当代世界》2010年第8期，第53页。

② 肖炼：《中美能源合作前景及对策——改善能源安全和保护环境》，第219页。

③ USCC Hearing on “China’s Role in the World: Is China a Responsible Stakeholder?”, Testimony by Michael Wessel, August 4, 2006.

私和中央/地方部门间的利益冲突；重组国有石油公司，使其成为纯粹的商业实体，政府作为最大股东；强化节能政策，明确责任实体的每一个能效目标，改善目标检查与评估体系，将能效标准执行情况列为政府官员政绩评估的标准之一；继续推行燃料与供应源多元化，允许市场价格反映真实成本和价格信号，从而引导供应商和消费者的行为，等等。①

四、结论

作为位居世界前两位的经济体，中美对境外石油的高度依赖（两国的石油进口依存度均超过 50%）导致能源成为中美关系中举足轻重的变量之一。中美在能源上游、中游和下游三个领域的互动中形成了竞争与合作并存、共同利益与相悖利益交织的局面。共同利益和共同威胁的存在要求中美在能源各个领域积极开展合作。正如美国前能源部助理部长帮办凯瑟琳·弗雷德里克森（Katharine A. Fredriksen）在参议院作证时指出的，作为世界上最大的两个能源消费国，美国和中国尽管在能源方面存在显著分歧，但也面临共同的挑战和机会，双方加强在能源安全领域的合作，既符合彼此利益，也有利于世界的能源稳定。因此，美国将致力于与中国的密切合作，继续推进在中国的能源投资和贸易，加强美国作为中国能源领域最大的外来投资者的地位，通过与中国的能源接触，扩大双方的共同利益。②

① 国际危机组织（International Crisis Group）:《中国的石油政策》，第 ii 页。

② Katharine A. Fredriksen, “China’s Role in the World: Is China a Responsible Stakeholder?”, before U. S. – China Economic and Security Review Commission, Washington, D. C., August 4, 2006, http: //www. uscc. gov/hearings/2006hearings/written _ testimonies/06_ 08_ 3_ 4wrts/06_ 08_ 3_ 4_ fredriksen_ kathy_ statement. pdf.

只是广泛的共同利益并不意味着相悖利益或利益矛盾的消失，共同威胁的存在也不意味着应对威胁手段的相同或合作应对的模式会自然而然地形成。在世界政治经济中，相互依赖可以引发国际合作的愿望，加深各行为体之间的关系，但能否达成合作与和平还要考虑诸因素的博弈结果。考察中美在能源领域的互动，现实主义所强调的地缘政治因素确实在一定程度上解释了中国获取境外油气资源的努力和中美能源关系的某一方面。但就中国经济社会的持续、平衡发展这个最高利益而言，假如仅仅或首先从地缘政治竞争考虑出发处理中国与美国的分歧，则可能使中美发生冲突成为一种自我实现的预言。反之，如果充分挖掘自由主义相互依赖论的智慧，通过驾驭和促进中美在能源领域和世界经济中相互依赖的现实，那么，两国在能源领域制度化的合作可望形成。这种合作无疑将扩大和巩固双方的共同利益基础。

事实证明，尽管中国经济的持续大幅度增长推动能源需求和消耗量的急剧上升，但中国并没有搅乱国际能源市场。经济发展的需要导致中国对海外油气资源的依赖，中国进口油气资源反过来也推动了世界油气经济乃至全球经济的增长，并为美国经济的持续繁荣创造了必要的外部条件。有鉴于此，中美两国今后面临的共同挑战是管理能源相互依赖愈益加深的世界，努力实现经济、安全和环境方面的目标。这需要双方更新和提升能源政策思维，把能源政策作为整体外交政策不可分割的组成部分加以考虑，①以此促进共同利益和双边关系，而不是将之当作反诉对方的政策工具。

① Frank Verrastro and Sarah Ladislaw, "Providing Energy Security in an Interdependent World", *The Washington Quarterly*, Vol. 30, No. 4, Autumn 2007, pp. 95 – 104.

社交媒体在美国外交中的运用及其对中美关系的挑战

汪晓峰

（上海市美国问题研究所特约研究员）

社交媒体是近10年来互联网最重要的应用创新，已迅速向社会各领域渗透和拓展并促成变革。美国适时将社交媒体提升至国家重要战略资产地位，从战略和政策层面加以运用。在外交上，主要通过联邦政府涉外机构在国际主要社交媒体网站、驻外使团和外交官在驻在国主要社交媒体网站上活动，获取舆情信息，阐释政策意图，寻求理解和支持，塑造正面和可信形象，宣传美国精神和价值，影响所在国舆论和政策。中国是美国社交媒体外交的重点，全面覆盖、中文内容、直面公众、潜移默化是其主要特点。需要深入研究社交媒体的发展对经济社会的影响及其规律，遵循“积极利用、科学发展、依法管理、确保安全”的基本原则，积极稳妥应对。

报告分为四部分，第一部分为社交媒体的兴起及其对国际关系的影响，第二部分为社交媒体在美国外交中的运用，第三部分为社交媒体在中美关系中的运用及其影响，第四部分为应对措施及政策建议。

一、社交媒体的兴起及其对国际关系的影响

（一）社交媒体的兴起

社交媒体（Social Media）是指一类互联网应用，包括技术、应用、平台及服务等。迄今还没有各方一致认可的社交媒体的定义，[①]美国国务院《外交事务手册》中有一个较为宽泛的描述："社交媒体指允许个人和机构之间的出版、沟通和协作的数字技术和平台。"[②]这一描述指出了社交媒体的平台特性和媒介特性，即社交媒体服务提供商在网络空间构建关系模型、规则及应用，由用户在此平台上进行信息交换和合作交流。目前互联网上流行的社交媒体应用主要有论坛、博客、社交网络、微博、图片、视频分享、即时通讯及维基等。这些社交媒体应用的核心是以用户为中心构建连接，户生成内容，其特点是用户共享平台、统一规则与行为模式，其实质是网络空间对现实社会关系的复制与重构。

至2011年底，全球互联网用户已达23亿，占世界总人口三分之一。其中社交媒体用户占网民总数的82%，使用时长占互联网总

① 2010年中国国务院《中国互联网状况》白皮书将博客、微博、视频分享、社交网站称作"新兴网络服务"；中国互联网信息中心《中国互联网络发展状况报告》将微博和社交网站等归类为"社交媒体"。美国的政府文献往往将社交媒体和社交网络两个概念交互使用，美国国务院《2012年公开政府计划》、国会的一份议案《网络安全法案2012》中使用的是"社交媒体"，国务院《2012年公开政府执行计划》和国防部《2011年网络空间行动战略》使用的是"社交网络"（Social Network）。国际市场调查公司AC尼尔森的《美国社交媒体报告：2011年第三季度》、《2012中国社交媒体受访用户研究报告》，列举了社交媒体的各种应用，包括微博、社交网络服务、位置信息服务、论坛、博客、视频共享、消费者评价等，用户通过这些在线平台参与、交谈、联谊，共享信息和资源。

② U. S. Department of State, "Foreign Affairs Manual: FAM 790: Using Social Media", http://www.state.gov/documents/organization/144186.pdf.

时长的 19%，社交媒体已经成为互联网上最流行的应用。至 2012 年 6 月底，全球最大的社交网站 Facebook 的月活跃用户达 9.55 亿，[①] 最大的微博网站 Twitter 的注册用户也达 5.17 亿。中国是互联网大国，至 2012 年 6 月底已有互联网用户 5.38 亿，居世界各国之首，社交媒体的发展非常迅速，至 2012 年 3 月，新浪微博已有注册用户 3.24 亿，日均发布逾 1 亿条，其中 60% 使用移动终端，最有人气用户的粉丝超过 2000 万。[②] 可见，无论是在全球范围还是在中国，社交媒体都已形成规模并继续快速发展，吸引大量商业资金及技术研发的投入，应用服务的种类愈益丰富，功能更加完备，越来越多互联网用户和移动通讯用户使用和依赖社交媒体，这些都确立了社交媒体在网络空间的重要地位及其对经济社会的深远影响。

社交媒体的广泛运用，促使各种社会关系在网络空间产生和发展，也日益渗透到国际关系的各个层面。本报告主要研究社交网络、微博、博客、视频分享等几类社交媒体在美国外交中的运用及其对中美关系的影响。因为社交网站、微博、视频分享等是近年来发展最为迅速的社交媒体应用，有着非常广泛的参与度和覆盖面，对世界各国通过互联网开展外交活动的影响也最为明显；另外，这几类社交媒体网站是美国外交在网络空间展开的主要平台，也是美国对华进行网络外交的主要途径，还是影响网络空间中中美关系的主要因素。

（二）社交媒体的特性

可以从不同角度来观察社交媒体的特性，本报告研究社交媒体

① 其日均活跃用户 5.52 亿，移动终端活跃用户 5.43 亿，“Facebook Reports Second Quarter 2012 Results”, July 26, 2012, http://investor.fb.com/releasedetail.cfm?ReleaseID=695976.

② 以上数据分别来自国际电讯联盟（ITU）、美国的全球互联网信息服务提供商 ComScore、法国的数据分析公司 Semiocast、Facebook 公司的 2012 二季度报表、中国互联网信息中心（CNNIC）《第 30 次中国互联网络发展状况报告》等。

在美国外交中的运用，主要关注哪些技术特性促使美国将其纳入战略和政策考虑，外交实践又会对社交媒体的哪些应用情有独钟。社交媒体的下列特性在一定程度上推动了社交媒体与外交活动的融合。

第一，社交媒体具有用户生成内容特性，是网络空间的重要信息源。与传统媒体报纸、广播、电视及互联网新闻网站相比，社交媒体没有专门的记者和编辑，信息来源是用户自身，即用户生成内容（Users Generate Content，UGC），用户在社交媒体网站上发布信息，关注者可进行阅读、评论等操作，并转发给更多用户。用户生成内容模式伴随倡导个性化和互动的 Web2.0 兴起，很快推动社交媒体成为网络空间最重要的信息来源之一。创建于 2006 年的 Twitter 没有原创信息，所有信息基于用户生成，其内容流量 2009 年 4 月就超越了《纽约时报》网站，2012 年 8 月 Alexa 全球网站流量排名上列第八位，美国国会图书馆将 Twitter 上 2006 年以来所有推文进行存档。社交媒体用户不仅有个人，政府机构、非政府组织、企业、媒体等都已加入社交媒体，如美国国防部和国务院的 Facebook 帐户分别是 311 个和 278 个，Twitter 帐户分别是 128 个和 240 个，新浪微博已有逾 13 万家企业与机构用户（2012 年 8 月数据），其中政务微博近 8 万。企业与机构用户通过社交媒体发布信息，不仅有可信度和时效性，而且通过用户互动可提供更全面完整的信息，传统媒体也纷纷从社交媒体上寻找有价值的新闻线索。

第二，社交媒体实现了全媒体互联，信息传播优势明显。全媒体是信息、通讯及网络技术条件下各种媒介实现深度融合的结果，社交媒体平台上可包含文字、图形、图像、音频、视频等各种媒体类型，进行多种媒介形态之间的融合后形成传播形态。各种社交媒体应用各具特色且有效整合，形成一个涵盖各种媒体效果，兼具信息传递的速度和广度，内容的深度和可信度，立体的信息生产、加工、储存、传播和反馈的信息流程。网民在发布信息或交流时常说“无图无真相”，意即图片能增加信息的可信度，如果可以提供事件、人物或过程视频，就更有说服力。因此，通过微博快速分发信息、图片分享网站提供现场图片、视频分享网站提供过程记录、博客提供深度分析、论坛提供观点交流、社交网络在朋友间传递和分享，不同载体的信息通过链接快速到达，就构成了一个全媒体互联的结构，对于用户而言，各种媒体类型之间的跳转是即时和无差别的。

第三，社交媒体充分对接互联网与移动通讯网，有效整合两大技术和应用平台。社交媒体和移动通讯都以个人为核心构建应用和服务，近年来社交网络与智能手机在各自业界的发展最为迅速，且相互给予从技术到应用的全力支持，进一步促成了社交网站和智能手机的全面对接，社交媒体日益显示出其“无所不在、无时不在”的强大渗透力。在英国，35%的手机用户使用社交网站，64%的智能手机用户一个月内使用过社交网站，其中40%的人每天都用社交网站。在美国，近40%的社交媒体用户通过手机访问，社交网络在智能手机用户的应用排名中位列第三。[①] 移动互联不仅是对两大技术和应用的整合，更是对它们所拥有的庞大用户群体的整合，社交媒体是促进这一整合的重要推动力。另外，平板电脑的兴起，也是推动移动设备和社交媒体结合的重要因素。这些移动互联网产品和技术的流行进一步推进了社交媒体的普及。

第四，社交媒体可迅速将消息传播至用户端，堪称光速传播与指数覆盖。评估一个用户在网络空间和社交媒体上的影响力，一般可看其关注度、原创信息数、被转发数、被评论数等指标。微博大大提升了信息传播的速度和范围，基于其庞大的用户数量、用户结构和信息转发技术，一条信息可在分秒之间到达亿万用户端。中国外交部公共外交办公室运行的新浪微博“外交小灵通”，其粉丝数为

① AC尼尔森：《美国社交媒体报告：2011年第三季度》，September 2011，http：//cn. nielsen. com/documents/SocialMediaReport_ SCN. pdf.

851023，粉丝的粉丝数达到201560264（2011年10月30日数据），理论上，外交小灵通发布一条微博，如其粉丝全部转发或评论该条微博，则逾两亿用户可看到该信息，再经多次转发或回复，则几乎所有用户都可看到该信息。实际上，外交小灵通发布的每条信息不过几十到几百个回复和转发，即便如此，每条信息至少也有数十万用户可看到，对于公共外交而言，这已经是相当可观的传播效果。

第五，社交媒体充分演绎小世界模型，进一步增进普遍联系。“六度分隔”理论是构造社交网络的理论基础，[①] 20世纪60年代由美国耶鲁大学社会心理学家斯坦利·米尔格拉姆提出，该理论认为最多只需通过6个人，即可在世界上任意两个人之间建立联系，这一理论揭示了人类社会的普遍联系，又称“小世界”理论。微软曾对2006年某月的MSN流量进行分析，将2.4亿位用户传递的300亿条信息进行比对，结果表明用户只要透过平均6.6人就可以和全数据库1800亿组配对产生关联。[②] 社交媒体的发展进一步加强人类社会的普遍联系，促使社会关系结构更趋于网络化和扁平化。此外，社交媒体具有很强的全球渗透力和影响力，其用户来源和信息覆盖必然经历从一个国家、区域向全球扩展的过程，这是互联网的全球特性及世界经济政治全球化的必然结果。如美国的LinkedIn国外用户超过60%，俄罗斯的VKontakte信息流量的43%来自国外，中国的腾讯即时通讯和微博、新浪微博也都在发展各自的国际平台和国际用户，正在成为全球运营的社交媒体平台。

---

① 美国耶鲁大学社会心理学家斯坦利·米尔格拉姆（Stanley Milgram）提出“六度分隔”（Six Degrees of Separation）理论，认为最多只需通过六个人，即可在世界上任意两个人之间建立联系，这一理论揭示了人类社会的普遍联系及其结构。

② Jure Leskovec，Eric Horvitz，“Planetary - Scale Views on a Large Instant - Messaging Network”，April 2008 http：//research. microsoft. com/en - us/um/people/horvitz/leskovec_ horvitz_ www2008. pdf.

（三）社交媒体对国际关系与外交的影响

新技术对任何一个领域的影响都是渐进的、逐步扩展的。国际关系研究不仅应当注意到技术运用在提高能力、改进效率和降低成本等方面的改变，而且要重点评估技术的政治后果，观察技术进步对国家实力及其运用的影响、对国家的行为特征和行为模式变化的影响以及对体系格局和国际价值的影响。外交的根本目的是促进国家利益，社交媒体向外交领域的扩展既意味着更多的手段和途径，也促使外交对象和范围发生了变化。

首先，网络空间的主权特性面临新的挑战，某些传统外交原则和惯例渐失其适用性。社交媒体改变了从人际交往到国际交往的既有层次，削弱了传统上控制信息、人员、物品和资金在国家间流动的边境、海关、护照、签证等有形隔断的效力；对于信息、数字化的物品和资金在国家间迅速流动，现有技术和制度难以有效监管；社交网络推动了国家间人际交往与互动，在网络平台上实现高效的跨国交流，在增进了解的同时也加大了摩擦和冲突的潜在风险；一些国家的政府部门和机构主动参与各种社交网络，直接面对国内和国际公众，它们既要有效表达国内各种利益诉求，又要接受国际社会的规则约束，这是“双层博弈”效应在网络空间的体现。

其次，网络空间的全球化及其治理面临制度和共识缺失。20 世纪 90 年代以来，伴随着经济全球化和信息全球化的深化和拓展，迅速成长起来的网络空间已成为重要的全球公共领域之一。对于一个以“开放互联”架构为基础的互联网和通讯基础设施的行动领域，如何管理其中日益纷繁的公共事务，处理影响深远的公共危机，协调相异甚至相互对立的各方利益，促进共同发展所依赖的规则、原则和行为规范等问题的研究迄今仍相当不足。面对一些新型和具体的挑战乃至威胁，国际社会和相关国家往往难以找到相应的法律依据和处理程序可循，呈现出因国际制度缺失而形成的治理困境。近年来，网络空间的全球治理面临诸如行为非法化、主权管辖等各种难题，如“维基解密”、“匿名者”等互联网行动主义模式对网络空间全球治理形成的挑战。

第三，社交媒体推动传统国际关系和外交议题进一步向网络空间延伸。随着社交媒体等互联网运用的普及和深化，网络空间与国际关系进一步融合，互联网与国家安全、国家利益和价值观之间的联系日益深化，网络空间已发展成为重要的战略空间，社交媒体也逐步成为一种重要的战略资源。传统国际关系和外交中的国家安全、全球治理、恐怖主义、公共外交等议题也通过社交媒体在网络空间扩展并衍生出各种新的国际议题。各国政府也纷纷从战略和政策层面主动将社交媒体等互联网应用纳入各种政治进程，包括外交领域。

第四，社交媒体使公共外交在网络空间获得更多机遇。一个国家的公共外交通常包括两对关系，即政府对外国公众和本国公众对外国公众，公共外交要求通过各种途径、从各个角度向外国公众阐释本国国情，说明该国政策制定的背景和目标，消除各方对本国政策的不解之处，同时在国际交流中了解对方的有关观点。开展公共外交的目的是提升本国的形象，改善外国公众对本国的态度，进而影响外国政府对本国的政策。社交媒体可直接面对公众、覆盖面广、互动效率高，这些特点使社交媒体自然发展成为各国公共外交的重要工具。

第五，社交媒体增强了个人对国际关系的影响力。传统上国际关系中的个人行为体是那些拥有国家或组织身份的人或是特殊事件中的重要人物，而社交媒体则扩展了个人行为体的范围，如意见领袖。意见领袖是在人际传播网络中经常为他人提供信息、意见、评论，并对他人施加影响的“活跃分子”，是大众传播效果形成过程的中介或过滤环节。意见领袖往往比普通大众更早或较多接触大众传媒信息，然后将自己的认知、加工过的信息再传播给其他人，类似于信号传输的中转站。前面提到的“六度分隔”理论的研究还发现，大部分传递是由极少数明星人物完成的，这被称作“漏斗效应”。在社交媒体上，一些意见领袖拥有大量关注者，以意见领袖为节点，可大大扩展信息传播的广度和速度，就将新闻送达最终用户的可能性而言，社交媒体已经超越了传统各类媒体。① 另外，社交媒体上那些拥有大量关注者的名人并非新闻或媒体从业人员，他们的信息传播行为往往带有随意性，这一方面有潜在风险，如虚假消息、保密信息等经由社交媒体上的名人快速扩散乃至失控后，可能危及社会稳定和政权安全；另一方面，也给那些善于运用意见领袖扩展影响力的机构或个人提供了契机。

二、社交媒体在美国外交中的应用

对于新信息技术的运用，美国国务院及其驻外使团多数时候持谨慎态度，20 世纪 90 年代，美国联邦政府的经济、社会和安全部门都热衷于将互联网纳入各自的发展规划，国务院直到 2000 年以后才开始展开行动。但于社交媒体则是例外，目前美国联邦层级机构中，国务院运行管理的社交媒体帐户最多，在社交媒体上的活动范围最广，积极性也最高。

（一）美国对网络空间和社交媒体的定位

首先，网络空间是重要的“全球公域”（Global Common）。2005 年《美国国防战略》报告就把互联网视为与陆、海、空、太空同等重要的战略空间，把维持网络空间的决定性优势上升至国家战略层面。2010 年《美国国家安全战略》报告又将网络空间和公海、天空

① 新浪微博名人影响力榜前 100 名的关注者均超过 920 万（2012 年 8 月 16 日数据），相比之下，2011 年中国报纸发行量榜单前两位分别是《参考消息》的 318 万份和人民日报的 280 万份，全球榜主日本《读卖新闻》是 1000 万份。

和太空并列，纳入全球公域的范畴。在美国的战略概念中，这些全球公域都不为任何单个国家支配，而又与所有国家的安全与繁荣密切相关。保障这些全球公域，是美国面临的关键的全球性挑战（Key Global Challenge），需要综合运用经济、政治和外交手段，与盟友及战略伙伴齐心协力，并与商业、企业及法律利益攸关方拓展合作，才能应对来自这些领域的威胁。2011 年《美国国家军事战略》报告进一步将网络空间定位为“全球连接领域”（Globally Connected Domain），其重要性同于公海、天空和太空等全球公域，正面临越来越多来自国家和非国家行为体的挑战，非国家行为体如犯罪组织、不法商人及恐怖组织等利用这些公域谋求私利；而国家行为体则发展反介入和区域拒止能力和战略，以限制美国和国际社会的行动自由，在网络空间发展和研发进行网络攻击的技术和工具。① 美国的战略目标是确保一个对其有利的开放、互通、安全和可靠的网络空间，主导相关国际规则的制定，保障其在网络空间进行商业、军事和外交等各种行动的自由。

其次，社交媒体是重要“战略资产”（Strategic Asset）。美国前国防部副部长威廉·林恩（William J. Lynn III）曾在《外交事务》上撰文指出：“不到一代人的时间，军事领域中的信息技术已经凭借其自身的条件，从一种改善办公效率的管理工具发展为一个国家的重要战略资产。”② 前国防部长罗伯特·盖茨也认为，社交媒体正发挥着类似于冷战时期苏联国内地下出版物的重要作用，“这些通讯工

① U. S. Joint Chiefs of Staff, “Redefining America's Military Leadership: the National Military Strategy of the United States of America, 2011”, February 8, 2011. http://www.jcs.mil//content/files/2011 - 02/020811084800_2011_NMS_ - _08_FEB_2011.pdf.

② William J. Lynn III, “Defending a New Domain”, *Foreign Affairs*, Sep/Oct 2010, Vol. 89, Issue 5.

具所提供的通信自由，对美国而言，是巨大的战略资产”。[①] 盖茨还要求国防部充分利用社交媒体等互联网工具，去接触全世界，特别是年轻人。[②] 现任国务卿希拉里·克林顿将使用社交媒体的互联网用户特别是年轻用户，视作一种重要的战略力量，“我们这个时代的一个关键特征是，人民——特别是掌握新型联网技术的年轻人——本身已经成为一股战略力量。所有的政府都正在认识到，它们不能漠视其公民的需求与愿望”。[③] 美国前驻华大使洪博培（Joe Huntsman）在其竞选共和党候选人辩论时宣称，要利用美国政府在中国内部的内应、网民和年轻人搞垮中国，他甚至断言“中国有 8000 万博主，他们正在推动一场可能把中国打倒的变革”。[④]

第三，社交媒体是巧实力外交的重要手段。2006 年 1 月，时任国务卿康多莉扎·赖斯（Condoleezza Rice）提出“转型外交”（Transformational Diplomacy）、重构美国对外政策的倡议，赖斯认为“9·11”源于存在于中东地区一些国家民众中的“压抑和绝望”的情绪，美国要用新的思路来应对冷战后的新威胁，要求外交官改变工作方式，从原来单纯向国务院汇报情况转为主动对驻在国施加影响，以便在获取世界各国对美国创建民主国家努力的支持，促进美国同世界的交流与对话。[⑤] 为此，在技术手段上要重视包括社交媒体

---

① Cath Riley, “Social Networks as Foreign Policy”, *New York Times*, December 13, 2009.

② Donna Miles, “Gates, Mullen: Communications Technologies ‘Strategic Asset’ for United States”, *American Forces Press Service*, June 18, 2009, http: //www. defense. gov/News/newsarticle. aspx? id = 54834.

③ Hillary Rodham Clinton, “The Great Power Shift”, *New Statesman*, July 16, 2012, p. 30.

④ CBS News, “Transcript of National Journal Debate Held in Spartanburg, S. C., on Foreign Policy and National Security, Part 1”, November 13, 2011, http: //www. cbsnews. com/8301 - 505103_ 162 - 57323734/cbs - news - nj - debate - transcript - part - 1.

⑤ Condoleezza Rice, “Transformational Diplomacy”, Speech at Georgetown University, January 18, 2006. http: //2001 - 2009. state. gov/secretary/rm/2006/59306. htm.

在内的各种互联网工具的互动功能，加强同外国民众的交流，以便对一些地区问题迅速作出反应。也就是在这一时期，管理战略信息的职能得到了重视。传统基金会的一份报告还提出要重新认识美国新闻署（USIA）的作用，或建立一个类似的联邦机构。① 奥巴马政府进一步推进外交转型，并提出了以“巧实力”促进美国国家利益、确保美国领导地位的战略。巧实力外交的一个重要手段是促进各国民众之间的交流，为了应对新的挑战，美国必须调整对外政策，致力于全方位的接触，寻求“全世界人民间而非仅仅是政府间的接触”、“推进美国人民和世界人民的持续而广泛的联系”，② 对于促进这种人民之间的接触，互联网无疑可以扮演非常重要的角色。公共外交是推进巧实力外交的重要手段，其主要目标是“使海外民众参与我们的活动、了解我们的政策、接受我们的影响”，③ 美国前副国务卿的卡伦·休斯（Karen P. Hughes）认为，在互联网全面渗透到世界各国民众生活的今天，美国公共外交的四个组成部分，即交流、教育与交换项目、外交行动、国际广播，都可以通过对互联网的运用而加强效果。

第四，社交媒体是“21 世纪外交方略”（21st Century Statecraft）的重要创新和杠杆。奥巴马开启了将互联网纳入政治运作的新时代，美国国务院则致力于将其塑造成为“21 世纪外交方略”的一部分，

① Tony Blankley，Helle Dale，Oliver Horn，“Reforming U. S. Public Diplomacy for the 21st Century”，November 20，2008. http：//www. heritage. org/research/PublicDiplomacy/bg2211. cfm.

② U. S. White House，“National Security Strategy of the United States 2010”，May 27，2010.

③ U. S. Government Accountability Office，“U. S. Public Diplomacy：Strategic Planning Efforts Have Improved，but Agencies Face Significant Implementation Challenges”，April 26，2007，http：//www. gao. gov/new. items/d07795t. pdf.

以“最大限度利用技术潜能为外交和发展目标服务”，[①] 国务卿希拉里·克林顿及其公共外交团队在多个场合反复阐述社交媒体对于促进美国外交创新的价值。2009 年 12 月，布鲁金斯学会将一次研讨会的主题定为“Twitter 和 Facebook 时代的美国外交”（U. S. Diplomacy in the Age of Facebook and Twitter），国务院高级创新顾问亚力克·罗斯（Alec Ross）从技术层面指出互联网为美国外交提供的机遇，“通讯技术变革和新媒体正在改变美国对外政策实践，外交官正在寻求新的外交工具，如互联网、短信息及其他移动应用。为了应对变化了的环境，国务院正在探索 21 世纪外交方略，最大限度挖掘新技术的潜力，为美国外交和发展目标服务”。[②]

第五，社交媒体可令国务院在执行对外政策中发挥领导作用，因而国务院对于应用社交媒体及互联网推动外交工作非常积极。在美国对外政策的决策过程中，国家安全委员会、国务院、国防部以及中央情报局等联邦部层级的机构经常是明争暗斗。从法定职责看，宪法将外交权独授予总统和国会，但在实际运行中，由于国务院、国防部及情报系统以其专业、人员、情报及预算等优势，亦能影响或主导一些政策的制定和实施。希拉里·克林顿就任奥巴马政府国务卿以来，在谋求国务院的决策优势方面，可谓不遗余力，与外交政策相关的网络事务就是其期望重点掌控的领域之一。一方面，国务院获得专门预算用于处理网络自由、利用社交媒体拓展公共外交的预算；另一方面，国务院也特别吸纳一些重要的专业技术人才，组建国务院的“21 世纪外交方略”、互联网公共外交团队。

① Alec Ross，“21st Century Statecraft：Diplomacy in the Age of Facebook and Twitter”，*U. S. Department of State Foreign Press Center Briefing*，January 14，2010，http：//fpc. state. gov/135434. htm.

② Alec Ross，“U. S. Diplomacy in the Age of Facebook and Twitter：An Address on 21st Century Statecraft”，December 17，2009，http：//www. brookings. edu/events/2009/1217_ diplomacy. aspx.

(二)美国外交运用社交媒体的政策措施

首先，进行顶层设计和整体规划，强调跨部门的联动。奥巴马政府非常重视政府信息公开，认为民主国家需要建立和完善一个负责任的政府，这必须依赖于信息公开。2009 年上任伊始，奥巴马即签署《透明和开放政府》备忘录（Transparency and Open Government），承诺推进政府开放的水平和范围，以使公众更容易获得政府工作的信息，并征询公民参与政府决策。① 2009 年底，美国联邦管理和预算主任办公室（OMB）发布《开放政府指令》（Open Government Directive），确立了开放政府的透明、参与和协作三原则。② 在此基础上，美国联邦政府各部门在各自职责范畴内推进政务公开工作，重点在通过互联网公开信息的各项措施。2011 年 4 月美国国务院推出《开放政府执行计划》（State Department Open Government Implementation Plan），以促进国务院在"公开政府中的领导地位和广泛参与"，③ 具体包含四项措施，一是在线发布政府信息以明确责任，促进公众知情参与，扩大在线获取信息的范围；二是要求高级别官员承担责任，确保各部门的信息质量、系统配备充分、处理过程到位；三是在国务院各个层级建立前所未有的持续的开放性和责任制，形成一种开放文化并使其制度化；四是运用各种开启政府和公众间沟通新方式的技术和工具，建立一整套开放政府的应用平台。这种自上而下的规划创造了一个有利的政策框架，为国务院利用社交媒

① Barrack Obama, "Transparency and Open Government: Memorandum for the Heads of Executive Departments and Agencies", January 21, 2009. http: //www. whitehouse. gov/the_ press_ office/TransparencyandOpenGovernment.

② U. S. Office of Management and Budget, "Open Government Directive: Memorandum for the Heads of Executive Departments and Agencies", December 8, 2009. http: //www. whitehouse. gov/sites/default/files/omb/assets/memoranda_ 2010/m10 - 06. pdf.

③ U. S. Department of State, "Open Government Implementation Plan", April 6, 2011. http: //www. state. gov/documents/organization/164483. pdf.

体开展外交工作提供了及时、可信和充足的信息来源。

其次，推行以美国为主导的网络空间国际规范和秩序，保证美国的利益、价值观和行动自由。美国通过各种途径，推动网络空间的经济、安全、人权等领域的国际合作，将美国关于互联网自由的价值和政策国际化，对其他国家施加压力，以保障美国在网络空间的活动自由，为社交媒体的外交应用谋求有利的国际环境。这些举措包括制定《网络空间国际战略》协调与盟国及伙伴在网络空间的政策、推动“开放政府伙伴关系计划”①、促使联合国人权理事会通过“在互联网上增进、保护和享有人权”决议草案②、加入“自由网络联盟”等。③ 美国国会还致力于通过一项《全球网络自由法案》(Global Online Freedom Act)，要求发挥美国的影响力，包括外交、贸易政策以及出口管制等手段，支持、促进并加强促进信息自由传播的原则、做法和价值观，美国总统应在各种国际论坛上推动网络空间治理谈判，包括经济合作与发展组织（OECD)、世界贸易组织(WTO)、联合国信息社会世界首脑会议（WSIS）和互联网治理论坛(IGF）等，促使其他国家通过类似的立法，并制定保护互联网自由的国际协定。

第三，确定社交媒体在网络外交中的核心地位，赋予政策自由

① “开放政府伙伴关系计划”(Open Government Partnership) 于2011 年9 月创立，其8 个创始国是巴西、印度尼西亚、墨西哥、挪威、菲律宾、南非、英国和美国。参与该计划的国家保证恪守《开放政府宣言》(Open Government Declaration) 提出的原则：“开放与公民的接触以改善服务、管理公共资源、促进创新和创建更加安全的社区”，至2012 年7 月，已有55 个成员国。

② 联合国人权理事会2012 年7 月5 日通过“在互联网上增进、保护和享有人权”决议草案 (Resolution on the Promotion, Protection and Enjoyment of Human Rights on the Internet)，该决议明确所有的个人在网上都应该享有在离线状态下同样的人权和基本自由，不论人们通过什么媒介行使权利，各国政府都必须保护这些权利。

③ “自由网络联盟”汇集“捍卫互联网自由的政府、企业、民间团体和学术界，共同维护互联网用户和网络活动人士的权利”，目前有15 个成员国，美国和荷兰宣布建立“数字卫士伙伴关系”，扩展该联盟的影响。

度和预算支持。如美国国务院《2011—2013 财年信息技术战略规划》，就把完成2013 年数字外交目标的重点放在国务院全系统对各种社交媒体的运用上，“国务院将利用社交媒体、信息分析和知识管理工具，推进现代外交和对外关系的目标”。[①] 社交媒体上信息瞬息万变，在网络空间开展外交仍属新领域，没有太多经验可以借鉴，因而美国外交运用社交媒体时注重其时效性、自主性和创新能力。2009 年伊朗大选后，国务院的年轻官员贾里德·科恩（Jared Cohen）发邮件给 Twitter，要求暂停维护以便伊朗反对派及时发布游行示威活动信息，[②] 有媒体质疑此举有干涉他国内政之嫌，但白宫给予肯定，“这符合我们的政策，我们支持言论自由，信息是促进言论自由的途径”。[③] 财政预算方面，国务院和国际开发署、广播理事会等机构获得了充分的预算支持，以拓展社交媒体等互联网外交工作，如为支持互联网自由项目，国务院就投入数千万美元支持规避网络审查、突破网络封锁等技术和应用的研发。

第四，增加投入，为社交媒体运作汇聚专业和创新人才。社交媒体的全球运作需要网络、媒体和语言方面的专业技术人才，国务院从社会各界延揽各领域高端人才担当政策顾问、运行管理和技术研发，领导国务院的国际信息和公共外交事务。如负责公共事务和公共外交的前副国务卿朱迪思·麦克黑尔（Judith McHale）、网络事务协调官克里斯·庞特（Chris Painter）、国务卿高级创新顾问的亚历克·罗斯、政策规划办公室负责公共政策和社交媒体事务的贾里

---

① U. S. State Department Bureau of Information Resource Management，“U. S. Department of State IT Strategic Plan，Fiscal Years 2011 - 2013”，September 2010，http：//www. state. gov/documents/organization/147678. pdf

② 2009 年伊朗大选期间，美国国务院政策规划年轻的官员贾里德·科恩（Jared Cohen）写邮件给 Twitter，请求其暂停维护，以向伊朗反对派活动的关键时刻提供支持。

③ Mark Landler and Brian Stelter，“Washington Taps into a Potent New Force in Diplomacy”，*New York Times*，June 17，2009，page A12.

德·科恩等，这些来自于企业或研究机构的高级人才富于创新精神，熟悉网络政治运作，很快将运用互联网推进美国外交的工作开展得有声有色。社交媒体的用户分布在不同的国家，因而拥有熟练目标国语言的外交工作人员尤显重要。2006 年美国国务院发起了一个《国家安全语言倡议》，[①] 资助年轻人到目标国学习语言和文化，加强与各国民众的接触，迄今已有逾 2000 名年轻人获得资助，为开展包括网络空间的公共外交储备语言人才。值得注意的是，该倡议一开始就把中文作为重点。

第五，建立相互连接的政府信息平台，促进社交媒体的网络化运作。社交媒体与美国政府工作的融合已趋常态化和制度化，白宫、联邦各部及独立机构都在社交媒体上开设帐号，并将美国政府门户网站 usa. gov 与流行的社交媒体网站 Facebook、Twitter 和 Youtubeb 连接起来。国务院更要求其所有大使馆、领事馆和外交使团都进驻社交媒体，由国务院的国际信息项目署统筹规划，各驻在国的外交官负责信息发布及与公众互动，成为美国政府在网络空间开展公众外交的门户。

（三）美国外交运用社交媒体的方式与特点

首先，对社交媒体的功能定位明确，推动社交媒体成为公共外交的重要途径。由于国际关系的复杂性，高层互访、缔结条约协定、参加国际会议和国际组织、派驻外交使团等仍然是当代外交的主要形态，重大外交事务的处理仍然需要通过传统模式来解决，因此社交媒体只是传统外交形态的补充和扩展，而非替代。美国

① 《国家安全语言倡议》（The National Security Language Initiative for Youth，NSLI－Y），2006 年 1 月由美国国务院发起，首期投入 1.14 亿美元。这个跨部门的倡议希望推动国务院、教育部、国防部和情报部门的语言人才培养，其中的特种语言项目重点发展主攻阿拉伯语、汉语、印地语、数种中东语以及俄语的人才，小布什政府制定该计划的短期目标是遏制恐怖主义威胁，长期目标是传播自由。

外交把社交媒体重点放在其公共外交功能的开发上，在社交媒体上，美国更希望传递给外国公众美国政策背后所包含的历史、价值观和传统等深层次的信息，而不仅仅是政策本身，以确保“我们的立场得到理解，虚假的陈述被纠正”，社交媒体独有的信息传递和互动优势使其成为一种更有效的途径。作为公共外交在网络空间的扩展，美国期望通过社交媒体取得潜移默化的效果，而非短时间的改变。

其次，明确分工和精心组织，形成立体化社交媒体信息传播网络，充分发挥各种社交媒体的优势。美国国务院为规范使用社交媒体，在《外交事务手册》中专门列出了相关指导原则和实施细则，①该手册详细规定国务院内部及各驻外使团运用社交媒体的安全、权责和管理等，为国务院各层次展开社交媒体上的外交活动提供保障。针对各种社交媒体的特点，美国精心设计通过社交媒体进行内容传播的来源、路径和结构，以博客发布深度和完整信息、以社交网络发展和维系与目标受众的关系、以微博发布和传播实时信息、以视频分享和图片分享发布多媒体信息，从而形成了立体化网络信息传播的途径。

第三，参与目标国主流社交媒体平台，实现信息发布和互动的本地化。这是近年来美国外交运用社交媒体的重要改进，在博客、论坛时代，美国国务院主要采取守株待兔的策略，在国务院网站开

---

① 2010年版美国国务院《外交事务手册》(U. S. Department of State Foreign Affairs Manual) 专辟一节 (5 FAM 790) 对社交媒体的使用进行指导和规范，包括适用范围，社交媒体环境和使用，创建、品牌和注册一个官方的社交媒体网站或应用，公共社交媒体网站的内容和记录管理，使用社会媒体的隐私、安全、风险评估和事故处理，在公开网络和保密网络中使用社交媒体等5个方面的内容。http: //www. state. gov/documents/organization/144186. pdf.

设针对各目标国网民的博客，然后坐等用户来访问。[①] 随着社交网络、微博、视频分享等社交媒体应用的迅速崛起，国务院调整策略，采取主动出击，把重点放在目标国公众参与度最高的那些社交媒体网站，且充分发挥各驻在国外交人员的主动性和创造性。由于社交媒体的市场占有率在不同国家之间存有较大差异，特别是中国、俄罗斯、印度、巴西等非西方大国，因此除了在全球主要社交媒体上开设账户之外，美国国务院及驻外使团也在驻在国最流行的社交媒体网站上开设账户[②]。在语言方面，美国驻外使团在各类社交媒体使用所在国的官方语言，将对象国的语言和文字作为主要的语言工具进行公共外交活动。一方面省去了受众接受信息过程中译码解码环节，突破了传播壁垒，使得传播者能够迅速而有效地传播信息；另一方面，采取受众能够直接接受和理解的文字和语言，拉近了传播者和受众之间的距离。

第四，针对社交媒体上的特定国家的特定人群，即重点国家、年轻人、意见领袖。美国利用社交媒体推进外交政策工具的时候，有其针对性。特别重视一些重点国家和地区，这是指访问者来自于这些国家和地区的社交媒体网站，在地缘上这些国家和地区与美国

---

① 如 2009 年 12 月，国务院信息局开通了中文博客“雾谷飞鸿”，连续发布由国务院工作人员和外交官撰写的各种反应美国经济、社会和政治等方面内容的博客，至今“雾谷飞鸿”的访问数和回复数都很低。

② 如俄罗斯最受欢迎的社交网站是 LiveJournal，美国驻叶卡捷琳堡总领事馆、美国驻俄罗斯大使迈克尔·麦克福尔（Michael McFaul）、驻符拉迪沃斯托克总领事西尔维亚·里德·柯伦（Sylvia Reed Curran）、驻彼得堡总领事布鲁斯·特纳（Bruce Turner）都在 livejournal 上开设账户，以更好地通过网络与俄罗斯民众交流。在印度，最受欢迎的社交网站一度是 Orkut，美国驻印度使领馆曾在 Orkut 上开设账户，2011 年上半年印度网民对 Facebook 的访问流量超越了 Orkut，美国驻印度使领馆很快把重点移至 Facebook。目前，Orkut 在巴西的社交网站中仍占优势，故美国驻巴西使领馆还通过 Orkut 上与巴西民众进行交流。在全球范围内，最受欢迎的图片分享网站是 flickR，但在印度和乌拉圭最受欢迎的则是 Pinterest，目前美国驻印度使领馆、美国驻乌拉圭大使馆同时通过 Pinterest 和 FlickR 上向所在国提供图片分享服务。

传统外交的重点基本一致，因而开展针对聚集在这些网站上的访问者的宣传和交流，也成为美国运用社交媒体的重点。[①] 当前全球25岁以下的人口占50%左右，年轻人构成社交媒体用户的主体，因而美国把利用社交媒体的外交重点放在年轻人身上。2009年5月13日，国务卿希拉里·克林顿在纽约大学毕业典礼上发表讲话，提到美国学生可以利用网络，与美国驻外使馆合作，开展网上外交活动，促进与其他国家年轻人之间的交流。她说："今天所面临的一系列最重大的挑战将由占世界人口60%的30岁以下的群体来解决。而年轻一代，像你们所有人一样，已在发挥他们的才华和智慧，帮助形成具有他们独特风格的公益和外交工作。"[②] 美国的公共外交非常重视意见领袖的作用，社交媒体外交也同样如此，要求通过社交媒体连接到那些关注度高的网络意见领袖。

第五，强调符合社交媒体环境的叙事和手段，运用活泼的语言发布引发公众参与兴趣的内容。社交媒体参与者广泛，兴趣与需求各异，"社交媒体的吸引力恰好就是它带来的亲密感和非正式化，……社交媒体上的内容应该既是有趣的，又是对个人适合的。人和非正式信息才是社交互动中的实质"。[③] 美国的社交媒体外交强

---

① 国务院国际信息署制定并实施了一系列项目，如数字发展小组（Digital Outreach Team，DOT），这个小组建立于2006年11月，由10个人组成，他们重点关注一些阿拉伯语、波斯语以及乌尔都语（UrDu，巴基斯坦官方语言）的博客及论坛，并参与各种在线互动，该小组的任务是阐释美国的外交政策，以及防止信息误导。这个小组并不隐瞒身份，在线表示他们是美国国务院的工作人员。DOT每周都要在25到30个网站上提交数十条评论，希望为在线讨论树立有魅力的、非正式的个人形象，而非简单的、枯燥的政策宣传。

② Hillary Rodham Clinton，"Remarks at the New York University Commencement Ceremony"，May 13，2009，http：//www. state. gov/secretary/rm/2009a/05/123442. htm.

③ Helle C. Dale，"Public Diplomacy 2.0：Where the U. S. Government Meets 'New Media'"，December 8，2009，http：//www. heritage. org/Research/PublicDiplomacy/bg2346. cfm.

调从形式到内容的吸引力，提高与目标用户的“粘度”。[①] 形式方面，美国国务院及其各驻外使团的社交媒体账户的页面都经过精心设计，既有统一标识和布局，也有符合所在国和社交媒体网站的特点，对访问者而言，就如同造访不同国家和城市的星巴克，非常易于辨识。内容方面，则强调以用户乐于接受的方式阐释政策意图或传递信息，如向各国公众传递美国的民主价值观是其公共外交的重要目标，美国国务院在 Youtube 上推出“democracy is”短片拍摄竞赛（2008、2009 共举办过两届），2010 年又在 Twitter 上发起“democracy is”民主定义竞赛，吸引了世界各地的大量网民积极参与。

三、社交媒体在中美关系中的运用及其影响

中美都是互联网大国，也是社交媒体应用最广泛的国家，网络空间与中美关系的相互渗透已经超越技术范畴并产生全面影响。中国是美国网络空间的安全、外交、经贸等领域战略和政策的主要目标和着力点，美国运用社交媒体的重点是推动公共外交活动。目前社交媒体在中美关系中呈现单向性、非对称性和低对抗性等特点。

（一）社交媒体在中美关系中的发展

社交媒体的早期应用如论坛（Bulletin board system、BBS）早在 20 世纪 90 年代初期就已出现，甚至早于互联网的商业应用，基于互联网的聊天室、即时通讯工具也随着互联网普及得到快速发展，但受制于用户数量、技术水平等因素，它们的社会影响力不大，对中美关系影响甚微。在 1999 年中国驻南联盟大使馆被炸事件、2001 年

① “粘度”是用来描述社交媒体用户相互关注和使用对方提供信息的数量的一项指标，是衡量用户忠诚度的重要参考。

中美撞机事件引发的中美黑客大战中，[①] 这几种早期社交媒体应用充当了交换信息、传播技术和协同行动的工具，不过这些网络攻击行为基本上是来自于民间，双方政府都没有介入且未给予公开支持，具有偶发性和局部性。直到最近几年，随着 web2.0 技术与社交媒体的广泛结合，社交媒体发展成为互联网最重要的应用，美国政府赋予社交媒体重要的外交职能，中国政府在社交媒体上展开积极的政务活动之后，社交媒体开始在中美关系中产生影响。

2009 年奥巴马入主白宫后，全力提升网络空间的战略和政策地位，并将中国列为重点目标国家。同年 5 月 8 日美驻华使馆签证处在新浪首开博客，11 月奥巴马访华前后，白宫和国务院同专业网络传播公司合作，结合社交媒体进行了一系列精心设计的公共外交活动，这是美国政府运用社交媒体全面展开对华外交活动的开端。[②] 同年 12 月，国务院信息局开通了中文博客“雾谷飞鸿”，用中文发布美国政策、经济、政府、社会和价值观等信息。2010 年 5 月 20 日，克林顿国务卿访华前夕，负责东亚和太平洋事务助理国务卿科特·

---

① 2009 年 5 月 8 日，中国驻南斯拉夫大使馆遭以美国为首的北约部队轰炸，引发中国公众的系列反美行动，中国网民通过论坛、即时通讯工具和聊天室交换信息、传播技术、协同行动，对美国政府和商业网站发动攻击。5 月 11 日，白宫官方网站瘫痪、美驻华大使馆网站主页被加入“打倒野蛮人”口号，继而关闭。美国黑客也针对中国网站进行了类似攻击。

② 2009 年 11 月奥巴马访华前夕，美国大使馆邀请十多个中国著名博客作者座谈，通报奥巴马访华情况。中美在奥巴马会见上海青年学生的人数、报道形式和细节等问题进行讨价还价，美方提出由央视现场直播，中方只允许上海电视台当地直播，但同意由新华网对奥巴马与中国青年对话过程进行网络直播。美方重点转向社交媒体，由白宫和国务院设法将会面信息以最快速度传播给尽量多的中国公众。加州的 ConnectSolutions 公司协助在白宫网站实时播放奥巴马在上海对话中国青年的视频，并在 Youtube、优酷等视频分享网站大量转发，ConnectSolutions 公司还在白宫网站设立了一个聊天室链接，事先征求中国公众希望询问奥巴马的问题。在上海科技馆奥巴马与中国学生举行市政会议见面会时，美国大使馆邀请一些学生和客人观看白宫的视频实况转播，在奥巴马的要求下，美国驻华大使洪博培出面，代表中国网民提出了关于互联网自由的问题，奥巴马趁机发表其对互联网开放的见解。

坎贝尔（Kurt Campbell）在美驻华大使馆新浪博客上发布了第一篇博文。[①] 其后，美国国务院相继在全球社交媒体及中国流行的社交媒体上开设帐号、发布信息、与中国网民互动，全面开启针对中国的社交媒体外交活动。

当前美国驻华使团包括驻华大使馆（北京）、领事馆（上海、广州、成都、沈阳、武汉、香港）、VPP（Virtual Presence Post）小组（福州、南京、南宁、厦门、河南等）、国际开发署（北京）等，其规模在美国驻外使团中位居前列。在网络空间也同样如此，迄今上述美国驻华机构基本上都在中国社交媒体上开设了帐户。截至2012 年 8 月，可统计到美国国务院及驻华使团在各种社交媒体网站上与中国事务直接相关的官方帐号（不包括外交官个人）计 52 个，其中中国社交媒体网站上的帐号 43 个。[②] 美国外交使团针对绝大多数国家使用的社交媒体网站主要是 Facebook、Twitter、FlickR、Youtube 等，而针对中国的社交媒体布局则基本上是本地社交媒体网站。这些机构在中国社交媒体上发布的内容和频率经精心设计，网民关注度高，互动活跃，充分体现了美国对中国开展社交媒体外交的重视。

（二）美国驻华使团运用中国社交媒体的功能和意图

美国驻华使团在中国社交媒体展开的信息发布及网民互动由使领馆新闻文化处团队运营，其主要功能可以归纳为信息传递、舆情监测和舆论引导三个方面。信息传递即向中国公众传递美国情况及使领馆活动方面的信息，采用平实或活泼的语言，介绍美国的历史文化、社会制度、政府和政策、中美高层互访和民间交流、使馆举办的各种文化活动等信息；监测舆情即关注网友评论，回应网友关

---

① “国务部长希拉里将开始她为期一周亚洲之行”，http://blog.sina.com.cn/s/blog_67f297b00100ixv1.html.

② 美国在全球社交媒体和中国社交媒体上开设帐户的详情参见报告附录一、二。

切并提供更多深度信息，回复批评性言论或与事实不符的评论，以消除误解，促进对话；引导舆论即有意识地挑起话题，侧重同公众舆论的热点形成参照的内容，以及表达或包含中美制度差异的内容，如政府行政透明、言论自由、信仰等，这方面由于中美法律、社会管理等方面的差异比较大，易引发讨论。

就内容意图或倾向性而言，美国驻华使团在中国社交媒体上发布的信息大致可分为三类。

第一类是客观介绍美国国情和使领馆业务信息，美驻华大使馆、驻成都、沈阳、广州领事馆及各使领馆签证处、新闻文化处等机构发布的信息多属这一类别，如美国驻华大使馆新浪博客的美国文化与教育、社会与生活、环境与能源、美国历史画卷等系列博文，美驻华大使馆优酷视频空间的“我爱艾奥瓦”系列介绍艾奥瓦州社会、文化、体育的视频等，这类信息客观地介绍美国各方面国情，提供中国公众参与美国使领馆的人文交流信息，总体上有助于中美相互理解和双边交流。

第二类看似客观介绍美国制度和政策，但其潜在意图是引导、激发或加强公众对中国相关制度和政策的不满。这类内容往往指向中国公众关注度高的房价、税收、政府开支、官员腐败、官民关系等话题，且经常被拿来在中美之间作对比，往往令公众得到中国制度不如美国的印象。如下一例：

政府官员财产公开制度推进缓慢，是引发中国社会公众不满的焦点之一。2012 年 5 月 14 日，《北京日报》新浪微博转发一网友“美国驻华大使骆家辉喝咖啡、坐经济舱是包装成‘平民’的作秀行为”的微博，并跟评“请骆家辉公布财产”。美国白宫网站 15 日即公布了总统奥巴马和副总统拜登 2011 年资产情况，[1] 驻华大使馆

① U. S. White House, “The President and Vice President's 2011 Financial Disclosure Forms”, May 15, 2012, http: //www. whitehouse. gov/blog/2012/05/15/president – and – vice – presidents – 2011 – financial – disclosure – forms.

新浪博客次日即译成中文转发，继而公布了美国国务院员工和骆家辉的工资收入情况，各领事馆通过微博转发和点评，引起微博继而博客、论坛等社交媒体甚至传统媒体的热烈讨论。

第三类是使用讽刺和调侃语言，直接评点中国政府和政治。美驻香港和驻上海总领事馆的微博①上常出现这类信息，一般选择特殊时机推出，如重要纪念日前后、发生重大事件期间。如下二例：

（1）2012年5月25日，《人民日报》发表国防大学中国特色社会主义理论体系研究中心的评论文章《认清西方“民主人权输出”的实质》，美驻香港总领事馆新浪微博随即发表三条微博（其之一被删除）：“學習人民網有關美國發表人權報告的社評讀後感之二：‘积极参与和推动国际社会民主人权方面的政治对话。世界各国由于社会制度、发展水平、历史传统不同，因而彼此对民主人权问题的理解存在差异，这是完全正常的。问题的关键是，要通过政治对话来求同存异’（那你總刪我幹嘛呀!）”（至8月7日，共3615次转发和1683条评论）；“學習人民網有關美國發表人權報告的社評讀後感之三：‘民主和人权，是长久以来人们的不懈追求，也是人类文明发展进步的重要内容和标志’（那還掐甚麼架呢! We are all on the same page!）”（至8月7日，共1371次转发和801条评论）；驻上海总领事馆新浪微博跟评，“同一个世界，同一个梦想，…原来我们想的是一致的”。

（2）2012年7月4日，适逢美国独立日，驻香港总领馆发了一条微博：“分享《新華日報》1943年7月4日民主頌：‘每年這一天，世界上每個善良而誠實的人都會感到喜悦和光榮；自從世界上誕生了這個新的國家之後，民主和科學才在自由的新世界裏種下了根基。每天每夜，從地球最黑暗的角落也可以望到自由神手裏的火炬的光芒，它使一切受難的人感到溫暖，覺得這世界還有希望。’”

① 美国驻上海总领馆新浪微博帐户自2012年7月11日起被冻结。

（至8月7日，共获得11593次转发和5728条评论）

第二和第三类内容目前数量并不多，但往往得到大量转发和评论，影响面广，而且通过在微博上@意见领袖、博客和论坛转发等操作，形成更大范围的传播，具有离间中国政府和公众关系的效果。从美国国务院、驻华使团及至白宫在社交媒体上的快速反应和默契联动，也可见美国在网络空间展开对华外交的轨迹和潜在意图。

（三）美国驻华大使馆新浪微博运行分析

为进一步分析美国驻华大使馆使用社交媒体的目标及效果，本文选取2012年4—6月份美国驻华大使馆新浪微博（以下简称美使馆微博）的数据和内容信息，包括发布时间、微博内容、转发数和评论数等信息。①

1. 数据分析

	4月	5月	6月	均值
月微博数	167	165	174	168.7
月原创微博数	132	145	136	137.7
微博原创率	79%	87.9%	78.2%	81.6%
微博频率（日均）*	6.28	6.30	6.48	6.35
微博被转发量（月）*	30818	22639	35321	29593
微博被转发率*	233.5	156.1	259.7	215.0
微博被评论量（月）*	9592	12612	17864	13356
微博平均评论数	72.7	86.9	131.35	97.01

* 此4项数据均以原创微博计，微博频率以工作日计（4—6月分别以21、22.3、21日计）

从微博的发布频率看，美使馆每个工作日发布6.35条微博，平均转发率215次，平均评论数97.01，这几项指标在机构网站中均属于较高水平。对比数据：中国外交部公共外交办公室的新浪微博

① 被删除的微博无法进行统计和分析。一般而言，微博被删除可能是因为其不符合《新浪微博社区管理规定（试行）》而被新浪删除，也可能由微博用户自行删除。

“外交小灵通”的相关数据为：日均 6.14 条，平均转发率 53.74，平均评论数 32.42。(2011 年新浪政务微博报告，截至 2011 年 10 月 31 日)[1]

2. 内容分析

美使馆微博的内容涉及面较广，为便于分析，本报告设定了 6 个类别：(1) 美国政府与政治，凡有关美国政治制度、政治思想、政治传统、政府政策、政府活动、政府官员、行政管理等方面的信息（外交与国际事务除外）归入此类；(2) 美国经济与社会，凡有关美国国内经济就业、社会保障、宗教、性别、种族等方面的信息（政策除外）归入此类；(3) 美国教科文史，凡有关美国国内教育、科技、文学、音乐、美术、历史等方面的介绍性信息（政策除外）归入此类；(4) 美国外交与国际事务，凡有关美国对外政策、外交活动、国际参与方面的信息归入此类；(5) 中美关系与人文交流，凡有关中美关系中的高层互访、政府间交往及人文交流方面的信息归入此类；(6) 使馆工作与活动，凡有关使馆自身业务工作、使馆人员与各类组织机构的交流及对公众开放的活动归入此类。

根据上述分类标准，一些微博不能严格与上述 6 个类别对应，也有一些微博可被归入多个类别。为分析简便，这里根据信息反映的主要意图把每条微博都归到单个分类。

美国驻华大使馆新浪微博内容分布表

类别	4 月	5 月	6 月	小计
美国政府与政治	21	30	32	83
美国经济与社会	28	22	28	78
美国教科文史	27	23	29	79
美国外交与国际事务	22	12	8	42

① 人民网舆情监测室：“2011 年新浪政务微博报告”，2011 年 12 月。http：//yuqing. people. com. cn/mediafile/201112/13/P201112130915511972128634. pdf.

续表

类别	4月	5月	6月	小计
中美关系与人文交流	8	34	23	65
使馆工作与活动	22	23	13	58
其它	4	1	3	8
合计	132	145	136	413

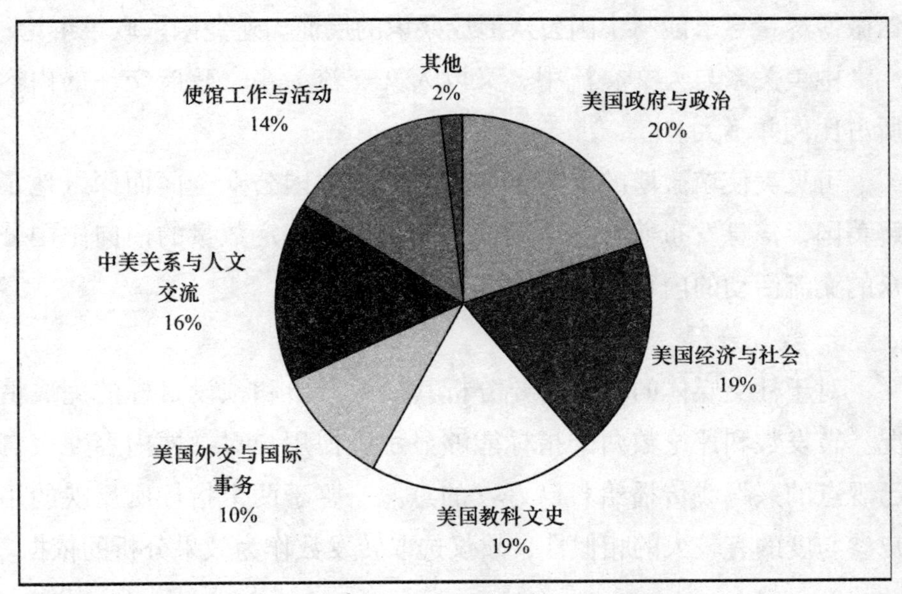

美国驻华大使馆新浪微博内容分布比例图

从美使馆微博的内容分布来看，上述6类的内容大致比较均衡，总体上，美国政府与政治、经济与社会、教科文史等美国国内内容的居多，占到58%左右，美国外交、中美关系和使馆工作方面的内容相对少一些。

美国政府与政治部分，关于美国典型的政治制度的内容（如两党制、竞选制度、联邦制等），政务公开和高层官员与公众互动的内容，关于民主、平权等包含美国政治价值观的内容较多，且易得到较多转发与评论；

美国经济与社会部分，就业、旅行、族裔、性别、宗教等内容，结合中国对应的社会现象和热点，也能引起较多共鸣；

美国教科文史部分，在数量上占的比例较多，涉及的内容也比较广，但公众参与度并不高；

美国外交与国际事务方面，反映美国当前外交重点（中东、伊朗、朝鲜、同盟、战略东移等）的内容很少，而以全球性问题如环境保护、气候、疾病、动植物保护等“软”内容为多，反映出美使馆微博尽量寻求能与中国公众形成共识的层面，避免陷入政策辩论；

中美关系与人文交流中，又以人文交流为主，政府交往的内容所占比例并不大。

可见美使馆微博的首要目的是希望让中国公众全面而深入地了解美国，信息发布兼顾各个层面，而且保持一定数量的面向中国公众的交流活动的内容，以增进面对面的了解。

3. 效果分析

对于社交媒体的效果，要分析其投入产出和预设目标的完成情况。转发数和评论数两个指标能够显示微博用户对微博内容发表自己观点的兴趣或传播给自己好友的意愿。鉴于两个指标所反映的用户参与度的有较大的相似性，故仅选取转发数作为效果分析的依据。

美国驻华大使馆新浪微博转发数分类统计表

类别	4 月	5 月	6 月	小计
美国政府与政治	13839	8951	13690	36480
美国经济与社会	5655	3622	4685	13962
美国教科文史	5553	1811	4538	11902
美国外交与国际事务	1405	2201	2192	5798
中美关系与人文交流	1958	2875	1262	6095
使馆工作与活动	1980	2825	5041	9846
其它	428	354	3913	4695
合计	30818	22639	35321	88778

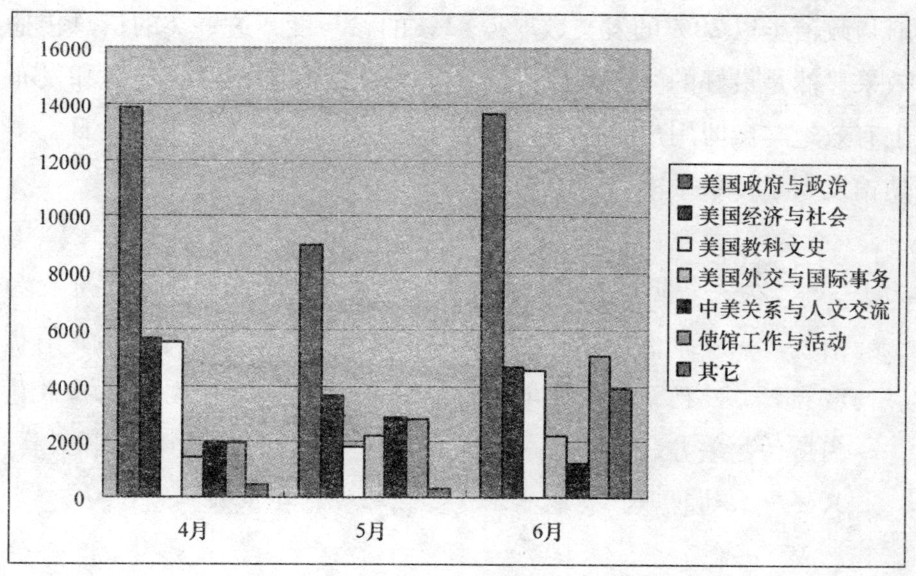

美国驻华大使馆新浪微博转发数分类统计图

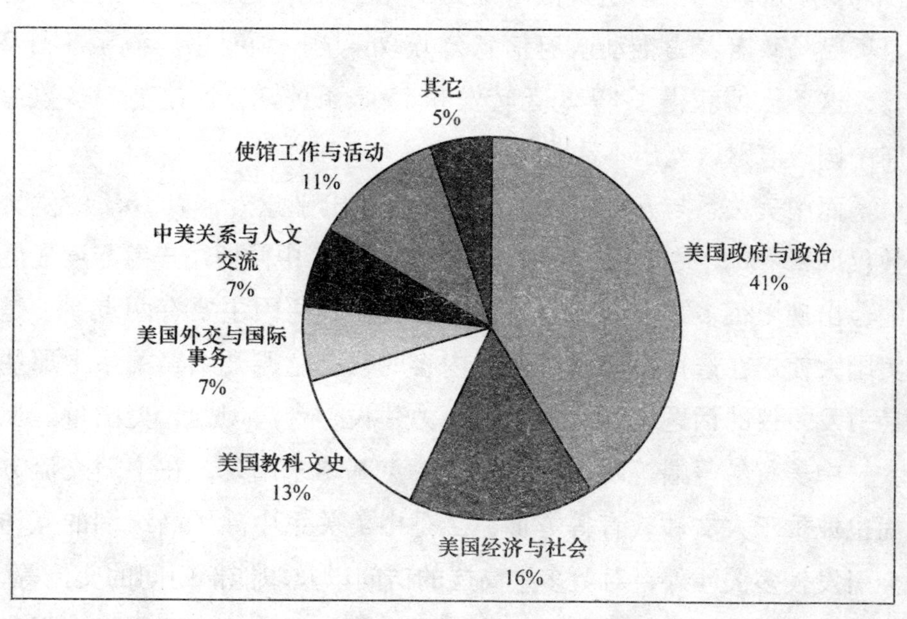

美国驻华大使馆新浪微博转发数分类比例图

从上面转发数分类统计图表可以看出，有关美国政府与政治的信息更能引发用户评论和转发的行为，而从前面内容分布来看，政府与政治类以 20% 的发文数取得 41% 的参与度，这一类的信息传播效果显然是最好的。究其原因，在于美使馆微博在内容选择和发布上有效地与微博用户的兴趣点产生了共鸣。如 2012 年 4 月 5 日，美使馆发布了一条微博：

> “在这个世界上，没有什么事情是确信无疑的，除了死亡和纳税。——本杰明·富兰克林。每年 4 月 15 日是美国年度纳税截止日。欧巴马总统去年承诺，美国纳税人将能在网上知道他们所纳的联邦税是怎么被花的。白宫网站提供了一个小工具，只要输入纳税额，就能显示这些钱都被花在了哪些地方。”

微博中还提供了一个链接，指向白宫网站的一个页面，内容是“联邦纳税人收据”。这条微博是关于美国政府政务公开的内容，也是奥巴马政府着力推动政府信息公开政策的一项举措。截至 8 月 7 日，这条微博获得了 8928 条转发和 1569 条评论，评论绝大多数指向中国政府财政支出不透明的问题。

而中美关系与人文交流类的情况有些出乎意外，以 16% 的发文数仅取得 7% 的参与度，是前述 6 个类别内容中微博用户参与度最低的，出现了很多零转发和零评论的微博。其原因主要有两点：一是美国大使馆在选择中美关系相关内容时，有意避开中美关系中那些易引发争议的话题，如有关中国军力建设、台湾问题、美国重返亚太、中美贸易争端等两国关系中的热点基本未出现，在中美交流方面也偏重于人文和教育等方面；二是中美关系中除了高级别的互访会引发较多关注外，对更多中高层的访问以及职能部门间的交流等，微博用户真正了解的并不多，程度也不深，趣味性也不强，从而影响了参与的积极性。

如前所述，美国将社交媒体视作推行巧实力外交的重要途径，而从美国驻华大使馆看来，微博是在网络空间拓展公共外交非常好的一个平台，可以接触到更广范围的中国公众，也可以及时得到来自中国公众的反馈。

在统计分析美使馆微博的参与度时，发现转发或发表评论的用户中很少有认证用户。[①] 在新浪微博平台上，认证用户多为特定的商业或职务目的使用微博工具，也向微博管理方提供实名认证资料信息。上述有关纳税工具微博的1569个评论中，仅有18个评论来自于认证用户。因为认证用户在参与美国大使馆的微博互动中更为谨慎，会担心参与一些敏感话题的讨论会带来不必要的麻烦。这一现象表明美使馆微博信息在向效率较高的微博用户传播时，受到了新浪微博实名认证这一制度的影响。

（四）社交媒体对中美关系的影响

当前，社交媒体对中美关系的影响，主要源于美国驻华使团运用中国社交媒体展开的信息发布和公众互动等活动，因国际主要社交媒体在中国大陆访问受限，美国在国际社交媒体的活动主要是面向国外用户，而中国外交部门和驻外使领馆对社交媒体的运用很少，[②] 从而使得目前社交媒体对中美关系的影响呈现出单向性和不对称的特点，因而这里主要分析美国驻华使团运用中国社交媒体的影响。

首先，社交媒体成为中美交流新渠道，有助于促进双方相互了解和理解。中美关系的健康发展，有赖于相互理解的加深，在全球化迅猛发展的今天，中美两个大国从未有过如此紧密的联系，也从未如此迫切地需要相互理解。当今中美高层互访频繁，经济贸易联

---

① 新浪微博执行“微认证”制度，用户可申请个人认证或机构认证，认证用户可获得更好的用户信任。

② 目前仅有中国外交部公共外交办公室、欧洲司、非洲司等职能部门和一些地方政府外事办公室，如上海外办、武汉市外办、郑州市外办等开通了新浪微博，其它中国社交媒体和国际社交媒体上则基本未见中国外交部门的身影。

系紧密，公众和民间交往呈快速增长态势，社交媒体日益发展成为增进两国人民相互理解的重要平台。2011 云南盈江地震发生后，美国总统奥巴马和克林顿国务卿通过博客和微博发表声明传递关切，2012 年美国驻利比亚班加西领事馆遇袭、大使不幸遇难时，中国公众也通过美国使领馆微博表达问候，中美各方在社交媒体上释放的这些“正能量”，往往得到双方政府和公众的正面感知和积极回应。除美国驻华使团之外，目前一些美国州政府机构、非政府组织、商业机构、知名学者和文体明星在中国社交媒体平台上开通了账户，[①]这就为中国公众与美国社会各界之间更广泛的直接交流开辟了一条新通道，有助于为中美关系的长期稳定和健康发展打造更稳固的基础。

其次，社交媒体会放大甚至扭曲中美之间的制度和利益差异，增加双方处理分歧的难度和压力。中美关系正常化 40 年来，已形成管理双边共识与分歧、合作与冲突的某些制度、惯例和默契。社交媒体的发展及其在美国外交中的运用，可能对一些既有共识和默契的适用性产生冲击。对于中美关系中的一些敏感问题，中美一方或双方采取战略模糊，以求同存异，发展共识。这种处理方式在双边关系定位、人权、售台武器、地区安全等问题上都有所体现。在网络空间，社交媒体令公众可通过群体直接参与形成舆论和政策影响力，面对来自包括社交媒体在内的舆论压力，中美之间针对上述问题的分歧不仅难以模糊，而且被公开讨论和放大，国内和国际都要求双方政府传递更清晰的政策意图，以往那种不问不说或只做不说的模糊策略不再有效。长期以来中美在人权问题上的分歧常引发争端，近年来随着中国人权事业的发展、中国经济和战略地位上升，

① 在新浪或腾讯开通微博的如马塞诸塞州、内华达州旅游局、华盛顿州贸易发展厅、洛杉矶市旅游局、美中全国关系委员会、盖茨基金会、美国全国公共广播电台（National Public Radio）、内布拉斯州州长戴夫·海涅曼（Dave Heineman）、尼尔·布什、NBA 球星科比·布莱恩特（Kobe Bryant）、林书豪等。

人权问题在中美关系中的重要性有所降低，且双方对个案处理也有一定默契。陈光诚事件[①]中，社交媒体的参与使双方分歧显现、影响扩大。事件发生后，中国公众通过社交媒体对事件广泛讨论，社会反响较大，美国方面在中国社交媒体上并没有直接发表言论，[②] 但通过国际社交媒体及美国驻华使领馆网站连续披露事件进展并发布美国官方声明，引导国际舆论对中国政府施加压力，事件的最终解决表明社交媒体的介入对通过中美人权对话等途径解决类似事件的默契是一个冲击。

第三，美国的社交媒体外交包含干预中国内部事务和改变中国制度的意图。从当前美国在中国社交媒体上的信息发布和公众互动活动来看，美国试图通过社交媒体延续和扩展其长期以来对华进行思想渗透和分化瓦解的战略。国际广播向来是美国公共外交的支柱之一，[③] 2011 年初美国广播理事会计划停止“美国之音”中文广播和电视，仅保留其网站，理由是短波受严重干扰效果不佳、国际广播经费紧张及互联网成为中国公众获取信息的重要渠道，社交媒体等互联网途径是有效替代方案。虽然广播理事会的计划最终未获国会批准，但“美国之音”已开始重视社交媒体等互联网和移动通讯渠道以及支持突破网络封锁的技术和应用研发并分发给中国用户。美国国务院信息署《美国参考》网站、美国驻华使领馆网站、美国

---

① 2012 年 4 月下旬，陈光诚通过非正常方式进入美国驻华大使馆，美国国务院和驻华大使馆非常积极，对中方施加各种压力，中国指责美方违反《维也纳外交关系公约》，点名批评驻华大使骆家辉，并要求美方道歉，最终陈光诚以留学名义前往美国。

② 美国驻港和驻沪领事馆用隐晦的言词评论“陈光诚事件”并转发了一些相关微博，但多数很快被删除。

③ 冷战期间，美国通过国际广播如“美国之音”、“自由电台”等对苏联和东欧国家的宣传和渗透，是促进这些国家内部变化的重要原因之一，同样也是形成中国国内资产阶级自由化思潮的外部因素。冷战结束后，“美国之音”还维持其对俄罗斯和中国等重点国家的播出。

驻华使领馆社交媒体上发布的信息内容和“美国之音”有相当的一致性，社交媒体正在补充或替代“美国之音”等国际广播的部分功能，成为美国传播其价值观和干预中国内部事务的新途径。由于中国社交媒体运营企业最初对国际机构或个人的注册和使用并未有特别的约束条款，当美国驻华使团在中国社交媒体上的内容发布和互动行为包含潜在风险，而试图对其行为进行制约时，就会面临无据可依的局面，而若施以更严格的管理措施，又将有引发外交冲突的风险。

第四，美国政府在中国社交媒体上扩展可信度和影响力，将把中美软实力竞争延伸至网络空间。中美之间已经或即将形成战略竞争态势，两国在国际地位、经济和军事实力、科技创新等方面仍存在较大差距，但此消彼长的趋势亦很明显，双方对此有明确认知。随着近年来中国推出提升国际形象和软实力的一系列举措，美国感受到中国的竞争压力并采取反制措施。在网络空间，社交媒体已经成为软实力竞争的重要平台，中国对主要国际社交媒体的访问限制很大程度上是为了防止因跨境信息流动失控而危及社会和政治稳定，但也不利于中国通过网络空间拓展软实力，某种程度上是自缚手脚；另一方面，中国社交媒体走向国际化是必然趋势，随着越来越多国际组织、外国驻华使团、跨国公司、非政府组织及外国公众在中国社交媒体上展开商务经营、社会交往、信息传播和思想交流，中国社交媒体将会成为展示国际形象、文化吸引力、制度优势等软实力竞争的场所，美国现已在其中筹划布局，与中国公众建立直接联系，获取影响力和可信度，如美国在网络空间的强势地位和进取态势进一步发展，将使中国面临不利的竞争局面。

（五）社交媒体与中美关系的潜在冲突

随着社交媒体与经济、社会和政治等领域的进一步融合，各种社会关系呈现出不同程度的“社交媒体化”[①] 现象，中美关系也日益向网络空间和社交媒体渗透和扩展。由于社交媒体的跨国性和信息流动迅速而频繁，将会给中美关系带来一些潜在冲突，或将成为中美关系中的不稳定因素。

首先，法律管辖方面，社交媒体法律适用范围和监管权限的认识差异或引发冲突。近两年中美之间几次涉及社交媒体的冲突表明，美国在运用中国社交媒体时，对国际规范和中国政策法规的适用性，已有深入研究和认真准备，并设法在法律许可范围或空白区域活动。针对“PM2. 5 城市空气质量监测”[②] 事件和陈光诚事件，中国方面援引《维也纳外国关系公约》和/或《维也纳领事关系公约》，指责美国驻华使领馆从事了不符合其外交身份的行为，美国方面却不以为然。如在 PM2. 5 事件中，中国政府指责美国驻华使领馆不具备在中国开展环境监测和发布数据的法定资质，也不具备专业能力和条

① 社交媒体化（Social Midialization）是这样一种状态：社交媒体逐渐超越传递信息、互动交流、日常联络等基本功能，不断扩展和增强的影响力，开始渗透到人们的政治生活、社会价值观，重构人们的日常生活甚至情感世界和意识形态。人们对媒介的依赖亦愈加强烈，一方面，社交媒体快速发展，无论是社会组织还是公众，从信息交流到文化沟通，都对社交媒体产生了高度依赖；另一方面，社交媒体的影响力与日俱增，日益渗透到社会组织和社会生活的各个领域。

② 2008 年初，美国驻华大使馆通过美国环保署在使馆区内设立了一个空气监测站，观察北京空气污染的状况，据称是为向给美国外交人员提供健康方面信息；2009 年 6 月，美国驻华大使馆在 Twitter 上开设了一个名为@ BeijingAir 的帐号，开始定时播报美国驻华大使馆馆区内 PM2. 5 数据和空气污染水平。截至 2012 年 7 月 26 日，该帐号有 22549 人关注；2012 年 4 月，美国驻上海总领事馆和驻广州总领事馆也在 Twitter 上开设@ Guangzhou_ Air、@ cgshanghaiair 帐号，定时播报美国驻上海和广州总领事馆馆区内 PM2. 5 数据和空气污染水平，并在两家总领事馆的网站上同步 Twitter 的数据；广州总领事馆还开发了可在苹果和安卓等移动终端上使用的应用程序，扩大访问用户范围。6 月 5 日，中国环保部副部长吴晓青要求外方停止公布空气监测数据，外交部发言人当天稍后重申这一要求。美国国务院发言人马克·托纳回应说，美方不认为其使领馆的空气监测报告违反中国法律或《维也纳外交关系公约》，大使馆也将继续发布监测数据。迄今，美国驻华大使馆、驻上海和广州总领事馆仍然定时播报 PM2. 5 数据和空气污染水平。

件，擅自监测并发布中国的环境质量数据，不符合上述两项公约的规定，违反了中国有关环境监测的法律法规。美国方面辨称其仅在使馆区进行监测，而且其发布渠道仅限于国际社交媒体和其官方网站。当前对于网络空间国际治理的制度和法律缺失，恰恰成为美国驻华使团使用社交媒体时规避中国监管的借口。

其次，经济贸易方面，社交媒体运行将受双边和国际贸易规则约束的矛盾。当前，国际和中国社交媒体的技术研发和市场运作均由企业独立进行，对于社交媒体的管理既要符合所在国的政策法律，也要接受国际贸易规则的约束。中国对社交媒体所采取的市场准入和运营监管将会面临两方面的问题：其一，当前国际社交媒体谋求进入中国市场时，在是否遵守中国的互联网管理规定上产生矛盾，正如谷歌公司将其搜索引擎业务退出中国市场时提出的主要理由，是因为一些公司配合中国政府实行信息过滤、访问限制等网络审查政策，从而获得在中国市场上的竞争优势，谷歌方面认为这是中国设定的不公平的市场壁垒，美国国会曾专门举行听证，调查中国的政策是否违背了公平贸易规则；其二，当前中国的社交媒体服务提供商如新浪、搜狐、网易等公司都是在美国证券交易市场上市的公司，[①] 这些公司也可能面临美国方面以不正当竞争为由提出法律诉讼的风险。

第三，社会政治稳定方面，中国将面对美国运用社交媒体进行内部分化演变的威胁。作为一项长期的战略，美国一直通过各种途径培育中国内部的反对力量，试图促进内部变革，从而改变中国的社会和政治制度。当前中国处于社会转型期，利益多元化趋势明显，社会矛盾增多。社交媒体已成为各利益群体和个体进行意见表达、影响舆论和观点纷争的场所，美国也意图通过这一新传播途径，为其长期战略积聚影响力。目前，美国在中国社交媒

① 另一个重要的社交媒体服务提供商腾讯控股在香港联交所上市。

体上的行动较为审慎，尽量避免因为某项具体的行动演化为双边的直接冲突或对抗，从其驻上海领事馆微博帐户被冻结后相当低调的反应也表明了这一点。这可以理解为美国希望其保留通过社交媒体影响中国社会政治运行的渠道，且其当前任务是维持并扩展其中的影响力和可信度，追求的是潜移默化的效果而非短时间的激变。中国对于这种潜在的破坏社会政治稳定的力量，应予以足够的重视。

第四，意识形态与价值观方面，中美之间的传统分歧和冲突将延伸至网络空间。美国强调网络空间的开放性、自由访问、自由表达和自由交流，并将这些自由等同于基本人权，推动在国际社会中达成共识。2012 年 7 月 5 日，联合国人权理事会通过的《关于促进、保护和行使因特网人权》的决议，明确所有个人在网上都应该享有在离线状态下同样的人权和基本自由，各国政府都必须保护这些权利，不论人们通过什么媒介行使权利，中国对该决议投赞成票的同时提出保留意见。随着美国将其维持互联网自由、保障网络基本人权等一系列政策主张纳入网络空间的全球治理的制度化和国际共识，中美之间的意识形态和价值观分歧势将延伸至网络空间并引发冲突。

第五，中美交流方面，对国际社交媒体的访问限制措施将引起公众交流屏障。中国出于对互联网发展的现状和管理的法规、制度和技术等条件和能力的考虑，对一些服务器安放在国外、未向中国工信部门申请注册、且其内容和活动可能危及中国国家安全和社会稳定的网站和内容，进行了站点封锁和内容过滤，在此条件下，主要国际社交媒体网站在中国不能正常访问。一些驻华机构、公司企业及个人通过 VPN 方式访问这些网站。这种做法会增加相关机构和人员使用社交媒体的成本，并且这种接入互联网的做法有违反中国有关互联网管理规定之嫌。[①] 随着越来越多美国学生来到中国学习，[②] 且分布在全国各地和社会各个角落，维护国家安全和社会稳定的必要措施和这些用户通过互联网保持与其亲朋好友、工作伙伴及社会关系联系的需求之间的矛盾会逐步积累，可能会引起这一群体对中国政府和政策的不满，如处理不当，则有引发外交争端的可能。

四、应对措施及政策建议

社交媒体的迅速发展及其在美国外交中的运用，对中美关系已形成重要影响，中国亟需制定恰当应对策略，保障中国社会政治稳定，促进中美关系健康稳定发展。

（一）应对美国社交媒体外交的挑战

首先，肯定社交媒体的价值，重视社交媒体的影响，评估社交媒体的风险。同其它互联网应用一样，社交媒体的发展总体上有助于促进中国经济社会进步、提升中国的信息科技竞争力、塑造并提高中国文化软实力。既要重视社交媒体在国内经济社会中的地位和作用，肯定其在服务社会、联系群众、引导舆论方面的作用，在社交媒体的管理上强调引导网络舆论、规范网络传播秩序；也应充分认识社交媒体的国际和外交价值，重视社交媒体等互联网途径在塑造国际形象、阐释外交政策意图、推动公共外交及影响他国公众舆

① 《中国人民共和国计算机信息网络国际联网管理暂行规定》（1997）第十二条规定："个人、法人和其他组织用户使用的计算机或者网络必须通过接入网络进行国际联网，不得以其他方式进行国际联网。"

② "十万人留学中国计划"（100k Strong）最初由美国总统奥巴马在 2009 年提出，根据这一计划，美国将在 4 年内派遣 10 万名美国学生到中国学习，2010 年该计划正式启动。

论等方面的作用，研究其作用机制和规律。要遵循互联网发展“积极利用、科学发展、依法管理、确保安全”的基本原则，鼓励本土社交媒体发展壮大，主动、逐步、可控地开放国际社交媒体应用。对于社交媒体可能给社会政治稳定带来的风险，要进行恰当的评估，既不能忽视其潜在风险，也不可因噎废食。

其次，积极参与网络空间的国际治理，推动制定社交媒体行为规范。网络空间的国内监管和国际治理都有共识和立法不足的问题，应在联合国及其职能机构、二十国集团峰会、亚太经合组织等国际和区域组织内积极推动网络空间国际治理的相关议题。事实上，各主要互联网国家都亟需有效应对源于网络空间的各种威胁，如保障信息基础设施、阻止网络犯罪、反对网络恐怖主义等等，也面临网络空间管理缺失引发的社会稳定、政权合法性以及国家安全等问题。因此，要积极主动地参与网络空间治理的各种国际合作，保证参与的层次和建设性。国际治理有个“非法化”概念，一些行为只有在多数国家或主要国家的法律框架下成为非法，才能推动相关国际制度的形成。如一些国家因维基解密公布秘密外交文件而陷入政治和外交被动，但由于各种国际法规和多数国家法律都没有对这类网络行为进行约束，国际社会也没有“非法化”这类行为的共识，面对各方指责和压力，维基解密以新闻自由为挡箭牌，有关国家只能是束手无策。

第三，为美国驻华使团在中国社交媒体上的活动设定规则。要明确美国驻华使团通过中国社交媒体开展外交活动的性质，应认识到社交媒体兼具互联网平台和媒体属性。就媒体属性而言，中国实行内外有别的新闻管理制度，对境外媒体及新闻记者在中国境内的采访和发布等已有专门机构和管理规范，可借鉴将外国机构和个人在中国社交媒体上的活动归并到专门机构来管理，以消除监管空白；鉴于现在国内还未有新闻法，且互联网相关法规和政策也不能完全覆盖社交媒体等 web2.0 应用，可考虑制订专门针对外国机构和个人使用中国社交媒体的管理办法，明确界定其信息发布及与公众互动等行为的权责，作为各社交媒体企业的协议条款，同时赋予新闻、外事和公共安全等部门相应管理职责。而针对社交媒体的互联网平台属性，则应从技术途径着手，明确各种互联网技术和应用的使用范围和权限，以消除各种可能引发冲突的分歧或空白，社交媒体的技术特性已使信息发布和传播难于监管，而且美国国务院支持并分发突破网络监控、访问封锁和内容过滤的技术和工具，已扩散到至国内相当数量的用户，削弱中国管控社交媒体的效果。① 可考虑将这些相关议题纳入中美现有的一些双边机制，如中美战略与经济对话、中国公安部和美国国土安全部等部际对话，形成双边协议。

第四，重视美国驻华使团在社交媒体上活动的跟踪和研究，做到认清意图、掌握动态、发现规律、准备预案、趋利避害。通过对美国驻华使团在中国主要社交媒体活动的分析，美国当前的主要意图在于通过这些平台扩展与中国公众的联系，阐释美国政治和政策。不仅如此，许多国家驻华使团和国际组织相继进入各种社交媒体，应有专门机构负责，组织相关跟踪研究工作。

第五，重视与美国驻华使团在社交媒体平台上的互动。互动是社交媒体的主要功能，一些政府部门通过社交媒体发布信息已是常态，但鲜见这些部门与国际组织及其他国家驻华机构通过社交媒体互动。这一方面与这些机构对社交媒体的定位有关，对于多数政府部门而言，社交媒体主要是新闻发布制度的一个补充，其信息反馈和交流功能并不被重视；另一方面则可能是一些部门比较谨慎，出于多一事不如少一事的考虑，不愿参与这类权责未明的交流活动。

---

① 据奥地利《新闻报》2011年2月17日的报道，由于中国政府的审查和屏蔽，Facebook网站来自中国大陆的访问用户一直很少，2010年每月仅有约3万名，2011年1月上升到10万，2月初更激增到70万。该报并没有说明这种变化为何发生，但与社交媒体密切相关的中东北非变局和美国政府加大对研发和分发突破防火墙工具的支持力度无疑是部分原因。

如自2009年以来每逢中国国庆节，美国国务院都会通过其网站及驻华使领馆网站发布美国国务卿祝贺中华人民共和国国庆的声明，美国各驻华使领馆也通过博客和微博表达节日问候，受到中国网民热评和转发，但很遗憾没有看到中国官方的回应。可从外交部和各省市外事部门着手，运用中国社交媒体平台，与包括美国驻华使团在内的国际组织和外国驻华机构进行互动，以促进中美之间更多样的交流，外交部公共外交办公室可在这些交流和互动中发挥主管和协调作用。

第六，改进和完善社交媒体实名制的制度设计和管理。如前面分析，实名制对于美国运用社交媒体分化公众舆论、离间政府和公众关系的行为有一定抑制作用，但由于目前社交媒体网站的运行和管理权属于各互联网公司，由这些企业身份的主体对公民身份信息和网络行为进行管理和监控，相当多的网络用户怀有疑虑及抵触心理，担心个人信息被泄漏或滥用。而公众对于管理和监控公民身份信息的公安、银行等机构或部门，则较为信任和配合。因此，通过更为科学合理的制度设计，改进和完善实名制，提高认证的通用性，有助于提高网络用户的认可度，降低社交媒体等互联网应用的潜在风险。

（二）借鉴美国社交媒体外交的经验

显而易见的是，互联网已经对世界产生深远影响，社交媒体也不仅仅是风靡一时，因而将社交媒体纳入中国外交的整体框架也势在必行。由于美国的社交媒体外交已经形成了较为清晰的运行模式，可加以借鉴。

第一，顶层设计是社交媒体外交展开的基本前提。社交媒体外交是美国网络空间总体战略的一部分，正是由于美国已有一系列较为完整的战略、政策和制度，其社交媒体外交可以将内容丰富、意图明确、针对性强的信息及时传递给各国公众，把握各国公众对美国政策的认识、理解、误解或敌意，促进更及时和充分的交流。中国也需要将社交媒体外交纳入中国互联网发展和外交工作的政策规划和制度设计，设定目标，统一布局，明确职责，分工协调，形成中国社交媒体外交的运行管理的制度。

第二，前沿存在是社交媒体外交有效实施的重要途径。当前在国际主要的社交媒体网站基本上看不到中国政府部门的身影，这种缺位对于中国塑造国际形象、增强国际影响力和参与国际软实力竞争是非常不利的。应逐步推进中国政府机构在本土社交媒体和国际社交媒体上的前沿部署，特别是通过中国驻外使团在驻在国流行的社交媒体平台阐释中国特有的历史文化、价值观念、社会制度、发展模式等，说明中国的政策意图，消除误解，回应质疑，与各国公众展开直接对话与交流。

第三，形成特色是社交媒体外交发挥影响力的必备条件。关注度仍然是在网络空间获取影响力首先要解决的问题，在信息饱和乃至泛滥的时代，网络空间的外交对用户信任度和忠诚度的需求更高且更难达成，必须主动将信息推送到目标对象而非被动等待用户来访问，因而设法为动人故事找到听众比故事本身更重要。正如约瑟夫·奈所言，当今世界各国都面临着国家信誉的竞争，国家不仅与其他国家，也与各种组织如新闻媒体、跨国公司、非政府组织甚至个人竞争，竞争内容包括谁的故事更动人、更可信，需要规划一种国家叙事的策略，以在“充足悖论”的信息时代获得并保持国家声誉。[①] 这就要求社交媒体形象要生动有趣、有个性和特色，才能激发网络用户的兴趣，才能避免出现这头一厢情愿，那边和者寥寥的局面。

第四，专业团队是社交媒体外交有效运行的重要保障。社交媒

① Joseph S. Nye Jr.，“The Pros and Cons of Citizen Diplomacy”，*New York Times*，October 4，2010.

体兼具技术特性、媒体特性和全球特性，因而运作社交媒体外交需要有上述领域的专业支持。如外交部门现有信息技术、媒体管理和外语方面的人员尚不能支持卓有成效的社交媒体外交活动，可考虑通过纳新、培养、合作和调用等途径加以充实。

【附录】

附一：社交媒体上的美国政府机构（截至 2012 年 8 月）

1. 全球社交媒体

Facebook、Twitter、Flickr、Google +、Tumblr 、Orkut、Linkedin、Blogger、Youmaker、Youtube、Vimeo

白宫：Facebook、Twitter、Flickr、Youtube、Google +、Vimeo、Linkedin

国务院：Facebook、Twitter、Flickr、Youtube、Tumblr、Google +

（国务院及各部门在 facebook 上有 278 个账户、Twitter 上有 240 个账户）

国防部：Facebook、Twitter、Flickr、Youtube

（国防部及各部门在 facebook 上有 311 个账户、Twitter 上有 128 个账户）

商务部：Facebook、Twitter、Youtube

财政部：Facebook、Twitter、Flickr、Youtube、Myspace

广播理事会：Facebook、Twitter、Youtube

美国之音：Facebook、Twitter、Youtube

2. 中国社交媒体上的美国外交使团

新浪博客、新浪微博、腾讯博客、腾讯微博、豆瓣、优酷

美国驻华大使馆及其对外合作发展处、留学与教育交流中心、签证处、商务处、经济处

美国国际开发署

美国驻上海总领事馆及其农业贸易处、签证处、商务处

美国驻广州总领事馆及其经济处、信息资源中心

美国驻成都总领事馆及其农业贸易处

美国驻沈阳总领事馆及其信息中心

美国驻香港总领事馆

美国交流在线河南小组

美国交流在线山东小组

附二：美国驻华使团的社交媒体帐号（截至 2012 年 8 月）

序号	机构帐号名称	网站类别	链接
1.	驻华大使馆美国公民服务	社交网络	http：//www. facebook. com/americansinchina
2.	驻华大使馆北京空气监测 Twitter 微博	微博	http：//twitter. com/beijingair
3.	驻华大使馆 Education USA 豆瓣博客	博客	http：//www. douban. com/people/educationusa
4.	驻华大使馆 FlickR 图片分享	图片分享	http：//www. flickr. com/photos/44740126@ n07/sets
5.	驻华大使馆 US Mission CN Twitter 微博	微博	https：//twitter. com/usa_ china_ talk
6.	驻华大使馆对外合作发展处腾讯博客	博客	http：//usembassyoutreach. qzone. qq. com
7.	驻华大使馆对外合作发展处腾讯微博	微博	http：//t. qq. com/usembassy－outreach
8.	驻华大使馆对外合作发展处豆瓣同城	博客	http：//site. douban. com/119254
9.	驻华大使馆国际发展署新浪微博	微博	http：//weibo. com/beijingusaid
10.	驻华大使馆国际发展署优酷视频	视频分享	http：//i. youku. com/beijingusaid
11.	驻华大使馆签证处新浪博客	博客	http：//blog. sina. com. cn/usembassyvisa
12.	驻华大使馆签证处新浪微博	微博	http：//weibo. com/usembassyvisa
13.	驻华大使馆腾讯博客	博客	http：//user. qzone. qq. com/622008844
14.	驻华大使馆腾讯微博	微博	http：//t. qq. com/usembassy
15.	驻华大使馆新浪博客	博客	http：//blog. sina. com. cn/embassyusa
16.	驻华大使馆新浪微博	微博	http：//weibo. com/usembassy
17.	驻华大使馆北京美国中心豆瓣博客	博客	http：//site. douban. com/127124
18.	驻华大使馆新闻文化处新浪博客	博客	http：//blog. sina. com. cn/educationusachina
19.	驻华大使馆新闻文化处新浪微博	微博	http：//weibo. com/educationusa
20.	驻华大使馆优酷视频分享	视频分享	http：//u. youku. com/usembassybj
21.	驻华使领馆商务处新浪微博	微博	http：//weibo. com/fcschina
22.	驻上海总领事馆空气监测 Twitter 微博	微博	https：//twitter. com/cgshanghaiair
23.	驻上海总领事馆农业贸易处新浪微博	微博	http：//weibo. com/atoshanghai

续表

序号	机构帐号名称	网站类别	链接
24.	驻上海总领事馆签证处新浪微博	微博	http：//weibo. com/shanghaiusavisa
25.	驻上海总领事馆腾讯博客	博客	http：//622002660. qzone. qq. com
26.	驻上海总领事馆腾讯微博	微博	http：//t. qq. com/usconsulateshanghai
27.	驻上海总领事馆新浪博客	博客	http：//blog. sina. com. cn/usconsulateshanghai
28.	驻上海总领事馆新浪微博	微博	http：//weibo. com/usconsulateshanghai（被封）
29.	驻广州总领事馆空气监测 Twitter 微博	微博	https：//twitter. com/guangzhou_ air
30.	驻广州总领事馆搜狐博客	博客	http：//gzalumni. blog. sohu. com
31.	驻广州总领事馆经济处新浪微博	微博	http：//weibo. com/uschtradeinvest
32.	驻广州总领事馆腾讯微博	微博	http：//t. qq. com/usconsulategz
33.	驻广州总领事馆网易微博	微博	http：//t. 163. com/schoolexchange
34.	驻广州总领事馆文化处豆瓣博客	博客	http：//site. douban. com/usconsulategz
35.	驻广州总领事馆新浪博客	博客	http：//blog. sina. com. cn/consulategz
36.	驻广州总领事馆新浪微博	微博	http：//weibo. com/gzpas
37.	驻广州总领事馆 Facebook 社交网络	社交网络	http：//www. facebook. com/78876700568
38.	驻广州总领事馆信息资源中心腾讯博客	博客	http：//1323836223. qzone. qq. com
39.	驻广州总领事馆英语文化交流新浪微博	微博	http：//weibo. com/gzenglish
40.	驻成都总领事馆农业贸易处新浪微博	微博	http：//weibo. com/atochengdu
41.	驻成都总领事馆腾讯微博	微博	http：//t. qq. com/usconsulatechengdu
42.	驻成都总领事馆新浪博客	博客	http：//blog. sina. com. cn/usconsulatechengdublog
43.	驻成都总领事馆新浪微博	微博	http：//weibo. com/usconsulatechengdu
44.	驻成都总领事馆腾讯博客	博客	http：//usconsulatechengdu. qzone. qq. com
45.	驻沈阳总领事馆信息中心腾讯博客	博客	http：//1287437064. qzone. qq. com
46.	驻沈阳总领事馆信息中心腾讯微博	微博	http：//t. qq. com/shenyang－irc
47.	河南小组腾讯博客	博客	http：//teamhenan. qzone. qq. com
48.	山东小组腾讯博客	博客	http：//teamshandong. qzone. qq. com
49.	香港及澳门总领事馆 Facebook 社交网络	社交网络	http：//www. facebook. com/usainhkmacau
50.	香港及澳门总领事馆 Twitter 微博	微博	http：//twitter. com/usainhkmacau
51.	香港及澳门总领事馆 Youtube 视频分享	视频分享	http：//www. youtube. com/ user/ usconsulatehongkong
52.	香港及澳门总领事馆新浪微博	微博	http：//weibo. com/usainhkmacau

美日同盟

美日同盟与中国在东亚战略中的博弈

高　兰

（同济大学国际与公共事务研究院副院长、教授）

中、美、日关系是东亚地区最重要的三边关系，或者说是中国与美日同盟体制的一国两边关系，21 世纪以来，这些关系正从非对等的失衡关系转向均衡，出现了向着平衡、合作、开放的方向发展的趋势，这对东亚以及亚太地区的和平、稳定与繁荣，具有重要意义。由于美国的东亚政策存在矛盾，中美和美日两个双边关系的加强，在一定意义上，功能是相反和对立的。从长期来看，美国东亚战略中的核心问题还是中国。

随着中美关系日益紧密，日本在中美的东亚战略中的地位、功能等发生了一定的变化。特别是中美全球共治概念的提出，其后又出现建立中美新型大国关系的倡议，引起日本高度的关注与担心，中美经贸关系的发展也直接影响到日元的汇率变化、日本的美元国债等一系列后发性问题，为此，日本调整了对美、对华政策，以平衡日本对美、对华、对东亚的各项政策。

一、日本在中美东亚战略中的因素

在中美的东亚战略中，日本的战略地位十分微妙。

日本在外交战略上一直将本国定位为“太平洋国家”，传统的亚洲认同感明显缺失。日本不认为自己是完全的亚洲国家，而东亚诸国也往往认为日本是在精神上游离于亚洲的国家实体。为此，战后以来，日本在两大支柱上建立起战后体系：一是美日同盟，日本战后一直处于美国的核保护伞下；二是坚持日美同盟的自民党政权。在美日同盟的安全框架下，日本偏享了冷战的利益，致力于经济优先的发展道路，使日本早在 1968 年就已成为世界第二大经济大国，此后一直保持了高速经济增长。在对外认识上，逐步确立与美国全面协调前提下、以联合国为中心的双重框架下的战略思想，同时逐步调整对亚洲的政策强度。

冷战后，随着国际体系由美苏两极——美国一极——多极化趋势的不断发展，日本开始试图突破冷战时期在美国主导的安全体制下的非自主性模糊战略[①]，加强在美日同盟捆绑中“借船出海”的潜在自主意识。特别是 2009 年以来，日本鸠山首相领导的民主党政权试图改变战后自民党政权长期实行的对美一边倒政策，建立美亚双重协调政策，进一步加强日本的自主外交。由于美军的驻冲绳基地迁址问题引发日本国内矛盾，以及日美关系的下降，鸠山首相被迫辞职，菅直人接替鸠山担任首相后，对美政策取向缓和，对华政策相对强硬，但尽管如此，日本依然在不断寻求自主外交的建设。

日本逐步加强自主外交的主要原因是，日本希望在维持与加强经济大国地位的同时，寻求政治大国的地位，实现“普通国家”化的发展目标，寻求国际社会的认同，强调国际贡献与国际地位的吻合。实际上，日本在国际社会的影响力与其辉煌的经济成就相比明显不对称。战后，在麦克阿瑟主导的占领体制下，日本的本国防卫等受到很大制约，日本陷入了完全依赖美国的局面。旧金山条约

① 1996 年 4 月美日首脑发表《美日安保宣言》为安保条约重新定义之后，时任日本自民党干事长的加藤一在电视座谈会上谈及台湾海峡是否包括在美日安保的“周边”范围时说，“模糊就是我们的政策!”。

1952年4月生效后，日本恢复了独立地位，由于当时世界进入了美苏争霸的冷战时期，日本与美国结成同盟。吉田路线提出“轻武装、重经济”的政策，同时在外交上规定“反共、重视对美关系”，从而使得“从属美国”的外交政策成为正当化。冷战期间，日美间的国家利益高度一致，“从属美国”的外交政策被视为日本外交的成功经验。日本认为，被美国保护是理所当然的事情，“用自身的视角正确把握国际形势”的意识逐步淡化。如此一来，“放弃自力思考”、“从属美国”成为战后以来日本外交的体质特征，在国际社会中日本被认为是“美国事实上的保护国”①，缺乏自主国家形象。

冷战结束后，美日同盟基轴受到挑战。日本试图改变“经济大国，政治小国”的窘境，发挥更大的国际作用，但是美日同盟的结构性制约导致日本无法实施真正独立的主体性外交。冷战结束的初期阶段，曾经出现美日同盟漂流，一部分人士认为苏联瓦解导致美日同盟的历史任务完结。②此后，1996年4月，克林顿总统访日，与桥本首相发表了“面向21世纪的同盟”的共同宣言，即所谓的“安保再定义”，出于国家利益的需要，由共同的战略思想基础所结成的美日同盟继续支撑着冷战后以来的美日关系。特别是“9·11”事件以来，美日同盟进一步加强，直接影响着两国对华的基本外交政策走向。

进入21世纪以来，日本新生代政治家认为，随着美国力量的相对衰落，多极化国际格局的形成，日本不能再以日美同盟的世界观来开展外交，不应该无条件地接受美国的所有观点与立场，因此他们从国家利益的角度出发开始寻求第三道路，也就是所谓的“中间力量”道路，即相对降低对日本成为政治大国的诉求，在中间力量国家的定位基础上，谋求在联合国、美国、亚洲之间的相对平衡，

① James Mann, About Face, Vintage, 2000.

② ［日］五百旗头真主编：《日美关系史》，第334页，有斐阁，2008年3月出版。

相对降低对美国的战略依赖，建立 21 世纪的日本综合战略棋盘，从而为最终实现“普通国家”战略目标、成为政治大国奠定基础。日本一些富有远见的政治家们对日本的东亚外交困境提出了十分积极的建议。“日本必须进行战略转换，不要继续对中国采取牵制和抑制其发展的战略，应欢迎中国进入东亚共同体，并将中国作为真正的合作伙伴，谋求共同发展，日本还必须尽快摆脱根深蒂固的‘脱亚入欧’观念”。[①]

随着日本战略地位的调整，日本的作用与功能也在发生变化。在中美的东亚战略中，日本的战略作用也十分微妙。

战后，在日美同盟的主导体制下，日本作为美国在东亚最重要的盟国，在维系与加强美国在东亚的军事存在、强化美国在东亚的战略地位方面发挥了重大作用，美国也有意把日本塑造为“亚洲的英国”，不断促使其参与美国的东亚战略。自日本 1947 年通过和平宪法以及盟军在 1952 年结束对日本的占领后，日本就一直采取和平主义的外交政策。1952 年美日两国签署《美日安全保障条约》后，日本就开始受到 91 个部署在日本领土上的美国军事基地的保护，补贴军事基地的运作费用，日本政府对这些美国基地的操作以及美国驻兵没有管辖权。20 世纪 90 年代之前，日本一直只是维持着用于自卫的自卫队，也拒绝参与美国的全球军事体系。

21 世纪以来，美国的亚洲政策进行了调整。美国希望日本能发挥类似英国在欧洲的作用，防止美国在亚洲的孤立。“9·11”事件后，中美关系虽有所改善，但美国并没有放弃与日本建立类似美英关系的努力。为了把日本变为“亚洲的英国”，美国积极鼓励日本在东亚乃至世界范围内发挥军事作用，使之成为“全天候”的美国军事盟友。日本则将美国的意图视为日本成为“正常大国”的良机。

① ［日］谷口诚：“如何重建陷入危机的亚洲外交”，《中央公论》，2006 年 4 月号。

外务省石井正己判断："第一，在短期内美国会把中国作为自己的战略伙伴。现在，中国表明了在美国安全保障上的最优先课题方面与美国合作的姿态，这点有利于美国；第二，从长期来说，因为中国存在不确定性，美国将以同盟关系为基础，力求遏制中国扩大其影响。"①日本希望在后者发挥决定性的作用。为了配合反恐战略需要，美国暗中鼓励甚至直接帮助日本加强其军备，要求日本修改其和平宪法以便取消"专守防卫"、不行使"集体自卫权"的条款，从而成为美国官员所谓的"正常国家"。

2005年10月29日，日本外务大臣、防卫厅长官与美国的国务卿、国防部长共同签署了题为《日美同盟——面向未来的变革与再编》的文件，其后，日美同盟的性质与理念发生了变化。②日美同盟的性质从双边安全关系扩大为世界中的日美关系。1960年制定的日美安保条约第6条规定的远东条款称，美日同盟的目的是，"维护日本国的稳定、稳定远东国际和平与安全"。但是，上述《日美同盟——面向未来的变革与再编》的文件中，强调日美同盟关系必须"对世界课题进行有效对应，发挥重要作用"，将美日安保合作的对象由远东扩大到了世界范围。

如上所述，在美国的全球战略棋盘上，日美关系的框架逐步从东亚、亚太扩展到全球。日本政治家存在着国家安全的重大忧虑感。这是因为，日本是个专守防卫的国家，既没有核武器，也没有攻击性武器。如果失去了日美同盟，日本就不得不改变基本战略。虽然在技术上来看，日本可以在短时间内造出核武器，但日本一直遵守以防卫为主的方针，这是在美国会保卫日本的前提下才能做到。万一日美关系遭到破坏，为了应对朝鲜的核导弹，日本就必须加强军

① ［日］石井正己："发生变化的美国东北亚安全政策"，日本《外交论坛》，2004年第9期，第42页。

② ［日］孙崎享：《日美同盟的正体——迷走的安全保障》，第4页，讲谈社，2009年3月版。

备。因此，日本积极配合美国在全球的安全部署，并试图“借船出海”，实现集体自卫权，从而实现日本的“普通国家”战略。

但是，伊拉克战争爆发后，美国强行推进的一极化战略引起全世界反战意识的苏醒，美国在全球获得高度传扬的传统国际道德力量开始遭到质疑，软实力有所下降。另一方面，小泉政府时代忽视亚洲外交的不平衡政策遭到挫折。为此，日本兴起关于中间力量外交新战略的再思考，关于美亚政策的平衡外交主张再次凸显出来。日本战略家认识到，当日本以国家利益为根本，从中间力量外交的视角重新设计基于日美基轴的外交政策时，才能提高日本外交的主体性。日本开始认识到，21 世纪的国际政治已经进入多极化的均势外交，世界已经从单纯的全球化或新自由主义进入了一个转折期。未来日本的同盟关系以及多元化的军事、外交、技术合作关系正处于这种多极化的均势外交环境中。

在小泉政府期间，基于对美国主导的世界一极化局势的判断，实施对美“一边倒”政策引发了其对亚洲政策的不均衡，轻视亚洲的政策导致中、韩等国的严重不满，中日关系一度坠入低谷。后任安倍、福田、麻生等首相认识到，只有着眼于多极化的视角，立足于亚洲，才是日本外交的正确选择。为此，日本调整了对亚洲政策，中日战略互惠关系得到确立与发展。特别是，日本鸠山首相对世界多极化格局的认知也有明确表示，他说：“我们不能忘记自己的身份——我们是个位于亚洲的国家。我还认为，由于伊拉克战争的失败和金融危机的发生，美国主导的全球主义的时代正走向终结，我们正迈向一个多极化的时代……中国将成为世界上主要的经济体之一。在不太遥远的未来，中国经济的规模将超过日本……日本夹在美国和中国之间。这个问题日本关注，亚洲中小国家也关注。它们希望美国的军事力量有效地发挥作用，以维护该地区的稳定，但是也希望约束美国在政治和经济方面的过分行为。”[①]

在调整日美同盟关系的具体政策上，日本一部分自由主义论者甚至提出了“中间力量”的外交战略。他们认为，中间力量外交的日本外交本质在于，不是将日本置于国际政治基本框架下的安全保障的中心位置，而是与大国间政治拉开距离，在中间领域发挥最大限度的作用，[②]与东盟、澳大利亚等国一起，提出中间国家的方案，从而提高日本的话语权，确保日本的国家利益。[③]

自由主义派认为，战略的重点在于，国内生产总值（GDP）位于世界前三位的中日美今后如何描绘三角关系的前景。

今后，中日美的三角形关系图，应从相互牵制的模式转变为相互依存、公平竞争的稳定结构，即美日同盟加上中日协商。中日美应建立三国首脑、部长级的定期会谈机制。中国通过上海合作组织等加强了与俄罗斯、印度、中亚的关系。美国在接近印度。日本也与印度、澳大利亚、中亚等国加强了合作关系。中美日可以各自进行探索，但应避免孤立、对抗的局面。

由于美国在中东、伊拉克强行武力推行民主主义遭到挫折，人们普遍认为，不能强行输出民主主义，硬实力具有很大的局限性，以软实力的手段推动民主主义以及人权意识的张扬更为有效。战后以来，日本恪守和平宪法第九条的规定，持续了60年的和平发展道路，已获得国际社会对日本和平价值观的一致认同。[④] 如果日本继续

---

① YUKIO HATOYAMA（鸠山由纪夫），“A New Path for Japan”，*The Newyork Times*，2009.8.26。

② ［日］添谷芳秀：《日本的中间力量外交——战后日本的选择与构想》，第206页，筑摩书房，2005年版。

③ ［日］「日本の新戦略、社説21」、「14、日米安保」、〈憲法9条と平和・安全保障〉。『朝日新聞』2007年5月3日。

④ ［日］朝日新聞シンポジウム　「討論：日本の新戦略『地球貢献国家』をめざして」、目加田説子教授発言、2007年5月26日，http：//www.asahi.com/sympo/070627/21.html。

坚持和平宪法精神，宣传民主思想，将扩大日本软实力的影响。[①]

日本希望发挥在“文明的冲突”中的桥梁协调作用。在 21 世纪，存在东西方文明冲突，伊斯兰世界内部也出现了分裂倾向。日本作为东西方文明的桥梁，在保持自身文化传统的同时，可以超越文化思想的差异，协调东西方文明的融合与发展。

中国崛起是近年来东亚地区出现的最大变化。关于中日关系，自由主义派认为，日本作为发达的民主国家必须承担起相应的职责，促进中国的进一步开放。日本应以中日两国关系的稳定为大前提，不断增加首脑互访以及部长级对话活动，增强政治层面的信赖感。[②]中日之间由于历史认识等问题，国民情绪很容易失控。不应相互指责对方，而应不断强调稳定两国关系的重要战略意义。

中国正在急速变化之中，随着经济的快速增长，随之带来了贫富差异等诸多问题。日本的基本战略是，不要过大地期待，也不要袖手旁观，应支持中国作为开放的国家不断推进“法制”、“透明化”、“参与国际规则”。

参与国际规则的途径有很多。首先要促进中国的军事透明度。日本以及东亚周边国家、欧美各国如果持续对中国存有疑心的话，国际社会无法稳定，也不符合中国的利益。作为邻国的日本应该说服相关各国培养信赖关系。

环境保护以及节能对策等是中日两国的合作支柱，两国可以探讨在公害疾病方面的合作。由于环境污染日益严重，中国出现了大量的公害疾病患者。日本作为公害治理的先进国，可从人道主义立场出发，在现状调查、治疗等方面加强与中国的合作。

---

① ［日］朝日新聞シンポジウム　「討論：日本の新戦略『地球貢献国家』をめざして」、元駐日韓国大使崔相龍発言、2007 年 5 月 26 日，http：//www. asahi. com/sympo/070627/21. html。

② ［日］「日本の新戦略、社説 21」、「12. 隣の巨人」、〈グローバル化とアジア・イスラム〉、『朝日新聞』，2007 年 5 月 3 日。

总之，21世纪以来，日本逐步认识到，美国的一极统治将要结束，不断扩大的欧盟以及中国、印度等将形成世界的多极格局，世界各国以及企业、人类将呈现更多的多样化特征。任何一个国家，都无法只是坚守本国的国家利益。[1]随着中国、印度的高速增长，日本的力量在相对减弱。如果一味强调危机感而拘泥于本国狭隘的国家利益，反而会削弱自身的影响力。为此，在中美的东亚战略棋盘上，日本日益寻求在美日同盟的框架下，不断发展自主外交，寻求美亚政策之间的均衡政策。

日本认为，冷战后日美同盟的“黄金时代”的黄昏已不可避免地来临。[2]对于日本外交来说，不再是单纯地考虑依存关系或者主体性问题，而是要从国际主义的构想出发，开始思考包含一定的依存关系与主体性的综合战略。日本战略家提出同盟关系多样化的建议。美国在全球拥有50个以上的军事同盟国，日本只有一个，因此日美同盟不应再拘泥于双边同盟，可以发展成为具备共同目标、共同目的和共同国家利益的多国同盟，如将澳大利亚、印度、新西兰、新加坡和韩国等纳入在内[3]。为此，日本考虑与印度建立军事同盟关系，与俄罗斯构筑协作关系（准军事同盟关系），摆脱现在过度依赖美国的危险体制[4]。日本建立结构多元化的同盟关系的目的是，相应地降低日本对于单一的美日同盟的依赖程度，相对地增强日本在国际舞台的独立话语权，获得更广泛的国际认同。

从战后特别是冷战后日本的外交实践来看，每当日本提出“自

---

① ［日］「日本の新戦略、社説21」、「はじめに」、地球貢献国家をめざそう」、<9条生かし、平和安保基本法を>、論説主幹・若宫啓文、『朝日新聞』，2007年5月3日。http：//www. asahi. com/sympo/070627/21. html。

② ［日］五百旗头真主编：『日美关系史』，有斐阁，2008年版，第317页，。

③ ［日］森本敏：“日美同盟的走向”，日本『外交フォーラム』，2009年3月号。

④ ［日］伊藤贯：“奥巴马主张的变革将给日本带来什么”，日本『正论』月刊，2009年1月号。

主外交”、政策重心倾向亚洲时，美国必然显示出强烈的关注与警惕，将日本拉回到美日同盟的框架内，使日本无法自行其是。其结果是日本越强调“自主外交”，越是强化了对美国的依赖。即使是小泉式的对美一边倒政策，也未能获得美国的完全赞同，这是因为，忽视亚洲、丧失亚洲认同的日本不符合美国在东亚推行其战略的利益。因此，日本在美亚政策之间来回徘徊，力图寻找到中间道路，实现对美国、对亚洲的双重协调，从而增强政策的平衡杠杆，克服对美国过度依赖的局面，最终实现日本的“自主外交”，其难度之大可想而知。美国希望日本在坚持美日同盟的同时，鼓励日本接近它的亚洲邻居。[①] 但是，美国驻日普天间基地搬迁问题涉及到美国在东亚的核心利益，鸠山内阁未能与美国达成妥协。日本鸠山政权对美政策的挫折，明显地佐证了日本寻求对美紧密而平等伙伴关系政策的脆弱性与艰巨性。

2010 年以来，美国实施亚太再平衡战略，进一步强化了在亚洲的军事、经济存在，日本认为机遇来临，但压力增大。2011 年“3·11”大地震后，日本提出平成第三次开国。特别是 2012 年 12 月执政 3 年 3 个月的民主党在国会众议院选举中惨败，老牌执政党自由民主党获超过半数议席，重新上台，自民党党首、前首相安倍晋三“梅开二度”再次担任日本首相以来，在国际事务中加强主动塑造能力，在继续强化美日同盟的同时，加强扩大自主外交，在韩国、澳、新、印、菲、越、蒙古、缅甸、俄、北约等进行穿梭外交。但是另一方面，由于钓鱼岛争端，中日关系成为东亚地区内最不稳定的一对双边关系，随着美国重返亚太战略的实施，日美同盟进一步加强，但中日关系出现了僵局，中日关系出现了合作是主流、对抗是趋势的格局。

---

① Leif－Eric Easley，Tetsuo Kotani，and Aki Mori，Japan’s Foreign Policy and the Alliance：Transcending Change with Trust，PacNet #64 － Tuesday，Sept. 22，2009.

二、中美全球共治对日本的影响

近年来，中美关系不断深化。克林顿总统时代，中美两国关系获得深度发展。2000年，美国总统布什上任后，短期内曾拉开了两国距离，把中美之间的“战略伙伴关系”重新定义为“战略竞争关系”，但不久再次接近，中国积极回应布什的“全球反恐”战略。在奥巴马时代，尽管喜忧参半，但是总体上，中美关系依然是美国对外政策的重要组成部分。至今为止，日本的看法是，如果中美对立，日本则感到不安；如果中美接近，日本则担心被冷落一边。美国则警惕中日的接近，中国对日美同盟的强化感到不安。

根据国际关系的一般游戏规则，双边关系的发展往往基于三个要素的判断：力量、利益与规范。[①]对于中美关系来说，国家力量与国家意志的判断显得更加凸现。

随着中国经济高速增长带来的国家力量的上升，布什政府上台伊始，曾抛弃了克林顿时期建立“建设性战略伙伴关系”的概念，直接以“战略竞争对手”来定位中美关系。但是，中国坚持和平发展的意向，在“9·11”之后，为中美两国创造了对话与“和解”的机会，加快了布什政府调整对华政策的步伐。尽管布什政府对华政策的基本取向和中美关系的既有格局并未发生根本改变，但由于反恐国际合作中大国协调的作用增强，在战略层次上，中国再一次成为美国的“特殊盟国”，布什政府开始在所谓的“接触”和“遏制”间寻求着一种平衡。鲍威尔、赖斯、拉姆斯菲尔德等布什政府的核心人物均表示“今后不再以‘战略竞争对手’描述中国”，鲍

① ［日］山本吉宣：《国际机制与管理》，第59页，有斐阁，2008年6月版。

威尔还明确使用“建设性合作伙伴关系”形容中美关系。[①] 当然，由于中国奉行独立自主的外交政策，以发展本国经济为政策“基本点”，因此美国的长远战略着眼点的依然是要遏制中国。但是，美国遏制中国发展的心态与冷战时期遏制苏联的心态有所不同，美国冷战时的心态是担心苏联随时会消灭美国，美国对中国最担心的则是，中国的未来发展威胁美国的世界超霸地位，因此对潜在的中国发展态势的担心超过现实性的警惕。

2006 年 1 月 18 日，赖斯国务卿表示，美国的外交转向重视亚洲和非洲。[②]这一新的信号表明，美国的亚太政策发生了重大变化，直接对美国的对华政策产生了影响。

在美国，承认中国崛起并愿意在此现实基础上发展与中国的建设性关系成为主流观点，但美国并未完全放弃传统的“中国威胁论”观点，只是美国没有将目前的中国作为竞争对手，一直以干预政策为对华政策基调，但在中长期战略上，一直将中国作为潜在的未来竞争对手考虑。

从力量层面考虑，美国对政治、经济、安全等综合力量都正在上升中的中国存在疑虑。早在 2000 年初，尚未当上国务卿的康多莉扎·赖斯写道：“中国憎恨美国在亚太地区的地位。这意味着中国不是一个主张维持‘现状’的大国，而是一个打算让亚洲的力量对比朝着对其有利的方向改变的大国。但从这一点来说，中国就是一个战略竞争对手，而不是克林顿政府所说的‘战略伙伴’。”[③]约翰·霍普金斯大学教授弗朗西斯·福山在《华尔街日报》上撰文指出：“从长期来看，中国希望把亚洲按照以他们为地区政治中心的方式组

① 梁茂信主编：《美国社会发展与中美交流》，中国社会科学出版社，2003 年 7 月版，第 431 页。

② 《参考消息》，2006 年 4 月 4 日，第 28162 期，新华通讯社主办。

③ ［美］小约翰·特卡奇克：“中国在亚洲的追求”，《政策评论》，2005 年 12 月/2006 年 1 月号。

织起来。”[①]美国前驻华大使李洁明则指出：“中国把日本和美国所定为目标，正在发展相关系统，正在挑战美国海军和日本海上自卫队。”[②]在安全保障层面，美国对中国扩充军备和为确保能源权益而实施的积极外交政策十分关心，一些人认为这些动向对美国的安全构成了威胁。

另一方面，从战略意图分析，目前美国主流的战略思想家认为，中国的战略重点是集中精力发展经济，中国主张多极国际体系，但同时也尊重美国利益的合理性，无意取代美国在亚太地区的地位，因此美国开始积极地将中国引导为负责任的世界利益攸关方，把中国拉入国际事务。对美国的大企业来说，中国作为其商品销售地和生产基地是不可或缺的收益来源。美国大西洋理事会亚洲项目主任班宁·加勒特指出：“中美双方各自的经济增长和繁荣，在共同的国际框架下，合作空间远远大于分歧，尤其在能源、流感等共同关心的议题上。”[③]副国务卿佐利克在2005年9月发表的演讲中挫败了“中国威胁论”的言论，大胆地表明了“敦促中国发挥负责任的大国的作用”的基本态度。此外，像参议院议员洛克菲勒那样认为“不应该对中国的崛起盲目恐惧”的政治家很多，老布什总统在2005年11月在北京召开的专家会议上讲演时说：“我相信中国的和平崛起。它的崛起是不可避免的。”[④]美国认为，不是压制中国，而是希望通过对话和让中国参与，诱导中国在世界上发挥作用。[⑤]2006年3月16日，美国公布的《国家安全战略报告》则指出：“当中国成

① 《参考消息》，2006年1月6日，第28103期，第4页，新华通讯社主办。

② ［日］早川俊行：“美国的对华政策——美国前驻华大使李洁明访谈录”，《世界日报》，2005年12月22日。

③ ［美］“胡锦涛乘‘崛起风’访美，布什‘两手’对华”，《华盛顿观察》周刊（网络），2006年3月29日。

④ ［日］浅川公纪：“第二届布什政权的最新东亚战略”，《世界周报》，2006年2月21日。

⑤ 《参考消息》，2006年1月16日，第28109期，第18页，新华通讯社主办。

为全球性玩家时，它必须作为负责任的利益攸关方行事。共同利益可以指导中美两国在恐怖主义、扩散和能源安全这些问题上互相合作。"[①]关于中国崛起，《国家安全战略报告》指出："如果中国保持这个承诺（和平发展），美国将对中国的崛起表示欢迎，这个中国是和平、繁荣的，而且愿意与我们合作，解决共同的难题和关系到双方利益的问题"。2006 年 1 月 18 日，赖斯国务卿表示，美国的外交转向重视亚洲和非洲。[②]在这种形势下，美国对日本在安全保障领域的要求越来越多，相应地日本的防卫负担不断加重。

2008 年末，奥巴马政权建立后，基本延续布什的对华政策，特别表示将延续布什政府后期在亚太的对华友好政策。[③]他指出，延续对华的接触政策，赞赏缓和台海局势的努力，肯定中日关系的改善，认同朝鲜问题六方会谈中美之间的合作，虽然美国在亚太有军事盟国，但亦乐见中美合作，推动地区稳定繁荣。

2008 年以来，出于金融危机的效应，中美共治（G2）曾经成为讨论中美关系时的一个热门话题。奥巴马政府需要世界第二大经济体、持有 2 万亿美元的全球外汇储备第一大国、美国的第一大债权国以及在全球金融危机严重冲击下还预计保持经济增长 8% 的中国与其携手合作，共同应对危机。

G2 构想的始作俑者是美国彼得森国际经济研究所所长弗雷德·伯格斯登。2008 年 6 月，第四次中美战略经济对话举行之时，伯格斯登在美国《外交事务》杂志上发表文章指出，应将中美战略经济对话机制升级为领导世界经济秩序的中美两国集团格局，两国"共享经济领导权，并使中国部分取代欧洲地位"。此论一出，立即得到

---

① 任晓："美国新《国家安全战略报告》解读"，《参考消息》，2006 年 3 月 23 日，第 14 版。

② 《参考消息》，2006 年 4 月 4 日，第 28162 期，新华通讯社主办。

③ 中国国家主席胡锦涛 2008 年 11 月 8 日晚同美国当选总统奥巴马通电话内容，http：//blog. zol. com. cn/843/article_ 842502. html。

美国前总统卡特的国家安全事务助理布热津斯基教授的赞同，在世界上引起了不小的反响。世界银行行长佐利克和副行长兼首席经济学家林毅夫在二十国集团（G20）伦敦峰会前夕共同发表署名文章，支持建立经济上的中美 G2，并主张以此引领 G20 共同解决世界经济危机。奥巴马总统在伦敦峰会上公开宣称“美中关系是世界上最重要的双边关系”，也推波助澜地引发了人们对“G2 共治说”的过度解读和无限遐想。此后，亨利·基辛格曾呼吁将中美关系“提升到一个新的水平”，而兹比格涅夫·布热津斯基则倡导发展 G2，即一个由中美两国组成的能够应对国际金融危机与全球气候变化、限制大规模杀伤性武器扩散甚至能帮助解决巴以冲突的组织。国务卿希拉里·克林顿在 2009 年对北京进行短暂访问时热情洋溢地宣称：“我们合作的机会是世界任何其他地方都无法比拟的。”①

实际上，尽管存在一些战略分歧，中美之间的确存在许多共同的外交政策目标。例如，推动经济增长、维持一个开放的全球经济秩序、维护东亚的和平与稳定以及减缓气候变化等。中美之间已经形成一个强有力的政府间的对话机制，在中美两国之间的 60 多个磋商机制中，包括战略经济对话、中美高层对话和国防政策协调会谈。中美已经在反恐、利用六方会谈与朝鲜谈判及开展联合研究替代能源等领域进行合作。中美两国经济的相互依存达到空前的程度。作为世界第一大经济强国和世界第一大消费国的美国，以及作为世界第三大经济体和拥有 13 亿人口巨大消费潜力市场的中国，都实施了规模宏大的经济刺激计划，引领全球经济复苏。

但是，中国并不认同 G2 的说法。2009 年 5 月 20 日，温家宝总理借出席第十一次中欧领导人会晤之际，针对“G2 说”发表了明确的反对意见。温家宝总理指出：“一两个国家或大国集团不可能解决

① Elizabeth C Economy）&Adam Segal：“‘中美共治’的幻象——为什么中美两国提升关系的时机还未成熟?”，美刊《外交事务》，2009 年 5/6 月号。

全球的问题，多极化和多边主义是大势所趋，人心所向。”[①] 中国不希望引起欧、日、印、俄等各国不必要的担心。其实，中国政府对“G2说”一直抱有警惕，中国学者也多持否定态度，认为个别“新概念”（如G2、“中美国”或“两国一制”等）无助于中美关系的健康发展，反而会给中美两国同其他国家和地区的正常关系带来消极影响。此外，“G2共治说”不符合中国一贯坚持的独立自主外交政策，不符合中国同所有国家发展友好合作关系、谋求互利共赢的意愿、共建多极和谐世界的一贯主张。

“G2说”一出炉，就触动了一些国家和地区的敏感神经，欧盟、日本、印度和俄罗斯都表示担忧甚或反对，特别是日本则对此反应强烈。日本担心，随着中美关系的不断深入发展，中日关系的影响范围相对缩小，日本在中美日三角关系中的地位开始下降。日本政学两界和媒体都担心G2会导致日本被边缘化，甚至丧失其在亚洲地区的主导地位。日本于是提出了建立美、日、中“G3”的主张。

日本的担心并非没有根据。近来在美国一部分人士认为，中美关系的重要性超过美日关系，日本的战略意义已经比不上中国，这背后的一个重要因素就是中国崛起。按照佐利克2005年9月21日的讲话，美国真正希望中国扮演的是一种战略性的角色，是能够与美国一起建立和维护国际秩序的全球性的角色，相对而言，在全球舞台上美国只是将日本视为“小伙伴”。

事实上，在亚太地区，美国并没有将所有希望都寄托在日本身上。美国正在构筑以夏威夷美国太平洋司令部为中心的政治军事安全体系，太平洋司令部正在迅速与传统盟友如日本、泰国、澳大利亚和新西兰发展防务外交关系。与此同时，其也在发展与印度和越南的关系。为此，新的安全构架在亚洲的轮廓正变得越来越清晰。尽管在长期战略上，美国希望借扶持日本来抑制中国发展的潜在威

① 蔡微微：“中国缘何不认同G2说”，《中国社会科学院报》，2009年6月2日。

胁，但是，在美国看来，一个在亚洲被疏远的日本，不但会毁掉美国塑造“亚洲英国”的全球战略，还会最终使美国被一并边缘化，造成同盟的负面效应。因此，美国对日本在对华政策上的举措越来越关注。如今，日本的对外经济政策重点转移到东亚，对东亚共同体、“10+3”的区域合作给予很大期待，而日本的安全保障政策却进一步加强对美国的从属，从而出现了日本对外政策中两难的矛盾局面。亨廷顿教授甚至预言：“从中长期而言，日本将会摆脱对美国的依赖而追求某种自主性，长期而言，最后日本可能还是不得不追随中国。”[①]日本最终是否追随中国不得而知，但长期而言，日本同中国进一步加强全面合作的可能性应该是很大的。

三、日本民主党政策调整对美日同盟的影响

冷战后，日本政坛进入了一个持续的恶性循环，首相频繁更换，引发诸多政策变化及社会震荡。1993 年自民党分裂，自民党一党单独执政的历史宣告结束，持续了 38 年之久的“1955 年体制”遂告崩溃。其后，日本政治选举制度出现了变革，支持“55 体制”的中选举区制度被改变，在众议院引进了小选举区比例代表并立制度。日本政治家为了赢得选票，必须满足所在选区的利益需求，迫使他们必须奔走于支持自己的选区，承诺所在选区选民的利益，因而出现了地区利益、支持者利益与政党、政治家利益分配不均的矛盾，[②]导致日本政局出现混乱，无法发挥民主政治应有的国家功能。

日本首相频繁更换使日本的对外政策制定难度增加。根据日本国宪法第 73 条的规定，“处理外交关系”是内阁的任务，内阁特别

---

① 冯昭奎，“日本：政策的贫困”，人民网日本版，2003 年 7 月 31 日。

② ［日］小林良彰：《55 体制下的有权者——政治家关系的计量分析》，第 257 页。参见，日本政治学会编，《55 体制的崩溃》，岩波书店，1997 年版。

是内阁总理大臣担任最重要工作，外务省负责“外交政策的企划立案及其实施”，国会、政党及国会议员组织负责相关外交事务。由于首相频繁更迭，对外政策因首相的不同增添了变数，使得日本外交空间明显收缩，从而进一步加深了对美国的依赖。在小泉政权期间，实施对美“一边倒”政策就是一个最明显的例证。

2009 年 9 月鸠山执掌民主党政权后，在日本进行了各项改革措施。鸠山执政后，经济政策推进乏力，缺乏必要的财政支撑。民主党竞选纲领中向选民承诺的一些事项，遇到财政困难。例如，儿童补贴是否与家庭收入挂钩，燃油费维持原价，高速公路取消收费等，由于财政赤字，政府无法提供相关费用。特别是随着日元升值，日本产业能力下降，日本产业界尤其是制造业压力很大。在对外政策方面，鸠山内阁执政以来继续纠正小泉政府的亚洲外交失败的教训，力图挽回日本失去的两个“十年”，平衡对美政策，加强亚洲外交，推进积极的对华外交。

鸠山首相执政后，调整了对美国的外交，引起美国的不满。鸠山由纪夫在《呼声》（VOICE）2009 年 9 月号刊登的《我的政治哲学》一文中批评了美国主导的全球化，引起美国对日本民主党的对美政策的不满。为了打消美国的疑虑，日本随后在强调建立与美国的“紧密而对等的相互信赖关系”的同时，多次强调日美同盟是日本外交的基轴，这一点并未改变。但是，由于美军驻留冲绳基地的搬迁问题，引起美国政府以及冲绳县民的双重不满，再加上政治献金问题，鸠山首相不堪压力，匆匆下台。

2010 年 9 月 14 日日本民主党党首选举结束，进入菅直人改造内阁执政的新阶段。同为民主党的菅直人政权上台后，为了减缓来自美国的压力，上任伊始就开始强调修复日美关系的裂痕。2010 年，是日美安保同盟缔结 50 周年。日美两国的政府高官、外交问题专家研究相关措施，进一步推进日美关系的发展。此后，由于美军在冲绳基地搬迁问题上日美交涉未果，菅直人政权下台，迎来了民主党野田佳彦的执政时代。

在民主党执政时代，美日同盟关系发生变化有三个原因：其一，政治家的心理。小泽一郎、鸠山由纪夫在思想上具有一定的反美意识。其二，日本国民厌恶自民党的对美“一边倒”外交政策。其三，民主党政权试图展示新的外交方式，即，不改变日本对美同盟的核心原则，但是希望改良对美谈判方式，明确日本的外交主张。

美国政府开始转变传统的对日思维，开始意识到日本的政权交替的事实，开始重视日本外交变革的要求。美国国务院负责东亚和太平洋事务助理国务卿坎贝尔（Kurt Campbell）指出，日本是一个“平等的伙伴”，美国要“有耐心、有责任倾听日本的声音”，加强与日本新政府的联系。奥巴马政府对于日本希望小心地在中美之间保持适当距离的愿望反应温和，美国希望日本在坚持美日同盟的同时，鼓励日本接近它的亚洲邻居，但是美国十分警惕日本滑出美日同盟的轨道。

2010 年 9 月以来，由于钓鱼岛事件的发生，中日关系出现了严重的倒退。日本海上保安厅在我钓鱼岛海域非法抓扣我国船长、激化中日领土争议；日本 2010 年版《防卫白皮书》凸显“中国军事威胁”；菅直人的咨询机构发布指导新《防卫计划大纲》的战略设想报告；日本鼓励东南亚与我存在领土争议的声索国助推“南海问题国际化”等，采取了一系列蓄意恶化中日关系的措施，不但严重干扰了中日战略互惠关系，而且给中国的周边外交带来新挑战。

2012 年 12 月，自民党取代民主党重新夺回政权。日本国内已经逐步摆脱了二战结束后一直奉行的和平主义和谨慎姿态，更加强调日本国家利益。国家利益优先的原则成为安倍等为代表的 21 世纪以来日本新生代政治家的共同的政治理念，对于领土主权归属奉行强硬政策是日本政府的一贯立场。

为此，中日关系问题突出，在地区结构性主导权、地缘冲突、主权争端以及历史问题等日益凸现，并不断激化。日本认为，随着中国GDP超过日本，传统的日本对华国力优势发生逆转，日本对华政策随之改变，即，从72体制下的因历史谢罪因素导致对华协调甚至妥协政策转向对华竞争政策。由于中日实力相对消长，引发日本国民的心态发生微妙变化。随着中国与日本之间经济实力差距缩小，日本从政府、学界、媒体到民间，都对中国的发展方向产生不安，明显加深了关于“中国崛起”挑战日本的紧张与焦虑。

2013年，安倍内阁以赢得参议院选举、实现长期执政为核心目标。选前以经济、民生议题为政策重点。在7月日本参议院选举中，自民党以压倒优势取胜，今后三年将连续执政。政治的稳定将使日本尽全力恢复经济上“失去的20年”。安倍政权也有可能更长期地执政。在安全保障方面，将对防卫政策进行全面修改。设立国家安全保障会议、制定新防卫大纲、准许行使集体自卫权、修改日美防卫协力指针。日本对华将着眼于经济利益、谋求改善关系，称中日关系为21世纪最大课题，但在钓鱼岛问题上不会放弃现有立场，继续坚持强硬政策，同时谋求更有效的应对措施。

四、结语

如上所述，美日、中美、中日关系都是地区和全球范围内重要的双边关系，这三个国家都具有重要国际影响，活动范围大大超出东亚。但在现阶段，就东亚地区来看，美日关系仍要高于中美关系，中日关系的发展受到美国的影响与制约。目前，美日同盟和中美关系在同时发展和加强，但背后动力的性质则完全不同。美日同盟的强化，最根本的动力在于防止中国走上与美国对抗的道路，是美国对中国未来发展“不确定性”的一种战略性保障。中美关系的发展，从美国来说则是为了谋求与中国的积极合作，建立和维持一种有利于美国的国际秩序，共同解决本地区和全球范围内的各种重大问题。

三角关系不是任意的三国组合，它要求三国之间必须存在密切关系，并且任何两国关系的变化都会对第三国产生影响，目前中日美三方之间任何两方之间关系的变化都会对第三方产生影响，因此，确实存在着这种大三角关系。

从理论上分析，美国学者布拉德·格罗斯曼（Brad Glosserman)）和邦民·格拉泽（Bonnie Glaser）提出了中美日三边主义的概念[①]。即，中美日的协调关系可以提供中日关系所需要的信赖基础。各自双边关系的加强与向前发展，使得华盛顿、东京与北京有一个独特的机会建构良好的三边关系，特别是增强中国融入美日同盟的参与程度。

美国学者彼得·卡赞斯坦指出，美国既是国家体系中的行为体，也是美国帝国体系的一部分。中国与日本深深地置身于美国的帝国体系之中，而且以不同的方式与美国和美国的帝国体系联系在一起。日本始终坚持国家经济战略和国际安全战略，而中国遵循着国际经济战略和国家安全战略。不管日本和中国之间的实力如何变化，但是这一对政治组合仍然使一个渗透性的亚洲牢牢固定在美国帝国体系中。[②]

从实力对比来看，目前，中国与美国的实力差距最突出的方面是军事实力，其次是经济实力，政治实力方面的差距最小。然而，中国与日本都位于东亚，地理位置使中日实力地位的矛盾成为结构性的，中日之间的摩擦因此增多。进入21世纪后，美国把中国实力地位的上升看成是对其实力地位的潜在挑战，而日本则认为中国实力地位的上升已对其实力地位构成现实挑战，因此

① Brad Glosserman and Bonnie Glaser：“And now to Trilateralism”，Pac NET，Num. 24，Pacific Forum CSIS，Honolulu，Hawaii.

② ［美］彼得·卡赞斯坦：“美国帝国体系中的中国与日本”，《世界经济与政治》，2006年第7期。

日本有时采取比美国更强硬的对华政策，导致中日关系不如中美关系。

事实上，日美两国的对华政策都存在两面性。目前，美国当权者在潜意识里总是把中国视为未来最有可能挑战美国霸主地位的竞争者，既想改善与中国的关系，在这个世界最大潜在市场的发展中最大限度地获取利益，又要千方百计地对中国的崛起加以遏制。另一方面，由于同属东亚国家，较之美国，日本与中国之间存在更多的地缘利益，因此，日本对华政策也存在着两面性，既有经济层面的合作，也有在政治、安全等方面的较为深刻的分歧。

战后以来，随着日本在亚太地区影响力的扩大，美国政府要求日本政府在地区安全事务中发挥更大的作用，但是同时也要承担更多义务。日本的两位首相中曾根和小泉纯一郎一直是美国值得信赖的伙伴，他们都适时地抓住美国政策所提供的政治开放空间，使日本以自信甚至武断的姿态出现在国际事务中。[①]

冷战后，随着战略利益的博弈，日本进一步加强了同美国的同盟关系，美国则对日本这个“盟友”要求越来越多，越来越严厉，美国认为，“一个不再紧密依靠美国安全保护的日本必将强化自身军事实力，以便保护它在该地区的利益…….而美国在该地区的军事实力将削减，这种情况不符合美国利益。”[②]

在现阶段，就东亚地区来看，美日关系仍要高于中美关系，中日关系的发展日益受到美国的影响与制约。关于近年来中日之间愈演愈烈的结构性矛盾，美国总体上认为中日两国都不是维持现状的国家，中日两国国家战略都正在转型当中。美国在推进东亚政策时，

---

① Peter J. Katzenstein, Cultural Norms and National Security: Police and Military in Postwar Japan, Ithaca, N. Y.: Cornell University Press, 1996.

② 周建明、张曙光:《美国安全解读》，第 116 页，新华出版社，2002 年 6 月版。Flournoy, 2001 QDR: Strategy—Driven Choices for America's Security, Chapter Nine, The Future of U. S Overseas Presence, p. 255.

希望进一步加强日本作为“亚洲的英国”的战略地位，进一步强化美日同盟在东亚的军事存在，同时督促日本建立富有远见的亚洲外交。另一方面，基于利益不可分的原则，美国希望与充满活力的中国进一步深化经济关系，发挥中国“利益攸关方”的国际积极作用，同时对中国未来的发展方向存在战略疑惑，试图继续贯彻对华“接触”与“防范”双重政策。

进入21世纪后，东亚地区出现历史上从未有过的中国和日本两强并立的格局。针对中日关系的结构性困境，美国在中日之间采取了一定的平衡战术，在进一步强化美日同盟的同时，对日本开始采取一系列限制措施，推动日本巩固在东亚地区的影响力与战略地位，从而为美国亚太战略的顺利实施提供物质保证。

综上所述，中、美、日关系是东亚地区最重要的三边关系，或者说是中国与美日同盟体制的一国两边关系，目前，这些关系依然是非对等的关系，但是，逐步从失衡开始步入了均衡关系的轨道。目前的三边框架是，中国已经崛起为世界主要力量之一，日本正在进行全球功能转换，美国正在经历超级霸权可能衰落的挑战。为此，中美日之间在安全、经济等问题上进行了进一步合作，促进中美日三边关系的均衡发展。

在亚太地区，中美日三个主要力量体经历了很长的不信任、竞争和敌意的历史。现在，这三个国家正在面对新的挑战，包括自主外交、力量转移和非传统安全方面的问题。例如，2012年2月10日，日本防卫省防卫研究所发表了所谓分析中国海洋活动动向的《中国安全保障报告2011》[①]，指出与紧张的南海局势相同，中国在日本周边的东海也有可能提升军事力量采取强硬姿势，必须注

① 「中国安全保障レポート2011」，日本防衛省防衛研究所編、http://www.nids.go.jp/publication/chinareport/index.html

视中国人民解放军的动向[①]。因此，三国之间并不是在有关全球及其地区目标的所有问题上都具有共识，但是，中美日大三角关系日益密切，中日美三方之间任何两方之间关系的变化都会对第三方产生影响。

出于国家利益的考虑，在长期战略上，美国希望建立良性的伙伴管理，借扶持日本来增强美日同盟在东亚地区的影响力，但是，由于日本小泉政权对美“一边倒”亚洲外交战略的局限性，特别是日本历史问题不仅对日中、日韩关系产生了冲击，也将影响未来的美日关系。因此，美国希望通过适度的控制，使得日本的东亚政策走上符合美国战略利益的轨道。

特别是 2008 年美国爆发金融危机以来，尤其是在 2011 年欧债危机严重蔓延到全球经济的困境下，美国进一步加强了与购买美国国债最多的国家中国的合作，在经济危机应对领域强化了与中国的协调。美国寻求中日对美国金融机构继续注入资金，帮助美国摆脱次贷危机的进一步全球扩散。

在政治安全领域，布热津斯基则提出了中美“G2”的战略概念，突出强调与中国的合作。中美日之间的安全协商机制成为长期安全合作的基本条件。三国的战略思想家们正在寻找一个更为有效的安全合作方式，逐步地从双边扩大到三边，建立安全协商机制，旨在维护地区的和平与稳定，共同应对传统安全和非传统安全的挑战。例如，确保海上通道的运输安全，防范海盗、恐怖活动等，探讨各种安全事项，包括 WMD，朝鲜半岛安全，以及可能引发领导人之间误解的其他各种突发事件或不可测事件。此外，讨论三国的安全政策，交流对于现代化发展与各自期望的必要的军事力量，扩大军事透明度也是其重要目的。

---

① 「東シナ海で中国「強硬姿勢の可能性」防衛省分析」、『読売新聞』，2012 年 2 月 10 日。

因此，在亚太地区需要建立中美日三国的合作体制，从整体的角度来探讨政治、外交、经济等重要棘手的问题。在发生重大问题的时候，美中联合，再加上日本的话，那么日本就会成为具有缓冲作用的“垫子”角色，然后再以日中韩的三极体制来补充中美日三极体制[1]。只有这样，才能建立起健全的东北亚安全与合作机制，推动东亚乃至亚太地区的发展与稳定。

① Patrick M. Cronin, Testing Trilaterism, PacNet #59, Tuesday,? December 7, 2010.

试析当前美日同盟的战略性调整

赵明昊

（中共中央对外联络部当代世界研究中心博士）

当前，美日同盟正进入冷战后第三轮战略调整期，前两次分别由第一次朝核危机和 2001 年的“9・11”事件促成，而此次调整则以美国实施亚太“再平衡”战略、特别是军事上的战略调整为大背景，更为突出地以应对中国崛起为矛头。美国希望开掘和利用日本的军事实力，服务于美在该地区军力配置的重新调整，以及“海空一体战”、“联合作战介入”等新军事概念的实施，以美日同盟为基轴，大力推动美国二战后在亚太地区建立的“毂辐模式”同盟体系向“网状模式”的同盟伙伴体系转型，力图提升对中国的军事遏制能力，对朝鲜半岛、南海等热点问题和突发事件的应对能力，以及对该地区总体安全态势的塑造能力。在本轮美日同盟调整中，日本则力图紧抓美国“重返亚太”的“战略机遇”，实现“借船出海”，通过夸大安全威胁“倒逼”国内各派同意修改和平主义宪法，为行使“集体自卫权”消除障碍，力图以“进攻性防卫”替代“专守防卫”，突破军费开支限制，修改“武器出口三原则”、“无核三原则”，最终谋求日美同盟“对等”化和日本的“普通国家”化。

一、美日同盟调整的战略背景

美日同盟的此轮调整是在美日两国大力推动国家安全战略转型的大背景下展开的，体现了美日两国战略界人士和政策精英关于国家安全战略的若干新思维，其战略含义与动向不可低估。

随着2009年奥巴马政府上台并于2011年宣布正式结束伊拉克战争以及在数年内从阿富汗撤军，加之起始于2007年底的金融危机对美国的实力地位造成相当显著的影响，美国的全球战略正进入新一轮争论期和调整期。总的方向是：一方面，选择“新自由国际主义”路线，强调21世纪的美国国家安全目标应着眼于重建自由国际主义（liberal internationalist）的世界秩序，通过与其他重要国家达成“新的契约”，通过更加灵巧地综合运用权力和规则，重塑和维护所谓开放的、以规则为基础的（rule - based）全球体系，在美国实力陷入相对衰落的情况下延续美国的国际领导地位；另一方面，大搞“离岸平衡”，即通过扶植盟友伙伴以及“巧妙的制衡”（smart balancing）确保欧亚大陆不被某一国主导，通过适度的收缩和重组，使军事能力更加集中并有更多资源和余地推进必要的军事革新，增强军事方面的妥当准备（military readiness），从而确保在必要的情况下能够实施有力干预，正如哈佛大学教授斯蒂芬·沃尔特所言：“作为一个离岸制衡者，最大的成功在于让别人去处理麻烦的问题，而不是急于把负担揽到自己身上。”当然，在当今历史条件下，美国显然不可能完全“离岸”，在国际政治和经济事务中仍然要保持积极姿态，保持足够的力量应对“不确定和潜在的危险的国际形势”。军队仍要保持非常强大的针对“反介入”（Anti - Access）和“区域拒止”（Area Denial）作战环境的军事能力，注重发展海军和空军力量，确保美国对“全球公域”（Global Commons）的掌控。

从战略观念层面看，美国决策者对“权力”、“安全”与“领导”这三大国家安全核心问题形成了再认识。首先，在一个权力分散的“网络化世界”或“多节点世界”（multi - nodal）中，国际社会的等级性结构逐渐被网络化结构所取代，因此，权力不仅来自于经济、军事、文化等方面的力量，还来自于对“关系”的掌控，如果能处于在不同利益下形成的多种临时性组合（alignment）的结点（hub），与其他利益攸关者和重要力量建立“相联性”，就会成为最有权力的国家。其次，“安全相互依赖”（security interdependence）的日益深化要求美国与他国和非国家行为体开展更加深入、更加制度化和多层面的安全合作。第三，对于美国如何实现领导，“奥巴马主义”给出的答案是“有原则的多边主义”和“有道德的现实主义”。虽然美国的领导必不可少，但“真正的领导”意味着创造条件让其他人站出来。

这些战略思维和安全观念的深刻变化体现在美国的军事战略和亚太地区战略的调整之中。随着逐渐步入“后两战（伊拉克和阿富汗战争）时代”，奥巴马政府的军事战略更加强调安全环境的复杂性，特别是加大了对“全球公域”和“全球连接领域”（global connected domains）的关注，注重强化联合作战部队的“全谱”能力，构筑具备灵活性、敏捷性和适应性的“未来力量”，发挥美国在全球安全中的“促进者”、“赋能者”、“召集者”和“保证者”角色。2012 年初美国发布的新军事战略指南，称“将继续摆脱过时的冷战时代体系，以便能够对将来需要的能力方面投入更多，包括情报、监视和侦察、反恐、反对大规模杀伤性武器，以及加强在对手试图拒阻我们进入的环境下的作战能力”，“美国的军队将会更加敏捷、灵活，并且做好应对各种突发事件和威胁的准备”。

而亚太地区则是美国军事安全战略调整的首要关注地域，在该地区推行“灵巧的军事扩张主义”，将中国视为最主要的军事“假想敌”。奥巴马政府 2012 年 1 月发布的《21 世纪的美国防务重点》

报告，非常明确地将美军在亚太地区进行的“战略再平衡”作为美军未来调整军事力量、优化战略部署的核心环节。随着“空海一体战”和“联合作战介入”从军事概念变为更具操作性的实施方案，以中国军事现代化为打击目标的美军战略和战术设计以及作战能力提升正在走向一个新的“历史性水平”。与此同时，奥巴马政府的亚太再平衡战略谋求在外交、经济、贸易等领域多管齐下，特别是利用“规则制定”和“规则适用”来压制中国，维持美国在该地区的主导地位，以经济等领域的竞争力重振为美在亚太持久占据领导地位奠定基础。美国的全球和地区战略调整不可避免地牵动着美日同盟关系的调整。在安全上，日本强大的海空军力量以及军事强国野心是美国在该地区提升对华军事遏制力的重要条件，有不少美国战略界人士提出，美国对日本的承诺应从“保护日本”变为“帮助日本保护自己”，应促使日本认真思考其在亚洲的新角色。在经济上，美国也需要日本为自己撑台面，只有将日本拉入美国力推的“跨太平洋战略经济伙伴关系”（TPP），美国才有可能在经济和贸易方面形成对中国的真正竞争优势。

与此同时，日本在美国“重返亚太”以及中国加速崛起的背景下也在思考、争论和制定应对战略。日本战略界普遍认为，对于日本而言，在经济、军事、政治方面都需要对中国保持戒心和警惕。例如，日本现在约20%的贸易依赖中国，2030年则将超过40%，“被迅猛发展的中国经济所吞没的不安感在日本有所增加”，而根据近期民调，32%的日本人将中国视为军事威胁，72%的日本人不信任中国。日本安全问题专家、京都大学教授中西辉政称，中国正在使用“三管齐下”的方式实施对日“反扑”：利诱日本经济界和企业，劝说日本抗拒TPP；对日本舆论和政界开展宣传攻势和“微笑外交”；用不断增强的军事手段对日采取“强硬恫吓”战术。这种对华认知在日本已非常普遍。在此情况下，日本战略界人士普遍认为，日本的外交战略包括三大目标：一是维护主权和主权权益，确保海上交通运输线安全等最重要的国家利益；二是在老龄化和少子化的巨大压力下实现经济增长；三是维护自由民主国家主导的国际秩序，并提升其大国地位。而日本应对中国的两大战略手段则是强化日美同盟和推动对中国实施软制衡的新亚洲战略。

实际上，自日本民主党政府上台以来，一直试图在增强日本外交和安全自主性的核心目标之下就日美同盟进行再定义和再调整，只不过方式和路径选择不一致。虽然鸠山由纪夫 2009 年执政后提出“东亚共同体”构想，看似“疏美亲中”，但他也强调，“日美同盟最重要，但不能依赖美国，有必要发展更加自主的对外政策”；不是反美、嫌美，而是使日本发挥“亚洲和美国之间连接桥梁”的作用。作为打破自民党垄断地位的政权，鸠山政府希望改变“自民党型”的对美追随政策，并一再解释称，日本所要求的对等不过是希望日本“成为可以对美国直率发言，即使与美国意见不同，也可以发表意见”的伙伴。前防务政务官长岛昭久则称，我们主张的是紧密而对等的关系，与前政权是有连续性的。

为修复日美关系，2010 年 11 月，鸠山继任者菅直人首相与奥巴马会见时强调日美同盟是日本安全和繁荣的基石，并确定要尽快解决普天间基地迁移问题、完成对日美共同战略目标的修改。菅直人政府虽然给出明确承诺，但行动比较迟缓。2011 年 3 月东日本大地震发生后，日美共同发动的“朋友行动”改善了同盟的内部沟通和外部形象，美军在救灾过程中所发挥的部署和行动能力也让日本各界大为震动。之后上台的野田政府则完全展现出亲美立场，反复强调日美同盟是唯一的基轴，舍弃东亚共同体构想，主张日本加入 TPP，进一步强化对中国和朝鲜的进攻性姿态，明确向美国表明强化日美同盟的决心。野田曾表示，“日本同盟不仅在外交和安保领域，而且在经济等各方面都是基本中的基本，是主干，是基轴，这是我的信念”。针对一直困扰日美同盟深化的最大难题之一，野田政府上台后明确表示将按照 2006 年日美达成的协议处理普天间基地迁移，并与美国协商同意，将基地迁移问题和驻日美军的“再编”分开推进。

二、美日同盟调整的主要动向

可以说，日本的国家安全战略正经历一种静悄悄的大转折，或如美国日本问题专家迈克尔·奥斯林所言，日本正在觉醒，其在安全领域进行的转变正缓慢而平稳的进行，奉行了几十年的和平主义和安全思维正在崩解。而美国也期待日本能够“迈出最后几步”，特别是支持日本行使集体自卫权以便更好地配合美国行动已成为美国的跨党派共识。由此，日美同盟正迎来新一轮的战略性调整。

一是从“分工”走向“一体”。按照日美安保条约，在这一联盟中，美国承担进攻任务和负责开展地区安全行动，日本则专注于保卫其领土。而时下，日美同盟正从侧重分工转为大力深化两军“联合力量”和“互操作性”，通过共享情报、共谋规划、联合训练、共用基地、共建导弹防御系统等多种方式，推动日美军事一体化。日美两国政府将极大困扰同盟发展的普天间基地迁移问题和驻日美军“再编”问题适度剥离，力图消除障碍、加大整合，既借助美亚太军事战略大调整强化日本的“机动防卫力”，又注重利用日本强大的海空军事力量，配合美国的“空海一体战”理论和“联合作战介入”概念的实施。

目前，美军在日本47个都道府县中的29个建有军事设施，包括14个机场、9个军港以及130多处军营和训练场。实际上，通过驻日美军“再编”，日本进一步被捆到美国的战车上，同盟深化进入重要阶段，这是1951年日美安保条约缔结以来最大的一次战略调整。日本借助美军“再编”，既减轻了负担，又增强了对周边国家的遏制力，有助于推进其大国战略。在日本“有事”时，美国陆军第一军司令部将从加州搬至神奈川县座间市，应对朝鲜和台湾半岛出现的紧急事态，并可使用军事和民用设施。日本自卫队和美军还将使用关岛和北马里亚纳岛进行警戒监视和侦察活动的联合训练。日本采购F-35联合攻击战斗机的决定，这不仅将使日本在2020年拥有世界上最先进的40余架战机，也凸显日美着重加强联合作战能力，两国已在横田空军基地建立了联合防空中心，日美空军进一步加强双边空防规划和协调。此外，日美还在联合研制下一代的SM-3拦截导弹，日本被美国视为导弹防御系统建设方面“最亲密的盟友”。值得关注的是，2012年6月，日本议会通过核能基本法的修改，这是34年来首次将“国家安全”纳入发展核能的目标，这实际上是为日本的核武化扫除障碍。而美国前国防部副部长帮办理查德·劳利斯等一直在呼吁日本发展核动力潜艇。

二是从“双边”走向“多边”。2011年底，美国、日本和印度举行首次三边安全磋商，议题不仅涉及如何确保印度洋—太平洋海上交通安全，甚至包括如何协调三国对缅甸这一印度洋地区重要战略支点国家的政策。2012年4月，日印外长会谈就进一步开展海上安全合作达成共识，同意尽快建立外交和防务此官对话机制，并表示两国从2012年开始进行双边海上训练和演习。实际上，这是日本配合美国亚太同盟伙伴体系在新的“印度洋—太平洋”两洋战略框架下由“毂辐模式”向“网状模式”调整的重要举措，或如日本外相玄叶光一郎所言，日本要与各国建立新的“开放且多层次的网络”。

这种“日美+1”的安全合作模式正越来越多地为日美同盟所用。在美国的大力推动下，日韩两国政府试图签署《军事情报综合保护协定》，协定为日韩就导弹防御、朝鲜半岛核问题以及其他地区安全事务搭建情报共享平台。虽然该协定因受到韩国国内的强烈反对而被迫推迟签署，但日韩在美国的推动下加大军事安全合作的趋势将会持续，例如美日韩在2012年7月12日宣布成立旨在应对朝鲜“入侵”的三方安全磋商机构。而过去5年间，日本和澳大利亚的防务合作关系的进展也十分突出，两国共同支持美国在亚太地区的介入，并承诺合作应对多样化的安全问题。此外，美日两国还在摸索如何同“南海桥头堡”菲律宾以及中亚大国哈萨克斯坦建立新的合作框架。美菲两国2012年4月份以“夺回被占领的南海油田”为主题，进行了大规模的联合军演，而日本则以图上演戏的方式参与。在美国扩展对菲军事合作的同时，日本则通过“政府开发援助”向菲提供海岸巡逻船。美国还鼓动日本发挥自身在海上安全方面的优势，帮助菲律宾、越南、印尼等地区国家提升海岸侦察、警戒和应对海上突发事件的能力，如有美国学者建议日本在冲绳设立“地区海岸警卫队训练和信息中心”。

三是从“地区”走向“全球”。2012年4月，野田访美时与奥巴马发表共同声明，题为《面向未来的共同蓝图》，这是日美领导人自2006年6月提出“世界中的日美同盟”以来首次发表联合声明。该声明称：“几十年来，我们的同盟关系向着全面的伙伴关系稳步发展，这不仅有助于亚太地区的和平与稳定，同时也对区域外的和平与安定做出了贡献”，这表明该同盟的活动范围和合作领域仍将会继续扩大。自2001年美国“9·11”事件以来，在强化日美全面合作的旗号下，日本自卫队的活动范围不断延伸，早已大大突破《周边事态法》中日自卫队对美支援仅限“周边地区”的规定，触角伸向印度洋、非洲之角和中东地区，并在吉布提建立了二战结束后的第一个海外基地，“这些海外行动的综合效果就是培养了一代有作战经验、对与外国伙伴军队交往有自信的自卫队海陆空军官”。

日本政府通过《支援美军法案》、《国民保护法案》等一系列“有事立法”不断放宽对海外派兵的限制。当前，为使海外派兵常态化和便捷化，日本尝试以普通立法取代之前“一事一法”的方式。此外，在美国的促动下，日本还将着手放宽武器出口三原则，如以应对全球自然灾害为借口，向他国出售可用于救灾等任务的军事装备（如重型卡车），从而大幅提升日本在全球军火产业的竞争力，增强对全球防务装备采购及相关应用和研发的影响力。

四是从“应对”走向“塑造”。哈佛大学教授、美籍日裔历史学家入江昭近期撰文称，日美同盟应超越一般意义上的地缘政治和地缘战略性质，应为新的国际环境的建立做出贡献。日美同盟调整的重大方向之一就是，着眼确保美日在国际舞台的优势地位，增进两国在全球经济、贸易、能源等领域的规则制定方面的协调配合；针对全球战略形势新变化和“新型安全威胁”，大力加强两国在海、天、空、网等全球公域的合作。在一个高度网络化、信息化和相互依存的世界中，谁能握有对全球公域的进入权、使用权和掌控权，谁就有可能成为最后的赢家。有评论认为，前述日美共同声明之所以强调要促使各国遵守海洋、宇宙和网络空间的国际规则，就是针对中国日益增多的海洋活动和不断增强的空天能力。

美日同盟加强对国际环境的塑造还突出体现在 TPP 问题上。2012 年 4 月，奥巴马在日美首脑会谈中对野田强调“TPP 问题不单纯是经济问题，也是战略问题”。现任民主党政调会长前原诚司称：“日本参加 TPP 不但经济意义重大，政治意义也非常重大，我将之置于强化日美同盟关系的重要一环。”日本经济产业大臣海江田万里、经团联会长米仓弘昌等支持日本加入 TPP 的人士不断在国内造势，他们称，从世界经济大势看，日本加入 TPP 是“历史的必然”，如果日本不加入，将成为“世界的孤儿”。日本外务省前高官谷口智彦称，美国构建太平洋、印度洋的同盟关系网和以 TPP 为标志的自由贸易网都是针对中国崛起的战略安排，日本应针对中国崛起，努力促成“海洋民主国家”的联合框架。

三、美日同盟的调整前景

可见，美日同盟时下进行的新一轮调整是全面的、深入的，不仅是简单的“深化”，而是更为深层次的“演化”，对地区乃至国际安全形势都将产生重要影响。日本的深层次打算是，通过融入、配合美国的全球和地区战略调整积蓄力量，为最终摆脱“战后体制”和美国控制创造条件，最终实现所谓“自己的国家自己保卫”目标。值得注意的是，很多日本战略界人士都认为，美国的“亚太再平衡”，特别是美国突出军事意义上的重返亚太对日本来说是一种“福音”，日本需要顺应和利用美国“重返亚洲”，通过日本的主动变化来影响美国的亚太战略，外推美国、内促共识。而且，日本也有一种看法认为，美国已陷入难以挽回的相对衰落境地，迟早会与中国做交易从而抛弃日本，因此日本更需要加紧提升军事能力。如日本桃山学院大学教授松村昌广认为：“日本领导人应该明白，日本在短期内还有仰仗美国的霸权，而从中长期角度看，应努力降低对美国的依赖，逐步实现脱离（对美）从属关系。”

外界普遍认为，2010 年 12 月日本在“新防卫计划大纲”中提出要加强“动态防卫力”，这是日本安全战略的重大变化，即战略关注从东北转向西南，增强对中国向西太平洋“渗透”的应对能力。加之近年来，日本在武器研发和采购等领域的小动作不断，日本实际上在安全领域谋求更大的“修正”。而美国重返亚太，以及美国强化对华军事态势恰好为日本提供了在军事上实现更大和更快跨越的机会。2012 年 7 月，日本政府批准 2012 年度《防卫白皮书》，较前更甚地渲染“中国威胁”，炒作中国军费 24 年来增加 30 倍，海军舰艇“常态化”进出太平洋，以及中国军事不透明让整个国际社会不安等，并明确表示日本 2012 年防卫力量整备重点是构筑动态防御力量，要特别重视包括西南地区在内的警备监视、海上巡逻、防空、弹道导弹应对等。这份白皮书实际上是日本的一张“对美决心书”。

当然，日美同盟的上述战略性调整也不会是一帆风顺的，美国仍然担心日美同盟的对等会损害美国的利益，美日之间仍存在某种程度上互信不足的问题。美国对日本克服动荡、低效率的政治体制和僵化的外交机制信心不足，也担心过度武装的日本会引发邻国以及美国其他盟国的不安；美日就如何应对中国崛起（特别是所谓中国的 A2/AD 能力），尚未达成完全共识，有日本战略界人士就担心，“空海一体战”第一阶段目标的达成建立在以损失日本为代价的基础上，不要以为这是美国要加强对日本的防卫，这不仅会给日本增加沉重的军事开支负担，还会使日本最终成为美国“丢卒保车”时的卒子。

此外，日美两国的经济困境和财政窘境、两国国内政治派别（日本中央和地方政府）之间的复杂角力以及来自该地区国家的反制力等因素都会影响这一同盟关系的调整前景。一方面，美日两国都面临着经济增长乏力、财政预算紧张的挑战。美国背负着高达约 15 万亿的政府债务，2001—2011 年间，美国的国防开支由 4120 亿美元增至 6990 亿美元，在没有“像样的国家对手”的情况下，军费增幅达 70%，占全球国防支出的比例由 30% 升至 60%，超过排在其后的 17 个国家的军费总和。在人员补贴、武器研发及采购、军队管理等诸多方面，军事部门存在严重的浪费现象，甚至被戏称为“世界上最大的社会主义经济体”。过度的国防开支和过于重视运用军事手段维护国家安全已成为美国国内争论的主要内容。美国已决定在未来 10 年至少削减 4870 亿美元军费，如果国会无法就减债问题达成协议，美军费还将在未来 10 年自动削减 6000 亿美元。而日本政府债务占 GDP 的比率已接近 230%，老龄人口占总人口的比率将从 2010 年 13% 上升至 2025 年的约 20%，社会福利开支和债务还本付息的要求势将影响该国的军费预算。

另一方面，美日同盟关系的深化将不可避免地受到两国国内政治的掣肘。例如，在日本加入 TPP 问题上，虽然野田政府已做出决定，但日本国内仍存在较为突出的矛盾。根据农林水产省的估算，加入将使日本的总损失额达到 11.6 万亿日元，还会使 340 万人失业，粮食自给率将从 40% 降至 14%。反对者还指出，TPP 本身就是造就对美国从属联合体，是经济和社会对美从属固定化，是实实在在的美国化；TPP 本质上是日美同盟优先、美国利益优先的具体化。自 2010 年 10 月至 2011 年 9 月，日本的 47 个都道府县中，已有 42 个地方议会表明不应加入 TPP。此外，野田政府在冲绳振兴计划、普天间迁移费用等法案上面临在野党的掣肘。日美之间仍缺乏解决具体难题的路线图和时间表。野田政府竭力说服冲绳接受“县内搬迁”原则，但地方政府并不一定会完全顺从。随着 2012 年 9 月日本迎来国会选举，这些问题势将进一步成为争议焦点。

最后，值得警惕的是，在国内右翼力量和外部势力的推动和鼓动下，日本对中国的“战略焦虑”或正在演变为“战略忧惧”，加之日本的年轻一代缺失对残酷战争及日本战争罪行的历史记忆，力图“摆脱东京审判强加给日本的自虐史观”，日本的国家安全战略很有可能重新走入历史歧途。《读卖新闻》2012 年初进行的民调显示，39% 的日本民众支持修改宪法第九条，39% 的受访者同意对宪法第九条进行不同的“解释”，以使日本自卫队发挥更大作用，而超过 91% 的日本人对自卫队存在好感。日本海上自卫队前将领五味睦佳近期撰文称：“隔海相望的那个大国正在磨刀霍霍，美国航母的神力正在丧失”，“台湾是日本的生命线，台湾和日本是命运共同体”，“日本政府应接管靖国神社，让战死的自卫官进入靖国神社，并在此举行慰灵仪式”，“所谓日美中‘正三角论’和对美对华‘中立论’都是亡国之论”……。时至今日，这样的右翼论调在日本已不鲜见，并渐有成为某种程度上主流声音的趋势，必须引起中国的高度警惕。

不断调整中的美日同盟

张景全

（吉林大学东北亚研究院国际政治研究所
教授，博士生导师）

美日同盟已持续60余年，跨越冷战及冷战后，延续至今。美日同盟被美国视为亚太战略的支柱，被日本视为亚太战略的基轴。美日同盟是关乎亚太安全的最为重要和最为典型的军事同盟。在其60余载的发展中，我们看到了一个不断调整中的同盟。特别是冷战结束以来，美日双边军事同盟不断强化，扩边及扩容的趋势愈加突出。

一、美日同盟的强化

冷战结束以来，美日同盟的加强主要体现在美日同盟法制框架更加健全化、同盟磋商与协作机制紧密而繁琐化、同盟合作领域多元化。

首先，美日同盟法制框架更加完善。它主要体现在同盟参与国法律地位日趋平等、同盟运行功能日益协调、同盟规则和规范随着形势的变化而及时调整。

1951 年美日片面签署的旧金山媾和条约规定：缔约国可在日本

驻军，日本加入集体安全协议。[①]这就为日本与美国结成军事同盟奠定了法律基础。随后，日本与美国签订《日美安全保障条约》。1952年2月，又签订《日美行政协定》。《旧金山和约》、《日美安全保障条约》、《日美行政协定》构成了美日同盟最初的法制框架。

美日同盟法制框架的第一次调整。1960年1月，日美两国签署《日美相互合作及安全保障条约》以及《关于根据日美相互合作与安全保障条约第6条规定的设施、区域及美军在日本的地位协定》。新条约和新协定取消了关于驻日美军可以镇压日本国内大规模骚乱和不经美同意不得将基地权利给予第三国的规定，明确了美军保卫日本的义务，并把驻日美军的地位同驻扎在联邦德国、英国的美军地位等同起来，这在法律上体现了同盟当事国法律地位和同盟协作功能的一定平等化和协调化。

美日同盟法制框架的第二次调整。1978年11月，《日美防卫合作指导方针》公布。1981年5月，铃木善幸首相访美时与里根总统发表联合声明，双方首次共同使用了“美日同盟”的表述。[②] 法制框架的完善强化了日美对同盟的认同。

美日同盟法制框架的第三次调整。1996年4月，日美两国签署《日美安全保障共同宣言——面向21世纪的同盟》，重新确认了以日美安保条约为基础的美日同盟关系。1997年9月，又发表了新的《日美防卫合作指针》，扩大了同盟的活动范围和功能，进一步以法制框架的形式确认了美日同盟从平时到战时、从防卫到攻防兼备等方面的军事合作。

进入21世纪，美日同盟法制框架处于第四次调整阶段，新的宣

① 世界知识出版社编：《国际条约集（1950—1952）》，世界知识出版社，1959年版，第337页。田桓主编：《战后中日关系文献集（1945—1970）》，中国社会科学出版社，1996年版，第106页。

② 猪口孝：《冷战后的日美关系——国际制度的政治经济学》，NTT出版株式会社，1997年版，第48页。

言与指针将明确美日同盟的军事一体化与同盟合作的全球化。美日同盟法制框架调整的意义已经超越了调整的内容本身，更为重要的是，不断把这种规则与规范成文化、把这种调整经常化，在促使同盟法制框架日益健全化的同时，最终将促使同盟参与国沟通的制度化，有利于同盟的良性运转。目前，引人注目的趋向是日本武器出口三原则正在松动。2011 年 12 月，作为世界第六大军费开支国的日本决定购买 42 架 F－35 战斗机。同年 12 月 27 日，日本内阁安全委员会表示同意放松武器出口禁令，以使日本参与对其他国家的武器出口、研发和生产，并为人道主义援助提供军事装备。该禁令的解除，为日本与其他国家共同进行武器出口、研发及生产打开了大门。美国大使馆发表声明称，“关于日本（武器出口）三原则的新标准将对日本支持同盟提供新的机遇并且符合日本对国际出口控制机制（export－control regimes）的承诺”。① 武器出口三原则的松动，将对美日同盟的其他法制框架构建产生影响。

其次，美日同盟磋商及协作机制细密化。这主要体现在同盟磋商及协作等级的多层次化、机构建制的复杂化、磋商与协作的制度化。

首脑间的交流是维持美日同盟关系的重要机制。1974 年之前，日美首脑共举行了约 13 次会谈，就双边关系的关键领域进行磋商。日本首相尤其是新首相在上任之初，“几乎毫无例外地都把访美作为头一件外交大事”。② 1974 年，福特作为首位访日的美国现任总统与田中首相进行了会晤，由此开启了日美首脑平衡外交。“美国总统和日本首相之间的高层会议，是两国双边联系中极为重要的特征。”③ 每当美日同盟发生重大调整前后，美日首脑都将展开磋商，随后以

① Chester Dawson, Japan Lifts Decadeslong Ban on Export of Weapons, *The Wall Street Journal*, December 28, 2011.

② 吴廷璆：《日本史》，南开大学出版社，1994 年版，第 1119 页。

③ ［美］彼得·J. 卡赞斯坦著，李小华译：《文化规范与国家安全——战后日本警察与自卫队》，新华出版社，2002 年版，第 120 页。

联合声明的形式向世界加以宣布。

为了进一步运行同盟，美日还设立了其他覆盖诸多层面、诸多等级且磋商及协作高度制度化的机制。根据1960年《日美相互合作及安全保障条约》第四款，美日同盟设立了安全磋商委员会，其职能是就同盟的防卫政策、军事活动以及地区安全进行磋商。当时参加这一机制的人员主要有：日本方面为外相以及防卫厅长官，美国方面为美国驻日大使以及美国太平洋司令部总司令。20世纪90年代，应日本要求，美国把代表的级别提升到与日本相同，即所谓的“2+2会议”，“2+2会议”已经高度制度化。2011年6月，日美安全磋商委员会（2+2）重新确定相互的安全承诺以及制定了同盟未来发展的计划。2012年4月，日美安全磋商委员会就驻日美军基地调整达成共识。

与日美安全磋商委员会同时建立的是安全附属委员会，其职能是向日美安全磋商委员会提出建议并提交双边安全问题。安全附属委员会是两国磋商机制中最为制度化、复杂化的机构。该委员会下设约24个委员会、特别工作组和专门小组，特别委员会和特别小组处理美日同盟之间的特殊问题。引人注目的导弹防御系统小组即隶属于该委员会。其它下属委员会和小组，例如，1973年成立的安全保障协议小组，目的是帮助实施安保条约及有关协议。1976年设立防务合作小组委员会，其职能主要是在远东有事和日本有事时，为日美应采取的联合军事行动进行探讨。1983年成立了共同军事技术委员会，其职能是就日美双方的军事技术转让问题做出规定。日方成员来自防卫厅、通产省和外务省的官员，美方成员来自美国国务院、美国驻东京大使馆的国防部官员。①

① 以上参见 Edited by Michael J. Green and Patrick M. Cronin, *The U. S. – Japan Alliance: Past, Present, and Future*. New York: Council on Foreign Relations Press, 1999, pp. 95–97. ［美］彼得·J. 卡赞斯坦：《文化规范与国家安全——战后日本警察与自卫队》，第165、166页。

经过日美协商，日本前首相菅直人承诺，日本在冲绳选举后将推进 2010 年 3 月 28 日达成的普天间基地搬迁协议。随后，日美两国政府就“东道国支持计划”（Host Nation Support）达成原则性理解，即在金融危机的背景下，尽管日本政府财政状况不容乐观，日本仍然向美国保证在 5 年期内维持对美日同盟现有的财政支持水平。“东道国支持计划”是美日同盟的一根经济支柱，多年来为美日同盟提供大量的财政支撑。鉴于以往民主党政府在美日同盟调整中极为被动的态势，日本野田佳彦政府逐渐开始对美日同盟采取较为主动的态度。2011 年 9 月，日本野田政权新上任的外相玄叶光一郎首先与美国国务卿希拉里举行了会谈，确认美日同盟的重要性。同月，日本首相与美国国务卿在纽约会见。11 月，日本宣布加入由美国主导的 TPP 谈判。

二、美日同盟的扩边

2010—2012 年，美日同盟出现了新的变化，不仅着力扩边，还开始积极扩容。扩边，指的是在强化双边同盟的同时，推进美日韩三边同盟的构建。扩容，指的是在强化同盟传统军事内涵的同时，为同盟注入新的、非传统安全内容。随着美国重返亚洲战略的推进，美国更加重视美日同盟。近年来，美日同盟最为明显的强化表现是，日本民主党政府承诺遵守自民党政府时期签订的驻日美军普天间基地的搬迁协议，日本宣布加入美国主导的“跨太平洋伙伴关系协议”（TPP）谈判。奥巴马总统出访亚洲的第一站是日本，奥巴马在总统办公室接见的第一个外国领导人是日本首相，国务卿希拉里·克林顿出访的第一个国家是日本，副国务卿威廉·伯恩斯（William J. Burns）出访亚洲的第一个国家是日本。2011 年 8 月，美国副总统拜登访问日本。2011 年 10 月，美国国防部长访问日本。

美日在不断加强双边同盟的同时，同盟的三边化趋势逐渐显现。其表现是，一方面美国积极加强美日韩三边互动。2010 年 8 月 12 日，美国麦克阿瑟基金会（MacArthur Foundation）资助了美国与东北亚同盟伙伴展开合作的对话会议，在东京举办了主题为“美日韩三边对话”（US – Japan – ROK Trilateral Dialogue）的学术性论坛。随着朝鲜半岛危机的持续升级，12 月 6 日，美日韩举行了三国外长会议。会议发表联合声明，确认三方就朝鲜问题进行密切磋商，谴责朝鲜制造铀浓缩设备，重申朝鲜的弃核努力是重启六方会谈的前提条件，强调加强在政治、经济、安全以及各种全球挑战等问题上进行三边合作的重要性。2010 年 12 月 9 日，美国参谋长联席会议主席、海军上将迈克·马伦（Mike Mullen）在东京与日本防卫相北泽俊美会谈，强调三国参与联合军事训练的重要性。韩国在 2010 年第一次派观察员参加了 12 月美日举行的“利剑”军事演习（*Keen Sword* exercises）。2010 年 7 月，日本自卫队官员首次参观了美韩军事演习。“紧随美国每四年一次的外交与发展回顾（Quadrennial Diplomacy and Development Review）提出的计划：‘构建一个与亚洲盟友更加系统的三边程序，包括美、日、澳以及美、日、韩三边’，日本新防卫态势的一个核心要素就是，日本要强化与美、韩、澳的军事合作。”①

2012 年 1 月 17 日，美日韩在华盛顿举行三边对话，三方就包括近期缅甸的发展、多边合作以及朝鲜半岛情况等地区及全球问题的相互利益交换意见。克林顿国务卿表示，“这些讨论反映了美日韩之间紧密的合作，以及我们在亚太及全球的共同观念与利益。”根据三方议程，2012 年末将举行三边会议的部长级对话。② 2012 年 6 月，

---

① David Kang，Ji – Young Lee，Japan – Korea Relations：The New Cold War in Asia? http：//csis. org/publication/comparative – connections – v12 – n4 – japan – korea.

② U. S. – Japan – Republic of Korea Trilateral Meeting in Washington，January 17，2012，http：//www. state. gov/r/pa/prs/ps/2012/01/180995. htm（上网时间：2012 年 1 月 17 日）。

美日韩在香格里拉安全会议期间发表联合声明，就朝鲜问题及地区安全问题交换意见，表达“三边合作对地区和平与稳定的重要性”，三国“还决定在未来香格里拉对话期间举行国防部长三边会谈”。[①]同月，美日韩举行第一次三边军事演习。

另一方面，美国有意识拉近并提升日韩关系。在美日韩三边关系中，日韩关系较之美日、美韩关系一直较为薄弱。然而，伴随朝美核博弈的升级，从 2010 年末至 2011 年初，日韩关系出现活跃。正如日本官员所说，“考虑到历史，韩国方面可能不情愿（与日本展开安全合作），但由于朝鲜的情况，这种对话的氛围正在形成”。在日本吞并韩国 100 周年到来之际，日本前首相菅直人向韩国道歉并承诺归还被日本夺走的韩国王室手稿。2010 年 11 月 4 日，双方签订了确保归还 1205 件王室书籍的条约。菅直人称 2010 年是日韩关系的转折点。韩国总统李明博表示，归还书籍表明日本政府改善韩日关系的意愿。2010 年 12 月 20 日，韩日达成民用核协定，双方表示要通过防止核扩散和确保核安全来建立促进和平使用核力量的好伙伴。双方还同意在第三国联合开采矿产资源中的稀土元素（rare earth elements）。[②] 2010 年 12 月 8 日，韩日双方的法律界人士就赔偿韩国劳工问题交换意见。2011 年 1 月 10 日，日本防卫相北泽俊美与韩国国防部长金宽镇在韩国举行会谈，寻求在军事及情报领域的合作。2011 年 8 月 6—7 日，日本外相玄叶光一郎访问韩国，他在与韩国外交部长会谈时表示，日韩分享共同的利益，韩国是日本最重要的邻国，双方表示共同努力加强以未来为导向的双边关系。双方既讨论了包括朝鲜核问题在内的地区及全球挑战，也就恢复日“韩经济伙伴关系协定”（Japan - ROK Economic Partnership Agreement）的

① Joint Statement of the U. S. - Republic of Korea - and Japan Meeting at Shangri - La, http://www.defense.gov/releases/release.aspx?releaseid=15336（上网时间：2012 年 6 月 2 日）。

② David Kang, Ji - Young Lee, Japan - Korea Relations: The New Cold War in Asia?

谈判交换了意见。[1] 2011 年 10 月 18—19 日，日本首相野田佳彦访问韩国，日本选择韩国作为新首相的第一次双边访问国。

日韩互动，离不开美国不断为拉近同盟体系中较弱的日韩关系的搭台鼓噪。美国的智库人士分析到："尽管已经嵌入日韩关系之中的历史性的不信任和仇恨不会消亡，并且可能在任何时候爆发，但是，因朝鲜和中国引发的共同安全利益和挑战将促使美、日、韩继续强化并复兴它们的同盟。"[2] 2011 年 10 月末，美国国防部长利昂·帕内塔分别访问日本、韩国，以巩固双边，谋划三边。

三、美日同盟的扩容

美日同盟合作领域一直呈现多元化趋势，同盟的合作地域由所在地区转向全球。1960 年修改后的日美安保条约规定，日美联合防卫的区域是以日本本土为中心的 200 海里范围内。1978 年日美防卫合作指针规定日美联合防卫地区界定为"远东"。20 世纪 80 年代，日美联合声明把防卫区域扩展为以日本为中心的 1000 海里的"日本周边地区"。90 年代后，美日同盟的合作地域开始由东亚地区向全球转化。1992 年 1 月，老布什总统访问日本，日美联合发表《东京宣言》，宣称两国决心"携手并肩，承担建立新时代的特别责任"，准备"灵活地使用美日安保条约和有关规定"，使美日同盟成为"具有全球性的合作关系"，美国正式确认了与日本的"全球性的伙

① http://www.mofa.go.jp/announce/press/2011/10/1013_ 01.html.

② Victor Cha, China's Rise, the Changing Northeast Asian Security Environment, and the U.S. - ROK Strategic Response, http://csis.org/publication/chinas - rise - changing - northeast - asian - security - environment - and - us - rok - strategic - response.

伴关系”。[1] 1996 年，美日同盟做出新的调整，美军对日“周边事态”采取军事行动时，日军可到公海提供后勤支持。日本政府声称：“日本周边地区随着国际形势的发展而变化，将包括亚太甚至还可能包括印度洋、波斯湾地区。”[2] 20 世纪末，日本在印度洋与美军进行军事合作。进入新世纪，日军已经现身于战火中的伊拉克。也就是说，美日同盟的合作地域已经超出了同盟所宣称的日本周边，这种同盟法制框架与同盟行动本身的不符今后将会以新的法律文件加以调整和确认。

美日同盟合作的主要内容从军事层面向其他层面拓展。除了高度重视军事合作之外，日美也非常重视在经贸、科教等方面展开深入而持久的合作。1961 年 6 月，日本首相池田勇人，日美发表联合声明，两国决定设立贸易和经济问题的部长级联合委员会，以及扩大文化、教育和科学技术合作的研究委员会。同年 11 月，第一次日美贸易经济联合委员会会议在日本箱根召开。由于日本视经济援助为其安全、外交的一个重要方面，美国将日本的对外经济援助当成分担其东亚乃至更广泛负担与责任的一个重要方面，因此，日美在同盟框架内不断就日本经济援助问题进行协商，以协调双方的同盟关系。1978 年，首次日美援助协商会议召开，双方就日本政府开发援助的流向及对象国进行协商。1989 年，海部俊树首相与老布什总统签署了一项协议，日本加入了全球反毒品战。1992 年，日美在发表《东京宣言》的同时，还发表了《行动计划》，规定两国在裁军和军务管理、地球环境、科技以及地区问题等领域的具体合作措施。进入 21 世纪以来，日美合作进一步拓展。2005 年 3 月，美国务卿赖

---

① 朱文莉：“竞争性的相互依存——冷战终结前后的美日关系”，《美国研究》，1994 年第 2 期，第 60、65 页。

② 谢朝晖：“战后日美军事同盟的历史考察”，《军事历史研究》，2001 年第 3 期，第 110 页。

斯访日，“认为美日同盟关系‘还有发展的余地’”。[①]

近年来，美日同盟在强化军事色彩的同时，开始着力夯实经济底蕴。其表现是，积极构建“跨太平洋伙伴关系协议”（TPP），以丰富同盟的经济合作机制。2010 年 10 月 27 日，美日外长在夏威夷进行会谈，美国国务卿希拉里·克林顿对日本有兴趣于 TPP 表示欢迎。11 月 13 日，美日首脑在横滨 APEC 领导峰会上见面，日本前首相菅直人重申日本对加入 TPP 谈判存有兴趣，美国总统奥巴马对日本的这一态度表示欢迎。其间，菅直人作为观察员参加了 TPP 会议。美日两国政府在纪念美日同盟缔结 50 周年之际，发表了加强核安全合作，在清洁能源与贸易领域加强经济对话的情况说明书。

野田佳彦上台后，美国方面也表达了催促日本尽早加入 TPP 的意愿。美国副国务卿伯恩斯表示：“我们应加强两国的经济关系，利用亚太地区经济增长的动力以服务于我们的人民。这包括打破贸易壁垒。APEC 现在提供了这样的机会。我们还可以做得更多。现在，美国正在与其他 8 个国家进行高端、高水平、多边自由贸易协定进行谈判，即 TPP。该协定不仅要降低贸易壁垒，并且要提高经济竞争的水平，以不仅是为经济增长铺路，更是为经济更好地增长铺路。我们欢迎日本对 TPP 所持有的兴趣，我们意识到日本决定寻求加入 TPP 的原因是基于自己利益的深思熟虑。”此外，“我们需要继续支持建设两国经济增长的经济集团，这些集团包括在科学、技术、能源领域的联合创新和研发。”[②] 2011 年 11 月 11 日，野田佳彦宣布日本加入 TPP 谈判。至此，TPP 将包含美国、日本、澳大利亚、新西兰、新加坡、马来西亚、越南、秘鲁、智利和文莱 10 个国家，世界第一大经济体与世界第三大经济体与其他 8 国将组建世界最大的自由贸易区。其中，日美的 GDP 占参加 TPP 谈判国 GDP 的 90% 以上，

---

① “美国提倡结成日美‘战略开发同盟’”，《朝日新闻》，2005 年 3 月 20 日。

② http: //www. state. gov/s/d/2011/176266. htm

美日同盟的重要性以及美日同盟的经济内涵均得以彰显。可见，通过打造 TPP，美日同盟的经济机制得以丰富，经济内涵得以扩大。

近年来美日同盟扩容的另一个值得关注的现象是，拓展人道主义领域协调，启动网络安全合作。二战结束以来，日本外交于安全一直沿着以美日同盟为基轴的轨迹运转。然而，民主党执政后，美日同盟因驻日美军调整，芥蒂频生。东日本大地震的发生，日美展开了人道主义救灾合作。日本在本次救灾中，投入了大约 10.6 万名自卫队士兵，而其自卫队总数约为 24 万，即自卫队 42% 的军力参与了行动。以往，日本对使用自卫队完成国内外使命一直存在争议，不同的声音都会在日本及周边国家的政坛及民间此起彼伏。但是，面对重大的国内灾难，日本动员了近半数的军事人员，日本民众以及周边国家并未提出不同意见。这对日本军队角色以及军事动员能力都是一次重要的评估，甚至可能是一次重大转变的契机。与此同时，美国投入大约 2 万名士兵进行灾后救援。这就意味着大约 10 万名日本自卫队与大约 2 万名美军在灾区展开联合救援，堪称是美日同盟历史中最大的联合行动。此前，尽管日美两国军队进行了大量的联合训练，但这是两国军队第一次进行的真正联合行动。美国将这次行动命名为“朋友行动”，将美军视为“联合支援部队”而不是“联合特遣部队”，得到日本民众的部分认可。因此，日本国内逐渐出现这样的论调：借东日本大地震，进一步拓展日本自卫队的角色与责任，增加对自卫队的预算投入，强化与美国的同盟关系。另外，日本媒体普遍认为，通过这次灾害考验，美日同盟关系得到了加强。

2011 年 10 月末，美国国防部长利昂·帕内塔访问东南亚，参加东盟防长会议。随后，10 月 24 日抵达日本。当天日本《读卖新闻》发表了帕内塔的文章——《面向 21 世纪毫不动摇的美日同盟》。他在文章中写道：“两国合作关系的基础不仅是安全和经济层面的共同利益，正真的强大之处在于备受两国国民重视的共同价值观、对民主理想的信念以及法治。因此，我确信随着美国加强干预亚太地区的力度，两国关系将得到扩充和深化。在2011年3月的东日本大地震中，日本国民的一举一动展现了他们顽强的国民性。在这场严重的灾难中，美军不遗余力地支援自卫队，力争实现及时救援，又一次证明了美日同盟的强大。[①]

以东日本大地震美日军队在人道主义救灾方面合作为契机，美日开始扩大在日本本土之外展开的人道主义行动合作。在美国高度重视的阿富汗，日本是仅次于美国的第二大双边捐助国。在美国布有重兵的中东，日本积极参与伊拉克重建，在诸如能源、供水以及灌溉等领域扮演着重要的角色。美国副国务卿威廉·伯恩斯表示：日本在叙利亚以及利比亚的转变中做出了重要的贡献。在伊朗，我们赞成日本对伊朗的个人及组织进行制裁。在苏丹，我们赞成最近野田佳彦首相承诺向（南）苏丹派出自卫队工程部队。在缅甸，我们欢迎日本在缅甸向更加民主的政府和社会转变中作出的关键贡献。[②]

随着网络安全的重要性日渐凸显，美日同盟开始涉足网络安全的合作。近年来，美日不断渲染来自网络的威胁，并且把网络安全的威胁来源指向中国，开始有意打造美日同盟的网络安全合作。2011年5月16日，美国公布《网络空间国际战略》（ISC）。7月14日，公布《国防部网络空间行动》（DSOC）。两份文件强调，国际合作是实现网络空间安全的第一准则，针对网络攻击可以在网络空间采取“进攻行动”，美国将网络安全合作伸向东亚。同年，美国总统奥巴马宣布，2011年10月为美国“国家网络安全意识月”。10月27日，美国网络部队司令基思·亚历山大（Keith B. Alexander）号召增加政府、企业以及美国盟友之间的合作以发展更具有防御功能

① “面向21世纪毫不动摇的美日同盟”，[日本]《读卖新闻》，2011年10月24日。

② http：//www.state.gov/s/d/2011/176266.htm.

的网络，以应对日益增加的全球网络威胁。[①]

2011年9月16日，美日两国政府举行了首次加强网络攻击对策的外务和防卫当局政策协商会议。美国方面在会上提出了“监视汉字信息”的提法，要求日本政府加强对中国的警戒。美国在2011年7月制定了网络战略，“并加强了与盟国的政策协商”。“日美双方在协商中不点名地将中国作为唯一的‘假想敌’，暴露出美国方面视中国为威胁的姿态。美国国防部把网络空间定义为与海陆空和宇宙空间相提并论的‘第五战场’，把遏制中国作为美日同盟的课题，并要求日本发挥更大作用。”[②] 2011年及2012年的美日安全磋商会议的联合声明中，都明确宣布两国将坚强网络安全合作。

种种迹象表明，美日同盟正在驶向一个全新的领域，美日同盟表现出鲜明的调整、扩边与扩容的三大特点。

① http://www.defense.gov/news/newsarticle.aspx?id=65846.

② “美国强化对华警戒”，【日本】《产经新闻》，2011年10月25日。

美国海上安全战略调整与美日同盟

王少普　郑华

（上海交通大学环太平洋研究中心主任、教授；
上海交通大学国际与公共事务学院副教授）

为适应美国亚太再平衡战略的需要，奥巴马政府对冷战结束后美国制订的海上安全战略做了重大调整；日美同盟出现了加强和深化的趋势，日本政府扩张海洋权益的要求上升，中日之间的钓鱼岛争端激化。中国的海上安全环境出现了改革开放以来最严峻的状况。深入研究美国海上安全战略调整与美日同盟的目前状况和发展趋势，对争取我国和平发展的外部环境具有重要意义。

一、冷战结束至21世纪初，美国海上安全战略的调整

冷战结束，两极格局瓦解，美国成为唯一超级大国。随着海上安全环境发生巨大变化，美国开始调整其海上安全战略，目标在于维护和强化其世界霸主地位。

（一）“由海向陆”系列性战略文件

从1992年起，美国海军连续颁布了“由海向陆”系列性战略文

件，这是冷战后美国国家安全战略和军事战略在海上安全上最为直接的反映，也是美国海上安全战略的重要组成部分①。其核心内容主要有三项：一是实现战略重点的转移。美国海军将其作战重点由大洋作战，转向在沿海地区从海上发起的对陆作战上。二是突出前沿存在的重要性和力量投送的必要性。强调前沿存在和力量投送互为前提，并相互作用，两者缺一不可。没有前沿存在，由海向陆就缺乏预先展开力量；没有力量投送，前沿存在就缺乏后续有力支撑。三是提出海上力量的能力要求。为应对地区性挑战和多种跨国威胁，美国海军在 2002 年公布的《21 世纪海上力量》战略白皮书中要求美国海军必须具备海上打击、海上盾牌和海上基地三种能力。所谓“海上打击”，即从海上“投送精确和持续的进攻力量”的能力。“海上盾牌”，即从海上“投送全球防御力量”的能力。“海上基地”，即“投送联合作战独立性”的能力。②

（二）制定海上反恐相关法及相关措施

“9·11”事件后，为应对恐怖主义和大规模杀伤性武器扩散等威胁，美国相继提出了“防扩散安全倡议”、“地区海上安全倡议”和“千舰海军”计划，意在构建以美国为主导的海上安全体系。

（三）提出“地区海上安全倡议”

针对马六甲海峡日益猖獗的恐怖主义和海盗威胁，提出在亚太

---

① 1992 年 2 月，美国正式提出了冷战后第一部国家军事战略——《地区防务战略》，明确将战略重点从应对苏联的全球性威胁转向了对付重要的地区冲突事件上。在 1994 年 7 月公布了美国政府冷战后第一部国家安全战略报告——《参与和扩展国家安全战略》；1995 年 4 月，美国参谋长联席会议提出了新的国家军事战略——《灵活、有选择的参与战略》；1997 年 5 月，美国国防部公布了历史上第一份《四年防务审查报告》。

② Vern Clark，“Sea Power 21：Projecting Decisive Joint Capabilities”，*Proceedings*，128，（10）. Untied States Naval Institute.

地区实施“地区海上安全倡议”的设想。美国为应对恐怖主义和大规模杀伤性武器扩散的双重威胁，美国不断加强与他国之间的海上安全合作，并努力使这种合作纳入到以美国为主导的海上安全体系中。

（四）颁布《国家海上安全战略》

美国于 2005 年 9 月正式颁布了《国家海上安全战略》。这是美国在国家战略层面上提出的第一个海上安全战略。此战略报告认为美国海上安全面临的威胁主要有五大类：地区大国威胁、恐怖主义威胁、跨国犯罪和海盗威胁、环境破坏和海上非法移民。[①] 在战略目标部分，首先阐述了指导《美国海上安全战略》的三项原则：一是保护海上自由是国家的首要目标；二是美国政府必须推进和保护商业，以确保海运自由；三是必须促进所需商品和人员的出入境流动，同时甄别危险人员和危险品。明确了四大战略目标：一是“防止恐怖分子袭击及犯罪或敌对行动”；二是“保护与海洋关系密切的人口中心和关键设施”；三是“减少损失并迅速恢复”；四是“保护海洋及其资源”。战略还进一步指出，美国不仅要整合本国的力量，还要在全球范围内联合各国的海上安全行动，以形成应对海上威胁的合力。为更好地实施本战略，相关部门还制定了 8 个支持计划，以应对海洋环境中的特殊威胁和挑战。它们是：获得领土感知的国家计划、全球海上情报整合计划、海上军事威胁的临时反映计划、国际扩展和协作战略、海上基础设施重建计划、海上运输系统安全计划、海上商业计划、本土扩展计划。上述 8 个支持计划连同《国家海上安全战略》，将联合所有形式的国家力量，在促进全球经济平稳发展的同时，阻止海洋领域内的敌对和非法行动。为确保达成上述战略

---

① The National Strategy for Maritime Security of the United States, http: //georgew-bush – whitehouse. archives. gov/homeland/maritime – security. html

目标，《国家海上安全战略》在战略行动部分明确了美国应采取的五大战略行动：一是“加强国际合作，以确保实施合法和及时的强制行动来应对海上威胁”；二是“最大程度地增强海域感知，以支持有效决策”；三是“将安全植入商业活动的各个环节，以降低脆弱性并推动商业发展”；四是“部署分层式安全措施，以协调和统一公共和私人机构的安全措施”；五是“确保海上运输系统的连续性，以便在海上恐怖袭击或其他类似破坏性事件发生后，能维持重要的商业活动运转并做好防护准备”。①

（五）推出《21 世纪海上力量合作战略》

美国在 2007 年推出了由美国海军作战部长、海军陆战队司令和海岸警卫队司令联名签署的《21 世纪海上力量合作战略》。该文件明确了美国海上力量的六大核心任务：一是“利用前沿部署的决定性海上力量，限制地区冲突”；二是“慑止大国战争”；三是“打赢国家战争”；四是“加强本土纵深防御”；五是“发展保持同更多国际伙伴的合作关系”；六是“防止或遏制地区破坏”，即主要打击恐怖主义、极端分子、武器扩散者、海盗等可能对美全球安全体系的破坏，并把破坏限制在一定范围之内。②为保证海上力量既能在和平时期积极参与，又能在战时实施大规模作战行动，要求美国海上力量具备六种核心能力：前沿存在能力、威慑能力、海上制能力、力量投送能力、海上安全能力和人道主义援助／灾难应对能力。最后，为顺利实施新海上战略，在战略实施部分的“实施重点”中，强调了要优先落实的三项工作：一是加强一体化和互通性，它是成功实施战略的关键；二是加强感知，它是成功实施战略的保障；三是做好

① The National Strategy for Maritime Security of the United States，http：//georgewbush－whitehouse. archives. gov/homeland/maritime－security. html.

② Gary Roughead，James T. Conway & Thad W. Allen，“A Cooperative Strategy for 21st Century Sea Power”，*Proceedings*，2010（11）.

人员上的准备，它是成功实施战略的前提。①

二、奥巴马政府“亚太再平衡”战略和海上安全战略的再调整

（一）奥巴马政府海上安全战略再调整的动因

近年来，中国综合国力和军事实力不断增强，引发了美国政府、军界的高度关注和疑虑，担心亚太地区现在以美国为主导的平衡被打破，认为必须对中国加以遏制。其主要理由在于：其一，如果不加以防范，将向中国政府传递出错误信号，促使其寻求以武力解决台湾问题；其二，中国在东海和南海主权问题及维护国家海洋权益方面，主张对200海里专属经济区内的外国军舰行使一定的管辖权，将会影响美国海军的自由航行权利，并可能成为导致中美关系紧张冲突的持续性诱因，该问题甚至在东海、南海问题化解以后都可能继续存在；其三，尽管美国清楚地意识到，中美发生战争的可能性不高，但从政治上看，中国军事力量尤其是海军力量的发展将增强其在太平洋地区的政治地位，如果美国不采取措施在该地区维持“竞争性”存在，将影响其他太平洋国家的战略选择，它们或会向中国靠拢，或单独发展美国不希望看到的军事力量。②

2009年以来，美国在“重返亚洲”的口号下，战略重心向亚太地区倾斜，提出了“亚太再平衡战略”，总体目标在于：“保持和加强美国在亚洲太平洋地区的领导能力，改善安全，扩大繁荣，促进

---

① Gary Roughead, James T. Conway & Thad W. Allen, “A Cooperative Strategy for 21st Century Sea Power”, *Proceedings*, 2010 (11).

② Ronald O´Bourke “China Naval Modernization: Implications for US Navy Capabilities - - Background and Issues for Congress”, *Congressional Research Service Report*, pp. 47 - 48. http: //www. fas. org/sgp/crs/row/RL33153. pdf

我们的价值观”。2010 年 5 月发表的美国《国家安全战略报告》中，奥巴马政府不再将反恐和防扩散作为美国国家安全战略的首要任务，而恢复了传统地缘政治观点的影响，重视巩固与扩大其在欧亚地区的同盟关系，关注亚洲大国中国等的发展，要求“加强空中、海上、交通、太空和网络空间的安全”。

在此思想指导下，美国制定了新军事战略，该新军事战略认为：“美国的经济与安全利益与从西太平洋和东亚延伸到印度洋地区和南亚的弧形地带有着无法摆脱的联系。我们必须恢复亚太地区的平衡。”“为避免在该地区造成摩擦，中国的军力增长和军事意图必须更加透明和清晰。”美方认为，中国等国发展的“反介入和区域拒阻等非对称能力”，对美国的“军力投射能力”产生了重大挑战。近年来，中国海军不仅通过自主研发和技术引进，在舰载探测系统、舰艇的隐形性能、综合防空反导能力以及作战和攻击效能等方面取得了显著进步，还不断将技术水平更先进、作战范围更大的新一代装备投入现役部队。据美国国防部估计，2000 年现代化舰艇在中国潜艇和水面战部队中的比重均不到 10%，而至 2010 年已分别增至 56% 和 26%。中国军队有效控制海域和威慑距离也不断扩展至海岸以外 1850 公里。①

根据上述战略判断，奥巴马政府对海上安全战略进行了再调整。

（二）奥巴马政府海上安全战略的再调整

2010 年以来，美国国防部及海军相继出台了《美国 2010 年军事战略》、《四年防务评估》、《2010 年海军行动概念》、《2011 年海军作战部长指南》、《可持续的美国全球领导：21 世纪国防战略重点》（2012 年 1 月）等一系列政策文件，阐释未来数年美国海上安

---

① Ronald O' Bourke “China Naval Modernization: Implications for US Navy Capabilities — Background and Issues for Congress”, *Congressional Research Service Report*, pp. 37, 5. http://www.fas.org/sgp/crs/row/RL33153.pdf.

全战略和海军战略的发展规划。

综合这些战略性文件，可知美国海上安全战略再调整的基本内容和特点如下：

1. 加快海军的部队转型和能力建设

在全方位提高单位部队的行动和作战效率的同时，重点强化应对反介入作战和信息战的能力。与此同时，美大力加强部队的一体化建设，强调海军各分支及与盟友间进行协同训练、计划、准备、行动、评估的重要性，要求各分散单位在情报、指挥、机动、后勤等方面采用共同的战术、技术和程序。①在后勤保障能力方面，美军继续努力实现"海上基地"概念，即从海上部署、集结、指挥、投送、重组海上力量，而不依赖于陆上基地，并进一步提出了"以海洋为机动空间"的目标。为此，美军一边加紧研发、生产新型辅助舰只，提高战场高速补给能力，一边开始大规模采用新能源作为舰队燃料，通过在常规动力舰只上安装混合动力系统，或广泛采用太阳能、潮汐能电气设备，打造所谓"大绿色舰队"。更值得关注的是美国海军对反介入作战能力的重视。美军积极进行有针对性的技术研发和武器系统升级，如大力发展无人武器系统。美军提出，将无人系统扩展至作战环境的所有领域（陆地、空中、水面、水下）并使其不再从属于有人系统，成为美军部队中具有独立作战能力的一个分支。②美国海军还与空军一道，积极研究"空海一体战"新概念，阐释如何将空军和海军部队在所有行动领域（空中、海上、陆地、空间及网络）的能力整合起来，应对反介入威胁。③美发展"海

① US Navy, Marine Corps, USCG, Naval Operational Concept, 2010, pp 16 – 17, http://www.navy.mil/maritime/noc/NOC2010.pdf.

② "Statement of the Honorable Ray Mabus Secretary of the Navy before the Senate Armed Service Committee on 08 March 2011", pp. 35 – 36, http://www.armed-services.senate.gov/statemnt/2012/03%20March/Mabus%2003-15-12.pdf.

③ US Department of Defense, *Quadrennial Defense Review Report*, February 2010, p. 32, http://www.defense.gov/qdr/images/QDR_as_of_12Feb10_1000.pdf.

上基地”的目的很大程度上也是为了保证美国海军在敌对环境中能保持有弹性的海上后勤行动，并夺取制海权。

2. 调整造舰计划，平衡舰队结构

由于美国海军多艘舰只将在 2020 年前后达到设计服役年限，新的造舰计划就反映了这种“平衡”的宗旨：其一，从长远讲，优先确保最具有战略威慑力的航母和弹道导弹潜艇的数量稳定和升级换代，以巩固其在大规模、高端战争中的力量优势；其二，优先确保美国在海外的军事存在，以战斗力稍弱但数量更多、用途广泛的小型舰只取代能力更强但数量有限的大型舰种；其三，在近期，优先强化近岸作战能力和海上反导系统的部署。

3. 在保持全球前沿存在的基础上，重点加强在西太平洋的兵力部署

前沿存在是现代美国海军的核心理念之一。[①] 在新形势下，美国海军提出了“全球分布，区域集中”的主导思想。《2010 年海军行动概念》表示，将建造更多小型舰船，更多地采用轮换部署的方式，保持人员和资源前沿存在于海外广泛地点，并称这一全球布局保证了海军及联合部队“经济的”部署、运用和维持。[②]美海军“区域集中”的重点无疑 是西太平洋。早在 2006 年，美国《四年防务评估》报告就要求调整美军力量结构，将重心从大西洋转向太平洋。新国防战略纲要再次强调，美国的经济和安全利益与西太平洋、东亚直至印度洋、南亚地区的发展“不可分割地联系在一起”，因此，美军必须针对亚太地区重新平衡战略部署。[③]时至今日，美国太平洋舰队

① Robert M. Gates “A Balanced Strategy: Reprogramming the Pentagon for a New Age”, *Foreign Affairs*, January/February 2009, p. 28.

② US Navy, Marine Corps, USCG, Naval Operational Concept, 2010, p26, http: //www. navy. mil/maritime/noc/NOC2010. pdf.

③ US Department of Defense, *Sustaining US Global Leadership: Priorities for 21st Century Defense*, January 2012, p. 3, http: //www. defense. gov/news/Defense _ Strategic _ Guidance. pdf.

已经成为名副其实的世界最大舰队，拥有 180 余艘舰船、近 2000 架飞机、12.5 万名军人及文职人员，包括美国海军一半以上的航母和约 60% 的潜艇部队。[①] 2011 年美军不仅将数艘新型濒海战斗舰派往新加坡樟宜海军基地永久驻扎，又宣布自 2012 年起，向澳大利亚达尔文港派驻 250 人的海军陆战队，并在数年内扩大至 2500 人，以便在轮换基础上与澳军进行训练、演习。美澳空军也将加强合作，未来将有更多的美国战机出入澳北部地区。此举意味着美军继 20 世纪 90 年代从菲律宾苏比克湾基地撤走后，再次获得在南中国海附近的实质性据点。[②] 与此同时，美国海军在其他地区则显露出战略收缩意图。美军在全球的目标也不再是同时打赢两场大规模局部战争，而是调整为在一个地区进行大规模行动，同时在另一地区有能力阻止对手实现其目标或使其面对“难以接受的代价”。[③]

4. 加强国际合作，转移防务负担，注重增强盟友高端作战能力

美国新出台的各种政策文件反复强调国际合作的必要性，称维持现有同盟并建立新伙伴关系是美国安全战略的核心要素，美国“不能也不应尝试”独力应对各种安全挑战。[④] 但美国宣扬国际合作的侧重点正在逐渐变化。其一是目标上的变化。美军在提出“千舰海军”时，至少在口头上是以海上安全为目标，主要针对海上恐怖主义、跨国犯罪、海盗等非传统安全威胁，而在 2010 年的《四年防

① Shirley A. Kan, “Guam: US Defense deployments”, September 16, 2011, *CRS Report*, p. 2, http://www.fas.org/sgp/crs/row/RS22570.pdf.

② US White House, Office of he Press Secretary, “Prime Minister Gillard and President Obama Announce Force Posture Initiatives”, http://www.whitehouse.gov/the-press-office/2011/11/16/prime-minister-gillard-and-president-obama-announce-force-posture-init-0.

③ US Department of Defense, *Sustaining US Global Leadership: Priorities for 21st Century Defense*, January 2012, pp. 2-3, http://www.defense.gov/news/Defense_Strategic_Guidance.pdf.

④ US Department of Defense, *Quadrennial Defense Review Report*, February 2010, p. 57, 63. http://www.defense.gov/qdr/images/QDR_as_of_12Feb10_1000.pdf.

务评估》报告中，反恐地位明显下降，其合作的目的转向“应对美国及其盟友利益一致的、在地区和全 球安全领域共同关切的问题”。①其二是方式上的变化。以往的“千舰海军”是以情报共享为中心，而现在这种合作更多地落实到希望盟友承担防务负担上来，坦言“增强伙伴国家能力有利于分担全球领导的负担和责任”②。

5. 为加快防务转移，增强伙伴国家海军的作战能力和与美军的协同能力，美国对武器出口制度进行了调整

在这一形势下，美国对外武器出口力度空前，如表示将与北约国家一道发展“智能防御”，“储存、分享、专门化”21 世纪所需的各种能力；承诺向菲律宾提供价值 1840 万美元的精确制导导弹，使其首次获得此类武器；还首次向印度移交了海军舰只等等。③与此同时，美军在其视为重中之重的亚太地区，则谋求发展与该地区除日、韩以外其他国家的伙伴关系，通过访问、军演、技术援助等多种方式加强与各国交往，如派出核动力航母“乔治·华盛顿”号前往越南岘港访问并进行联合演习；大力发展与印度的长期战略伙伴关系，将其视为区域经济支柱和印度洋及周边安全的提供者等等。

综上所述，可知奥巴马政府海上安全战略再调整的基本要求，是适应其亚太再平衡战略的需求，在亚太地区集中美国海军的主要力量，以西太平洋为重点，由海向陆，并充分发挥日本等盟国的作用，确保其前沿存在；在作战能力上，提出了“空海一体战”的新作战构想，重点强化应对反介入作战和信息战的能力；同时增强投射能力，发展机动性，“实现在地理上更加分散、运作上更加抗打击

① US Department of Defense, *Quadrennial Defense Review Report*, February 2010, p. 63. http://www.defense.gov/qdr/images/QDR_as_of_12Feb10_1000.pdf.

② US Department of Defense, *Sustaining US Global Leadership: Priorities for 21st Century Defense*, January 2012, p3, http://www.defense.gov/news/Defense_Strategic_Guidance.pdf.

③ “US Navy Decoms Trenton, Transfers to Indian Navy”, http://www.navy.mil/submit/display.asp?story_id=27342.

的兵力态势”，从而提升对中国等新兴大国的威慑和遏制能力，促使亚太再平衡向着美国所希望的方向发展。

（二）美国国防预算对奥巴马政府海上安全战略再调整的制约

1. 国防预算的削减

自 2008 年金融危机以来，美国陷入了 1929 年大萧条以来最为严重的经济衰退，加上两场耗资巨大的外部战争，近年来美国政府财政赤字持续攀升。美国财政部公布的《2011 年美国政府财政报告》显示，美国联邦政府在 2011 财年赤字高达 1.3 万亿美元。这意味着美国政府连续第三年赤字超过万亿美元。① 其中，高昂的国防开支越来越引发美国社会的普遍不满。迫使奥巴马政府自上任伊始，即将平衡政府预算尤其是国防预算作为施政重点。2013 财年美国国防部申请预算总额为 6139 亿美元，是“9·11”以来的首次下降，其中海军预算为 1559.2 亿美元，比 2012 财年批准拨款减少约 9.14 亿美元。②

2. 预算削减对美国海上安全战略调整的影响

预算削减对美国海上安全战略调整产生了很大的影响。首先，如何解决在舰队规模可能缩小的情形下，继续保持美军在全球的影响力。其次，美国海军如何适应和完成不减反增的海上需求以及非常规战争所带来的需求。从 2007 年起，战地指挥官对前沿海军部署的需求一再增长，其中对航母编队的需求增长了 29%，对水面战部队的需求增长了 76%，对两栖战部队的需求增长了 86%，对独立部署的两栖战舰只的需求增长了 53%。所有这些都要求美国海军切实

---

① Department of Treasury, 2011 *Financial Report of the United States Government*, p. 2, http://www.gao.gov/financial/fy2011/11frusg.pdf.

② US Government Accountability Office, *Fiscal Year* 2013 *Budget Request: Overview*, February 2012, pp. 1-1, 8-1, http://www.gao.gov/assets/590/588235.pdf.

提高部队行动和作战效率。再次，如何适应亚太战略的需求，亚太地区对美国的重要性日益凸显。亚太既给美国提供了纵横捭阖、推行“均势 ”政策的空间，也对美国国家安全和战略利益构成了挑战。这一切都需要财政的保障，没有强大财政的保障要履行上述需求是“巧妇难为无米之炊”。

（三）美国海上安全战略再调整的影响

到目前为止，美国海军依然是全球最具影响力的海上力量，而美国海军战略的此番调整，内容涉及到部队能力、舰队结构、兵力部署和国际关系的方方面面，必然会对美国海军、美国外交政策以及未来全球政治格局和海上安全形势的变化产生深刻影响。

1. 刺激大国海上军备竞赛向更深层次发展

美国海军从以反恐为中心任务重新转向针对主要对手发展高端战争能力，这标志着美军也加入了世界海军军备竞赛之中。其不加掩饰的具有针对性的能力建设，无疑将引起中、俄两国的不安。美国为确保其全球影响力，大力增强盟友在海军领域的核心作战能力，加大对外军事技术、军用物资的输出力度，必然改变当前各国海军的实力对比，促使各国海军尽快发展自身力量加以应对，从而使得海军军备竞赛上升到一个新的水平。

2. 美国海军战略重心东移意味着亚太地区的安全形势更加复杂

总体上讲，由于当前美国政府将摆脱经济衰退、解决债务危机作为施政重点，加之伊拉克、阿富汗等地的安全形势仍不稳定，美国在未来数年不愿意在亚洲大陆卷入一场大国间的战争。所以，其海军在亚太地区的各种举动只是备战而非求战，甚至更多的是一种以攻为守姿态。因此，近期亚太地区仍将保持较为平稳的局面。但从具体问题来看，美国海军的战略调整将可能给中国带来一系列负面影响：其一，美国海军更积极地介入亚太事务，这不仅诱使南海一些声索国立场更趋强硬，促使其寻求以对抗而非对话、多边而非双边的方式解决南海争端，而且将进一步推动南海问题国际化，导致日、印、澳等国及其他外部势力介入进来，增加中国和平解决南海和东海问题的难度；其二，为展现自身价值，争取国会预算支持，美国海军势必大肆渲染“中国威胁论 ”，并加强在中国周边海域的军事活动，也可能利用甚至主动诱发局部事件制造紧张空气；其三，美国在亚太地区积极构筑针对中国的军事同盟，离间中国与周边国家关系，可能促使一些国家向美国靠拢，对中国构成包围态势。

三、美国海上安全战略调整对日本的影响

（一）出现了日美同盟加强和深化的趋势

日本作为美国最重要的盟友之一，同时也是东亚主要的海洋国家，战略位置十分重要。它是美国太平洋岛链弧上遏制中国及压制朝鲜的重要环节，在美国的海上安全战略中发挥着不可替代的作用。在美国战略重心东移、海上安全战略调整的背景下，出现了日美同盟加强和深化的趋势。

2006 年的日本防卫大纲，分析世界战略态势时，强调的是美国的优势地位，而 2011 年的日本防卫大纲，分析世界战略态势时，强调的是因中国等新兴国家的崛起，世界战略平衡在发生变化。2006 年的日本防卫大纲，谈到中国时，表示对中国的有关动向：“今后需要加以关注”；而 2011 年的日本防卫大纲，对中国的看法要严重得多，认为中国的有关动向，“伴随中国在军事和安全保障方面透明程度不足的情况，成为地区和国际社会所担忧的事项”；在防卫方向上，更加强调“南西地域”，要“以包括南西地域的警戒監視、海上侦察、防空、反弹道导弹等机能为重点”，进行防卫力量的建设。

2012 年 10 月，日美两国政府就修改 1997 年重订的《日美防卫合作指针》进入了实际调整阶段，据产经新闻透露，此次修改将中

国作为重点盯防对象，重视在“西南诸岛”防卫和台湾海峡等问题上的日美合作。同时将修改日本“不能进行公海上的补给活动”的相关事项。

安倍上任之初便表示：“当务之急是彻底重建外交和安全保障，进一步加强作为基轴的日美同盟关系。”其防卫大臣小野寺五典透露，安倍晋三决定提前修订作为长期防卫政策基本方针的《防卫计划大纲》，以强化自卫队职能和威慑力量，配合美国 2011 年出台的新国防战略。大纲修订草案提出了建设“坚韧的机动防卫力量”的要求，自民党国防委员会所提防卫大纲修改项目，还主张可以对外国军事威胁策源地实施“先发制人”的军事打击，以强化自卫队职能和威慑力量。

2013 年 1 月 17 日，美日就修改《日美防卫合作指针》正式进行实务协商，日本防卫省美日防务合作课长增田和夫及外务省美日安保条约课长鲶博行、美国国防部东北亚部长约翰·斯顿及美国国务院日本部长卢斯·德敏出席了会议。美日双方在会上就东亚形势、修改任务进程等问题交换了意见，并探讨今后将进一步召开局长级会议。日本《产经新闻》称，美日双方此次对《日美防卫合作指针》针进行再修改，主要为了应对中国在宇宙及空间带来的“新威胁”。日本防卫省官员透露，“这次会议还关于如何应对未来 10—15 年的形势变化进行了讨论”。

同时，安倍政府积极配合美国，采取一系列实质性的加强日美同盟的措施，包括武器买卖、军事技术的引进、升级弹道导弹防御能力、举行各种形式的联合军演，加强对中国的海上监视等。2013 年 6 月 10—16 日，日本派出了陆海空自卫队，在美国加利福尼亚州与美军举行了代号为“黎明闪电”的联合夺岛演习。

（二）美日力图以其军事同盟关系为核心，建立内涵更丰富、范围更广泛的所谓“海权同盟”

2008年3月、7月和2009年4月，日、美两国举办了三次由两国海洋安保、国际政治、外交、海事产业、海洋科学界等领域的官员、专家、学者参加的“日美海权同盟对话”会议，同月发表了“日美海权同盟：为实现海洋安定与繁荣”的概要。对话会议的议题主要涉及以下几个方面：一是海洋资源的开发与利用，关于全球环境机制和气候变化问题；二是海盗猖獗、海上恐怖主义对海上运输通道形成威胁；沿海国对海洋资源提出管辖权要求引发国家间关系的紧张；新兴国家海军力量的增强改变地区现有的力量格局；三是海洋大国必须发挥领导作用，确保海洋生态的可持续发展及其海洋安全环境的稳定。日、美双方提出将双边同盟关系扩展至海洋，成为世界和平繁荣的公共产品。[①] 这意味着美日力图以其军事同盟关系为核心，建立内涵更丰富、范围更广泛的所谓“海权同盟”，全面加强对海洋的影响和控制能力。

四、美日战略调整与钓鱼岛争端。

综上所述，可知美国亚太战略的调整对美国的海洋战略调整、日本的防卫战略特别是海上防卫战略调整发生了重要影响。美日在新的战略思想指导下，加强了对中国的防范和制约，给中国的安全环境造成了新的压力，2012年以来特别明显地表现在日本政府蓄意在钓鱼岛问题上制造事端，升级冲突。

主要原因在于：美国“亚太再平衡”战略的影响和日本展开海

① 束必铨：“日本海洋战略与美日同盟发展趋势研究”，《太平洋学报》，2011年1月第19卷第1期。

洋战略的要求。

（一）美国亚太战略调整的影响

1. 美国的“亚太再平衡”战略

以美国西部经济地位的上升，以及世界多极化的发展，特别是中国崛起等内外因为背景，近年来，美国开始了重要的战略调整。

对美国此次战略调整，有各种定义，例如，“重返亚洲”、“战略重心东移”、“亚太再平衡”等。这些定义反映了人们对美国战略调整的方向、目标、态势的判断。

“重返亚洲”，使用的不是战略学用语，是一种通俗性口号。它表达了美国战略调整的方向，但对战略调整的目标、态势都缺乏说明和规定。这样的口号，现在显然已不足以用来定义美国的此次战略调整。

“战略重心东移”，是目前使用较多的定义。美国官方有类似的表达，2011 年 10 月 14 日，希拉里在关于美国外交的讲话中声称：“世界的战略与经济重心正在东移，我们正在更加关注亚太地区。”在 2012 年 1 月 3 日发表的“美国新国防战略”前言中，奥巴马表示：“在我们结束今天的战争之际，我们将会把工作重点放在范围更为广泛的挑战和机遇上面，包括亚太地区的安全和繁荣。”[①] 从这些表达中，可以看出亚太地区在美国世界战略中的地位明显上升，美国对亚太的关注和力量投入在增强。

“亚太再平衡”，是较后出现的定义。美国新国防战略认为：“美国的经济和安全利益与从西太平洋和东亚延伸到印度洋地区和南亚的弧形地带有着无法摆脱的联系，从而形成了不断演变的挑战与机遇的混合。因此，虽然美军将继续为全球范围的安全作出贡献，

① “维持美国全球领导地位”，见 2012 年 1 月 3 日美国国防部网站。

但是我们必须恢复亚太地区的平衡。”[①] 这样一个定义，既显示了美国此次战略调整的方向；又表明了其目标——谋求亚太地区的再平衡；而且由于其目标的相对有限性，比较明确地显示出其现阶段战略调整的态势。

2. 因美国“亚太再平衡”战略的需要，奥巴马政府在钓鱼岛问题上的清晰度有所提升

如希拉里所言：从“保持和加强美国在亚洲太平洋地区的领导能力”出发，谋求“改善安全，扩大繁荣，促进我们的价值观”。为此，在安全上，美国一方面在全球范围内平衡其军事力量，将其他地区的力量调到亚洲；同时，在亚太地区平衡其军事力量，减少集中在东北亚的力量，将其分散部署到该地区更广泛的地方。在经济上，努力发展与亚太各国的合作关系，与韩国达成自贸协定；与中国签署了《关于促进经济强劲、可持续、平衡增长和经济合作的全面框架》，2012 年中美贸易额达到 4467 亿美元，创历史新高，两国已互为第二大贸易伙伴。同时，为了获得亚太区域经济合作的主导权，力推 TPP。在价值观方面，则大力倡导价值观外交。

考察美国“亚太再平衡”战略的具体内容，可以发现在安全和价值观方面，美国虽没把中国作为唯一平衡对象，但却是主要平衡对象；在经济方面，矛盾有所增加，但相互依存关系仍占主要地位，美国对华政策的结构性矛盾在扩大。美国新国防战略强调：“与亚洲盟国和重要的伙伴国的关系，对于该地区今后的稳定与经济增长至为重要。”[②] 其中，特别注意利用日本。为此，奥巴马政府在钓鱼岛问题上的清晰度有所提升。

长期以来，为了操控中日矛盾，美国在钓鱼岛问题上虽然偏袒日本，但在主权所属上保持中立，对日美安保条约是否适用于钓鱼

① “维持美国全球领导地位”，见 2012 年 1 月 3 日美国国防部网站。

② 同上。

岛也保持一定模糊性。20 世纪 70 年代，其立场是“关于钓鱼诸岛最好的办法是不要让它成为大众关注的目标”，不要肯定地答复日美安保条约是否适用于钓鱼岛，应该说能够被解释为是安保条约的适用对象。

但是，随着形势的变化，美国政策有所调整。2004 年 3 月，美国国务院副发言人艾瑞里声称，1972 年归还冲绳施政权之后，钓鱼岛就处于日本的行政权之下。美日安保条约第 5 条规定，该条约适用于日本行政下的领域。因此，美日安保条约适用于钓鱼岛。

奥巴马政府上台初期，因急于解决金融危机问题，不愿就日美安保条约是否适用于钓鱼岛明确表态。但在美国提出重返亚洲战略后，奥巴马政府关于钓鱼岛问题的立场，延续了此前美国政府的立场并有所强化。2010 年 9 月 23 日起，美国务卿希拉里在日美外长会谈时表示：钓鱼岛是“日美安保条约的适用对象”。此后，又多次作同样表示。2013 年 1 月 18 日，希拉里在日美外长会谈时表示：“美国承认钓鱼岛属于日本行政管辖范围，美国反对任何侵害日本行政管辖权的单边行为。我们呼吁相关各方防止冲突，以和平的方式管理分歧”。其中，首次出现了“反对任何侵害日本行政管辖权的单边行为”的语句。上述立场虽然没有从根本上改变美国认为钓鱼岛行政权属于日本，而对钓鱼岛主权不表示态度的立场，但是对日本的偏袒增强。

（二）日本展开海洋战略的要求

1. 与美国等“海洋国家”结盟，维护和扩展日本海洋权益的战略思路，在战后日本战略界占主导地位

日本是岛国，特殊的地理条件使日本具有强烈的海洋意识；第二次世界大战中，日本的“大陆政策”受到沉重打击。战后，日本总结教训，提出若干战略思路，其中和美国等“海洋国家”结盟、维护和扩展日本海洋权益的战略思路占主导地位。

日本首相野田在其上台前夕发表的《我的政治哲学》一文中，便表示：“20 世纪初期，日本与英国结成同盟，赢得了日俄战争的艰苦胜利，在后来的国际秩序中构筑起稳定的立场。遗憾的是，以后日英同盟关系解除，日本的外交进入漂流状态，这成为日本在第二次世界大战中失败的重要原因之一。”“为了避免重蹈覆辙，在 21 世纪，理应加强日美同盟”。又表示：“认为日本‘领土狭窄，资源贫乏’是错误的，日本有海，其排他的经济水域面积位居世界第六，如果加上深度的要素，则位居世界第四”，如果能开发利用好日本如此广阔的水域，“日本的前途洋洋可观”。[①]

2. 力图抓住《联合国海洋法公约》生效机会，扩张海上权益

1994 年 11 月 16 日，《联合国海洋法公约》生效。根据该公约规定，沿海国可拥有 12 海里领海、200 海里专属经济区和最多不超过 350 海里或 2500 米等深线外推 100 海里的大陆架。制定该公约的本意，是促进各国对海洋的开发。但某些国家却想以它作为扩大海洋权益的工具，加之该公约某些条款规定得不明确，导致海上权益矛盾增加。

抓住此时机，日本积极行动，2005 年 11 月，日本海洋政策研究财团向日本政府提交了《海洋与日本：21 世纪海洋政策建议》，提出“海洋立国”思想，要求加强对包括大陆架和专属经济区在内的海洋国土管理，完善海洋监管与协调机制，制定日本海洋基本法，完善海洋法规体系，积极参与和引领国际事务。

该政策建议强调“当今世界面临诸多海洋问题，例如国家间在管辖海域方面的竞争与对立、海洋资源的滥用以及海洋环境污染等”；认为“近年来随着科学技术的进步，人类进一步积累了海洋这一地球最后空间的科学知识。对于资源匮乏的日本来说，调查日本周边海域，开发、利用、保护及管理海洋资源是多年的愿望，通过

① 见日本 PHP 研究所雜誌《Voice》（2011 年 9 月 10 日）。

不断研究开发，日本已拥有了先进的科学技术能力，应该说，实现这一愿望的时代已经来临”；指出：“日本在落实《联合国海洋法公约》、《21 世纪议程》等所需的体制建设方面极为迟缓”，“因此，日本在与邻国重叠海域的划界，开发、利用、保护和管理我周边海域等问题上动作迟缓。另外，对于发生在我周边海域的海洋环境恶化问题、邻国的油气开发以及海洋调查、偷渡、间谍船入侵、海上航线安全等问题也不能得到及时有效处理，这不仅有损国家利益，而且也无法履行国际职责。”[①] 从以上论述中，可以看出该政策建议带有明显的竞争性，对其竞争对象虽然未点名，但十分明确。

其后，日本设立以首相为本部长的“综合海洋政策本部”；通过《海洋基本法》和《海洋建筑物安全水域设定法》；颁布了第一个《海洋基本计划》，规定了日本政府在维护海洋安全中的义务、责任和规划，显示出扩大海洋权益的明显意图。

钓鱼岛虽小，但无论在划定领海、专属经济区、大陆架，在东海划界，在资源开发，在军事上，所具有的战略价值日显重要。占取钓鱼岛，是日本扩大海洋权益的重要步骤。

在上述背景下，日本政府在钓鱼岛问题上的立场趋向强硬。

3. 美国“亚太再平衡”战略的提出和实施，使日本政府在钓鱼岛问题上的立场更加增强

2010 年日本提出的新《防卫大纲》在分析世界战略态势时，与 2006 年《防卫大纲》强调美国的优势地位不同，强调的是因中国等新兴国家的崛起，世界战略平衡在发生变化，首次明确表示了对中国崛起的强烈警戒感，决定调整日本防卫方针，主要内容有二：1. 将防卫重点“从北方转向南方，着重加强西南诸岛地区的防卫”。要“以包括南西地域的警戒监视、海上侦察、防空、反弹道导弹等机能为重点”。2. 强调”动态防御”，从“基础防卫力量”建设，转

① 见日本海洋政策研究财团:《海洋与日本：21 世纪海洋政策建议》。

向“动态防卫力量”建设，增强军队机动性。

野田就任首相不久，即在日本航空自卫队基地发表讲话称：“由于中国在地区水域活动的加强及迅速的军事扩张，加上朝鲜反复的军国主义挑衅，围绕我国的国家安全环境越来越不明朗。”要求自卫队为应对“不测事态”做好准备。[①]

安倍内阁成立当天就表示，要战略性地开展综合性外交。此后，其所谓“战略性外交”的目标逐步展现，这就是力图建立对华包围圈，挑战战后国际秩序。

其基本特点，首先是鼓吹“中国威胁论”，安倍宣称：“中国试图把它对争议岛屿周边水域的管辖变成既成事实”，南中国海“似乎注定要变成‘北京湖’”。“人民解放军海军新建造的航空母舰就会成为司空见惯的景象——用来吓唬中国的邻居绰绰有余”；并强调针对日本“领土、领海、领空及主权的挑衅持续不断”。

在将中国树为假想敌同时，安倍企图背靠美国，拉拢所谓价值观相同或有某种共同利益的国家，形成对华包围圈，对中国进行防范、制约，迫使中国作出日本右翼势力所希望的让步。安倍表示：“我构想出一种战略，由澳大利亚、印度、日本和美国的夏威夷组成一个菱形，以保卫从印度洋地区到西太平洋地区的公海。我已经准备好向这个安全菱形最大限度地贡献日本的力量。”外相岸田文雄也表示：“应该加强日美同盟，深化与在自由、民主和市场经济体制下发展的邻国的合作。”安倍建立对华包围圈的企图，可谓司马昭之心，路人皆知。印度和平与冲突研究所指出：“日本、印度、澳大利亚和美国结为紧密同盟合作包围中国，是安倍晋三提出的大战略的核心。”

为配合美国“亚太再平衡”战略的需要，也为实现安倍政府重

---

① 2011年10月16日，野田佳彦首相在日本航空自卫队基地的讲话。见共同社2011年10月17日电。

建日本军事力量的目标，日本自民党要求允许日本行使“集体自卫权”；将日本自卫队改为“保有战力”的“国防军”；还赋予首相可宣布国家进入紧急状态的权限，在此期间，日本内阁可以临时颁布同样具有法律效应的政令[①]。

前日本防卫大学校长、日本神户大学五百旗头真教授曾指出：战后“日本政治分化为三条路线：（1）宪法体制派，其核心理念是民主化和社会主义；（2）日美安保体制派，即吉田路线，其核心理念是经济中心主义、轻军备和通商国家模式；（3）改宪再军备派，其核心理念是传统的国家观”。[②] 从目前情况看，坚持第一条路线的力量已经极其式微，而主张第三条路线的力量却甚嚣尘上。

4. 日本战略界一些重要人物，露骨地提出了展开日本海洋战略的要求

日本前自卫舰队司令主张日本海上安全有若干重点，其中包括：“东海防卫”。认为随着实力增强，中国必将对“尖阁群岛采取更加露骨的挑衅行动”；“日中之间在东海大陆架划分和油气田开发问题上的矛盾也在不断激化”。因此，“在取得美国政府同意的基础上，日本应向争议海域派遣海上自卫队舰艇，以显示日本专属经济水域不容侵犯的姿态。”

“防止台湾被吞并”。认为对日本的海上防线而言，“台湾具有生死存亡的重要意义”。如果两岸统一，日本的安全“必将受到重大威胁”。主张“日美联合制定有关台湾问题的长期战略方针”，日本应该“加快修改有关集体自卫权和专守防卫政策的步伐”，并着手讨论制定“日本版《与台湾关系法》问题”。

“防止南海的内海化”。认为南海海域是连接日本的海上大动脉，保障南海航行自由，既取决于美日澳印等国能否团结起来形成可与

---

① 见2012年4月28日日本《读卖新闻》。

② 2001年2月1日在中国社科院日本研究所的演讲。

中国对抗的势力，更取决于军事实力。

“确保印度洋和龙目海峡的海上通道”。认为该海上通道，是日本的海上生命线。中国已开始在该海域构筑被称为“珍珠链”的沿海根据地，日本必须通过与美国、印度的紧密合作，确保印度洋通道的安全。①

上述观点虽以个人名义发表，但发表观点人物的特殊身份和观点的极端性，仍然显示了问题的严重。

透过美国海上安全战略调整与美日同盟加强，可以看到，目前中国在海洋安全上面临改革开放以来最严峻的形势，一些势力想建立起针对我国的制约圈、包围网，防止地区乃至世界秩序向着不利于它们的方向转变。

中国面临的这场战略博弈，是中国崛起不可避免的挑战。这场博弈的出现，标志着中国的和平发展进入一个极为重要的关键阶段，处理得好，中国的和平发展将实现新的飞跃，并且推动国际关系和世界秩序向着更合理、更具民主性质的方向发展；处理得不好，中国在地缘政治上有陷于被动的可能。因此，中国需要有自己的“亚太再平衡”战略，全面统筹、正确处理这场包括竞争与合作之复杂关系的战略博弈，以争取战略主动。

① 见日本月刊杂志《军事研究》2012年2月号、3月号。

海洋问题

奥巴马政府对南海主权争议政策的调整

焦世新

（上海市社科院国际关系所副研究员，博士）

南海主权争议正在成为影响东亚合作和引发冲突的危机，而美国则是这一危机形成的重要推手和因素。自2010年7月希拉里在东盟地区论坛外长会议上突然提出南海主权争议事关美国国家利益以来，南海主权争议的升温有增无减，美国介入南海争议的言论和行为越来越直接和明确。2011年6月，美国参院甚至就南海局势通过决议，“要求和平解决南海主权争议”，这是其自2009年7月举行东亚海上主权争议的听证会以来，再次就这一问题发出的干涉信号。美国在南海主权争议的政策到底是什么？本文将进行梳理和分析。

一、奥巴马政府对南海政策的调整

美国对南海主权争议的关注、干涉的深入及其政策的形成是相辅相成的历史进程。在20世纪90年代之前，南海主权争议及其对东亚地区国际关系的影响还未凸显，美国的关注主要集中在越南入侵柬埔寨和在亚洲经济的发展中谋求经济利益，对已经出现的南海主权争议没有表现出多大的兴趣。[①] 但进入 90 年代后，尤其是在克林顿时期，随着美国石油公司在南海的活动更多地受到影响，美国官员开始逐步提出其立场和政策。1995 年“美济礁”事件后，美国国防部和国务院多次发表声明，提出了“不对主权争议选边站、航海自由、和平解决”之“三句论”，美国的南海政策得以正式确立。但需要指出的是，在当时冷战结束的背景下，美军已经关闭在菲律宾的军事基地，不断撤出它在这一地区的驻军，美国官员虽时有“支持东盟、南海争端是威胁”等论调，[②] 但它基本上持“消极中立”的态度，没有采取具体的政策来针对任何南海争议方，其南海政策更像是一个立场和声明。在此后十几年，由于南海各争议方妥善处理了分歧，尤其是 2002 年《南海各方行为宣言》签订后，南海局势相对平稳，美国没有提出新的政策主张。一直到 2009 年，南海相继发生了“无暇”号事件和中国潜艇与美军“约翰·麦凯恩”号驱逐舰拖曳的海底声呐装备相撞事件，美国国防部和国务院开始在“中国崛起”的背景下评估南海主权争议。2009 年 7 月，美国参院对外关系委员会举行了听证会，提出了若干相互配套的政策要点，这意味着奥巴马政府对南海主权争议的政策进行了调整。[③] 2010 年 7 月，在东盟系列部长会议上，希拉里突然对南海主权争议重申了“三句论”，从其内容来看了无新意，但从其时机、场合和意图看，则具有明显的多边化企图和针对中国的意味，[④] 这可算是美国调整南

---

① 吴士存著：《南沙争端的起源与发展》，北京，中国经济出版社，2010 年 1 月版，第 164 页。

② 参看吴士存著：《南沙争端的起源与发展》，北京，中国经济出版社，2010 年 1 月版，第 165、166 页。

③ 参看“*Maritime Disputes And Sovereignty Issues in East Asia*”，Committee On Foreign Relations United States Senate，One Hundred Eleventh Congress，First Session，July15，2009。

④ John Pomfret，“US takes a tougher tone with China”，in *Washington Post*，Friday，July 30，2010，http：//www. washingtonpost. com/wp - dyn/content/article/2010/07/29/AR2010072906416. html.

海政策的首次外交尝试。9 月，坎贝尔在美国战略与国际问题研究中心（CSIS）举办的一次对话中，再次重申美国在这一问题上的立场是一贯的，同时就当时的日本扣押中国渔船事件提出了美国对待岛屿争端中的盟国的立场。此后，美国官方和军方越来越频繁和直接地对这一问题发表言论，达到了怂恿相关国家的效果。2011 年 6 月，美国参院更是通过决议，莫须有地要求“中国在南海主权争议中采取多边和平手段”。与此同时，美国与菲律宾、日本、澳大利亚、越南举行了多次军事演习，奥巴马对南海争议政策的调整基本完成。

美国对其政策进行调整具有深刻的现实背景：

第一，中国军力尤其是海上力量的持续提升。“作为一个具有全球影响的地区政治和经济大国，中国的快速崛起对亚太乃至世界都带来巨大影响。……近年来中国军事转型的步伐和范围都加速了。”[①] 尤其是中国为应对台湾独立而发展起来的“反介入”（anti - access）和“局部封锁”（area - denial）能力直接针对美国的军事干预。[②] 中国的“蓝水海军”正在迅速发展。除了建造航母外，中国也正在使潜艇和水面舰艇现代化。美国认为，这已经并正在改变着地区的力量平衡。[③] 在发生了“无暇”号事件和中国潜艇与美国声呐装备相撞事件后，美国认为有必要对美军维护亚太利益的能力做出评估[④]。根据美国国防部的理解，中国在专属经济区和之外的南海有两个基

① “*Military Power of the People's Republic of China*”, Office of the Secretary of Defense of U. S. , July 2009, p. I.

② “*Military Power of the People's Republic of China*”, Office of the Secretary of Defense of U. S. , July 2009, p. 21.

③ “*Maritime Disputes And Sovereignty Issues in East Asia*”, Committee On Foreign Relations United States Senate, One Hundred Eleventh Congress, First Session, July15, 2009, 2009, p. 2.

④ “*Maritime Disputes And Sovereignty Issues in East Asia*”, Committee On Foreign Relations United States Senate, One Hundred Eleventh Congress, First Session, July15, 2009, p. 3.

本立场：一是中国将南海主权视为战略性问题，反对任何其他国家在其主张的海域内声明拥有主权。二是鉴于南海不断增加的战略上和政治上的重要性。中国已经开始并将继续增加在南海的军力。解放军已经更新了在海南岛的装备，美国已经感到解放军更加自信地对美国在水面和空中活动做出反应。[①] 另外，金融危机也放大了中国的崛起效应，“中国傲慢论”、“中国自信论”盛行，美方对中国崛起的战略猜忌和焦虑上升，牵制中国的一面也明显加强。

第二，中国与相关国家的南海主权纠纷的升级。自2002年《南海各方行为宣言》签订后，中国一直严格遵守宣言的条款，中国的克制是维持南海局势和平、稳定的唯一根源。但是，越南、马来西亚、菲律宾等都企图将自己非法从中国窃取的南海岛屿和权利合法化，设置所谓行政区划和任命官员、登岛进行主权宣示、拉拢外国公司共同勘探南海石油资源、将南海问题国际化，这推动着主权争议的升级。对中国来说，经济的发展也对开发南海资源提出了越来越迫切的要求，但中方从维护东亚合作的大局出发，避免给周边国家太大的刺激，采取了宽容的态度。不幸的是，南海各争议国却企图赶在中国崛起之前使自己窃取的南海权益合法化。2009年5月是《联合国海洋法公约》规定的缔约国向联合国大陆架界限委员会提交大陆架划界方案的最后期限，这些国家利用这次机会掀起了将自己所占南海权益“合法化”和使南海主权争议“国际化”的狂潮，先是菲律宾通过国内法来宣示其侵占岛礁的主权，紧接着是越南和马来西亚单独和联合提交“划界案”。中方根据《联合国海洋法公约》和《大陆架界限委员会议事规则》的相关规定，郑重要求大陆架界限委员会按相关规定不审议上述“划界案”。虽然中国仍坚持“搁置争议、共同开发”的基本立场，暂时维护了东亚的稳定局面，但

① “Maritime Disputes And Sovereignty Issues in East Asia”, Committee On Foreign Relations United States Senate, One Hundred Eleventh Congress, First Session, July15, 2009, p. 9.

南海主权争议的升级已经成为不可回避的一个问题。自此以后，南海主权争议从一个潜在的矛盾，演变为显在的外交纠纷。美国认为，这些争议严重影响着第三国在这个地区的存在，只有美国才有实力、有责任去确保每个国家都有权利就解决争议发出自己的声音。[①] 可以说，南海岛屿主权争端的升级为美国提供了机会。

第三，奥巴马政府将美国视为“太平洋国家”，奉行全面接触亚太的战略。[②]“无论从历史、文化、经济和国家安全上，美国都是太平洋国家”，[③] 而且，奥巴马认为亚太地区将引领未来，引领全球经济。“亚太地区的重要性在于它关系着美国经济的未来”。[④]“自上台第一天，他就将亚太视为自己外交战略的优先”，[⑤] 奉行从政治、经济和安全等各个领域加强对亚太的全方位接触战略。希拉里将其接触亚太的所谓“前置外交”（“forward - deployed” diplomacy）的三大任务界定为“塑造未来的亚太经济；确保地区安全；支持更强的民主机构，传播人类的普遍价值”。[⑥] 亚太地区存有的各种领土争端和安全问题，自然构成美国全面接触亚太的核心部分。南海主权争议引发的紧张局势成为美国调整亚太战略的现实环境和需要应对的

---

① “*Maritime Disputes And Sovereignty Issues in East Asia*, Committee On Foreign Relations United States Senate, One Hundred Eleventh Congress, First Session, July15, 2009, p. 2.

② “*Remarks by President Barack Obama and Prime Minister Yukio Hatoyama of Japan in Joint Press Conference*”, The White House, November 13, 2009, http: //www. whitehouse. gov/the - press - office/remarks - president - barack - obama - and - prime - minister - yukio - hatoyama - japan - joint - press.

③ Kurt M. Campbell, “*Principles of U. S. Engagement in the Asia - Pacific*”, Washington, DC, January 21, 2010, http: //www. state. gov/p/eap/rls/rm/2010/01/134168. htm.

④ Robert D. Hormats, “*Engaging Asia: The Future of U. S. Leadership*”, National Bureau of Asian Research Engaging Asia 2010 Conference, Washington, DC, September 17, 2010, http: //www. state. gov/e/rls/rmk/2010/149393. htm.

⑤ Hillary Rodham Clinton, “*America' s Engagement in the Asia - Pacific*”, Honolulu, HI, October 28, 2010, http: //www. state. gov/secretary/rm/2010/10/150141. htm.

⑥ Ibid.

问题，2009 年 3 月的南海“无暇”号事件、5 月的黄海“胜利”号事件，以及 6 月中国潜艇与美军声呐装置相撞事件，都反映美国加大了对中国周边海域，尤其是南海海域的勘测和侦察，为其评估东亚海上主权争端和美军的介入提供数据和信息。美国全球战略的重心向亚太加速转移，构成美国调整南海政策的又一个重大背景。

二、内容及调整特点

从参议员举办听证会到直接通过关于和平解决南海问题的声明，美国的南海政策经过两年多的运作和实施，呈现出越来越清晰的轮廓：

第一，美国对南海局势有着清晰的判断。尽管近些年南海主权争议升级，美方仍认为，南海局势基本是和平与稳定的。美方认可，2002 年中国与东盟签署的《南海各方行为宣言》虽不具约束性，但它设定了“各方通过和平方式解决争端、自我约束、航海和航空自由”等原则。这显示了各方都有通过多边方式解决争端的意愿，是通过外交解决冲突的良好基础和开始。[①] 当然，美方也清楚地看到了南海主权争议在近年的升级，认为它的根源在于：一是对石油和天然气需求的不断增加自然提升了各国对南海能源的重视；二是《联合国海洋法公约》规定的提交大陆架申请的最后期限，使得主权争端表面化；三是不断上升的民族主义情绪使其敏感度增加；四是中国军事实力的不断增强对争端谈判的氛围和议题都带来影响。[②] 在美

① “*Maritime Disputes And Sovereignty Issues in East Asia*”, Committee On Foreign Relations United States Senate, One Hundred Eleventh Congress, First Session, July15, 2009, p. 4

② “*Maritime Disputes And Sovereignty Issues in East Asia*”, Committee On Foreign Relations United States Senate, One Hundred Eleventh Congress, First Session, July15, 2009, p. 11.

国看来，南海局势总体是和平稳定的，但南海周边各国之间的主权争议却给国际船只在这片海域自由航行和开发海洋资源带来了挑战。

第二，对于中国的认知。美方承认，中方已经采取了更加安抚的政策解决陆上和海上边界争议，如：中国和越南已经达成了陆上边界的划界协议。中国对东南亚总的外交取向强调友谊和睦邻。美方认为，中国海军亚丁湾的反海盗行动也是对国际社会的贡献。美国鼓励中国在海洋权益和海洋边界争议问题上也这样做。[①] 尽管中国加大了在主权海洋内的巡航，但始终保持克制，力争通过民事手段来宣示主权。但美方也认为，中国对南海的主权声明具有很大模糊性，无法明确其声索边界到底是整个南海水域，还仅仅是其沿着陆地的水域，而且这种模糊性已经影响了其商业利益。从 2007 年夏天开始，美国和外国的一些石油公司接到中方的警告，要求他们停止与越南在南海的石油勘探合作。2008 年 9 月，时任助理副国务卿内格罗蓬特（John Negroponte）访问越南的时候声明：美国公司有权在南海作业。[②]

美国将“无暇”号事件和南海各方主权争议视为两个不同性质的问题，并认为两个问题在某种程度上都显现中国在海洋权益问题上日益增长的自信。关于第一个问题，美国将其视为中美关系中的问题，希望通过双边途径解决。美国主要担忧中国对所拥有的专属经济区海洋权益的认知，以及维护海洋权益的方式。美方强调自由航行权，强调美国船只将像过去一样在这片国际水域作业。美方寻求通过对话来解决分歧，希望评估重启 1998 年中美海上军事磋商协

---

① “*Maritime Disputes And Sovereignty Issues in East Asia*”, Committee On Foreign Relations United States Senate, One Hundred Eleventh Congress, First Session, July15, 2009, pp. 5 – 6.

② “*Maritime Disputes And Sovereignty Issues in East Asia*”, Committee On Foreign Relations United States Senate, One Hundred Eleventh Congress, First Session, July15, 2009, p. 5.

议的框架，加强双边的沟通，减少两国发生类似事件的机会，尤其是在舰只抵近作业的时候。美方也注意到自“无暇号”事件以来，已经没有类似的事情发生。

第三，美国反对任何对南海独占性和排他性的意图和行为，将其视为国家利益。盖茨在2009年5月的“香格里拉对话”中提到：“不论是在海上、空中、太空或者是网络空间，全球性公共领域（commons）代表了一个我们必须合作的领地，在这里我们必须遵守法治和其他帮助我们维持地区和平的机制。”“我们支持开放性，反对独占权，以负责任的方式共同利用我们共同的空间，这将持续支持和推动我们相互的繁荣。”基于此，美国将自己的利益界定为：保持交通线的开放，避免被拖入地区冲突，鼓励通过多边机制来解决领土争端，避免设置任何默认的先例，保护美国在东南亚的声誉。关于南海主权争议，美方意识到它的复杂性，表面上不对南海各方的主权声明“选边站”，也不对争议岛屿毗邻海域的归属“选边站”。不过，美国对除此之外的、任何不属于领土延伸出来的海区的主权声明表示担忧，认为这没有反映海洋法，也不符合国际法。美国反对使用武力或威胁使用武力解决争端，主权争议不应该影响到商业活动，美国反对任何对美国公司的“胁迫”，国家之间的主权争议不应该通过试图向公司施加压力来解决，这不是主权争议的一部分。

基于以上认知和立场，奥巴马政府的政策手段有：①

第一，强化以关岛为中心的亚太军力部署和“前沿存在”（forward presence），并利用南海局势的变化，采取外交和军事等手段显示其武力介入的决心。美国将通过行动和语言来表明，其军力将保持存在，并使用在该地区的军事力量做出姿态。军力是美国南海政

① 本文参考了“*Maritime Disputes And Sovereignty Issues in East Asia*”, Committee On Foreign Relations United States Senate, One Hundred Eleventh Congress, First Session, July15, 2009, pp. 12 – 13。

策第一个最重要的构成要素。就这一点而言，增强关岛的军事力量将成为美国在这一地区的战略之锚，以此形成美国的“居留性权力”（resident power）地位。美国已经与日本签署协议，双方共同承担美军从日本基地向关岛基地转移的费用，使得美军的军力部署由基于应对东北亚的安全威胁转为基于应对整个亚太地区的安全威胁，南海是其战略考虑重点之一。前沿存在是美国维持霸权和实现离岸平衡的核心，它意在“阻止战争爆发，确保对危机的快速反应，以便通过外交接触和显示实现外交目标的决心来塑造未来的安全环境”。[①] 美国将会继续增强在关岛的军力，建立面向整个亚太的前沿存在。根据希拉里的讲话，五角大楼将会为包括亚太在内的前沿存在提供三个原则：政治上更可持续、操作上更灵活、地理上更分散。[②] 也就是说重视民主价值观的一致性，规模的小型化、行动和进出上更灵活，在地理上分布更多更广。根据这些原则，美国已经加强了在新加坡的军事存在，也正在更多地接触泰国和菲律宾，推进与印尼和马来西亚的合作。至于越南，与美国存在着政治制度和意识形态的差异，但美国将会积极考虑与越南的军事合作，这对主导东南亚地区海上安全和防范中国具有极其重大的地缘战略价值。美国强化在亚太和南海的前沿部署，也就意味着美国在南海，尤其是针对海南三亚的中国海军基地将会有越来越多的军事动作。美国认为其军事存在将会对南海争端各方的政策和战略带来稳定性的影响，如果因美国的撤出而使得这一地区出现力量真空，这将大大减少弱国的战略回旋余地。就在中国第一艘航母下水试航不久，就出现了美军在新加坡海道部署隐形濒海战斗舰的报道。与此同时，美国还派航母到南海地区活动，尤其是邀请越南军方参访，其实就是向亚太国家

① S. J. Tangredi, “The fall and rise of naval forward presence”, *Proceedings of the United States Naval Institute*, Vol. 125, issue 5, May 2005, p. 4.

② Hillary Rodham Clinton, “*America s Engagement in the Asia – Pacific*”, Honolulu, HI, October 28, 2010, http: //www. state. gov/secretary/rm/2010/10/150141. htm.

宣示美军的存在及优势。

第二，有目的和有针对性地宣称美国舰只自由航行的权利。美方仍将选择在某些多边或双边场合，或宣示美国的“三句论”，或提出美国关于南海主权纠纷的立场，以影响局势。美国认为，中美在专属经济区的海洋权益上存有认识上的分歧，中国的观点也许会被域内其他国家接受，而成为一种默认的先例。所以，美国仍会在其认为需要的时候通过某种多边或双边的场合来宣示美国的立场，以“端正视听”。美国也可此向中国施加外交压力，偏袒其他国家，从而有利于美国推动与这些国家的关系。

美国将在推动南海争议多边化的过程中提出自己对南海主权纠纷的标准，使得争议朝着不利于中国的方向发展。2010年3月，坎贝尔在访问马来西亚回答记者提问时称，美国总的看法是认为解决这个问题最好的方式就是在多边环境下，包括将东盟作为一个整体。[①] 美国认为，它已经在东盟地区论坛中发挥了领导作用，在这个论坛中发起讨论了朝核问题和南海主权争议问题。[②] 希拉里谈到，美国参与东亚峰会有两条基本原则：一是以东盟为中心；二是希望东亚峰会成为应对诸如核不扩散、海上安全和气候变化等战略和政治议题的实质性论坛。[③] 美国将会在推动这个问题多边化的过程中谋求充当“掮客”，以凸显美国作为调解者的道义地位和促进美国利益，并组成针对中国的战线或联合，来向中国施压。同时，美国也会提出对中国不利的主张影响局势向不利于中国的方向发展，以牵制中国。在2011年7月的东盟地区论坛中，希拉里就提出了关于南海主

① Kurt M. Campbell, “Press Availability in Kuala Lumpur, Malaysia”, *Bureau of East Asian and Pacific Affairs*, Kuala Lumpur, Malaysia, March 10, 2010, http://www.state.gov/p/eap/rls/rm/2010/03/138007.htm.

② Hillary Rodham Clinton, “*America s Engagement in the Asia – Pacific*”, Honolulu, HI, October 28, 2010, http://www.state.gov/secretary/rm/2010/10/150141.htm.

③ Ibid.

权划分应该以依据地形地貌，[①] 意图推翻中国以历史为依据的法理基础。

第三，在海上安全领域，从两个层面与这一地区的“伙伴”建立更加强有力的安全关系，一是通过战略对话建立政策层面的安全关系，二是通过增强伙伴能力增强操作层面的安全关系。美国已经与越南、马来西亚建立了高层的防务政策对话，以补充美国已有的与菲律宾、泰国和印尼的防务磋商机制。在南海各争议国中，菲律宾是美国“亲密而重要”[②] 的盟友，双方军队的合作包括联合训练等，已经基本达到相互通用的程度，[③] 2011 年 1 月双方举行“2 +2”战略对话，南海问题是它们防务磋商机制中的一个议题。美国和马来西亚在反恐、海洋预警等领域有一些合作，建立了军队联合训练演习和互访交流机制，2006 年 7 月赖斯访问时签署了《法律互助条约（MLAT）》，[④] 但多年来美马关系并未有大的进展。美国正积极提升与马来西亚的关系，坎贝尔在 2010 年 3 月访马时称：“双边关系已经达到实质性提升的边缘。”[⑤] 美国将会寻求与马来西亚建立防务政策磋商机制来讨论南海问题，或者说，以南海纠纷为借口提升双方的防务关系。关于越南，希拉里称，美越已经发展起了“10 年前无法想象的合作水平，其经济和外交关系前所未有的活跃，

① “希拉里图谋以国际法制衡中国”，载《参考消息》，2011 年 7 月 24 日，第 8 版。

② Hillary Rodham Clinton，“*The Philippines: A Close and Important U. S. Ally*”，Washington，DC，February 6，2009，http：//www. state. gov/secretary/rm/2009a/02/116224. htm.

③ Harry K. Thomas，“*Statement Before the Senate Committee on Foreign Relations*”，Washington，DC，February 2，2010，http：//www. state. gov/p/eap/rls/rm/2010/02/136415. htm.

④ “*Background Note: Malaysia*”，Bureau of East Asian and Pacific Affairs，July 14，2010，http：//www. state. gov/r/pa/ei/bgn/2777. htm.

⑤ Kurt M. Campbell，“Press Availability in Kuala Lumpur，Malaysia”，*Bureau of East Asian and Pacific Affairs*，Kuala Lumpur，Malaysia，March 10，2010，http：//www. state. gov/p/eap/rls/rm/2010/03/138007. htm.

双方已经将讨论的议题扩展到了海上安全和其他安全议题”。[①] 奥巴马将美越关系视为加强对亚太尤其是东南亚接触战略的一部分，企图将美越关系提升到一个新的水平，希拉里在 2010 年 7 月访越时称，她与越南外交部长的会谈已经讨论了缅甸、朝鲜和南海领土争端等一系列影响地区安全的问题。[②] 美国借越南邀请其出席东盟各种会议的机会，实现了防长多年来首次访越，并在 4 个月内 2 次访越，美越双方在 2010 年 8 月在河内举行了第一次防务政策对话，2011 年在华盛顿举行第二次对话。[③] 未来的一段时间里，美国将按照其既定计划，与东南亚南海各争议方逐步建立起防务政策对话，时时盯住中国。

增强伙伴国的能力。在这一点上，美国在其《四年防务评估报告》上表示：“自从冷战结束以后，国防部一直在争取增强所有盟国和友邦的安全能力，确保美国武装力量有充足的机会同友军进行训练和切磋。在阿富汗和伊拉克正在进行的冲突表明，美国防务战略中的这些方面从未如此重要。《四年防务评估报告》在这个使命领域提出的关键建议包括：加强普通部队协助安全力量的能力，并且使之制度化；提高语言、地区和文化能力；加强和扩大训练伙伴航空部队的能力；加强部长级培训能力；以及建立转让机制使伙伴国部队快速获得关键能力。”[④]具体到南海地区，美国将会以反恐、反海盗、救灾和人道主义救援为由，加强与菲律宾、越南和马来西亚

---

① Hillary Rodham Clinton, “*America s Engagement in the Asia – Pacific*”, Honolulu, HI, October 28, 2010, http://www.state.gov/secretary/rm/2010/10/150141.htm.

② Hillary Rodham Clinton, “*Remarks With Vietnam Deputy Prime Minister And Foreign Minister Pham Gia Khiem*”, Government Guest House, Hanoi, Vietnam, July 22, 2010, http://www.state.gov/secretary/rm/2010/07/145034.htm.

③ *As Delivered by Secretary of Defense Robert M. Gates*, Hanoi, Vietman, Monday, October 11, 2010.

④ The Department of Defense of United State, *Quadrennial Defense Review Report*, February 2010, p. viii.

的联合训练、军事人员培训、访问交流、情报共享等，提高它们的能力。美国有可能将其与泰国的年度军事演习加以扩大，来吸引更多的东南亚国家参与，也可能会结合一国或纠集几国在南海举行联合军事演习。以此来增强这些国家的军事能力。美国可能会增加或考虑打开对这些国家的军售。比如越南，美国虽已经援助其军事训练和培训军官，但暂时还没有打开对越军售。[①] 越南迫切需要购买美国的军事技术，包括用以侦测中国潜艇的声纳设备，它也希望能得到美制 UH－1“易洛魁”型直升机的零部件。[②] 美国有可能在这些问题上放开口子，这无疑会加剧南海地区已经抬头的军备竞赛。

第四，增强美国与中国已有的军事—外交机制，以减少误判的风险。美国努力激活中美之间已有的机制，这些机制包括：美中防务磋商对话、美中防务政策协调对话和美中海上军事磋商协议。自2011 年中美军事交流因对台军售而中断后，美国一直努力恢复与中国的军事交流，中国总参谋长陈炳德与美国参谋长联席会议主席马伦在 2011 年实现了互访。美方也藉此为建立更大的信任和相互理解提供公开和持续的沟通渠道。

概言之，奥巴马南海政策的本次调整具有两个特点。一是完整和系统。它是在中国崛起背景下，美国亚太战略调整中的重要一环，和美国对钓鱼岛政策的调整，对韩日三边军事合作政策的调整一起，构成针对中国的第一岛链的完整考虑。从政策内容看，它已经不是简单的立场表达，而是关涉各当事国，包括若干政策要点的完整的

---

① Thom Shanker，“In Vietnam，Gates to Discuss Maritime Claims of China”，*New-York Times*，October 11，2010，page A10，http：//www. nytimes. com/2010/10/11/world/asia/11gates. html？ scp＝9&sq＝south%20china%20sea&st＝cse.

② John Pomfret，“Chinas rise prompts Vietnam to strengthen ties to other nations”，*Washington Post*，Friday，October 29，2010，http：//www. washingtonpost. com/wp－dyn/content/article/2010/10/29/AR2010102904746. html.

政策。二是从模糊走向清晰。美国对南海争议的政策已经从消极中立走向积极中立，也就是从“置身事外”的中立，转变为“积极介入”的中立。关于主权争议，从“模棱两可”走向实质上偏袒相关小国，以怂恿这些国家采取更大胆、强硬的政策。对其盟国更是明确表示美国将承担自己的义务。在表面“不选边站、不对主权争议采取立场”的幌子下，美国利用南海争议牵制中国的政策正在从模糊走向清晰。

三、构筑对华“软均势”及其制约

美国将在亚太地区压倒一切的目标界定为：维持和加强美国的领导，增进安全，增强繁荣，促进美国的价值观。[①] 美国认定，亚太经济决定世界未来，反复强调要“在经济发展、地区安全和持久的价值观等方面发挥领导作用”，[②] 以求塑造亚太地区格局朝着美国期望的方向发展，这就是希拉里所谓的“前置外交”。即在美国的领导下，在安全、经济和政治等各方面来重振美国的影响力，防止亚太地区的任何国家挑战美国的领导地位，这明显针对中国。美国一方面在全球其他地区实现力量收缩，2010 年 8 月 31 日，奥巴马宣布在伊拉克的战斗任务结束，美国将移交基地、撤出人员。[③] 在阿富汗，

① Hillary Rodham Clinton, “*America s Engagement in the Asia – Pacific*”, Honolulu, HI, October 28, 2010, http: //www. state. gov/secretary/rm/2010/10/150141. htm.

② Ibid.

③ The White House, “*Excerpts from President Barack Obama's Address to the Nation on the End of Combat Operations in Iraq*”, August 31, 2010, http: //www. whitehouse. gov/the – press – office/2010/08/31/excerpts – president – barack – obamas – address – nation – end – combat – operations – ir.

也开始寻求由阿政府与塔利班谈判，[①]并已经开始在移交那些叛乱较少、相对和平地区的基地。[②]另一方面，美国则不断增强在关岛的兵力部署，不断通过介入南海纠纷来防范中国，构筑针对中国的软均势。

软均势是在相互依赖条件下的一种“心照不宣的缺少正式结盟的均势”或制衡，“出现在国家之间普遍发展相互的外交谅解或有限的安全谅解去平衡一个潜在的威胁国或正在崛起的大国的时候，建立在有限的军备增强、为某一特定目的的合作演习或者在地区和国际机制中协调的基础上”。[③]与传统的以结盟和军备竞赛为特征的均势不同，软均势是一种低密度的均势，或者说是形成传统均势的前奏，通常作用于两种情况下：一是强国已经表现出安全威胁或引起他国担忧，但尚未引起高强度的安全竞争，就像小布什政府发动伊拉克战争时受到了来自欧洲及其他国家的掣肘和制衡；二是正在崛起中的大国往往会引起其他国家的猜忌和防范，遭到“软均势”。这种软均势往往寻求塑造崛起大国的意图，使其朝着自己希望的方向发展；获取实际国家利益；为未来可能受到的安全威胁做出准备。这里的软均势更像是一项预防性外交或预防性的防务。美国对华接触战略与“软均势”战略具有内在的联系，它旨在通过将中国纳入国际制度和规范来塑造中国的战略行为和意图，一旦中国成为国际

① Dexter Filkings, “In Afghanistan, the Exit Plan Starts With ‘If’”, *NewYork Times*, October 17, 2010, p. WK1, http://www.nytimes.com/2010/10/17/weekinreview/17filkins.html? ref = asia; Helene Cooper and Thom Shanker, “Push on Talks With Taliban Confirmed by NATO Officials”, *NewYork Times*, October 14, 2010, page A8, http://www.nytimes.com/2010/10/15/world/asia/15nato.html? scp = 9&sq = taliban&st = cse.

② Rajiv Chandrasekaran, “U.S. Marines begin to hand over small bases to Afghan army in southwest”, *Washington Post*, Tuesday, November 2, 2010, http://www.washingtonpost.com/wp - dyn/content/article/2010/11/01/AR2010110106069.html? hpid = topnews.

③ T. V. Paul, “The Enduring Axiom s of Balance of Power Theory”, in Balance of Power: Theory and Practice in the Twenty - first Century, edited by T. V. Paul James J. Wirtz, and Michel Fortnann, Stanford Calif Stan ford University Press, 2004, p. 3.

体系的一部分，受到国际规范的内化，也会受到制度内的多方压力。比如，在 G20 的多次会议上，在人民币汇率和世界经济失衡问题上，中国多次受到来自多国的共同压力。金融危机放大了中国崛起的效应，历史遗留的周边领土纠纷凸显。美国介入南海主权纠纷实际与对华接触是一脉相承的，也就是通过构筑软均势，来制衡和塑造中国的地缘安全行为，确保和维护美国在亚太的领导地位不受挑战。希拉里曾多次提到，中国的崛起与美国战略利益并不必然是相悖的。当前，美国一方面加强了对中国的防范和牵制，另一方面也通过介入南海、东海等纠纷，巩固美日、美韩盟友，推动韩日美三边军事合作，来构筑针对中国的安全安排，影响中国的意图和行为按照美国的希望的方向发展。美国介入南海主权纠纷实质是构筑防华的“软均势”，通过在东盟多边场合的宣示、在南海举行双方或多方的军事演习、改善与越南等非盟国的关系、增强盟国和伙伴国的能力等，达到制衡和防范中国，塑造亚太未来格局。

但是，这种软均势能否演变为硬均势则受到以下因素的制约：第一，东南亚地区领土和海洋主权纠纷错综复杂，东南亚几乎每两个相邻的国家都存在领土争端，在南海争议国中，越南与柬埔寨、菲律宾和马来西亚有陆地和海上争端，马来西亚与越南、泰国、菲律宾、新加坡和印尼有陆上和海上争端，菲律宾和越南、马来西亚也存有海上领土争端。[①] 这些领土争端都是殖民主义的遗留问题，主权忧虑、国家认同、宗教信仰差异和资源等因素使得这一地区的国际关系极其复杂。美国与这些国家的关系也远近不同，与越南的关系虽有迅速发展却仍然存有人权等障碍，美国的盟友菲律宾、泰国和新加坡与南海一些争议国都存有领土或领海争议，美国要介入南海势必要增强它与马拉西亚和越南的安全关系，这势必对美国现有

① W. Lawrence S. Prabhakar, “The regional dimension of territorial and maritime disputes in South Asia”, in Kwa Chong Guan and John K. Skogan eds, *Maritime Security in Southeast Asia*, London and NewYork, Routledge, 2007, pp. 35 – 36.

的盟友关系造成影响。

第二，美国与东盟在应对中国崛起上具有共同利益，但其战略目的也有矛盾的一面。美国全面接触东南亚的目的就是维持或重塑它在该地区的领导地位，而东盟将美国引入该地区合作框架同样是维持其在东亚合作进程中的领导地位。东盟从内心上是反对外部势力介入到东南亚合作和一体化的，并一直通过“大国平衡”战略来实现其领导地位。从10+3、10+6再到10+8，[①] 实际就是不断将大国引入，以实现大国平衡从而来实现东盟在地区合作中的主导地位，东盟接受美国加入到东亚地区合作其目的是平衡中国日益增长的影响，不是拱手将领导权让与美国，失去战略主动权。随着美国全面参与程度的加深，美国与东盟的战略分歧将会显现出来。

第三，中国和东盟之间及中美之间业已建立起良好的双边合作关系。中国寻求和平发展，努力营造一个良好的周边环境。中国与东盟的经济合作也一直在不断深入发展，双方分别于2004年和2007年签署了《货物贸易协议》和《服务贸易协议》，2009年签署《投资协议》。2010年1月1日，中国—东盟自贸区的如期建立是里程碑式的事件，之后双方贸易又大幅攀升，进出口贸易总额远大于美国与东盟的贸易额。中国和东盟之间的良好关系使得东南亚国家不会走向与中国对抗的境地，它们虽然会利用美国来平衡中国实力的增长，但不会做美国的制华“棋子”。还有，中美之间的合作与经济相互依赖也十分牢固，南海争议只是中美关系中的一个问题，中美围绕着这个问题的博弈受到中美合作大局和其他问题的制约。对于美国来说，南海争议某种程度上只是重振该地区影响的重要“战略抓手”。它只是利用中国与东南亚相关国家在主权争议上的矛盾，以安全保证者的姿态，达到了加强与盟友的关系，推进与伙伴的关系，

① 关于10+8合作，请参看Barry Desker，“NEW DIRECTIONS FOR ASEAN”，in *RSIS Commentaries*，23 June 2010。

使美越迅速接近等效果。它并不是美国的核心利益。

第四，美国推行的人权和价值观外交不会停止，其手段与“东盟方式”根本相悖。美国官员多次宣示，其亚太接触战略的根本框架是：在美国领导下增进安全，增强繁荣，促进美国的价值观。虽然美国对东盟宪章强调人权并设立人权机构表示肯定，但在如何实现人权的问题上，双方存有根本差异。东盟强调“不干涉主权和内政”的东盟方式，而美国则通过渗透、施压、制裁，甚至是武力等各种手段来达到目的，这是对东盟方式和特性的根本破坏。美国对缅甸、越南等国家的人权问题依然保持高压。在希拉里 2011 年 10 月底越南之行前，越方突然高调逮捕了一些通过博客散布非法信息的人，[①] 无异给了希拉里“一记耳光”，也表明美越关系的改善受到人权问题的制约。

① John Pomfret, “As Clinton visit nears Vietnam arrests bloggers, sentences activists”, *The Washington Post*, Thursday, October 28, 2010, http: //www. washingtonpost. com/wp - dyn/content/article/2010/10/28/AR2010102801501. html.

中美海上危机的预防与管理

余建军

（上海市美国问题研究所兼职研究员）

近一段时间以来，在美国政策界和学术界，关于“中美海上必有一战”的说法甚嚣尘上，有美国学者甚至假想出2015年中美海上大战的种种详细情形。虽然这种夸大其词的论调不值得去驳斥，但其中所反映出来的一些问题和事实却需要引起我国高度的重视和足够的警惕。毕竟，中美两国之间曾经发生过数起几乎爆发武装冲突的海上危机事件，如1954—1955年、1958年、1996年三次台海危机事件、2001年的中美撞机事件等。近期中美海上局势紧张，海上摩擦事件屡屡发生，还存在不少可能导致海上危机的危险源，这些都需要进行深入研究。这种研究的意义在于防范出现危机事件，以及如若一旦发生危机，防止其升级为严重冲突乃至战争。

一、中美海上危机的界定

1949年以来中美关系发展变化的历史，是一部频繁发生危机的历史,[1]如20世纪50年代的两次台海危机、1996年的台海危机、1999年美国轰炸中国驻南联盟大使馆和2001年的撞机事件等，其中多数危机事件可纳入海上危机范畴。

所谓“海上危机”，是指因海上权益发生冲突而引起的危机事件。引起海上危机的原因可能是长期存在的结构性矛盾，也可能是由于偶然事件导致。发生海上危机的地点通常是在海域上，也有可能在海域的上空或者海域的周围，但一定是和海上安全事务有关。例如：2001年的中美撞机事件就属于海上危机事件，因为引起这起危机事件的原因是美国在中国海南岛东南海域上空进行侦察活动。海上危机不同于海洋危机，海洋危机是指由于自然因素或人类活动引起的，发生在海洋领域内并对海洋权益、海洋产业、海洋环境以及相关人员的生命财产安全带来严重威胁的公共危机。[2] 也就是说，海上危机是一种国际政治—军事危机，而非如海洋危机那样属于公共危机。

按照通常的定义，国际政治—军事危机主要由三个因素构成：危机双方或各方的重大利益或核心利益受到威胁；存在时间限制或紧迫感；有发生军事冲突的严重危险。[3] 据此，可以这样去界定中美海上危机，即中美两国之间因海洋权益发生冲突而引起、会威胁到中美两国重大利益或核心利益、且有可能发生军事冲突的危机事件。

关于这个定义的几个要点需要予以说明：

第一，关于海上权益的问题。按理说，美国东临大西洋，西濒太平洋，是个典型的海洋国家，而中国是个靠海的内陆国家，邻近

---

① 王辑思，徐辉：《中美危机行为比较分析》，载张沱生，［美］史文主编：《中美安全危机管理案例分析》，世界知识出版社，2007年版，第21页。

② 张玉强，孙淑秋：“海洋危机的概念、特点及分类研究”，《海洋开发与管理》，2009年第5期，第53—54页。

③ 张沱生，［美］史文主编：《中美安全危机管理案例分析》，世界知识出版社，2007年版，第2页。

的海域主要是黄海、东海和南海，同美国之间隔着一大片广阔的海域，两国之间原本不存在所谓海上权益冲突的问题。但关键是，对于美国这个超级大国而言，它将国家安全利益的范围延伸到几乎全球的每个角落，对海上安全利益的界定也极为宽泛。美国对其在世界各地的安全利益重要性的排序，并不以该地区同美国的地理距离为主要依据，更没有中国通常所用的“周边国家”的概念。[①] 例如美国就一直强调要确保“绝对的海上自由航行”，亚太地区包括多条重要的海上通道，从亚洲大陆进入太平洋、所有连接太平洋和印度洋的交通要道等等，都被纳入美国的安全战略体系中。这意味着，美国也要确保它在中国的近海如黄海、东海和南海等的海上权益。而中国目前并没有将海上权益拓展到美国的近海海域，因此中美海上危机主要是发生在中国的近海海域或周围。

第二，关于第三方引起的危机问题。美国除了要维护其所谓的海上权益外，它还介入中国与其他国家的海上争端中。中国隔黄海、东海、南海与朝鲜、韩国、日本、菲律宾、文莱、马来西亚、印度尼西亚、越南等 8 个国家相邻或相向，在中国周边海域，除了渤海毫无争议是中国的内海外，其他海域都存在争议，且多数未得到适当解决。按理说，中国和美国之间并无任何涉及诸如海上岛礁归属问题的争端，但美国经常以确保海上稳定或者保护盟国安全等各种名义介入中国与其他国家的海上争端，从而引发了中美之间的海上危机。诚如有学者所指出的那样，中美危机的特征之一便是，除 2001 年南海撞机事件外，中美危机的发生都同第三方有关。[②] 例如，数次台海危机的爆发，便是由于美国的强行介入而引起的。

第三，关于利益威胁的问题。同珍珠港事件、柏林危机、古巴导弹危机及“9·11”事件等重大危机相比，中美之间发生的危机都

① 王辑思、徐辉：“中美危机行为比较分析”，载张沱生，［美］史文主编：《中美安全危机管理案例分析》，世界知识出版社，2007 年版，第 32 页。

② 同上。

没有威胁到美国的核心国家利益。然而对中国来说，中美之间所有的危机都发生在中国领土范围之内或者“家门口”，或者关系到中国的领土完整、主权，因此涉及中国的核心利益、国家尊严和民族感情。[①] 中美海上危机同样如此，对于美国来说也许只是涉及到其所谓的“航行自由”利益或者对盟国的安全承诺，而对中国来说，则是影响到领土安全和国家主权这样的核心利益。中美危机中双方在利益、实力、处理手段和政策选择余地上的非对称性，对今后中美可能发生的危机有很大的影响。[②]

二、中美海上危机的问题领域

对于已经发生的海上危机事件，中美两国政策专家与学者都进行了深入的研究，并从中吸取了不少有益的教训与经验。但对于中美危机研究者而言，更为重要的一项工作是预先识别潜在危机的来源，理性地分析可能产生危机的问题领域，这对于预防和管理危机具有重要意义。

除了已经发生过的危机的问题领域（如台湾海峡）外，中美两国还有可能在如下问题领域爆发海上危机：中日钓鱼岛争端、南海争端、美国的海上侦测活动以及美国组织的海上军事演习等。在这些问题领域中，有美国作为第三方介入有可能引发的危机，也有美国和中国可能直接对峙而引起的海上危机。

（一）问题领域一：中日钓鱼岛争端

在中国和邻国的岛屿及海域归属争端中，中日钓鱼岛争端最有

① 王辑思、徐辉：“中美危机行为比较分析”，载张沱生，［美］史文主编：《中美安全危机管理案例分析》，世界知识出版社，2007 年版，第 30—31 页。

② 同上书，第 35 页。

可能成为引发中美海上危机的危险源。一是由于美日同盟关系的存在，美国介入最深、动作最大；二是由于日本仰仗美国的偏袒，在钓鱼岛问题上战略意图更为明显、进攻态势更为激烈；三是由于中日关系的特殊性，中国政府及其民众在钓鱼岛问题上态度更为敏感、立场更为坚决。

日本首次公开主张对钓鱼岛拥有主权是在 1970 年 8 月 31 日，其时在美国监督下的琉球政府立法院起草了《关于申请尖阁列岛领土防卫的决定》。[①] 1978 年 4 月中下旬，正值中日谈判缔结“中日和平友好条约”之际，发生了中日之间第一次所谓的“钓鱼岛事件”。当时由于中国政府应对得当，日本政府也能从大局出发进行处理，这起事件才得以平息。但自此以后，中日之间围绕钓鱼岛问题发生了无数次大大小小的纠纷与冲突。2010 年 9 月 7 日，一艘载有 15 名船员的中国拖网渔船“闽晋渔 5179 号”受到日本海上保安厅一艘巡逻船冲撞，后又受到日方另外两艘巡逻船跟踪、冲撞、截停、登船、检查，包括中方船长詹其雄在内容的 15 名船员被日方非法扣留。经过中国政府的多方交涉，直到 9 月 25 日，这 15 名中国船员才全部返回中国。在多年来的中日钓鱼岛争端中，美国的态度及所扮演的角色值得深思。尤其是在这起钓鱼岛事件中，美国的介入更深，令人担忧。

钓鱼岛问题的形成，可以说最早是由美国铸成的。[②] 从冷战时期到冷战结束后的克林顿政府时期，美国在钓鱼岛问题上基本保持“中立”姿态，一直坚持美日安保条约的范围不包括钓鱼岛。1996 年 9 月 11 日，美国政府发言人伯恩斯（Nicholas Burns）仍表示：

① 郭永虎：“关于中日钓鱼岛争端中‘美国因素’的历史考察”，《中国边疆史地研究》，2005 年第 4 期，第 114 页。

② 王逸峰：“风云钓鱼岛——中国（大陆、台湾）、日本、美国角力钓鱼岛剖析”，《舰载武器》2004 年第 5 期，第 14 页。

“美国既不承认也不支持任何国家对钓鱼列岛的主权主张。”[①] 美国总统小布什上台以后，日本要求美国将对日防卫承诺扩大到钓鱼岛，试图把美国拉入到钓鱼岛问题中来，并把这一点当作检验美国防卫承诺的“试金石”。2004 年 2 月 2 日，美国副国务卿阿米蒂奇（Richard Lee Armitage）在访问日本时表示：“施政权所涉及的范围都适用于安保条约，在美日安全条约中，日本施政下的领域一旦受到攻击，那将被视为对美国的攻击。”[②] 2004 年 3 月 23 日，美国国务院副发言人在回答记者提问时进一步指出：“日美安保条约适用于尖阁群岛（即钓鱼岛）。”[③] 这意味着美国政府在钓鱼岛问题上的立场发生了大的转折，使中日钓鱼岛争端更为复杂和严峻。

自奥巴马政府上台以后，美国在钓鱼岛问题上走得更远，进一步强化了其强硬介入的立场。在 2010 年钓鱼岛事件发生之前的 8 月 16 日，美国助理国务卿克劳利（Philip Crowley）在回答日美安保条约是否包括钓鱼岛时候给出了肯定的答案。[④] 9 月 15 日，正在日本访问的美国前副国务卿阿米蒂奇就钓鱼岛问题表示，美国有义务对处于日本施政权下的领土进行防卫，并建议增加防务开支及日美联合军演次数以制衡中国是最好的策略。10 月下旬，美国国务卿希拉里公开宣称：“我愿明确重申，尖阁属于安保条约第 5 条的范围。我们重视保护日本国民的义务。”而日本方面则表示“受到了鼓舞”。[⑤]

显然，美国以保护盟国的名义强行介入中日钓鱼岛争端，实质是为了在海上牵制中国。考虑到钓鱼岛涉及中国的主权完整和国家尊严，一旦中日冲突严重升级的时候，美国若坚持按照美日安保条

① 王逸峰：“风云钓鱼岛——中国（大陆、台湾）、日本、美国角力钓鱼岛剖析”，《舰载武器》2004 年第 5 期，第 13 页。

② 《国际先驱导报》，2004 年 2 月 13 日。

③ 郭永虎：“关于中日钓鱼岛争端中‘美国因素’的历史考察”，《中国边疆史地研究》，2005 年第 4 期，第 115、116 页。

④ 新加坡《联合早报》，2010 年 10 月 18 日。

⑤ 《环球时报》，2010 年 10 月 28 日。

约介入冲突，很有可能导致中美之间爆发海上危机乃至战争。虽然这是中美两国都不希望看到的结果，但从美国在这起钓鱼岛事件中的表态和行为来看，这种危险正在加剧。

（二）问题领域二：南海争端

同美国在钓鱼岛问题上以双边同盟的名义介入相比，在南海问题上，美国则试图通过多边化和国际化的方式，遏制中国的海上力量发展。

20 世纪 70 年代末期以来，美国对于南海主权争端一直坚持“不介入”立场。甚至 1988 年发生中越南沙武装冲突事件时，美国的基本立场仍然没有改变。显然，美国当时采取这一做法主要是从维护中美战略关系出发。冷战结束后，美国在南海问题上最主要的关切是中国，其态度从容忍转变为防范。1992 年的《东亚战略报告》认为，中国和越南最有可能因为南沙群岛问题而发生武装冲突，美国对中国“愿意使用武力来维护其领土要求”表示遗憾。[①] 1995 年发生的“美济礁事件”使南海问题的解决方式进入了一个新的阶段，它带来了至少两个重大的变化：一是美国政府的态度和政策从尼克松时期的“消极中立”转变为“积极中立”。1995 年 5 月 10 日美国国务院发表了“南海声明”文件，首次以文字形式表达了美国的正式立场，即反对用武力方式解决争端，以维护该地区的和平与稳定；对于各方领土诉求的法律依据不表态，强调根据 1982 年的《联合国海洋法公约》处理；美国在该地区的根本性利益是维护航行自由。[②]同年发表的《东亚战略报告》重申了这个立场。第二个重大

① U. S. Department of Defense，*A Strategic Framework For the Asian Pacific Rim*：*Report to Congress* 1992，p. 11.

② “Statement of U. S. policy on Spratlys and the South China Sea”，http：//dosfan. lib. uic. edu/ERC/briefing/daily_ briefings/1995/9505/950510db. html. 该政策声明的中文译文可参见吴士存主编：《南海问题文献汇编》，海南出版社，2001 年版，第 377—378 页。

变化是，为了避免对中国过度施压而产生负面效果，同时确保南海局势不至于出现恶化，一直坚持“不介入”立场的美国政府开始大力支持通过多边安全对话进程来解决南海问题。

2009年，美国高调重返东南亚，步步为营，竭力推动南海问题的国际化。2010年上半年，美国国务院亚太事务助理国务卿坎贝尔（Kurt Campbell）在访问马来西亚、文莱、印尼等东南亚国家时表示，希望维持南海的航行自由，还希望南海主权争议的谈判应该是多边的。美国国务卿希拉里·克林顿2010年7月在越南河内举行的东盟地区论坛上宣示“南海问题关系美国的国家利益”，提出美国有意帮助解决南海争端。这种论调在9月举行的东盟—美国峰会上又由奥巴马总统重提。2010年9月28日，助理国务卿坎贝尔在华盛顿战略与国际问题研究中心表示，美国愿意出面主办相关会议研讨南沙争议。10月4日，美国驻菲律宾大使托马斯（Harry K. Thomas Jr.）明确表态，美国要协助东盟和中国制定“南海行为准则”。

显然，美国积极介入南海问题，同美国强行介入钓鱼岛问题有同样的战略考虑，目的是牵制中国力量，遏制中国崛起，维护美国霸权地位。但是，长期以来，中国在南海问题上的政策是异常坚定的，南沙群岛自古以来就是中国神圣不可侵犯的领土。对于美国试图将南海问题“国际化、多边化、扩大化”的行为，中国政府持坚决反对的态度和立场。在2010年7月于越南河内举行的东盟地区论坛外长会议上，中国外交部长杨洁篪明确表示，将南海问题国际化和多边化的后果“只能使事情更糟，解决难度更大”，并强调：“国际实践表明，这类争议的最佳解决途径是争端当事国之间的直接双边谈判”。[①] 美国在南海问题上的强力介入，以及暗中支持越南和菲律宾在南沙地区的领土要求的行为，再加上美国军用船只继续游弋

① 《杨洁篪外长驳斥南海问题上的歪论》。http：//www.fmprc.gov.cn/chn/gxh/tyb/zyxw/t719371.htm。

在南沙地区，美国舰机有可能误闯或者有意进入我国南沙群岛及其领海，中美之间在南海地区发生海上危机的可能性正在加大。

（三）问题领域三：美国危险的海上抵近侦测行动

冷战时期，美国对苏联进行经常性的海上间谍活动，两国之间为此发生了不少海上摩擦事件。冷战结束后，美国将这一危险行为指向了中国。一直以来，美国将中国周边海域作为重点侦察区，采取的手段是立体多样化。2001 年发生的中美军机相撞事件便是由于美国在中国海南岛上空进行间谍侦察活动而引起的。自这起事件之后，美国逐步加强了对中国的海上抵近侦测行动，美国的“鲍迪奇”号、“观察岛”号、“黑森”号、“无暇”号、“胜利”号等经常出现在中国近海。

2009 年上半年，中美船舰发生多次海上“对峙”事件。3 月 8 日，美军侦测船“无暇”号在海南岛以南 120 公里海域的中国南海专属经济区搜集情报时，遭 5 艘中国渔政船只包围，双方距离最近时不到 8 米。继 4 月 7、8 日发生过“对峙”事件后，紧接着 5 月 1 日，美军观测船“胜利”号在黄海水域遭 2 艘中国渔船拦截，当时 2 艘中国船只行驶到了离“胜利”号只有 30 码的距离。

虽然这些“对峙”事件最终并未酿成重大的海上危机，但到现在为止，美国却从未停止过对中国的海上侦测抵近活动。相反，美国依然坚持其霸权逻辑：美国舰船在世界上的任何“公海”，特别是穿越重要海峡和群岛的国际航道、争议海域等，都具有“航行的自由权”，其到中国近海就是这种权利的体现。实际上，随着中国国力增强和军队特别是海军的现代化，美军将中国视为潜在对手，因此加大对中国海军的刺探力度，这和冷战时期美军对苏联实行的海上刺探行动别无二致。美国在中国近海海域的侦测活动不但将成为日后引发中美海上危机的重要危险源之一，而且正如中国人民解放军副总参谋长马晓天 2010 年 6 月 5 日在第九届亚洲安全大会（香格里拉对话）上回答记者提问时所说的那样，美国军舰、飞机在中国南海、东海对中国进行高强度监视、侦察是中美两军关系发展存在的第二大障碍。

（四）问题领域四：美国海上军事演习

从 2010 年初开始，美国在亚太地区频繁地举行各种各样的海上联合军演。2010 年 2 月 1—11 日，代号为“金色眼镜蛇”的东南亚地区最大规模的联合军事演习在泰国中部罗勇府乌塔堡海军机场展开。来自美国、泰国、印度尼西亚、日本、韩国和新加坡 6 个国家的陆军、海军、海军陆战队、空军约 1.4 万人参加。5 月 3 日，在文莱斯里巴加湾，一支由 1600 名美军组成的特混编队与文莱海军编队举行仪式，宣布第 16 次美国—文莱“卡拉特”演习正式开始，这也标志着美国与东南亚国家的“卡拉特 2010”系列联合军演正式开始。6 月 23 日，来自美国、澳大利亚、日本、韩国等 14 个国家的海军舰艇云集夏威夷珍珠港，2010 年度的多国“环太平洋”联合军演就此拉开了帷幕。6 月 20 日，在中国东海，日美海军举行了 USWEX 水下武器演习；7 月 25—28 日，美韩在日本海进行“不屈的意志”联合海上军演，这是自 1976 年以来，美韩军队进行的最大规模军演；8 月 16—26 日，美韩举行“乙支自由卫士”演习；9 月 27 日，美韩反潜联合军事演习在韩国西部海域（黄海）拉开帷幕，到 10 月 1 日结束等等。

2010 年 11 月 23 日发生朝韩炮击事件后，美国和韩国、日本又开始了一系列的联合军演。12 月 3—10 日，美日两国在位于包括日本冲绳东部海域在内的日本周边海域进行联合军演，这是二战以来美日首次“以中国为假想敌”的实兵演习。[①] 此次演习“除进一步

① 2010 年 12 月 3 日，新华社、中新社消息。

增强美日两国应对不同危机的战备外，还有相当的政治意义”。[1] 12月6—12日，韩国海军在位于延坪岛以西的大青岛西南部海域进行射击训练；12月6—15日，美日两国在位于日本宫崎县和鹿儿岛县境内的雾岛演习场进行联合训练。

对于组织如此频繁的海上军事演习，美国宣称演习旨在保护太平洋重要海上航道，加强美国海军与环太平洋各国海军的战术水平，提高多国联军部队海上协同作战能力，特别是在应付突发事件时的协调配合，确保海上重要交通线的安全和该地区的稳定。但很显然，美国目的并非仅仅如此。美国在亚太地区频繁进行军事演习：一是以此巩固和加强美国与盟国及友国的关系，进一步扩大美国在亚太地区的军事及政治影响力。二是通过军事演习安抚其盟友，充分显示其兑现维护西太平洋稳定承诺的能力与决心，威慑任何可能挑战美国地位与利益的潜在对手。第三个更为深层次的目的是利用“天安”号事件、中日钓鱼岛撞船事件、朝韩炮击事件等，加快美国全球战略重心东移的步伐。早在小布什政府时期，美国就强调太平洋最有可能成为将来美军重大军事行动的战区，并由此开始了亚太军事战略的调整。奥巴马上台以来，美国继续将全球军事战略东移亚太，进一步巩固同日韩等盟国的关系，将日韩同盟作为其亚洲安全战略和外交战略的基石。近期美国频繁组织联合军演和重新部署军事力量，正是为了强化其在亚太地区的军事存在，从而应对所谓“巨大潜力军事竞争者”，试图牵制和围堵中国。

显然，美国频繁地在中国近海海域举行军事演习，造成该地区的紧张局势，形成中美两国在海上的对峙和角力，极有可能有意地或因偶尔事件引发中美海上危机。

---

① http：//www. chinatibetnews. com/guoji/2010 - 12/13/content_ 602963. htm。

三、加强中美海上危机预防和管理的政策建议

在每个具体的问题领域，中美两国都存在利益的冲突，但成功的危机管理并非寻求解决利益冲突，而是控制局势、缓和矛盾、降低危机升级的风险，特别是避免爆发军事冲突。[①] 因此，这里更主要的是从整体上去分析如何预防和管理好中美海上危机，而且更多是从中国的角度出发。

（一）战略

中国首先是要构筑科学的海上安全战略。要对各种海上利益目标进行排序，以确定轻重缓急。我国国家安全战略的基本目标是：制止分裂，促进统一，防范和抵抗侵略，捍卫国家主权、领土完整和海洋权益；维护国家发展利益；保障人民群众的政治、经济、文化权益，保持正常社会秩序和社会稳定；奉行独立自主的和平外交政策，争取较长时期的良好国际环境和周边环境。根据我国国家安全战略的基本目标，我国海上安全利益目标可确定为：反对台独、促进海峡两岸的统一；反对海上强权的入侵，保护领土及领海主权和沿海人民的生命与财产安全；保护对外海上通商，维护公海航行自由；维护专属经济区、大陆架等管辖海域，确保中国的主权等。为了实现这些海上安全利益目标，我国应树立综合的海上安全战略理念，建立综合的海上安全保障战略，在积极发展运用海军防卫力量的同时，应综合运用外交、军事、法律、经济乃至文化等多种手段。

---

① 张沱生、[美] 史文主编：《中美安全危机管理案例分析》，世界知识出版社，2007 年版，第 4—5 页。

（二）力量

美国之所以敢于在海上对我国采取攻势，强力介入诸如中日钓鱼岛争端和南沙岛屿争端等，主要原因在于其拥有的强大的海上军事力量。对于中国来说，建设一支强大的海军力量，不但可以更好地加强海上安全，而且可以对美国起到威慑作用，促使美国在海上的行为有所克制，从而有助于避免海上危机的发生。因此，中国要建设强大的具有远洋能力的蓝水海军，并不断扩大防御作战空间和战略防御纵深，增强海上战役综合作战能力和战略核反击能力。

（三）磋商

在确立好我国海上安全战略和建设好强大的海上力量的基础上，中美两国要通过战略沟通的方式努力破解中美两国的海上“安全困境”，这就需要大力加强两国之间的海上磋商和交流机制。早在1998年1月，中美两国国防部长就在北京签署了《关于建立加强海上军事安全磋商机制协定》，这是中美间签署的首份军事安全磋商协定，也是两国间在军事领域建立的首个信任措施。2009年6月23—24日，中美双方在北京举行了第10次国防部副部长级防务磋商。2009年8月26—27日，中美海上军事安全磋商机制专门会议在北京举行。在这次会谈中，中方明确指出：美方在中国专属经济区海域及其上空频繁地进行海空侦察测量活动，是造成中美海空军事安全问题的根源，美方减少直至停止舰机侦察活动，是解决中美海空军事安全问题的根本方法。2010年10月14—15日，中美海上军事安全磋商机制2010年年度会晤在美国夏威夷举行，双方就当年的中美海上军事安全情况、解决海上军事安全关切的途径等坦诚深入地交换了意见。这些磋商机制虽然未必能完全消除两国之间的矛盾，但对于防止出现误判以及一旦海上危机发生，保持沟通渠道畅通，却有重要的作用。继中国人民解放军副总参谋长马晓天于2010年12

月赴美国参加第11次中美国防部防务磋商后，美国国防部长盖茨（Robert Gates）于2011年1月访华。对于中美两国军方（尤其是海军）而言，首要的问题是彼此不要视对方为威胁，减少相互之间的误判，因此在军事交流过程中应在意图和能力方面增加透明度，扩大信任基础，并建立起海上危机预警和紧急处置机制。从目前两国海军交流情况来看，今后还应在多层级和多领域进一步完善磋商和交流机制。

（四）机构

在海洋执法上，中国没有一支统一的海上执法力量，多头执法一直成为困扰我国海洋执法的突出问题。按照我国现行的海洋执法体制，既有横向的包括海监、海政、海事、边防（公安海警）和海关5支主要海上执法力量，也有纵向的中央和地方执法的划分。除海关缉私和海事外，其他海上执法队伍内部既有国家队伍，也有地方队伍，各部门的管理体制差异较大。除了5支执法队伍外，承担海洋执法任务或涉及海洋管理的还有军队、环保、国土资源、文物、石油、旅游等十多个部门，在职能上存在交叉和重叠。我国海洋管理和海洋执法应由专门机构、专业人员负责，建议建立相对统一的海上综合维权执法队伍。

（五）立法

1958年9月4日，中国政府发表关于领海的声明，宣布中华人民共和国的领海宽度为12海里，由此催生了新中国第一个关于海洋的法律性文件。不过直到20世纪90年代，我国才相继颁布了《涉外海洋科学研究管理规定》（1996年6月18日发布，1996年10月1日起施行）、《专属经济区和大陆架法》（1998年6月26日公布施行）等法律法规。《涉外海洋科学研究管理规定》第4条规定，外方单独或者与中方合作进行海洋科学研究活动，须经国家海洋行政主管部门批准或者由国家海洋行政主管部门报请国务院批准，并遵守中国的有关法律、法规。《专属经济区和大陆架法》第9条规定，任何国际组织、外国的组织或者个人在中国的专属经济区和大陆架进行海洋科学研究，必须经中国主管机关批准，并遵守中国的法律、法规。

不过，随着海上安全形势的日趋复杂和严峻，我国需要加快海上立法进程。例如，当前在东海、南海和黄海多次发生外国军舰和测量船舶在我国专属经济区内进行测量活动的事件，严重威胁了我国的国家安全。《联合国海洋法公约》未对军事测量活动做出明确规定，一般认为，只要与《联合国宪章》不矛盾的军事活动都是可行的。沿海国发现他国的军舰在本国的专属经济区内从事测量或调查活动时，除通过外交途径提出抗议外，只能采取干扰、跟踪、要求停止等方法，如果对方未听劝告继续进行，似乎也无能为力。当然也可以派遣军舰相威胁，但有可能会导致更紧张的局面。

相对而言，日本通过立法途径来维护海上权益的做法值得借鉴。早在2007年4月20日，日本就通过了《海洋基本法》和《海洋建筑物安全水域设定法》两部法律，虽然具体内容没有专门针对中国的成分，但其背景主要是因为日本在中国开发东海天然气问题上迟迟拿不出有效的应对措施，所以针对性非常明显。在2010年的钓鱼岛事件中，日本便是援引国内法来扣留中国渔船。

从整体上，目前中国尚无一部类似日本《海洋基本法》的综合性海洋法律，因而不利于管理国家海洋事务、维护国家海洋权益。建议尽快制定国家海洋战略，制定《海洋基本法》。值得一提的是，2009年全国人大常委会通过了《海岛保护法》，规范海岛的开发和利用的秩序，特别是保护海岛的生态环境，维护国家的海洋权益，为此规定了5项制度：海岛的规划制度、海岛的生态保护制度、无居民海岛的国家所有权和有偿使用的制度、对于特殊用途的海岛实行特别的保护制度、对海岛的保护、监督和检查制度。《海岛保护法》的设立有助于解决南海争端，例如中国的渔政船和海监部门巡航能依法得到一定保证，在禁渔区若有外国渔民捕鱼中方也可以依法驱赶。

（六）合作

最后是要加强与友好国家的海上合作，应对并解决海上传统安全和非传统安全威胁，共同维护海上安全和稳定。由于海上安全问题关系到各国生存与发展的环境，20 世纪 90 年代以来，亚太地区双边和多边安全合作在各个层次和各个领域迅速发展，海上安全合作更呈现出广阔的前景。近年来，中国先后与美国、英国、法国、巴基斯坦、印度、澳大利亚、泰国等国举行了海上搜救演习。开展实质性的海上军事安全合作已经成为中国海军重要的任务。中国在亚太地区有着十分重要的海洋安全利益，中国对亚太地区海上安全合作持积极态度，主张坚持以共同安全作为亚太地区海上安全合作的目标；坚持以《联合国宪章》宗旨和原则、《联合国海洋法公约》、和平共处五项原则以及其他公认的国际法原则作为处理地区海上安全问题的基本准则；坚持用综合手段应对地区海上的传统安全问题和非传统安全威胁，循序渐进地推进海上军事合作。

图书在版编目（CIP）数据

21 世纪的美国与中美关系/吴心伯主编．—北京：时事出版社，2013.12

ISBN 978-7-80232-647-7

Ⅰ．①2…　Ⅱ．①吴…　Ⅲ．①美国对外政策—研究—21 世纪②中美关系—研究—21 世纪　Ⅳ．①D871.20 ②D822.371.2

中国版本图书馆 CIP 数据核字（2013）第 234586 号

出 版 发 行：时事出版社
地　　　址：北京市海淀区巨山村 375 号
邮　　　编：100093
发 行 热 线：（010）82546061　82546062
读者服务部：（010）61157595
传　　　真：（010）82546050
电 子 邮 箱：shishichubanshe@ sina. com
网　　　址：www. shishishe. com
印　　　刷：北京百善印刷厂

开本：787×1092　1/16　印张：30.75　字数：412 千字
2013 年 12 月第 1 版　2013 年 12 月第 1 次印刷
定价：98.00 元
（如有印装质量问题，请与本社发行部联系调换）